MAXIMILIAN JACTA

Berühmte Strafprozesse

DEUTSCHLAND III

MAXIMILIAN JACTA

Berühmte Strafprozesse

DEUTSCHLAND III

WILHELM GOLDMANN VERLAG MÜNCHEN

1972 · S 269

Satz und Druck: Presse-Druck Augsburg. Bindearbeit: R. Oldenbourg GmbH. München · Hh/Kö
ISBN 3-442-30269-2

Inhalt

Vorwort

Dieser dritte Deutschland-Band der Reihe »Berühmte Strafprozesse« greift in die Geschichte des 19. und des beginnenden 20. Jahrhunderts zurück. Die Männer, deren Schicksal hier geschildert wird, haben im Konflikt mit der Gesellschaft ihres Landes und seiner Justiz alle eine bemerkenswerte Rolle gespielt. Sie sollte dem Menschen von heute Anlaß geben, über sich selbst nachzudenken und sich die Frage vorzulegen, ob er auf widrige Lebenslagen ebenso selbstsicher, entschieden und mannhaft reagieren würde, wie es viele der hier behandelten Personen getan haben.

Von der Reihe sind inzwischen Übersetzungen ins Französische, Niederländische, Rumänische, Slowakische und Ungarische erschienen. Weitere Übersetzungen sind in Vorbereitung.

Im Dezember 1971

Der Verfasser

Zu Tode gehetzt

Der Fall Karl May

Karl May (1842–1912) ist mit den mehr als 70 Bänden, die er hinterlassen hat, einer der meistgelesenen Schriftsteller der Weltliteratur geworden. Allein die deutsche Gesamtauflage der Orient- und Indianerromane dieses sächsischen Jugend- und Volksschriftstellers ist über die ganze Erde verbreitet und beläuft sich heute schon auf über 45 Millionen Exemplare. Hinzu kommen Übersetzungen in mindestens 25 Sprachen. Viele seiner Bücher sind verfilmt worden und werden ständig neu auf die Leinwand gebracht. 1913 wurde beim sächsischen Kultusministerium aufgrund letztwilliger Verfügung eine Karl-May-Stiftung zugunsten förderungswürdiger junger Talente sowie unterstützungsbedürftiger Schriftsteller, Journalisten und Redakteure errichtet, aus der zahlreiche Geistesschaffende Unterstützung bezogen haben. Von 1918 bis 1933 erschienen 16 Jahrgänge eines Karl-May-Jahrbuchs. 1928 wurde in Radebeul, dem Ort, an dem der Schriftsteller die letzte Zeit seines Lebens wohnte, und an dem er verstarb, ein Karl-May-Museum eröffnet. In Bad Segeberg werden seit zwei Jahrzehnten alljährlich Sommerspiele zu seinen Ehren abgehalten, die Hunderttausende von Besuchern anziehen. Eine Karl-May-Gesellschaft hat sich die Wahrung und Pflege seines Schaffens zur Aufgabe gemacht und betreibt Karl-May-Forschung. Seit 1960 gibt es ein zweites Karl-May-Museum in Bamberg.

Der Schriftsteller Karl May steht heute in aller Welt in hohen Ehren. Dem war nicht immer so. Es gab Zeiten, in denen sich Karl May gegenüber einer weithin kritischen und ablehnenden Fach- und Tagespresse nur mühsam behaupten konnte. Seine Bücher wurden von der Jahrhundertwende bis fast ein Jahrzehnt nach seinem Tode von namhaften Experten als Schundliteratur bezeichnet, und man warnte die Jugend vor ihrer Lektüre. In den breiten Massen des Volkes fanden die Warnungen indessen wenig Resonanz, die Romane Karl Mays gewannen unaufhörlich neue Leser, und so nahmen die Produktionszahlen der »Grünen Bände« bis zur Jahrhundertwende beinahe ununterbrochen zu (1892 waren es 54 000, 1895 61 000, 1896 147 000, 1898 127 000 und 1899 128 000). Ein fühlbarer Rückschlag trotz neu hinzugekommener Buchtitel trat ein, als im Juni 1898 die Frankfurter Zeitung gegen den Erzähler Stellung nahm und die Lektüre seiner Romane als jugendgefährdend bezeichnete. Die Nachdruck-Auflagenzahlen sanken damals auf weniger als die Hälfte zurück (59 000 im Jahre 1900). Sie stiegen wieder auf 80 000 an, als die Öffentlichkeit aus Anlaß des 60. Geburtstages auf den Schriftsteller aufmerksam gemacht worden war. Nachdem dann der Absatz in den Jahren 1908 und 1909 erneut die Nachdruck-Grenze von 100 000 überschritten hatte, fiel er rapide wieder ab, als Karl May in den Mittelpunkt einer Serie gerichtlicher Auseinandersetzungen rückte, von denen einige für ihn ungünstig ausgingen. Während dieser Prozesse, die von der deutschen Presse aufmerksam registriert wurden, ging der Absatz auf ein Minimum zurück: 20 000 Nachdrucke im Jahre 1912 und 14 000 im Jahre 1913. Es hatte damals den Anschein, als ob die Zeit Karl Mays vorüber sei, so sehr hatten die Prozesse an der persönlichen und literarischen Geltung des Schriftstellers gezehrt.

Es sollte freilich ganz anders kommen. Nachdem der 1912 Verstorbene während des ersten Weltkriegs noch einmal schweren Angriffen ausgesetzt war, als deren Folge die Jahresproduktion erneut auf weniger als 20 000 sank, setzte schließlich ein Aufschwung ein, der sie 1917 auf 105 000, 1918 auf 231 000, 1919 auf 239 000 und 1920 auf 681 000 hinaufschnellen ließ. Seitdem erlebte das deutsche Schrifttum eine »Karl-May-Renaissance«, die nicht ihresgleichen hat. Der Schriftsteller hat eine Popularität errungen, für die es nur wenige Parallelen geben dürfte.

Die Prozesse, in die Karl May nach der Jahrhundertwende verwickelt wurde, haben nicht nur seine literarische Stellung in Gefahr gebracht, sie haben ihn auch an den Rand des gesundheitlichen Ruins geführt und ganz ohne Zweifel sein plötzliches Ende am 30. März 1912 mitverursacht. Der seelische Druck, der von diesen gerichtlichen Auseinandersetzungen ausging, war mehr, als ein Mensch auf die Dauer verkraften kann. Karl May war längst »Person der Zeitgeschichte« geworden, und so nahm die Öffentlichkeit an allem, was ihn betraf, aufs lebhafteste Anteil. Dabei sah er sich fortgesetzt Angriffen ausgesetzt, die ihm Ehrenhaftigkeit absprachen und ihn wegen ihrer Hartnäckigkeit und Bösartigkeit von einer Aufregung in die andere versetzten. Ein besonderes Martyrium waren für ihn die Jahre 1910 und 1911. Sie forderten ihm ein Standvermögen ab, das wahrscheinlich nicht viele Menschen aufgebracht hätten.

Worum handelte es sich? Die Tragik des Falles Karl May liegt darin, daß sich der zu jener Zeit schon berühmte Schriftsteller in zahlreiche Prozesse verwickeln ließ und dabei in dem Journalisten Rudolf Lebius mit einem Gegner zu tun hatte, der an Gefährlichkeit und Skrupellosigkeit schwerlich überboten werden konnte. Binnen kurzem waren beide in Auseinandersetzungen verwickelt, die immer schärfere und unerbittlichere Formen annahmen und das letzte Lebensjahrzehnt Mays quälend überschatteten. Wäre May klug gewesen, so hätte er die Anwürfe, denen er sich ausgesetzt sah, ignoriert. Solche Lebensklugheit besaß er aber nicht, offenbar wurde er auch von geschäftstüchtigen Anwälten falsch beraten. So sah er sich seit etwa 1904 von einem Beleidigungsprozeß in den anderen verwickelt.

Lebius, ursprünglich freier Mitarbeiter der Zeitung der Dresdner Sozialdemokratie, trat 1904 zur nationalsozialen Partei Friedrich Naumanns über und gab für sie ein Wochenblatt, die »Sachsenstimme«, heraus. Später übernahm er ein führendes Amt bei den (unternehmerfreundlichen) gelben Gewerkschaften und zog sich dadurch die Feindschaft seiner früheren politischen Freunde zu. Der Berliner »Vorwärts« und einige Gewerkschaftszeitungen (so z. B. die Metallarbeiterzeitung) beschäftigten sich jahrelang mit ihm und warfen ihm vor, er habe gleichzeitig für Zeitungen verschiedener Richtungen geschrieben, bei der Polizei Genossen denunziert und sich der Begünstigung schuldig gemacht. Lebius setzte sich gegen diese Angriffe kräftig zur Wehr und erhob Privatklage wegen Beleidigung. In den Strafprozessen wurde von den angeklagten Redakteuren Karl May mehrfach als Zeuge dafür benannt, daß Lebius sich ihm gegenüber erpresserisch betätigt habe, folglich kein Ehrenmann sei. Lebius wurde dadurch in die Zwangslage versetzt, May als unglaubwürdig hinzustellen. So wurde der Dichter ganz ohne sein Zutun auch noch in Auseinandersetzungen hineingezogen, die zwischen anderen schwebten.

Auf May war Lebius erstmalig im Jahre 1903 aufmerksam geworden. Damals wurde er von der Redaktion des Dresdner sozialdemokratischen Blattes beauftragt, den umstrittenen Schriftsteller zu interviewen. Er bat ihn um eine Unterredung. May lehnte aber ab.

Im April 1904 wandte sich Lebius erneut an May. Er – Lebius – gebe eine neue Zeitung heraus und sei gern bereit, ihm deren Spalten zur Verfügung zu stellen. Dieses Anerbieten wiederholte er anläßlich eines Besuches in Radebeul und ließ dabei durchblicken, daß er in finanziellen Schwierigkeiten sei und Hilfe benötige. Er bat schließlich um ein Darlehen. Diese Bitte wiederholte er später und nannte als Betrag die für die damalige Zeit stattliche Summe von 10 000 Mark. May lehnte abermals ab.

Jetzt verwandelte sich Lebius in einen Gegner des anfangs so sehr Umschmeichelten und griff ihn massiv an. Am 2. September 1904 veröffentlichte er in seiner »Sachsenstimme« unter dem Titel »Mehr Licht über Karl May. 160 000 Mark Schriftstellereinkommen. Ein berühmter Dresdner Kolportageschriftsteller« einen Artikel, der für May wenig schmeichelhaft war. Lebius behauptete darin unter anderem, May erwecke bei seinen Lesern den Eindruck, er habe die ganze Erde bereist und aus fernen Ländern unzählige Briefe und Postkarten nach Deutschland gesandt. In Wahrheit habe er alle seine Geschichten in seinem Radebeuler Studierzimmer erdacht. In dem Artikel hieß es weiter, May lasse von zwei hervorragenden Künstlern Marmorbüsten von sich herstellen, die ihn 50 000 bis 60 000 Mark kosteten. Durch einen seiner Freunde habe er außerdem eine Schrift über sich anfertigen lassen, die versuche, »soviel Dunst wie möglich zu machen, um klares Sehen und Erkennen zu verhindern«. Schließlich wurden ihm Einnahmen angedichtet, die seine wirtschaftliche Position in völlig falschem Licht erscheinen ließen.

Karl May ließ diesen Artikel passieren, obwohl er grobe Unwahrheiten enthielt, trat aber aus seiner Reserve heraus, als am 18. Dezember 1904 in der »Sachsenstimme« ein weiterer Artikel erschien, in dem behauptet wurde, May habe zu Unrecht den Doktortitel geführt und sei außerdem erheblich vorbestraft. Noch ganz unter dem Eindruck dieses neuerlichen Angriffs stehend, zeigte er zwei Tage danach Lebius wegen Erpressungsversuchs an. Mit den beiden Artikeln, so hieß es in dieser Anzeige, ebenso wie vorher schon mit einer von ihm stammenden anonymen Postkarte habe Lebius es unternommen, ihn unter Druck zu setzen und zur Herausgabe von Geld zu bewegen. Am 14. März 1905 wurde das daraufhin gegen Lebius eingeleitete Strafverfahren mangels Vorliegens der tatbestandsmäßigen Voraussetzungen von der Staatsanwaltschaft eingestellt. Mit Beschluß vom 10. August 1905 bestätigte das Oberlandesgericht Dresden diese Entscheidung. Die Anschuldigung war nicht geeignet, eine Verurteilung herbeizuführen.

Da May eine Abschrift seiner Anzeige an die Presse gegeben hatte, kam Lebius mit seiner »Sachsenstimme« in Schwierigkeiten und mußte sie aufgeben. Dabei geriet er derart in Schulden, daß er den Offenbarungseid leisten mußte. Er ging daraufhin nach Berlin und gründete dort ein neues Blatt, den »Bund«. In dieser Zeitung und in einer Reihe von Flugschriften setzte er sein Bemühen fort, Karl May im Lande dadurch unmöglich zu machen, daß er ihm Vorstrafen und üble schriftstellerische Praktiken vorwarf. May rief gegen diesen hartnäckigen Gegner erneut die Strafjustiz an, war sich dabei aber der Schwäche seiner Position bewußt. Seine Vergangenheit wies nämlich tatsächlich einige dunkle Punkte – mehrere Freiheitsstrafen – auf, deren öffentliche Erörterung ihm nicht angenehm sein konnte. Was sollte er aber tun? Er hatte sich inzwischen so weit auf den Kampf eingelassen, daß es für ihn kaum ein Zurück mehr gab.

Einige Briefe lassen erkennen, in welch bedrängter Lage er sich befand. Am 29. September 1905 schrieb er an seinen Anwalt Rudolf Bernstein, er habe keine Lust, sich öffentlich »abschlachten« zu lassen und werde, um einer öffentlichen Bloßstellung aus dem Wege zu gehen, lieber seine Klage zurückziehen: »Bis jetzt kann Lebius von diesen Strafen nichts Bestimmtes wissen. Es kann weder mich noch meinen Vertreter ein Richter zwingen, etwas einzugestehen, was der Angeklagte zu beweisen hat. Auf keinen Fall darf ich den fürchterlichen Fehler begehen, vor dem versammelten Berichterstattervolk die Vorstrafe zuzugeben. Es würde das mein ganzes Lebenswerk vernichten, und ehe ich das zugebe, will ich lieber sterben.« Mit diesen Vorstrafen hatte es folgende Bewandtnis.

Karl May entstammte einer armen erzgebirgischen Weberfamilie. Von seinen Angehörigen ist nichts Außergewöhnliches zu berichten, ausgenommen, daß sich sein Großvater mütterlicherseits »aus Verzweiflung« (wie es im Personenstandsregister hieß) das Leben nahm. Die Eintragung über die Geburt seines Vaters trägt, was gleichfalls bemerkenswert ist, den Vermerk: »Der Schwängerer soll ein Unbekannter gewesen sein.« Daraus haben manche May-Forscher geschlossen, Mays Großvater könne einer jener französischen oder rheinbündischen Soldaten gewesen sein, die damals durch Sachsen marschierten. Aber das ist nur eine Hypothese.

Karl May hatte dreizehn Geschwister, von denen neun schon als Kleinkinder verstarben (acht davon im ersten Lebensjahr). Das war das in Proletarierfamilien damals übliche Säuglingssterben. Zwei seiner Schwestern erreichten demgegenüber ein hohes Alter; die eine wurde 88, die andere fast 96 Jahre alt. Von den beiden anderen Schwestern starb die ältere im 43., die jüngere im 25. Lebensjahr.

Der Lohn, den die Weber damals verdienten, war so niedrig, daß die ganze Familie mitschaffen mußte. Trotzdem fehlte es oft am Allernötigsten, nicht selten sogar am täglichen Brot. Aus diesem Elend flüchtete sich der heranwachsende Junge, ein intelligenter und aufgeweckter Bursche, in die Lektüre unzähliger Bücher und Schriften, die ihm der Vater und die Großmutter mütterlicherseits zugänglich machten. Zwar war das Kind kurz nach der Geburt erblindet und erst im 5. Jahr sehend geworden; diese Behinderung störte aber nicht die Weiterentwicklung des Knaben. Seine Begabung hätte zweifellos für den Besuch einer höheren Schule ausgereicht, dazu fehlte aber das nötige Geld in der Familie.

Dank eines Jahresstipendiums von 15 Talern, das ihm der Hohensteiner Kirchenpatron, Graf Schönburg-Hinterglauchau, zuwendete, konnte Karl May nach seiner Konfirmation im Jahre 1856 die Lehrerbildungsanstalt in Waldenburg besuchen, deren Aufnahmeprüfung er ohne Schwierigkeiten bestand. Auf dem Seminar zeigte er sich den meisten seiner Kameraden an Wissen und Intelligenz gewachsen, in der Fähigkeit zur Einordnung in den seelenlosen Paukbetrieb der damaligen Zeit freilich unterlegen. Nachdem er drei Klassen erfolgreich hinter sich gebracht hatte, fand man einen

Anlaß, ihn Ende Januar 1860 aus der Anstalt zu entfernen. Angeblich hatte er sich eines »Diebstahls« dadurch schuldig gemacht, daß er beim Reinigen von Leuchtern sechs unverbrauchte Lichte beiseite gebracht hatte, um sie in der Weihnachtswoche seiner Schwester mit nach Hause zu geben. May behauptete später in seiner Selbstbiographie, es seien nur wertlose Talgreste gewesen.

Glücklicherweise beurteilte das sächsische Kultusministerium den Vorfall anders als die Waldenburger Anstaltsleitung und gestattete ihm, seine Studien auf dem Seminar in Plauen fortzusetzen. In der Zeit von Juni 1860 bis September 1861 schloß er dort seine Ausbildung ab und bestand die Lehrerprüfung. Deren Gesamtresultat lautete auf »gut«.

May wurde zunächst als Hilfslehrer an einer Volksschule in Glauchau und dann als Lehrer an einer Fabrikschule für Jungarbeiter in Altchemnitz beschäftigt. Dort geschah es, daß er zum erstenmal mit der Strafjustiz Bekanntschaft machte.

Der Buchhalter, mit dem er das Zimmer teilte, hatte an einem Nagel an der Wand seine alte Taschenuhr hängen. Die benutzte May ab und zu, hängte sie aber immer wieder an die alte Stelle zurück. Weihnachten versäumte er das und nahm sie mit nach Hause in den Urlaub. Als der Eigentümer die Uhr vermißte, erstattete er Anzeige, und auf diese Anzeige hin wurde May in seinem Heimatort festgenommen und verhört. Dabei beging er nach seiner eigenen Mitteilung den Fehler, den Besitz der Uhr in Abrede zu stellen. Seine Einlassung, er habe sich die Uhr nicht zueignen, sie vielmehr nach Gebrauch an den Eigentümer zurückgeben wollen, fand kein Gehör. Nachdem sie dann aber bei ihm gefunden worden war, erging Haftbefehl gegen ihn. Die Strafkammer zu Chemnitz bestrafte ihn deswegen im Februar 1862 wegen Diebstahls mit sechs Wochen Gefängnis. Diese Strafe verbüßte er in der Zeit vom 6. September bis 20. Oktober 1862 in Chemnitz. Er wurde sofort aus dem Schuldienst entlassen. Damals verfiel er – wie er es selbst ausgedrückt hat – in einen »Zustand innerlicher Versteinerung«.

Nach seiner Entlassung kehrte er heim und wurde von Eltern und Geschwistern liebevoll aufgenommen. Sie machten ihm keinerlei Vorwürfe. Mit Privatunterricht in Musik und fremden Sprachen hielt er sich wirtschaftlich über Wasser. Er betätigte sich daneben auch als Dirigent eines Gesangvereins und rief eine kleine

Musikkapelle ins Leben. Für seine Zukunft sollte von entscheidender Bedeutung werden, daß er damals eine schriftstellerische Ader in sich entdeckte.

Wie er später berichtete, schrieb er zunächst Humoresken, dann »Erzgebirgische Dorfgeschichten«. Allen diesen Arbeiten gab er »eine ethische, eine streng gesetzliche Tendenz«. Zeitungen und Zeitschriften nahmen ihm gern ab, was er ihnen anbot, und seine Artikel wanderten oft ohne sein Zutun in andere Blätter über. Damals zeigte sich, daß er ein geborener Erzähler war, der den Volkston zu treffen wußte.

Die Verbitterung über eine brutale, mitleidlose Gesellschaft, der eine Jugendtorheit genügte, um über einen jungen Menschen den Stab zu brechen und ihm den Weg in eine seiner Intelligenz und Vorbildung entsprechende Wirksamkeit zu versperren, war für ihn eine ständige Versuchung, sich gegen das Gesetz aufzulehnen und sich »an Polizei, Richter, Staat, der Menschheit, überhaupt an jedermann zu rächen«. Er selbst charakterisierte viele Jahre später seine damalige Situation mit folgenden Worten: »Es war, als ob ich aus jener Zelle, in der ich sechs Wochen lang eingekerkert gewesen war, eine ganze Menge unsichtbarer Verbrecherexistenzen mit heimgebracht hätte, die es nun als ihre Aufgabe betrachteten, sich bei mir einzunisten und mich ihnen gleichgesinnt zu machen.« Ungefestigt, wie er damals war, erlag er den an ihn herantretenden Versuchungen schließlich. Er ging dazu über, sich Geld durch Betrügereien zu verschaffen.

Am 20. März 1865 erschien er bei der Leipziger Fabrikantenwitwe Hennig, gab sich als Noten- und Formenstecher Hermes (oder Hermin) aus und erklärte, er möchte das Zimmer mieten, das die Frau in der Zeitung als leerstehend angezeigt hatte. Anschließend begab er sich zu dem Kürschnermeister Erler, erstand dort für 12 Taler einen Biberpelz und gab Auftrag, ihn in seiner Wohnung bei Frau Hennig abzugeben. Nachdem er den Pelz dort persönlich in Empfang genommen hatte, verschwand er, ohne die Rechnung zu bezahlen. May hatte das Zimmer augenscheinlich nur deshalb gemietet, um das Betrugsmanöver wie geschehen auszuführen. Als dann am nächsten Tag eine Frau Beyer auf dem Leihhaus erschien, um einen Biberpelz zu versetzen, erkannte der benachrichtigte Kürschnermeister den Pelz als den seinigen und ließ ihn festhalten.

Frau Beyer gab später vor der Polizei an, am Nachmittag zuvor sei ein fremder junger Mann bei ihr erschienen und habe sie gebeten, den Pelz auf dem Leihhaus zum Versatz zu bringen. Sie habe ihm erwidert, daß sie das erst am nächsten Tag tun könne. Der junge Mann habe sie daraufhin beredet, ihm wenigstens 10 Taler Vorschuß zu geben. Wegen des Restes habe der Fremde wiederkommen wollen, sei aber nicht erschienen und habe statt dessen einen Dienstmann geschickt. Ihr Mann sei mit diesem zu dem vereinbarten Treffpunkt gegangen, wo man den jungen Mann auch angetroffen habe. Dieser habe sich der Festnahme entziehen wollen, sei aber überwältigt worden.

Der Täter hüllte sich vor der Polizei zunächst in Stillschweigen und machte weder Angaben zur Person noch zur Sache. Später gab er an, er heiße Karl Friedrich May, wohne in Ernstthal und habe früher den Beruf eines Lehrers ausgeübt. Dem Kürschnermeister und Frau Hennig gegenübergestellt gab er zu, das Betrugsmanöver mit dem Pelz inszeniert zu haben. Er räumte auch ein, der steckbrieflich gesuchte Unbekannte zu sein, der am 16. Dezember des vergangenen Jahres in Chemnitz auf die gleiche Weise zwei Bisampelze und zwei Frauenpelzkragen erschwindelt hatte, dort unter der Angabe, ein Seminarlehrer namens Lohse zu sein. Schließlich gestand er auch noch, sich am 9. Juli 1864 in Penig als Arzt Dr. med. Heilig ausgegeben zu haben und nach Entgegennahme bestellter Kleidungsstücke ohne Bezahlung verschwunden zu sein.

May wurde wegen dieser drei Taten am 8. Juni 1865 vom Bezirksgericht Leipzig zu vier Jahren und einem Monat Arbeitshaus verurteilt. Er hat später dazu erklärt, er könne nicht mehr sagen, wie er das alles fertiggebracht habe: »Ich habe es wahrscheinlich auch schon damals nicht gewußt. Denn für mich ist es sicher und gewiß, daß ich ganz unmöglich bei klarem Bewußtsein gehandelt haben kann« (in den Akten ist zu lesen, May sei nach der Verhaftung »regungslos und anscheinend leblos« gewesen und habe anfänglich auch nicht durch den Polizeiarzt zum Sprechen gebracht werden können). Am 14. Juni 1865 wurde er in das Landesgefängnis Zwickau eingeliefert. Er brauchte die Strafe nicht voll abzubüßen. Am 2. November 1868 wurde er aufgrund königlichen Gnadenerweises vorzeitig entlassen.

Er befand sich erst wenige Monate wieder in Freiheit, als er erneut straffällig wurde. Das war in der Zeit von Ende März bis Ende Juni 1869. Er wurde deshalb am 2. Juli 1869 verhaftet, konnte aber am 26. Juli während eines Transportes entweichen und auf Umwegen nach Böhmen entkommen. Am 4. Januar 1870 wurde er bei Tetschen als Landstreicher aufgegriffen und von den österreichischen Behörden nach Sachsen ausgeliefert. Am 13. April 1870 verurteilte ihn das Bezirksgericht Mittweida wegen »einfachen und ausgezeichneten Diebstahls, Betruges und Betruges unter erschwerenden Umständen, Widersetzung gegen erlaubte Selbsthilfe und Fälschung« aufgrund der damals noch geltenden Vorschriften des Sächsischen Strafgesetzbuchs zu vier Jahren Zuchthaus. Diese Strafe verbüßte er in der Zeit vom 3. Mai 1870 bis 2. Mai 1874 in der Strafanstalt Waldheim vollständig. Als er sie verließ, war er ein geläuterter Mensch.

Wie sich aus dem Wortlaut des Mittweidaer Urteils ergibt, ähnelten die neuen Straftaten im Typ denjenigen, die zu seiner Verurteilung in Leipzig geführt hatten. Es handelte sich wiederum in der Hauptsache um Betrügereien, wobei er erneut in Rollen auftrat, die ihm nicht zukamen. So z. B. erschien er am 29. März 1869 bei einem Krämer namens Reinmann in Wiederau, stellte sich als Polizeileutnant von Wolframsdorf aus Leipzig vor und erklärte, mit der Suche nach Falschmünzern beauftragt zu sein, zu denen der Krämer angeblich schon seit Jahren in Verbindung stand. Er beschlagnahmte bei ihm einen Zehntalerschein sowie eine angeblich gestohlene Taschenuhr und forderte ihn auf, mit ihm zur Gendarmeriestation zu gehen. Dort angekommen, verschwand er mit Geld und Uhr.

Am 10. April 1869 führte er das gleiche Manöver bei dem Seilermeister Krause in Ponitz durch. Er stellte sich diesem als »Mitglied der geheimen Polizei« vor, ließ sich von ihm alles Geld vorlegen und forderte ihn auf, sofort mit zum Gericht nach Crimmitschau zu kommen. Unterwegs erklärte er, ein Bedürfnis befriedigen zu müssen, schlug sich seitwärts in die Büsche und lief davon. Als er von Krause und einigen Passanten verfolgt und gestellt wurde, zog er ein Terzerol aus der Tasche und richtete es auf seine Verfolger. Einen Schuß gab er dabei nicht ab. Die Anklage erblickte in diesem Verhalten nicht nur erschwerten Betrug, sondern auch Widersetzung gegen erlaubte Selbsthilfe.

In der Nacht zum 28. Mai 1869 entwendete May dann dem Schmiedemeister Weisspflog in Ernstthal, seinem Patenonkel, eine Brille mit Futteral, zwei Bunde Sperrhaken und Geld im Gesamtbetrag von etwas mehr als zwei Talern.

Am frühen Morgen des 31. Mai 1869 setzte er diese Straftaten in Limbach fort. Er begab sich dort in eine Schankwirtschaft und benutzte die Abwesenheit der Wirtsleute und ihres Dienstmädchens, einen Satz Billardbälle mitgehen zu lassen. Die verkaufte er später für fünf Taler.

Muten die am 28. und 31. Mai entwendeten Gegenstände schon höchst eigenartig an – ihr Wert entsprach in keiner Weise dem strafrechtlichen Risiko, das May mit diesen Taten einging –, so war das, was er am 4. Juni 1869 anstellte, noch weniger begreiflich. Denn er holte an jenem Tag aus dem Stall eines Gasthofs in Bräunsdorf ein Pferd heraus und veräußerte es unverzüglich in einem Nachbarort samt Zubehör an einen Pferdeschlächter. Noch bevor er den Kaufpreis in Empfang nehmen konnte, erschien der Eigentümer auf der Bildfläche und zwang ihn zur Flucht.

Elf Tage später kehrte er zu seiner früheren Methode zurück. Am 15. Juni 1869 veranlaßte er in Mülsen-St. Jacob einen arglosen Bäckermeister durch die Angabe, ihm sei in Amerika eine Erbschaft zugefallen, sich mit seinen drei Söhnen nach Glauchau zu begeben, um dort bei einem Advokaten die Erbschaftsdokumente in Empfang zu nehmen. Nachdem die Luft rein war, erschien er bei der Frau des Bäckers, gab sich als Polizeibeamter aus, behauptete, im Hause werde Falschmünzerei betrieben und verlangte, daß ihm sofort alles Geld vorgelegt werde. Die verängstigte Frau tat wie gefordert. May nahm daraufhin 28 Taler an sich, sperrte die Frau in eine Kammer und verschwand.

Das letzte Glied in dieser Kette von Straftaten war ein Einbruchsdiebstahl. Ende Juni 1869 stieg May in das verschlossene Kegelhaus einer Gastwirtschaft in Hohenstein ein und stahl dort ein Handtuch und eine Zigarrenpfeife.

Bei seiner Verhaftung am 2. Juli 1869 in Hohenstein wurden in Mays Besitz schließlich noch zwei Urkunden gefunden, die er gefälscht hatte – eine polizeiliche Legitimation, die den Inhaber zu Nachforschungen nach falschem Papier- und Silbergeld ermächtigte, und einen Ausweis, der angeblich von dem (gar nicht existierenden) »Vereinigten Deutsch-Amerikanischen Consulat in Dresden« herrührte und den Inhaber ermächtigte, in einer Erbschaftsangelegenheit tätig zu werden. –

Das also waren die Straftaten, deren sich Karl May schuldig gemacht hatte. Sie waren samt und sonders nicht sehr geschickt angelegt, versprachen wenig Gewinn und sicherten den Täter nicht ausreichend gegen Entdeckung. Man denke nur an die lächerliche Beute aus dem Diebstahl bei dem Ernstthaler Schmiedemeister: ein Kinderwagen, eine Schirmlampe, zwei Geldtäschchen, eine Brille mit Futteral, zwei Bunde Sperrhaken und etwas Geld. Damit konnte man nicht viel anfangen! Nicht anders verhielt es sich mit dem Einbruch in der Gastwirtschaft. Hier bestand die Beute sogar nur aus einem Handtuch und einer Zigarrenpfeife. Was aber den Pferdediebstahl anging, so waren Anlage und Ausführung der Straftat so, daß sie den Täter der Gefahr rascher Ergreifung aussetzten. Karl May hatte sich vier Jahrzehnte nach diesen Straftaten gegen die Behauptung zur Wehr zu setzen, er sei ein »geborener Verbrecher«. Was er damals angestellt und als Beute nach Hause gebracht hat, ist ein schlagender Beweis dafür, daß er das gerade nicht war. Denn ein waschechter, gerissener Krimineller hätte sich andere Objekte ausgesucht und wäre auch raffinierter vorgegangen.

Nachdem May am 2. Mai 1874 aus dem Zuchthaus Waldheim entlassen worden war, stand er noch zwei Jahre unter Polizeiaufsicht und durfte sich ohne polizeiliche Erlaubnis aus seinem Heimatort Ernstthal nicht entfernen. Er hat diese Einschränkung seiner Bewegungsfreiheit nicht sehr ernst genommen und ist nach Dresden gegangen, sobald sich ihm dort die Möglichkeit bot, eine Anstellung zu finden. Leider erhielt die Polizeibehörde von Hohenstein-Ernstthal bald davon Kenntnis.

Am 12. März 1875 machte sie der Dresdener Kriminalpolizei Meldung, daß der »bereits wegen schweren Diebstahls, Betrugs, Widersetzung und Fälschung bestrafte Gauner und frühere Schullehrer Carl Friedrich May« sich unerlaubt aus Hohenstein-Ernstthal entfernt habe, angeblich um in Dresden eine Stellung als Redakteur anzutreten. »Da nun zu vermuten steht«, hieß es in der Meldung weiter, »daß derselbe neben dieser Funktion auch seine frühere verbrecherische Laufbahn teilweise wieder betreiben dürfte ..., so wollte der Unterzeichnete nicht unterlassen, einem geehrten Kommissariate hiervon ganz gehorsamst Notiz zukommen zu lassen.«

Auf diese Meldung hin wurde May am 15. März aus Dresden ausgewiesen. In der Verfügung der Polizeibehörde wurde gesagt, mit Rücksicht auf seine Vorstrafe sei es bedenklich, ihm den Aufenthalt in Dresden zu gestatten. Schon am Tage danach richtete May an die Polizeidirektion die Bitte, von seiner Ausweisung Abstand zu nehmen. Er habe sich nach seiner Entlassung aus der Strafhaft schriftstellerisch betätigt und aufgrund dieser Arbeit bei dem Verlag Münchmeyer eine gutbezahlte Anstellung gefunden. Dieses Gesuch wurde abschlägig beschieden. Die Behörde wies May am 24. März an, die Landeshauptstadt binnen drei Tagen zu verlassen. Auf ein erneutes Gesuch hin wurde ihm Anfang August 1875 dann aber erlaubt, nach Dresden zurückzukehren. Bis zum 2. Mai 1876 blieb er allerdings noch unter Polizeiaufsicht.

Wenn in dem Bericht der Polizeibehörde von Mays Heimatort die Befürchtung geäußert worden war, er werde »in seine frühere verbrecherische Laufbahn zurückfallen«, so hat sich diese Befürchtung nicht bestätigt.

Zwar kam er im Jahre 1878 mit der Strafjustiz erneut in Kollision, weil man ihm zum Vorwurf machte, er habe sich unbefugt mit der Ausübung eines öffentlichen Amtes befaßt. Er wurde deshalb auch zu drei Wochen Gefängnis verurteilt und hat diese Strafe in der Zeit vom 1. bis 22. September 1879 abgebüßt. Aber es handelte sich um einen Vorgang, dessentwegen May zu Unrecht verurteilt worden ist. Die Publikation der Akten durch Fritz Maschke hat in dieser Hinsicht volle Klarheit geschaffen.

May war nämlich eines Tages die Nachricht zugegangen, daß ein Onkel von Emma Pollmer, seiner späteren ersten Frau, in dem Dorfe Niederwürschnitz bei Ölsnitz überfahren und dabei tödlich verletzt worden war. Ein Gerücht wollte wissen, daß der Mann auf ganz andere Weise ums Leben gekommen sei; er sei nicht überfahren, sondern erschlagen worden. Um der Sache auf den Grund zu kommen, begab sich May auf Bitten des Großvaters Pollmer nach Neu-Ölsnitz und ließ sich in einer Gastwirtschaft den Hergang erzählen. Nach der Angabe mehrerer Zeugen soll er sich dabei als »höherer Beamter aus dem Ministerium« ausgegeben und geäußert haben, wenn der zuständige Chemnitzer Staatsanwalt falsch gehandelt habe, lasse er ihn »einstecken«; dasselbe werde den Richtern vom Amtsgericht Stollberg widerfahren, falls sie den Leichnam nicht gleich hätten öffnen lassen. Das Gericht schenkte nicht ihm, sondern den Zeugen Glauben und verurteilte ihn. Dabei hatte er sich weder im Sinne des Gesetzes ein »Amt angemaßt« noch eine »Amtshandlung« vorgenommen. May hatte alle Aussicht, das Urteil in der Berufungsinstanz zu Fall zu bringen, er erschien aber in der Hauptverhandlung nicht und verspielte damit diese Chance.

In späteren Jahren kam May noch wegen unerlaubter Führung des Doktortitels mit dem Strafgesetz in Konflikt, die Polizei stellte deswegen aber erst im Jahre 1898 Recherchen an. Bei seiner Vernehmung durch die Amtshauptmannschaft in Dresden gab er an, er habe den Titel von der Universität Rouen erhalten; später machte er andere Angaben. Die zuständigen Behörden scheinen der Sache keine große Bedeutung beigelegt zu haben, denn sie beschränkten sich darauf, ihm die Weiterführung des Titels zu untersagen. Ein Strafverfahren wurde deswegen nicht eingeleitet.

Als schließlich im Zuge seiner Streitigkeiten mit Lebius 1909 ein Ermittlungsverfahren wegen Meineids (und Anstiftung dazu) eröffnet wurde, endete dieses mit einem Einstellungsbeschluß.

Im Schrifttum sind mehrfach Zweifel an der strafrechtlichen Verantwortlichkeit Mays geäußert worden. Manche haben die Auffassung vertreten, es sei mit Sicherheit anzunehmen, daß er seine Straftaten im Zustand der Unzurechnungsfähigkeit verübt habe. Diesen Auffassungen gegenüber hat der Münchener Strafrechtslehrer Claus Roxin neuestens mit Recht zu Vorsicht geraten, weil das zur Verfügung stehende Material nicht so beschaffen ist, daß eine als seriös anzusprechende Diagnose gestellt werden könnte. Zwar spricht manches dafür, daß sich May bis 1870 aufgrund einer Verzögerung seines seelischen Reifungsprozesses noch im Zustande verminderter Zurechnungsfähigkeit befunden hat, was volle Verantwortlichkeit ausschließen würde. Es ist auch möglich, daß bei ihm seelische Spaltungserscheinungen und Dämmerzustände vorgelegen haben, wegen derer man ihn heute als unzurechnungsfähig behandeln würde. Auf solche Zustände deuten nämlich

Äußerungen hin, die sich in seiner Selbstbiographie finden. Dort heißt es u. a.: »Es kamen zunächst Tage, dann aber ganze Wochen, in denen es vollständig dunkel in mir wurde; da wußte ich kaum oder oft gar nicht, was ich tat.« Aber das können Ausreden sein, die May sich nachträglich zurechtgelegt hat. Ob jene Zustände im Zeitpunkt seiner Straftaten tatsächlich vorhanden waren, läßt sich jedenfalls heute mit Sicherheit nicht mehr feststellen. So kann man nur zustimmen, wenn Claus Roxin am Schluß seiner eindringenden und umfassenden Studie zu dem Ergebnis kommt: »Dies alles reicht natürlich nicht aus, um sichere Rückschlüsse zu ermöglichen.« Die Frage: zurechnungsfähig oder nicht? muß deshalb offen bleiben.

Die Auseinandersetzung May–Lebius

Die zahlreichen Neider und Feinde, die Karl May besaß, unter ihnen vor allem Rudolf Lebius, sorgten dafür, daß die Vorstrafen nicht in Vergessenheit gerieten. Konnte May im Jahre 1905 noch annehmen, daß in der Öffentlichkeit noch niemand etwas Bestimmtes darüber wisse, so war doch damit zu rechnen, daß sich zumindest Lebius die noch fehlende genaue Kenntnis, ja vielleicht sogar Akteneinsicht, verschaffen werde. Und das gelang diesem am Ende auch. Eine 335 Seiten umfassende Broschüre, die Lebius 1910 unter dem Titel: »Die Zeugen Karl May und Klara May. Ein Beitrag zur Kriminalgeschichte unserer Zeit« publizierte, enthielt neben zahlreichen anderen Prozeßurkunden den (nahezu) vollständigen Wortlaut des Mittweidaer Zuchthausurteils. May konnte zwar am 13. Dezember 1910 beim Landgericht I zu Berlin ein Verbot weiterer Verbreitung des Buches wegen der darin enthaltenen Unrichtigkeiten erwirken, das darin enthaltene Material war aber schon in die Presse eingesickert, und das machte es ihm hinfort unmöglich, auf Fragen, die seine Vergangenheit betrafen, ausweichend zu reagieren. Er mußte Farbe bekennen.

Das sollte sich bald zeigen. Mitte November 1909 erfuhr May von der Kammersängerin Selma vom Scheidt in Weimar, daß Lebius an sie unter dem 12. November 1909 einen Brief gerichtet hatte, in dem dieser schrieb, er halte May für einen »geborenen Verbrecher«.

Als der Schriftsteller davon erfuhr, geriet er in hochgradige Erregung und beschloß, gegen diesen Mann, der ihn nicht in Ruhe lassen wollte, gerichtlich vorzugehen.

Schon früher hatte sich Lebius als ein listenreicher, hartnäckiger und gefährlicher Gegner erwiesen.

Daß May trotz seiner früheren trüben Erfahrungen erneut gegen ihn zu Gericht ging, ist schwer zu verstehen. Wenn er etwas weniger empfindlich gewesen wäre und mehr Gelassenheit besessen hätte, so hätte er sich viel Ärger ersparen können. Er konnte es offenbar aber nur schwer ertragen, wenn jemand seine Bücher heruntermachte, und er war augenscheinlich der Meinung, es sei Sache der Gerichte, abwertenden literarischen Urteilen, gleich welcher Art, entgegenzutreten. Dieser Irrglaube trug ihm einige sehr peinliche Niederlagen ein. Im Jahre 1911 meinte er beispielsweise, den Journalisten Dr. Expeditus Schmidt schon deshalb belangen zu können, weil der ihm zum Vorwurf gemacht hatte, er habe zu gleicher Zeit unsaubere Kolportageromane und frömmelnde Muttergottesgeschichten geschrieben. Durch das Amtsgericht Dresden mußte sich May belehren lassen, daß es eine Kritik schriftstellerischer Leistungen gebe, die die Rechtsordnung erlaube und decke. Das Landgericht Dresden trat dieser Auffassung bei, und so kam es nicht einmal zur Eröffnung des Hauptverfahrens. Eine derart abwegige Einschätzung der gegebenen rechtlichen Möglichkeiten ist May nicht nur in diesem Falle passiert.

Indem er seinen Erzfeind jetzt erneut vor Gericht zitierte, ließ er sich auf ein höchst gefährliches Unternehmen ein. Denn in der Privatklage, die er am 17. Dezember 1909 bei einem Berliner Schöffengericht erhob, stützte er sich ausschließlich auf die Worte »geborener Verbrecher«. Bei der Eigenart seines Falles war es überaus riskant, auf einer solchen Basis Beleidigungsklage zu erheben, denn es war nun einmal nicht zu leugnen, daß sein Strafregisterauszug drei Vorstrafen aufwies[1], und er hatte ja auch über sieben Jahre hinter Gefängnis- bzw. Zuchthausmauern zugebracht. So wie die Dinge lagen, mußte man mit der Möglichkeit rechnen, daß das Gericht den Angeklagten wegen Wahrnehmung berechtigter

1 Die vierte Strafe (von 1878/79) war damals noch nicht bekannt, sie war offenbar auch nicht in Mays Strafregisterauszug gekommen.

Interessen (§ 193 StGB) freisprechen werde, falls es nicht überhaupt annehmen würde, der Wahrheitsbeweis sei erbracht. Vor allem versetzte die unbestimmte Fassung der Worte »geborener Verbrecher« die Gegenseite in die Lage, mit Hilfe weitgespannter Beweisanträge das gesamte Vorleben des Privatklägers gerichtlich überprüfen zu lassen.

Karl May hat die Gefahren diesmal entweder nicht gesehen oder zu gering eingeschätzt. Er, der juristischen Rat und Beistand besonders nötig gehabt hätte, nahm sich erstaunlicherweise nicht einmal einen Anwalt. Möglich ist allerdings auch, daß keiner bereit gewesen ist, in dieser Angelegenheit seine Vertretung zu übernehmen.

Die Äußerung, um die es ging, war nicht öffentlich, sondern in einem Privatbrief gefallen. May hätte sie also mit Leichtigkeit ignorieren können. Aber ihn ritt der Teufel. Völlig die ihm drohende Gefahr übersehend, begab er sich in ein Abenteuer hinein, das voller Risiken steckte. Es sollte ihn in eine sehr schwere Krise stürzen. Dabei wurde ihm doch von der Gegenseite deutlich genug vor Augen geführt, mit welchen Waffen man ihn bekämpfen werde. Zwei Tage, nachdem May Privatklage erhoben hatte, am 19. Dezember 1909, veröffentlichte Lebius nämlich in dem von ihm redigierten »Bund« einen Artikel, in dem ungeheuerliche Behauptungen aufgestellt wurden.

Nach Schilderung der ersten beiden Vorstrafen wurde dem ahnungslosen Leser die Mär vorgesetzt, Karl May habe nach Verbüßung seiner Arbeitshausstrafe das wüste Leben eines Räuberhauptmanns geführt. Nachdem wegen neuer Straftaten ein Steckbrief gegen ihn erlassen worden sei, habe er sich in die erzgebirgischen Wälder bei Hohenstein zurückgezogen und sich dort mit einem früheren Schulfreund, dem fahnenflüchtigen Soldaten Louis Krügel, zusammengetan und die Gegend unsicher gemacht. Andere hätten sich ihnen angeschlossen. Innerhalb der Bande habe May unbestritten als Führer gegolten.

Die Schilderung fuhr fort:

»Den Hauptschlupfwinkel der Räuber, der nie entdeckt worden ist, bildete eine mit Moos und gestohlener Leinwand wohnlich austapezierte Höhle in dem herrschaftlich Waldenburgischen

> Walde, Abteilung 6, zwischen Grünthal und Langenberg, oberhalb der Kirche. Die Bande unternahm fast täglich räuberische Überfälle, namentlich gegen Marktfrauen, die den Wald passierten; ferner wurden fortgesetzt Diebstähle und Einbrüche und sonstige Schwindeleien verübt. Bei der Ausraubung eines Uhrladens in Waldenburg erbeutete die Bande für 520 Taler Goldwaren. Daneben vergaßen May und Krügel aber auch das Wildern nicht. Sie legten fleißig Schlingen nach Klein- und Großwild«.

Die Unsicherheit sei schließlich so groß geworden, daß die Städte Hohenstein und Ernstthal von der Regierung Militär erbeten hätten.

> »Dieses traf auch ein und begann mit dem Absuchen der Wälder. An der May-Jagd beteiligten sich die Hohensteiner Feuerwehr und der Ernstthaler Turnverein. May und Krügel wurden aber nicht gefunden. Sie hatten sich durch folgende List gerettet. May hatte unter den vielen gestohlenen Kleidungsstücken, die sich in der Räuberhöhle angehäuft hatten, auch eine sächsische Gefangenen-Aufseher-Uniform entdeckt. Diese zog er an, fesselte seinem Freunde Krügel die Hände auf dem Rücken, worauf beide anstandslos die Militärkette durchschritten. Bei einer anderen Razzia entkamen Krügel und May nur dadurch, daß sie in dem Moment, wo zwei Gendarmen die Wirtsstube betraten, aus dem Fenster sprangen und auf den beiden Pferden der Gendarmen die Flucht ergriffen...«

Im Altenburgischen seien die beiden als Feldmesser aufgetreten und hätten den Bauern Geld abgeschwindelt. Später hätten sie ihre verbrecherische Tätigkeit nach Leipzig und Mailand verlegt. Der Verhaftung seien die beiden Räuber »jahrelang« entgangen, weil sie täglich andere Kleider getragen hätten. May sei aber endlich gefaßt und zu vier Jahren Zuchthaus verurteilt worden. Nach seiner Freilassung habe er sich auf die Kolportageschriftstellerei verlegt.

Diese »Räubergeschichte« war von Anfang bis zu Ende erfunden. Karl May und Louis Krügel haben sich nie zu einer Bande zusammengetan und auch nie als Straßenräuber betätigt.

Louis Krügel war weder Schulkamerad Mays, noch hatte er (wie von Lebius behauptet) bei den Freiberger Jägern gedient. Im Herbst 1868 zum Schützenregiment Nr. 108 nach Dresden eingezogen, wurde er Mitte 1869 wegen Desertion und Veräußerung dienstlich anvertrauter Gegenstände mit Festunghaft und Arrest bestraft und verbüßte diese Strafen (ab August 1869) in der Militärstrafanstalt Dresden. Während des Deutsch-Französischen Krieges wurde er erneut fahnenflüchtig. Deswegen sowie wegen einiger Diebstähle wurde er im April 1872 zu 7 Jahren 8 Monaten Zuchthaus verurteilt. 1877 wurde er aufgrund einer Amnestie aus der Strafhaft vorzeitig entlassen.

Selbst wenn er es gewollt hätte, hätte Krügel nicht die Möglichkeit gehabt, sich mit May zusammenzutun und ein Räuberleben zu führen. Denn als May am 2. November 1868 aus der Strafhaft entlassen wurde, befand sich Krügel in Dresden beim Militär. Er ist zwar später fahnenflüchtig geworden, wurde aber rasch gefaßt und abgeurteilt. In Mittweida wurde May ja auch als Alleintäter zur Verantwortung gezogen. Der Name Krügel ist damals nie gefallen. Was aber die Zeit anlangt, während der sich May auf der Flucht befand (Ende Juli 1869 bis 4. Januar 1870), so kam auch sie für eine Zusammenarbeit nicht in Frage, weil Krügel sich damals wieder in militärischer Haft befand.

Das, was in dem »Bund«-Artikel enthalten war, wiederholte Lebius wörtlich in einem längeren Schriftsatz, den er am 22. März 1910 bei Gericht vorlegte und gleichzeitig auch an die Presse versandte. Er bot darin für alle seine Behauptungen Beweis durch Zeugen an.

Es ist schwer zu begreifen, daß May nicht sofort gegen diese Behauptungen vorgegangen ist. Sie waren leicht zu widerlegen, und sie hätten wegen ihres schwer beleidigenden Charakters mit ungleich größerer Wahrscheinlichkeit zu einer Bestrafung von Lebius geführt als die Bemerkung in dem Brief. Die Chance, die sich Karl May hier bot, seinen Erzfeind sicherer Bestrafung zuzuführen, wurde von ihm weder vor der Hauptverhandlung, noch in ihr, noch später genutzt. Er beschränkte sich auf eine längere »Erwiderung« in der »Augsburger Abendzeitung«. Man habe Lebius bei der Suche nach Material in seiner – Mays – Heimat »ungeheure Bären aufgebunden«. Die von ihm erzählten »Räuberhauptmännereien«

seien »durchweg erdichtet«. Der Artikel im »Bund« strotze auch sonst von Unwahrheit, Lüge und Verfälschung. Er – May – habe ganz selbstverständlich sofort Strafantrag gegen Lebius und Genossen gestellt. – Daß das tatsächlich geschehen ist, muß bezweifelt werden. May ist offenbar davor zurückgeschreckt, seine Vergangenheit gerichtlich überprüfen zu lassen. Ein einfaches Dementi aber überzeugte die Menschen nicht.

In der Hauptverhandlung, die am 12. April 1910 vor einem Berliner Schöffengericht unter dem Vorsitz des Amtsgerichtsrats Wessel stattfand, wurden von dem Verteidiger des Angeklagten zunächst in aller Breite die Vorstrafen des Privatklägers erörtert. Der Verhandlung wohnten zahlreiche Pressevertreter bei, und dadurch erreichte Lebius, daß seinen Behauptungen über die Vergangenheit des Schriftstellers breiteste Publizität verschafft wurde.

Nachdem May in dieser Weise auf die Vorstrafen festgenagelt worden war (er konnte sie nicht leugnen), stellte ihn der Verteidiger in Anlehnung an den Räuber-Artikel im »Bund« und den Schriftsatz vom 22. März öffentlich als ehemaligen Räuberhauptmann hin, der durch seine Untaten einen ganzen Landstrich in Angst und Schrecken versetzt habe. Erst nach Aufgebot starker Kräfte sei es gelungen, ihn und seine Kumpane zu fassen und sie der Bestrafung zuzuführen. Nach Entlassung aus dem Zuchthaus habe May dann den Einfall gehabt, seine Verbrechererinnerungen als Kolportageroman zu veröffentlichen, mit welchem Erfolg, sei bekannt. Zu gleicher Zeit habe er fromme katholische Erzählungen publiziert, die ebenfalls ein beachtlicher buchhändlerischer Erfolg geworden seien.

Aufgrund dessen, was vorausgegangen war, konnte Karl May nicht im Zweifel darüber sein, daß die Gegenseite auf ihn aus allen Rohren schießen werde. Obwohl ihm jetzt nur das präsentiert wurde, was er bereits aus dem »Bund«-Artikel und dem Schriftsatz wußte, war er konsterniert, daß man wagte, ihn auch in der öffentlichen Verhandlung vor Gericht als Räuberhauptmann und skrupellosen Kriminellen hinzustellen. In höchster Erregung rief er der Gegenseite zu: »Es ist alles erfunden. Wenn das wahr wäre, was hier gegen mich vorgebracht wurde, würde ich nicht mehr leben. Denn wenn ich mit solchen Vorwürfen durchs Leben gehen müßte, hätte ich schon längst den Revolver gebraucht!«

Dieser Protest hätte ungleich stärker gewirkt, wenn er von einem Rechtsanwalt unterstützt worden wäre. So aber hörte man nur die Stimme des Betroffenen, und was sollte der schon anderes sagen. Auf die Vertreter der Presse machte jedenfalls dieser Protest wenig Eindruck, denn sie schenkten fast alle dem Vorbringen der Gegenseite Glauben und machten sich deren These vom Räuberhauptmann unüberprüft zu eigen. Karl May sollte von diesem Makel nie wieder ganz freikommen.

Wie nicht anders zu erwarten, berief sich der Verteidiger von Lebius auf den Gesichtspunkt der Wahrnehmung berechtigter Interessen im Sinne des § 193 StGB (May übe einen höchst schädlichen Einfluß auf die Jugend aus, und dem müsse entgegengewirkt werden) und forderte, seinen Mandanten freizusprechen. Damit überzeugte er das Gericht nicht, denn nach längerer Beratung verkündete der Vorsitzende folgendes Urteil: »Der Angeklagte wird wegen Beleidigung zu 15 Mark Geldstrafe verurteilt.«

Der Richter hatte kaum die Urteilsformel zu Ende gesprochen, als der Verteidiger aufsprang, den Richter anschrie und gegen die Urteilsverkündung Verwahrung einlegte. Ihm – dem Anwalt des Angeklagten – sei noch nicht Gelegenheit zu einem Plädoyer gegeben worden, die Sache sei deshalb noch gar nicht spruchreif. Er müsse darauf bestehen, daß noch einmal in die Verhandlung eingetreten werde.

Der Richter ließ sich durch dieses Vorgehen einschüchtern und entschied, er werde »das Urteil noch einmal aussetzen«. Der Verteidiger erhielt jetzt das Wort zu seinen Schlußausführungen und griff darin den Privatkläger auch als Schriftsteller an. Er habe in seinen Romanen über Asien, Amerika und Afrika geschrieben und sei doch nie über Europa hinausgekommen. Man müsse ihn deshalb als literarischen Dieb und Hochstapler bezeichnen. Dies alles mußte sich May anhören, obwohl er 1899/1900 im Orient und 1908 in den USA gewesen war.

Nach diesen schweren Ausfällen zog sich das Gericht erneut zur Beratung zurück und verkündete dann einen Freispruch. Begründung: Der Kläger May habe zugeben müssen, daß er erheblich vorbestraft sei, und damit stehe dem Angeklagten Lebius der Schutz des § 193 StGB zur Seite. Es sei auch nicht anzunehmen, daß er mit Beleidigungsabsicht gehandelt habe.

Dieses Nach- und Nebeneinander von zwei sich widersprechenden Urteilen erregte in der Fachwelt Aufsehen und wurde als Unikum empfunden. Man sprach offen von einer juristischen Köpenickiade.

Die Berichte, die über die Hauptverhandlung vom 12. April 1910 in der Presse erschienen, hätten für Karl May und seine Sache nicht ungünstiger sein können. Die Behauptung, er sei Chef einer Räuberbande gewesen und habe das sächsische Erzgebirge unsicher gemacht, wurde allgemein als Tatsache behandelt, obwohl es zu einer Beweisaufnahme gar nicht gekommen war. Es handelte sich dabei um eine Sensation, wie sie den Presseberichterstattern nicht jeden Tag geboten wurde. Sie mußte an den Mann gebracht werden, und da konnte man nicht erst an eine Verifizierung gehen. An dieser unüberprüften Übernahme einer Parteibehauptung waren nicht nur Skandalblätter, sondern auch seriöse Zeitungen beteiligt. Die Übereinstimmung in der Darstellung dürfte daraus zu erklären sein, daß sich viele der Zeitungen auf den von Lebius vor der Hauptverhandlung versandten Schriftsatz verlassen oder auf die Meldungen einer privaten Zeitungskorrespondenz, der (1891 gegründeten) »Deutschen Journalpost«, gestützt haben, deren Inhaber, der Journalist Paul Schweder, auf seiten Lebius' stand und unaufhörlich gehässige Berichte über May in die Presse lancierte. Dieser Mann sollte 50 Jahre danach noch einmal in einer Weise in Aktion treten, die dem Rufe Karl Mays abträglich war. Darüber wird später zu sprechen sein.

In den »Münchener Neuesten Nachrichten« konnte man damals beispielsweise lesen, es sei »festgestellt« worden, daß May das Leben eines Räuberhauptmanns in den böhmischen Wäldern geführt habe; an diese Behauptung wurde die Forderung geknüpft, seine Publikationen nunmehr alle in Acht und Bann zu tun. In der »Grazer Tagespost« hieß es, May habe aufgrund von Zeugenaussagen zugeben müssen, als Räuberhauptmann in Sachsen und Nordböhmen unzählige Straftaten verübt zu haben. Er sei jetzt aber entlarvt. Als Mensch und Schriftsteller sei er nunmehr »vernichtet«.

In Wahrheit hatte May außer seinen Vorstrafen nichts zugegeben, und Zeugen waren über die Räuberfrage überhaupt nicht gehört worden. Ebenso wie die eben erwähnten Zeitungen schenkten auch die »Leipziger Neuesten Nachrichten« den Angaben des Angeklagten unbesehen Glauben, sprachen von May als einem »Straßenräuber und Banditen« und meinten: »Unter die bürgerliche Existenz dieses betriebsamen Schriftstellers dürfte ein dicker Strich gezogen sein.« Gleiches war in Friedrich Naumanns »Hilfe« zu lesen: »Der große Romantiker Karl May ist seit einigen Tagen tot. Es war ein feierliches Begrabenwerden bei lebendigem Leib.« Die »Wahrheit« sprach von einem »literarischen Schinderhannes«, die »Zeit« in Wien nannte ihn einen »abgestraften Räuber«, die »Berliner Allgemeine Zeitung« überschrieb ihren Prozeßbericht: »Vom Räuberhauptmann zum Romancier«. Für alle Welt war es eine ausgemachte Sache, daß die Geschichte vom Räuberhauptmann der Wahrheit entsprach.

In der »Frankfurter Zeitung« wurde daran erinnert, daß in ihren Spalten schon Ende der 90er Jahre vor May gewarnt worden war. Schon damals sei er für alle urteilsfähigen Leute erledigt gewesen. In dem Berliner Prozeß sei nun die Vergangenheit dieses Mannes enthüllt worden, und dabei habe man hören müssen, daß er sich in den erzgebirgischen Wäldern als Räuberhauptmann betätigt habe. »Karl May bestritt das natürlich, aber kann sich Herr Lebius all das, was er vorbrachte, aus den Fingern gesogen haben?« Semper aliquid haeret.

In den meisten Zeitungen war lebhafte Genugtuung darüber zu verspüren, daß es endlich gelungen sei, diesem »literarischen Dieb und Hochstapler«, diesem »größten Produzenten von Schundliteratur« die Maske vom Gesicht zu reißen und ihn in seine Schranken zu verweisen. Lebius konnte mit diesem Ergebnis zufrieden sein!

Die Verhandlung vor dem Berliner Schöffengericht hatte May in einen Abgrund hinabgestoßen. Tiefer konnte er nicht sinken. Er stand jetzt vor dem ganzen deutschen Volke als »Schwerverbrecher« da und war in Gefahr, die geachtete Stellung, die er durch jahrelange fleißige und geduldige Arbeit erkämpft hatte, einzubüßen und den Rest seines Lebens die Rolle eines Ausgestoßenen und Geächteten führen zu müssen. Man muß sich nachträglich fragen, woher er die Kraft genommen hat, den Sturm, der Mitte April 1910 über ihn hereinbrach, zu überstehen. Tagelang folgte eine Hiobsnachricht auf die andere, und was das für einen geistigen Menschen bedeutet, kann wohl nur der voll würdigen, wer solches selbst erlebt hat.

Das Dementi, das Karl May den Behauptungen von Lebius in der Hauptverhandlung entgegengesetzt hatte, war ohne Wirkung geblieben; es hatte niemand überzeugt. May entschloß sich deshalb, gegen den Gewährsmann seines Erzfeindes vorzugehen. Das war Richard Krügel, der Bruder des neun Jahre zuvor verstorbenen Louis Krügel, mit dem sich May angeblich zur Begehung seiner Räubertaten zusammengetan hatte. Er hatte seinerzeit Lebius das Material für seinen Artikel im »Bund« geliefert.

In der Verhandlung, die am 9. August 1910 vor dem Schöffengericht von Hohenstein-Ernstthal stattfand, mußte Richard Krügel zugeben, daß seine Behauptungen nicht stichhaltig waren. Er habe sich, als Lebius ihn Anfang Dezember aufsuchte, auf die Erzählungen seines Bruders gestützt; der habe aber gern renommiert und es dabei mit der Wahrheit nicht genau genommen. Louis' Witwe bestätigte, daß ihr Mann ein Aufschneider gewesen sei, dem viel Lügen über die Lippen gekommen wären. In seinem Aufsatz im »Bund«, fügte Richard Krügel hinzu, habe Lebius vieles hinzugedichtet. Er habe ihn auch zu bestimmen versucht, seine Angaben als eigene Erlebnisse hinzustellen und ihm dafür eine Belohnung in Aussicht gestellt.

Nach dieser Klarstellung verzichtete May auf Bestrafung Richard Krügels.

Die Verhandlung in Hohenstein-Ernstthal, über die wieder in fast der ganzen deutschen Presse berichtet wurde, führte einen gewissen Umschwung in der öffentlichen Meinung herbei. »Das Blatt wendet sich«, hieß es in der »Stettiner Gerichtszeitung«, »keine einzige der schaurigen Moritaten konnte nachgewiesen werden.« Und die »Sächsische Gerichtszeitung« sprach von »glänzender Rechtfertigung des Herrn Karl May«.

Die Berufungsverhandlung, welche die endgültige Wendung zugunsten Karl Mays herbeiführen sollte, ließ lange auf sich warten. Sie fand erst am 18. Dezember 1911 vor der Strafkammer des Landgerichts III zu Berlin-Moabit statt.

Der Vorsitzende, Landgerichtsdirektor Dr. Ehrecke, unternahm zunächst den Versuch, zwischen den Parteien einen Vergleich zustande zu bringen. Er sagte zu May, er sei doch wohl ein gläubiger Christ. Als der bejahte, fuhr er fort, dann gelte für ihn ja wohl auch das Gebot: »Liebet Euere Feinde. Tut wohl denen, die Euch verfolgen.« Sei das für ihn nicht Veranlassung, die Hand zur Versöhnung auszustrecken? »An sich schon«, lautete die Antwort. »Das kann aber nicht heißen, daß alle Welt beliebig auf mich einschlagen darf. Ich muß mich dagegen verteidigen dürfen.«

Rudolf Lebius ließ durch seinen skrupellosen Verteidiger, den Rechtsanwalt Dr. Bredereck aus Berlin, erneut schwerstes Geschütz auffahren. Der Anwalt präsentierte dem Gericht unter Benennung zahlreicher Zeugen eine ganze Flut von Beweisanträgen, die unverkennbar zum größten Teile nur auf optische Wirkung berechnet waren, denn es war nicht anzunehmen, daß das Gericht ihnen stattgeben werde. Sie sollten den Privatkläger allein schon durch ihre Präsentation in den Augen des Publikums vollends diskreditieren.

Der Anwalt stellte unter Beweis, daß der Privatkläger ein pathologischer Lügner sei; daß seine Eltern Kleptomanen gewesen seien; daß er sich der Wahrheit zuwider als Katholik ausgegeben habe; daß er einerseits unzüchtige Kolportageromane verfaßt, andererseits fromme Schriften veröffentlicht habe; daß von ihm erdichtete Vorgänge als eigene Erlebnisse hingestellt worden seien; daß er fremde Länder beschrieben habe, in die er nie gekommen sei; daß es sich bei ihm um einen schriftstellerischen Plagiator handle; daß er seine erste Frau betrogen und sich während seines Ehescheidungsprozesses verbrecherisch verhalten habe; daß er noch vor zehn Jahren diebische Gelüste bekundet habe; daß er ein Pferdedieb sei, den Doktortitel zu Unrecht geführt und sich der Kenntnis fremder Sprachen (einschließlich einiger Indianerdialekte) gerühmt habe, von denen er kein Wort verstehe.

Karl May hatte sich diesmal wohlweislich anwaltlichen Beistands versichert. Ihn vertraten der Dresdener Rechtsanwalt Netcke und Justizrat Dr. Sello aus Berlin, der zu den renommiertesten deutschen Strafverteidigern gehörte. Sie verwahrten sich nachdrücklich dagegen, daß die Gegenseite die neue Verhandlung mißbrauche, weitere Kübel von Schmutz über May auszuschütten und dabei die alten Räubergeschichten neu aufzuwärmen.

Da man sich auf Richard Krügel seit der Verhandlung vor dem Amtsgericht Hohenstein-Ernstthal nicht mehr berufen konnte, wurde jetzt ein alter Pastor namens Laube als Gewährsmann genannt. Mays Verteidiger beschränkten sich darauf, den über 80 Jahre alten Mann als unglaubwürdig hinzustellen.

Als der Anwalt Lebius' dem Privatkläger erneut »pathologische Lügenhaftigkeit« nachsagte und als Beweis unter anderem anführte, er habe sich allen Ernstes als Trapper abbilden lassen, griff der Vorsitzende ein. Seine Worte ließen erkennen, daß sich die Lage für den so schwer Bedrängten geändert hatte: »Ein Verbrechen wäre das bei einem Dichter sicherlich nicht. Ich halte Herrn May aber für einen Dichter!«

Das Gericht wies sämtliche Beweisanträge der Verteidigung zurück, mit der Begründung, daß es einzig und allein darauf ankomme, ob dem Angeklagten der Schutz des § 193 StGB (Wahrnehmung berechtigter Interessen) zugebilligt werden könne oder nicht.

In seinem Schlußwort fand Karl May Wendungen, die aufs glücklichste die Ausführungen seiner Verteidiger ergänzten: »Es ist richtig, ich habe als Mensch gefehlt und bin in jungen Jahren in den tiefsten Abgrund gesunken. Durch ungeheure Kraftanstrengung bin ich dann aber wieder emporgestiegen, und es ist traurig und erschütternd, daß jetzt Superkluge und Pharisäer kommen und sich bemühen, mich von der erreichten Höhe wieder herunterzustürzen.«

Der Ausgang des Prozesses konnte bei diesem Stand der Dinge nicht zweifelhaft sein. Der Angreifer hatte seine Position überzogen und durch die Heftigkeit und Maßlosigkeit seiner Attacken einen sehr unvorteilhaften Eindruck hervorgerufen. Der Privatkläger auf der anderen Seite hatte dem Gericht vordemonstriert, daß bei ihm die Bezeichnung »geborener Verbrecher« fehl am Platze war.

In diesem Sinne entschied denn auch die Strafkammer. Der fragliche Ausdruck habe den Privatkläger in seiner Ehre verletzt, und wenn der Angeklagte den § 193 StGB für sich in Anspruch genommen habe, so könne er mit dieser Schutzbehauptung deshalb nicht gehört werden, weil er von der Absicht der Beleidigung geleitet worden sei. Die Strafe lautete auf 100 Mark; der Angeklagte Lebius hatte außerdem die Kosten des Verfahrens zu tragen.

Die Aufnahme dieses Urteils in der Presse machte deutlich, daß ein vollkommener Meinungsumschwung zugunsten Mays eingetreten war. Sein Gegner bekam harte Worte zu hören. Im Berliner »Tag« wurden ihm Gehässigkeit, Rachsucht und sensationsgierige Vernichtungswut nachgesagt, eine Wiener Zeitung sprach von systematischer Hetze und das »Forum« verglich den Fall mit demjenigen Oscar Wildes[1]. Die Gesellschaft in Deutschland zeige dieselbe Unduldsamkeit, wie sie einst bei Wilde die Londoner Moralisten an den Tag gelegt hätten, »nur noch vergröbert durch eine Dosis Beschränktheit«. Zehn Jahre dauere dieser Vernichtungsfeldzug gegen May nun schon an, es sei hohe Zeit, daß ihm ein Ende gemacht werde. Freilich drangen diese Pressestimmen nur langsam in das Bewußtsein der Allgemeinheit ein, und es brauchte noch Jahre, bis die Folgen der Diffamierung einigermaßen überwunden waren.

Noch entschiedener ergriff die Presse für Karl May Partei, als bekannt wurde, daß er am 30. März 1912 in Radebeul verstorben war. Man erkannte jetzt fast überall seine große schriftstellerische Begabung und Leistung an, und in vielen Nachrufen kam Mitgefühl zum Ausdruck. Im »Berliner Lokal-Anzeiger« hieß es, May sei wie kein Zweiter in seinem Leben ein Gehetzter und Gebrochener gewesen. »Man schien von ihm zu verlangen, daß er in jedem seiner Werke schon auf dem Titelblatt auf seine Fehltritte hinwies.« Bertha von Suttner sprach von einer Bosheits- und Verleumdungskampagne (aus der May glücklicherweise aber völlig rehabilitiert hervorgegangen sei), und Ludwig Gurlitt teilte in seinem Nachruf mit, May habe sich ihm gegenüber in einem Brief vom 1. Januar 1912 als »totgehetzten Mann« bezeichnet.

In einem von mehreren tausend Menschen besuchten Vortrag hatte der große Erzähler in Wien wenige Tage vor seinem Tode noch einmal beobachten können, wie tief sein Werk in den breiten Massen des Volkes Wurzel geschlagen hatte. Er wurde enthusiastisch begrüßt und mit rauschendem Beifall bedacht. Er war tief gerührt. Wenige Tage später schloß er für immer die Augen.

Man hätte annehmen sollen, es werde nun endlich Ruhe eintreten. Die Gerichte hatten gesprochen und die nötigen Klarstellungen vollzogen, Karl May lebte nicht mehr. Es vergingen jedoch nur wenige Jahre, und der Streit brach neu aus.

1 Zu diesem Fall vgl. M. Jacta: Berühmte Strafprozesse. England I S. 67 ff.

Ende 1917 erhielt Dr. Euchar Albrecht Schmid, der Inhaber des Karl-May-Verlags, von einem Nekrolog Kenntnis, den der Teschener Gymnasialprofessor Dr. Alfred Kleinberg im Auftrag von Anton Bettelheim für das im Verlag Walter de Gruyter regelmäßig erscheinende Werk »Biographisches Jahrbuch und Deutscher Nekrolog« geschrieben hatte. Der Nachruf auf Karl May enthielt eine Anzahl beleidigender Ausfälle gegen den toten Schriftsteller, die sich zu einem Teil auf die Schmähschrift von Rudolf Lebius aus dem Jahre 1910 stützten.

Da hieß es z. B., May sei durch die Lektüre von »Rinaldo Rinaldini« und anderer Räuberromane dauernd verdorben worden; er dürfte sich auch »Raubanfälle« haben zuschulden kommen lassen; die Prozesse, in die er während seines letzten Lebensjahrzehnts verwickelt worden sei, hätten seine Ehre als Mensch und Schriftsteller »zerstört«; zugleich mit frommen Werken habe er »unsäglich schmutzige Kolportageromane verfaßt«; er habe bei seinem Verleger Münchmeyer die Herausgabe von Manuskripten erzwungen; seine selbstbiographischen Äußerungen verhüllten alles Tatsächliche mit Phrasen und Selbstbeweihräucherung; dadurch, daß er sein ganzes Vermögen einer wohltätigen Stiftung vermacht habe, habe er eine »grandiose Reklame« für die Zeit nach seinem Tode gemacht usw.

Dieser Nekrolog bildet eine der schlimmsten und bösartigsten Schmähschriften, die jemals gegen Karl May publiziert worden sind. Dr. Schmid war sich sofort darüber klar, daß er dagegen vorgehen mußte, weil sonst die darin enthaltenen Tatsachenbehauptungen und Werturteile weiterwuchern würden. Dabei war aber zu bedenken, daß die in dem Artikel zu findenden literarischen Unwerturteile keine zuverlässige Handhabe für ein Vorgehen boten, obwohl einige von ihnen grob beleidigenden Charakter hatten. Der Verfasser konnte sich bei ihnen auf den Schutz des § 193 StGB (»Wahrnehmung berechtigter Interessen«) berufen, und es mußte mit der Möglichkeit gerechnet werden, daß er damit bei Gericht Gehör finden werde. Literarische und wissenschaftliche Kritik muß jeder Autor sich gefallen lassen, sofern dabei nur eine sachliche Form gewahrt wird. Im vorliegenden Fall waren aber auch tatsächliche

Unwahrheiten geäußert worden, und auf die konnte man sich bei einem gerichtlichen Vorgehen auf jeden Fall stützen.

Am 8. November 1917 richtete Dr. Schmid an den Verleger Dr. Walter de Gruyter einen Brief, worin er unter Hinweis auf die in dem Artikel enthaltenen tatsächlichen Unwahrheiten und unter Vorlage eidesstattlicher Versicherungen bat, die weitere Verbreitung des unter dem 12. Oktober ausgegebenen 18. Bandes des Biographischen Jahrbuchs wegen Verunglimpfung eines Verstorbenen und um der Wahrheit willen so lange zu unterbinden, als der Text des May-Nekrologs nicht abgeändert sei. Schon am 10. November teilte ihm der wegen seiner vornehmen Haltung bekannte und allgemein geschätzte Verleger mit, daß er die weitere Auslieferung des 18. Bandes eingestellt habe. Dr. de Gruyter unternahm sogleich Schritte, bei Verfasser und Herausgeber eine Berichtigung der bedenklichsten Stellen zu erwirken. Kleinberg erklärte sich dazu bereit und schrieb den Artikel um. Bettelheim indessen bestand darauf, daß er die ursprüngliche Fassung behalte. Diesem Standpunkt schloß sich der Verfasser später an.

Da der Verleger auf seiner Auffassung beharrte und den Kleinbergschen Artikel in den noch nicht ausgelieferten Büchern durch einen anderen ersetzte, allerdings mit dem Zusatz, daß diese Änderung gegen den Willen des Herausgebers erfolge, fühlte sich Bettelheim in seiner Herausgeberehre getroffen und gab in einem »Offenen Brief« bekannt, daß er nach 21jähriger Herausgebertätigkeit zurückgetreten sei. Dieser Entschluß des angesehenen Publizisten erregte naturgemäß großes Aufsehen. In seiner Antwort, der er ebenfalls die Form eines »Offenen Briefes« gab, erklärte der Verleger, seiner Überzeugung nach seien in dieser Sache Verfasser und Herausgeber von dem Wege des Rechts abgewichen, und das könne er nicht mitmachen. Es müsse deshalb dabei verbleiben, daß der 18. Band mit der ursprünglichen Fassung des Nekrologs nicht mehr ausgeliefert werde.

Teile der Presse, unter ihnen vor allem das »Berliner Tageblatt«, nahmen zunächst für Bettelheim Stellung. In der Morgenausgabe dieser Zeitung vom 16. Mai 1918 hieß es, es gehe nicht, daß in einem wissenschaftlichen Werk, wie es der »Deutsche Nekrolog« sei, die Wahrheit unterdrückt werde: »Ein solches Verfahren ist auch dann zu verurteilen, wenn es sich um einen Verstorbenen von besonderer literarischer Bedeutung handelt – vorausgesetzt, daß die Angaben, die seinem Leben und Schaffen gelten, auf Tatsachen begründet und in sachlichem Tone gehalten sind.«

Schon am nächsten Tag änderte die Zeitung aber ihre Einstellung. Aufgrund des ihr von dem Verleger vorgelegten Materials habe sie sich davon überzeugt, erklärte sie, daß der Nekrolog Stellen enthalte, die beleidigend seien, nicht nur für den toten Karl May, sondern auch für lebende Persönlichkeiten. »Das Recht war auf der Seite des Herrn Dr. de Gruyter, als er diese Sätze nicht mit seinem Verlegernamen decken wollte.« Von dieser Auffassung ließ sich die Zeitung auch nicht abbringen, als Bettelheim geltend machte, daß durch derartige Anschauungen die Freiheit der wissenschaftlichen Meinungsäußerung in Gefahr gebracht werde.

Einige Wochen später stellte sich auch das »Börsenblatt für den Deutschen Buchhandel« auf die Seite de Gruyters. »Kein Verleger hätte vorsichtiger, korrekter und fairer handeln können.« Der Nekrolog habe beleidigende Wendungen enthalten, und da jeder Verleger als Verbreiter der Druckschrift in eigener Person Täterschaft begründen könne, nehme er auch an der strafrechtlichen Verantwortung für den Inhalt teil. Dr. de Gruyter habe deshalb recht daran getan, die weitere Verbreitung des Bandes zu verhindern.

Zahlreiche andere Zeitungen äußerten sich in dem gleichen Sinne.

Der Zwischenfall schien damit erledigt zu sein. Da aber meldete sich Ferdinand Avenarius zu Wort, der Herausgeber des »Kunstwarts« und Begründer des Dürer-Bundes. Er war ein alter Gegner Karl Mays. Im Juliheft seiner Zeitschrift richtete er derart scharfe Angriffe gegen den Toten, daß dessen Witwe sich veranlaßt sah, Strafanzeige zu erstatten. Die große Amnestie, die nach der Novemberrevolution erging, ließ dieses Strafverfahren im Sande verlaufen. Avenarius fand mit seinen Haßtiraden wenig Resonanz, es trat im Gegenteil endlich Ruhe ein. Sie sollte 40 Jahre später jäh unterbrochen werden.

Neue Verunglimpfung durch Paul Schweder

Im Jahre 1961 veröffentlichte nämlich der bereits erwähnte frühere Leiter einer privaten Zeitungskorrespondenz, der Journalist

Paul Schweder, in einem bekannten Hamburger Fachverlag unter dem Titel: »Die großen Kriminalprozesse des Jahrhunderts« ein Buch, dem ein Glückwunschschreiben des Bundespräsidenten Theodor Heuss aus Anlaß des 80. Geburtstages Schweders (3. April 1955) vorangestellt war. Dieses Buch enthält auch eine (kurze) Schilderung des Falles Karl May. Schon die Überschrift – »Karl May als Räuberhauptmann« – ließ erwarten, daß hier die alten Unwahrheiten neu aufgetischt werden würden. In der Tat war das der Fall, und das geschah in einer Weise, als ob es nie gerichtliche Richtigstellungen gegeben hätte.

Vorausgegangen war dem ein Aufsatz in der »Thüringischen Landeszeitung« vom 21. Januar 1956, worin dessen Verfasser, ein Dr. Scheuffler aus Erfurt, die gröbsten Unwahrheiten über Karl May verbreitete. Er sei ein »brüchiger« und »fragwürdiger« Charakter gewesen, habe aber 6 Millionen Mark mit seinen Büchern erschrieben (diese Summe ist falsch). Aus dem Seminar in Waldenburg sei er wegen »mehrerer Diebstähle« entlassen worden (wenn überhaupt von Diebstahl gesprochen werden kann, dann nur, von einem), später habe er »Einbrüche am laufenden Band« verübt und »davon gelebt«, schließlich habe er mit einem fahnenflüchtigen Soldaten eine »Räuberbande« gegründet, die Marktfrauen überfiel. In diesem Sinne ging es weiter ... Der Aufsatz ließ erkennen, wieviel von den Räubergeschichten des Rudolf Lebius im öffentlichen Bewußtsein hängengeblieben war.

Der Karl-May-Forscher Fritz Maschke trat Scheuffler in einem geharnischten Leserbrief nachdrücklich entgegen. In seiner Erwiderung berief sich Dr. Scheuffler bezeichnenderweise auf den Prozeß May/Lebius und den Nekrolog von Prof. Kleinberg. Daß inzwischen längst Klarstellungen erfolgt waren, war dem Verfasser dieses Aufsatzes ganz entgangen.

Bei der Lektüre des Schwederschen Aufsatzes ist leicht festzustellen, auf welche Angaben auch er seine Darstellung aufgebaut hat. Sie lehnt sich beinahe wörtlich an die Schilderung an, die Rudolf Lebius, der Erzfeind Mays, Ende 1909 im »Bund« veröffentlicht und später in den Schriftsatz übernommen hat, den er am 22. März 1910 dem Schöffengericht in Berlin unterbreitete.

Daß die Behauptung, Karl May habe sich 1869/1870 in seiner Heimat als Räuberhauptmann und »Marktweiberbandit« betätigt, längst widerlegt worden war, und daß sich alle damit verbundenen Räubergeschichten als erfunden herausgestellt hatten, hatte Schweder bei Niederschrift seiner Schilderung entweder nicht mehr im Gedächtnis, oder aber er handelte wider besseres Wissen. Im Vorwort zu seinem Buch behauptet er, seiner Veröffentlichung seien fünfzehnjährige mühevolle Nachforschungen in Bibliotheken, Archiven und Zeitungen vorausgegangen. Wenn man bei ihm den Fall Karl May nachliest, muß man das bezweifeln. Dessen Darstellung wimmelt nämlich von Unrichtigkeiten. Seiner journalistischen Informationspflicht hat Schweder hier in keiner Weise entsprochen. Der Hamburger Verlag wurde vom Karl-May-Verlag um Richtigstellung ersucht. Die Antwort kam von Schweder persönlich, der lehnte aber glatt ab, irgend etwas zu berichtigen. Wegen Verunglimpfung eines Verstorbenen konnte man ihn nicht zur Rechenschaft ziehen, weil § 189 StGB verlangt, daß die Eltern, die Kinder oder der Ehegatte des Toten Strafantrag stellen. Karl May starb indessen kinderlos, und von den übrigen Antragsberechtigten war niemand mehr am Leben.

So konnte die Mär von Karl May als Räuberhauptmann durch Presse, Rundfunk und Fernsehen erneut die Runde machen und dem Ansehen des Mannes, der inzwischen zu einem der meistgelesenen Autoren der Weltliteratur geworden war, aufs neue Schaden zufügen. Der Fall zeigte wieder einmal, daß von jeder Beleidigung, mag sie noch so kraß der Wahrheit widerstreiten, immer irgend etwas hängenbleibt. Wenn es aber der Zufall will, daß die Anwürfe einen Verstorbenen treffen, dann ist es unter Umständen nicht einmal möglich, dem Lästerer Einhalt zu gebieten und ihn zur Richtigstellung zu zwingen. So enttäuschend ist mitunter die Rechtsordnung.

Die Story vom Räuberhauptmann im Fernsehen

Der Bericht Schweders über »Karl May als Räuberhauptmann« sollte verheerende Folgen haben. Seine Erzählung wurde nämlich von der Filmwirtschaft aufgegriffen, zu einem Streifen verarbeitet und über den Bildschirm an Millionen Menschen weitergegeben. Für das Andenken an den Schriftsteller bedeutete das einen neuen schweren Schlag.

Das Drehbuch hatte ein Berliner Journalist namens Hellmut Kotschenreuther verfaßt (Titel: »Freispruch für Old Shatterhand«). Die Darstellung basierte auf der alten Story von Karl May als Räuberhauptmann. Wieder hieß es, May habe sich nach seiner Entlassung aus dem Zuchthaus als Räuberhauptmann etabliert; er habe als solcher mit seinen Kumpanen unter anderem Überfälle auf Marktfrauen verübt; mittels eines Tricks sei es ihm und seinem Spießgesellen Louis Krügel gelungen, sich der Festnahme zu entziehen usw. Das Ganze wurde von dem Verfasser als »Semi-Dokumentation« hingestellt, die Darstellung entfernt sich aber viel zu weit von der Wahrheit, um überhaupt mit dem Begriff »Dokumentation« in Verbindung gebracht werden zu können.

Der Karl-May-Verlag ließ sich das Rohdrehbuch vorlegen und machte die Filmproduktion – die CCC-Television GmbH in Berlin – darauf aufmerksam, daß die Gesamtdarstellung in dem Film und die Darstellung vieler Einzelheiten sachlich falsch und unhaltbar waren. Mit seinem Verlangen auf durchgreifende Richtigstellung konnte er aber weder bei der Filmgesellschaft noch beim Zweiten Deutschen Fernsehen durchdringen. Letzteres erklärte sich nur dazu bereit, dem Film einen Nachspann anzuschließen.

In dem Dokumentarspiel, das Mitte Februar 1965 vom ZDF ausgestrahlt wurde, fand sich infolgedessen die ganze Story vom Räuberhauptmann wieder. In einem »Nachspann« wurde dem Fernsehpublikum dann mitgeteilt, daß das, was man soeben von den Straftaten des Schriftstellers erfahren habe, nur zum Teil wahr, zum anderen Teil »freie Erfindung« sei. Dabei wurde es dem Hörer überlassen, zu entscheiden, was als bare Münze zu nehmen und was als Phantasieprodukt zu betrachten sei. Die Zumutung, die hier von einem Massenmedium an das Publikum gestellt wurde, war einzigartig und sicher noch nie dagewesen. Die pfiffig erfundene Verlegenheitsbezeichnung »Semi«-Dokumentation kann die Verantwortlichen in keiner Weise entlasten – weder in diesem Fall noch in irgendeinem anderen.

Der Nachspann zu »Freispruch für Old Shatterhand« ist ein Unikum und ein solches Kuriosum in der Geschichte der Massenmedien, daß er nachfolgend wörtlich wiedergegeben sei:

»Der Charlottenburger Prozeß stellte nicht den Abschluß des Streites May gegen Lebius dar. In der Berufungsverhandlung am 18. Dezember 1911 in Berlin-Moabit wurde nach zehnstündiger Verhandlung Rudolf Lebius wegen Beleidigung Karl Mays mit der für die damalige Zeit sehr hohen Geldstrafe von 100 Mark belegt. In der darauffolgenden Zeit führten genaue Untersuchungen der Lebensgeschichte Karl Mays darüber hinaus zu dem Ergebnis, daß verschiedene, ihm im Charlottenburger Prozeß vorgeworfene und in unserem Spiel dargestellte Delikte in Wirklichkeit von Mays Gegnern teils böswillig aufgebauscht, teils frei erfunden waren. Wahrheit ist, daß Karl May in seiner Jugend einige Eigentumsdelikte beging und dafür hart büßen mußte. Irgendwelche Gewaltverbrechen oder Taten in Gemeinschaft mit anderen hatte er nicht begangen, ebensowenig den ihm vorgeworfenen Bahnvermessungsschwindel.«

In der Presse erfuhr diese sonderbare Art von Fernsehspiel mit Recht weithin entschiedene Ablehnung. Im Konstanzer »Südkurier« hieß es beispielsweise, dieses »Dokumentarspiel« habe mit solider Dokumentation nichts mehr zu tun. Die »Esslinger Zeitung« erhob die Frage: »Wer konnte sich nun noch ein Bild davon machen, was der junge May wirklich getan hat?« Und im »Pfälzer Merkur« wurde vermerkt, erst sei der beliebte Erzähler als Räuber, Ausbrecher und Betrüger hingestellt worden, als eine Art Hauptmann von Köpenick, eine sehr freundliche Ausgabe des Schinderhannes mit Eulenspiegel-Einschlag – um dann im Nachspann als gar nicht so schlimm geschildert zu werden. Wer vor Ausstrahlung des Nachspannes abgeschaltet habe, sei unaufgeklärt geblieben. Selten sei das ohnehin schon fragwürdige Wort Dokumentarspiel so ad absurdum geführt worden. Man müsse schon sagen: Diese Fernsehdarbietung sei »zum Lachen« gewesen.

Einige Zeit vorher hatte die ARD ein von Artur Müller verfaßtes Fernsehspiel über Karl May gebracht, in dem das Bemühen erkennbar war, der Wahrheit gerecht zu werden. Durch die Darbietung des ZDF wurde alles, was inzwischen an Aufklärungsarbeit geleistet worden war, zunichte gemacht und das Bild des Schriftstellers auf den Stand vor der Moabiter Hauptverhandlung vom 18. Dezember 1911 zurückgeworfen – ein höchst beklagenswerter Zustand.

Karl May und die Psychoanalyse

Aufgabe des vorliegenden Berichts ist es, die Strafprozesse darzustellen, in die Karl May als Privatkläger, Beschuldigter oder Zeuge verwickelt worden ist. Dabei waren auch die Fernwirkungen zu erörtern, die von jenen gerichtlichen Auseinandersetzungen ausgegangen sind – Fernwirkungen, die einen Diffamierungsprozeß ausgelöst und genährt haben, für den es in der deutschen Literaturgeschichte keine Parallele gibt. In diesem Zusammenhang muß nun noch auf ein Buch hingewiesen werden, das gegen den Ruf Mays von einer ganz neuen Seite ausgegangen ist.

Es konnte im Laufe der Jahrzehnte nicht ausbleiben, daß die Person Karl Mays unter allen nur denkbaren Gesichtswinkeln anvisiert wurde, und daß man dabei auf die eigenartigsten Einfälle kam. So deutete beispielsweise vor Jahren einmal der Wiener Schriftsteller Otto Forst-Battaglia in einem Aufsatz die Möglichkeit an, daß May homosexuell veranlagt gewesen sei; in seinem Buch über ihn (1. Auflage 1930, 2. 1966) hat er diesen Gedanken freilich nicht wiederaufgenommen und weiterverfolgt.

In neuester Zeit hat sich diese These nun der Schriftsteller Arno Schmidt zu eigen gemacht und darüber ein Buch von nicht weniger als 363 Seiten veröffentlicht. Es trägt den Titel: »Sitara und der Weg dorthin. Eine Studie über Wesen, Werk und Wirkung Karl Mays« und meint, mit Hilfe der Psychoanalyse den Nachweis dafür erbringen zu können, daß May ein »unterschichtiger Homosexueller« gewesen sei.

Dem Verfasser dieses Buches sind mehrere Literaturpreise zuerkannt worden, man hat es bei ihm also nicht mit einem Autor zu tun, über dessen Auffassung man einfach zur Tagesordnung übergehen könnte. Wenn im Rahmen dieses Berichts auf seine Ansicht eingegangen wird, dann unter Beschränkung auf eine Anzahl charakteristischer Zitate aus dem Buch, die es jedermann möglich machen, sich ein Urteil zu bilden. Fachleute mögen dann entscheiden, was von der (der Psychoanalyse entlehnten) Technik der Symboldeutung und den von Arno Schmidt damit erzielten Ergebnissen zu halten ist. Berufene Experten mögen außerdem überlegen, welche Rückschlüsse aus diesem eigenartigen Buch sonst zu ziehen sind. Die Zitate dürften für eine Urteilsbildung genügen.

Arno Schmidts Bemühen war also darauf gerichtet, aus dem Gesamtwerk Karl Mays den Nachweis dafür zu erbringen, daß er homosexuell veranlagt gewesen sei und dieser Veranlagung entsprechend gehandelt habe.

Was ist es, fragt Schmidt, was die 100 Millionen deutscher Kinder sowie »all die Hekatomben von Myriaden auf pueriler Stufe verharrenden deutschen Erwachsenen so an ›ihren‹ Karl May fesselt?« Antwort: »Es ist die pausenlose Besprühung, Berieselung, Überströmung, Überschwemmung des Lesers mit S-(Sex-)Wirkstoffen.« Das Werk des »Alten« sei ein reinrassiges »Schwulen-Brevier«, durch welches dem ahnungslosen Leser fortgesetzt Sex-Kalorien eingeimpft würden. Dadurch, daß May sein Werk mit dem stärksten aller Triebe, dem sexuellen Verlangen, gekoppelt habe, sei es für alle Primitiven unwiderstehlich und sein Name in den Reihen der »lebenslänglich Halbstarken« unsterblich geworden.

Welches sind aber die »Sexwirkstoffe«, dank deren es diesem »gewaltigen Pfuscher«, dessen Werk »ein unerschöpfliches Chaos von Kitsch und Absurditäten« sei, gelungen ist, seit nunmehr drei Generationen unzählige Millionen deutscher Menschen in seinen Bann zu schlagen?

Als solche über alle Bücher Mays verstreuten Sexwirkstoffe seien vor allem die Landschaftsschilderungen anzusehen. Ihr strukturelles Prinzip sei immer das gleiche. Überall sei in ihnen ein »Genitale« erkennbar, und ausnahmslos ständen sie für »heiße«, d. h. erogene Zonen. Die Talkessel und Schluchten, auf die man ständig stoße, hätte man aus ihrer symbolischen Verschlüsselung heraus längst als »Körperpartien«, »Modellhintern«, »Konterfeis von Hintern« erkennen müssen; das stellten sie nämlich im Grunde dar. Auch seine Löcher, Stollen, Spalten, Schächte, Klüfte, Höhlen und Gänge wiesen »libidinöse Struktur« auf, seien also auch ihrerseits nichts als verkleidete Genitalien. Ständig also »dieselbe stereotype Genitalisierung der Außenwelt«. May erweise sich damit als »einer unserer größten Erotiker«.

Für solche sexuell zu deutenden Landschaftsschilderungen gebe es unzählige Beispiele. Charakteristisch etwa folgende Stellen: »Hier stiegen die Berge höher an, und nach und nach traten sie immer enger zusammen. Sodann gab es eine Art von Schlucht, deren

Wände kaum mehr als 50 bis 60 Fuß auseinander steil emporstiegen«; oder: »ein Spalt, aus dem Wasser feuchtet, und die Helden müssen hinein«; oder: »Wir befanden uns nämlich am Eingange eines mächtigen und weit ausgedehnten Talkessels, welcher rings von ungangbaren Felswänden umschlossen war.«

Immer baue sich May »unverdächtig-einladende Wüsten und Wildnisse zusammen, eine ›Sexische Schweiz‹ nach der anderen«. In seinen Romanen und Reisebeschreibungen gebe es Hunderte von solchen Bildungen. Dem aufmerksamen Betrachter sei dabei immer ein Genitale erkennbar.

Für Karl May sei dieses Genitale allerdings stets das männliche Gesäß; dieser Körperteil sei ihm zeitlebens der »anregendste« gewesen. Das weibliche Element sei in seinen Büchern so gut wie ganz eliminiert – »ja, mehr noch, es wird eklatant lächerlich gemacht oder verleumdet«. Nach Märdistan durften sich bezeichnenderweise nur Männer hineinwagen. Die Wendung zur Homosexualität, so meint Schmidt, sei bei May zweifellos im Zuchtheim zu Waldheim erfolgt – auf jener großen »Sex-Durststrecke«, die ihm damals aufgenötigt worden sei. »Das erste Mal in großem Stil sexualisiert«, so behauptet Schmidt weiter, habe ihn seine Ernstthaler Großmutter. Seit seiner Entlassung aus der Strafanstalt, so glaubt Schmidt weiter zu wissen, sei für ihn nicht die weibliche Brust, sondern das männliche Gesäß »Lustzentrum« gewesen. Nach Schmidt war deshalb die Situation bei Karl May so:

> »Eine Welt aus Hintern erbaut! –: Hintern als Felsenkessel; Hintern als Tälchen ...; Hintern als Höhlen und schlimme Klüfte; Riesenbäume lümmeln phallisch an liebreizenden Leibritzen ...; Hintern figurieren als musizierende Tale; und hoch über allem kreist nachtdiebisch die Scheibe eines Hinterns als Gestirn –: das Ausmaß, in dem hier solche Verwandlung betrieben wurde, übertrifft jeglichen andern, aus der Literatur bekannten Fall!« (S. 114). – »May's Werk ist von A bis Z anal stigmatisiert!« (S. 106.)

Der sexuelle Hinter- und Untergrund sei für den tiefer Blickenden auch sonst auf Schritt und Tritt erkennbar. In Mays Werken sei viel von Waffen und Werkzeugen (Gewehren, Pistolen, Hämmern, Bohrern usw.) die Rede; dahinter verberge sich jedesmal das Symbol des männlichen Gliedes. Wenn Kakteen in einer Beschreibung vorkämen, so werde ebenfalls Erogenes berührt; die Flora werde auch sonst zu »tarnender Abbildung von Genitalien« benutzt. Hinter den Bändigungsakten von Tieren ständen »wunscherfüllende Geschlechtsphantasien«, und hinter Balgereien und Schlägereien die Vorstellung von »Massengeschlechtsakten«. Auch die Peitsche sei ein Sex-Instrument. Die Bezeichnung »Märdistan« enthalte versteckt das französische Wort »merde«, das Wort »Kulub« den Ausdruck »culus«, und wenn dem Leser der »Scheik der Anallah« vorgestellt werde, sei »anal« im Spiele. Diese Wortbildungen hätten sich bei May vermutlich nicht bewußt vollzogen, sie seien aber aufschlußreich, welche Themen sein Bewußtsein umkreist habe. Die zärtliche Freundschaft zwischen Winnetou und Old Shatterhand gehöre in den gleichen Zusammenhang; beide benähmen sich »verdammt suspekt«. Auffallend seien auch die vielen männlichen Paare, die May auftreten lasse. Wo man auch hinblicke – alles sei bei ihm sexualisiert. –

Was von all diesen Deutungen zu halten ist, darf getrost dem Urteil des Lesers überlassen werden. Für den Nachweis, den Arno Schmidt sich zur Aufgabe gemacht hatte, reichen sie nicht aus. Es wirkt deshalb peinlich, daß er sich bei so unzulänglicher Beweislage hat hinreißen lassen, Karl May mit Ausdrücken zu belegen, die verunglimpfend und in einer wissenschaftlichen Untersuchung (als solche betrachtet Schmidt sein Buch!) unüblich sind. Er bezeichnet ihn z. B. als »alternden Schwätzer und Schlendrian« (S. 272), »Sexualgolem« (S. 325), »schwulen Theodulen« (S. 165), »Halbseidenen« (S. 267) und »Gesäßfeinschmecker« (S. 89), weiter als jemand, »der viele Jahre lang Homo-Wonnen« genossen habe (S. 263), als »Langstreckenonanist« und »greisenhaften Päderasten«.

Die Peinlichkeit wird dadurch erhöht, daß diese Anwürfe gegen das Andenken an einen Mann gerichtet sind, zu dessen Schutz kein Mensch den Täter aus § 189 StGB (Verunglimpfung eines Verstorbenen) zur Verantwortung ziehen kann. Es gibt eben niemand mehr, der Strafantrag stellen könnte.

Schmidt hat dem bisherigen Schrifttum über Karl May Naivität vorgeworfen. Es sei bisher an dem entscheidenden Punkt achtlos vorübergegangen. Kein Wunder, daß heute die landläufige Ansicht über den Schriftsteller nichts als ein »Aberglaube« sei. Jetzt sei das nun anders und der Schlüssel zum Verständnis seiner Persönlichkeit gefunden.

Ist dem wirklich so? Ich glaube nicht, daß von den wilden Konstruktionen, auf die man in Schmidts Buch stößt, viele Menschen überzeugt worden sind. Dafür sind jene alle viel zu subjektiv und allzu vage. Bedauerlich ist nur, daß durch sie dem Andenken an Karl May erneut Schaden zugefügt worden und daß niemand in der Lage ist, dafür dem, der einen Wehrlosen attackiert hat, Rechenschaft abzufordern.

Zusammenfassende Würdigung

In dem Fall Karl May liegt eine tiefe Tragik. May hat sich in seiner Jugend zwar strafrechtlich vergangen, man hat ihn aber für seine Verfehlungen in einer Weise büßen lassen, die außer Verhältnis zu der Schwere dieser Taten und dem angerichteten Schaden steht.

Wegen der unklaren Beweislage würde er in der Uhrenangelegenheit heute vermutlich gar nicht mehr verurteilt worden sein. Und die Straftaten der Jahre 1865 und 1869 hätten ihm in unseren Tagen mit Sicherheit nur einen Bruchteil der Freiheitsstrafen eingebracht, die ihm von der harten Strafjustiz der sechziger und siebziger Jahre des vorigen Jahrhunderts auferlegt worden sind.

Nachdem er dann ein höchst erfolgreicher und angesehener Schriftsteller geworden war, holten seine zahlreichen Neider und Feinde die Vorstrafen aus der Vergangenheit heraus und verleiteten ihn dazu, einen Prozeß nach dem anderen zu führen – Prozesse, deren zermürbende seelische Last durch die gleichzeitig laufenden gerichtlichen Auseinandersetzungen mit dem Verlag Münchmeyer und die Prozesse von Rudolf Lebius gegen die Redakteure des »Vorwärts« und der »Metallarbeiterzeitung« wesentlich gesteigert wurde.

Diese Prozesse wurden von Karl May zum Teil gewonnen, zum Teil aber auch verloren, und unter den verlorenen Prozessen erwies sich als Katastrophe besonderer Art das Urteil, durch das Lebius am 12. April 1910 freigesprochen wurde. Es brachte May – wie oben gezeigt – an den Rand des Ruins.

Während der letzten zehn Jahre seines Lebens stand der große

Erzähler unter einem Feuer, dem ein Mensch von durchschnittlicher Nervenkraft und normalem Stehvermögen mit Sicherheit schon nach wenigen Jahren erlegen wäre. Nicht so dieser Mann.

In einem der früheren Bände wurde geschildert[1], wie wenig Standvermögen in ähnlicher Situation Charles Baudelaire, der große französische Lyriker (1821-1867), aufgebracht hat. Er war im August 1857 wegen »Vergehens gegen die öffentliche Moral«, verübt durch einige seiner Dichtungen, zu 300 Francs Strafe verurteilt worden. Er war empört über diesen Spruch und entschlossen, dagegen vorzugehen, wurde aber rasch anderen Sinnes. Warum? Das schwebende Verfahren ging ihm Tag und Nacht durch den Kopf, es hing wie ein Bleigewicht an ihm, und das empfand er als höchst lästig und störend. Er wollte frei davon werden und »die poetische Stimmung zurückgewinnen«.

»Hier zeigt sich wieder einmal« – so sagten wir bei Schilderung des Falles Baudelaire – »daß Männer des Geistes gerichtlichen Auseinandersetzungen aus dem Wege zu gehen pflegen. Kämpferische Auseinandersetzungen stören oder vernichten jene eigenartige Gemütslage, die der schöpferische Mensch für die Konzentration seiner geistigen Kräfte benötigt. Um sich in seinen Elfenbeinturm wieder zurückziehen zu können, läßt er Unrecht Unrecht sein!«

Bei Karl May war das anders – er nahm das Kreuz solcher Auseinandersetzungen ohne Schwanken auf sich. Die Prozesse, in die er sich hineinbegab, oder in die er verstrickt wurde, forderten ihm große materielle und seelische Opfer ab, sie versetzten ihn von einer Aufregung in die andere und legten ihm mitunter schweres Leid auf. Niemand hat Mays tragische Situation so treffend geschildert wie der sächsische Ministerialdirektor Erich Wulffen, der sich in seinen kriminologischen Veröffentlichungen zu Lebzeiten Mays sehr hart über ihn geäußert hatte. Niemals, sagte er gegen Ende seines eigenen Lebens, sei gegen einen deutschen Schriftsteller so grausam verfahren worden wie gegen Karl May. Bei dem großen Kesseltreiben gegen ihn habe es sich nämlich nicht um eine Kritik schriftstellerischer Leistungen, sondern um eine »Menschenhetze schlimmster Art« gehandelt. Das bilde kein Ruhmesblatt für die deutsche Presse.

1 Berühmte Strafprozesse. Frankreich II S. 54 ff.

Karl May hat sich dieser Auseinandersetzung tapfer gestellt und mutig und unbeugsam seinen Mann gestanden. Die nicht enden wollenden Anfeindungen haben ihn allerdings gelegentlich die Frage aufwerfen lassen, ob man denn gar nicht willens sei, endlich den Makel des Vorbestraftseins von ihm zu nehmen und Ruhe zu geben.

Seinen Kampf- und Widerstandswillen haben solche Grübeleien jedoch nicht zu beeinträchtigen vermocht. Als er im Jahre 1908 hörte, daß der damalige Staatsanwalt Wulffen im 2. Bande seiner »Psychologie des Verbrechers« von seinem – Mays – »ehemaligen Verbrechertum« gesprochen habe, brach bei ihm freilich die angestaute Bitterkeit einmal durch und machte sich in erregten Worten Luft. Mit Ausdrücken von einer Heftigkeit, die bei ihm ungewohnt war, wandte er sich gegen die »Folterpsychologie« jenes sächsischen Juristen – »der jetzt, nach vierzig Jahren, in seinem neuesten Werke mir meine Seele öffentlich vernichtet und einen literarischen, moralischen und materiellen Mord an mir begeht, dessen Widerrechtlichkeit geradezu zum Himmel schreit«! Zu E. A. Schmid aber sagte er einst, und dabei trat einmal die Stimmung zutage, in der er sich angesichts der unaufhörlichen Hinweise auf seine Vergangenheit befand: »Junger Mann, haben Sie eine Ahnung davon, wie weh es mir tut, wenn ich von meinen Vorstrafen sprechen muß?«

Daß er trotz allem Mut und Entschlossenheit bewahrte und den Kampf um Stellung und Ehre kompromißlos bis an sein Lebensende weiterführte – dies allein schon hebt ihn über die Masse der Menschen hinaus und nötigt Respekt und Bewunderung ab.

Er hat das freilich teuer bezahlen müssen. Denn die Prozesse, die er zehn Jahre lang »wie drohende Revolver auf sich gerichtet« sah, gingen an seiner Gesundheit nicht spurlos vorüber. Ihr heimliches Zerstörungswerk ließ ihn ab 1910 stark altern, und als ihm endlich im Dezember 1911 das Berufungsurteil in Sachen Lebius Luft schaffte und unverkennbar war, daß in der öffentlichen Meinung ein Umschwung eingetreten war, da war es schon zu spät. Er war am Ende, seine Gegner hatten ihn buchstäblich zu Tode gehetzt. Wie einer seiner Aussprüche bezeugt, hat er das damals selbst so empfunden, und das war auch die Überzeugung seiner Freunde.

Es wäre für ihn besser gewesen, er hätte die Angriffe leichter genommen. Er hatte gemeint, sich gegen jede abfällige Äußerung zur Wehr setzen zu müssen. Das war nicht lebensklug und zeugte von einer gewissen Weltfremdheit. Ein besonnener und weiser Mann wird sich hüten, jedem beleidigenden Anwurf nachzulaufen und damit die Gerichte zu befassen. Wer im Mittelpunkt öffentlicher Kritik steht, wie es bei May der Fall war, der wird über vieles, ja sogar das meiste, was ihn betrifft, mit Stillschweigen hinweggehen und gar nichts unternehmen. Die Angelegenheit wird sich dann in der Regel durch Zeitablauf von selbst erledigen. Nach kurzer Zeit wird niemand mehr davon sprechen. Der Kluge wird nur dann zu Gericht gehen, wenn es sich um grobe Anwürfe handelt und der Ausgang des Prozesses einigermaßen sicher ist.

An solcher Lebensweisheit und der dazugehörenden Ruhe und Gelassenheit hat es dem großen Erzähler offensichtlich gefehlt, und die Anwälte, an die er sich wandte, haben ihn nicht so beraten, wie es seinem Interesse entsprochen hätte. Die Folge davon war, daß er sich im Schlußabschnitt seines Lebens in einer Reihe von Prozessen verbrauchte und vor der Zeit abtreten mußte. Und darin liegt die Tragik dieses Mannes, der vielen Menschen viel gegeben hat.

Jahrzehntelange Bemühungen, der Wahrheit zum Siege zu verhelfen, haben nicht verhindern können, daß das Märchen vom Räuberhauptmann und Wegelagerer Karl May heute noch durch den Raum geistert. Die breiten Massen haben sich erfreulicherweise dadurch in ihrer Einstellung zu dem berühmten Jugend- und Volksschriftsteller nur ganz vorübergehend beeinflussen lassen. Er ist nach wie vor einer der meistgelesenen Schriftsteller aller Zeiten und Völker. Was Karl May in seiner Jugend gefehlt hat, gilt durch eine grandiose Lebensleistung, die aus einer seelischen Läuterung, einer einmaligen Erfindungsgabe und einer unerschöpflichen Phantasie hervorgegangen ist, längst als bereinigt und überwunden.

Schrifttum: Eine zusammenfassende Darstellung aller Prozesse, in die Karl May verwickelt war, gab es bisher noch nicht. Einzelaspekte behandeln: Albert Hellwig, Die kriminalpolitische Seite des Karl-May-Problems. Karl-May-Jahrbuch 1920 S. 187 ff.; Rudolf Beissel, Und ich halte Herrn May für einen Dichter. Erinnerungen an Karl Mays letzten Prozeß in Berlin. Jahrbuch der Karl-May-Gesellschaft 1970 S. 1 ff.; Claus Roxin, Vorläufige Bemerkungen über die Straftaten Karl Mays. Jahrbuch der Karl-May-Gesellschaft 1971. – Aus dem allgemeinen Schrifttum über Karl May: Otto Forst-Battaglia, Karl May, Traum eines Lebens. Leben eines Träumers. 1. Aufl. 1930, 2. Aufl. 1966; Hans Stolte, Der Volksschriftsteller Karl May. Diss. Jena 1936; Hans Wollschläger, Karl May in Selbstzeugnissen und Bilddokumenten. Reinbek 1965. – Vor dem Erscheinen: Erich Wulffen, Karl Mays Inferno. Herausgegeben von Hans Stolte. Bamberg 1972; Fritz Maschke, Karl Mays Ehe mit Emma Pollmer. Bamberg 1972.

Eine Landplage

Der Schinderhannes und seine Bande

Im Bereich der Kriminalität waren die Nachwirkungen des Dreißigjährigen Krieges noch bis zum Beginn des 19. Jahrhunderts zu spüren. Die sittliche Verwilderung, die er herbeiführte, zusammen mit der zeitweiligen Auflösung aller bürgerlichen Ordnung, bewirkten eine gewaltige Zunahme der Kriminalität, deren die Behörden in keiner Weise Herr zu werden vermochten. Während der Wirren des Krieges ließ die Energie der Verbrechensverfolgung in solchem Ausmaß nach, daß der einzelne häufig so gut wie schutzlos war. Zeitweise kam es zu einem völligen Stillstand der Strafrechtspflege.

Auf diesem Nährboden konnte sich eine Kriminalität entwickeln, deren Hauptkennzeichen rücksichtslose Brutalität war. Neben den Straftaten gegen das Eigentum, deren Zahl sich vervielfachte, machten sich allerorten Gewaltdelikte breit und ließen Mord, Totschlag, Raub, Notzucht und schwere Körperverletzung zu alltäglichen Erscheinungen auf deutschem Boden werden. Den zahlenmäßig viel zu schwachen, unzureichend organisierten und mangelhaft ausgebildeten Strafverfolgungsorganen gelang es nicht, diese Situation zu meistern. Im 17. und 18. Jahrhundert standen die Menschen in Deutschland vielerorten unter dem Druck permanenter Bedrohung; jeder mußte ständig darauf gefaßt sein, das Opfer eines Gewaltdelikts zu werden.

Wer sich ein Bild davon machen will, in welch schlimmer Lage sich die Bevölkerung in Deutschland während des Dreißigjährigen Krieges befand, der greife zu den Werken von Hans Jacob Christoph von Grimmelshausen (1620 oder 1621 bis 1671), insbesondere dessen »Simplicissimus« (1669). Die Entwicklung, die damals einsetzte, war zu Ende des 18. Jahrhunderts noch nicht abgeklungen, im Gegenteil.

Damals, während des großen Krieges, traten Banden auf, welche die Landstraßen unsicher machten und Raub und Mord um sich verbreiteten. Sie rekrutierten sich zu jener Zeit vornehmlich aus verwilderten, auf die Bahn des Verbrechens abgeglittenen Bauern, die durch den Krieg um Haus und Hof gekommen waren und sich vor der plündernden, raubenden und mordenden Soldateska in die Wälder zurückgezogen hatten. Ihnen schlossen sich fahnenflüchtig gewordene oder entlassene Soldaten an, die an Mord und Raub gewöhnt waren und in einem bürgerlichen Beruf kein Unterkommen finden konnten.

Dieser Zustand hatte sich bis zum 18. Jahrhundert noch nicht durchgreifend geändert. In einem 1793 erschienenen Buch über das Gauner- und Bettlerwesen in Schwaben wird aus Süddeutschland folgendes berichtet: »Landstreicher, Diebe, Bettler und Zigeuner halten sich hier in außerordentlicher Menge seit einer Reihe von Jahren auf, schwärmen, durch gesellschaftliche Bande zusammengeknüpft, unter hunderterlei Masken umher und besteuern das Publikum aufs unbarmherzigste. Unglaubliche Summen werden von ihnen erhoben, viele einzelne Personen, viele Familien zugrunde gerichtet und physische und moralische Übel verbreitet, über die man erstaunt, wenn man davon recht unterrichtet ist.«

Wer damals über Land reiste, war nie sicher, ob er wohlbehalten und ungeschädigt sein Ziel erreichte. Und wer abseits wohnte, mußte ständig darauf gefaßt sein, nachts überfallen und ausgeplündert zu werden. Die Behörden standen diesen Erscheinungen noch immer ohnmächtig gegenüber. War einmal eine Bande ausgehoben und unschädlich gemacht worden, so rückte sofort eine andere nach.

Wie kam es zur Ausbildung eines so gefährlichen Gauner- und Räuberwesens, und warum gelang es nicht, seiner Herr zu werden?

Hauptsitz dieser Banden waren die süddeutschen Staaten und in ihnen vornehmlich diejenigen Landstriche, die gebirgiger Natur waren oder an Gebirge angrenzten (Odenwald, Spessart, Vogelsberg, Eifel, Hunsrück, Pfälzischer Wald und Schwarzwald). In unwegsamen Tälern und menschenleeren Wäldern fanden die Räuber leicht Unterschlupf. Zogen sie sich nach getaner Arbeit dorthin zurück, so waren sie in aller Regel dem Zugriff der Behörden entrückt und konnten zur Vorbereitung neuer Taten übergehen.

Die heute kaum vorstellbare territoriale Zersplitterung im süddeutschen Raum machte es jenen Elementen auch möglich, sich Fahndungsmaßnahmen durch einen Sprung auf fremdes Gebiet ohne große Mühe zu entziehen. Allein zum Schwäbischen Kreis gehörte das Gebiet von 29 Fürsten, Grafen und Herren, 20 reichsunmittelbaren Prälaten und 31 Reichsstädten mit jeweils eigenen Gerichtssprengeln und eigener Polizei. Zu gemeinsamem Vorgehen gegen das immer dreister auftretende Straßenräubertum fanden jene Territorien nicht die Kraft. Es fehlte an Geld, aber auch an geeignetem Personal.

Daß es 100 Jahre nach dem Dreißigjährigen Krieg noch einmal zur Ausbildung eines gefährlichen Banden- und Wegelagerertums kommen konnte, lag an den unruhigen Zeitläuften. Die unaufhörlichen Kriege jener Zeit, durch die besonders die Landstriche beiderseits des Rheins in Mitleidenschaft gezogen wurden, brachten Elemente ins Land, die sich nur durch Verbrechen über Wasser halten konnten.

Dazu gehörten einmal die Deserteure, die auf dem Zug durch Süddeutschland die Fahnen verließen, dann aber auch wieder, wie im Dreißigjährigen Krieg, zahlreiche entlassene Soldaten, die den Rückweg ins bürgerliche Leben nicht finden konnten. Vom Krieg her an wildes und ungeregeltes Leben und an Gewalttätigkeit gewöhnt, bedeutete für sie der Übergang zu einem kriminellen Leben nichts Ungewöhnliches.

Zu einem erheblichen Teil rekrutierte sich jenes Wegelagerertum aber auch aus der Unzahl von Bettlern, die damals die deutschen Lande in Scharen durchstreiften. Durch die beträchtliche Arbeitslosigkeit daran gehindert, sich sozial einzugliedern und ein ordnungsmäßiges Leben zu führen, gerieten diese Menschen leicht auf kriminelle Abwege, und aus einem harmlosen und an sich ungefährlichen Bettler und Landstreicher wurde nicht selten ein gefährlicher Dieb oder Straßenräuber.

Die Ausbildung dieses Bandentums wurde dadurch gefördert, daß es überall Menschen gab, die ihnen Unterschlupf und Schutz gegen Verfolgung boten. Derartige »Diebesherbergen« – »kochemer Bemmen« genannt – gab es in den kleinsten Orten. Wurden sie entdeckt und unterdrückt, so traten sogleich andere an ihre Stelle.

Diese »Diebeswirte« leisteten den Bandenmitgliedern unschätzbare Hilfe. Sie nahmen sie nicht nur bei sich auf (in den Wintermonaten oft wochen- und monatelang!), sie verwahrten auch ihre Habe und das von ihnen erbeutete Gut. Bei ihnen wurden Bekanntschaften gemacht, Pläne geschmiedet, falsche Papiere hergestellt usw. Sie leisteten ihnen darüber hinaus Hehlerdienste, das heißt, kauften ihnen Diebesgut ab und wiesen ihnen Absatzmöglichkeiten nach.

Das Motiv für derartige Hilfeleistung war entweder Furcht oder Eigennutz. Furcht spielte gewöhnlich bei den Eigentümern abgelegener Höfe die ausschlaggebende Rolle. Hätten sie den Männern, die an ihre Pforten klopften, Aufnahme und Schutz verweigert, so hätten sie riskiert, überfallen und ausgeplündert zu werden; vielleicht wäre ihr Anwesen auch angezündet worden. Die Behörden konnten die bedrängten Bauern und Gastwirte nicht schützen, und so sahen diese keine andere Möglichkeit, als sich mit den gefährlichen Elementen zu arrangieren.

Viele wurden freilich auch durch puren Eigennutz dazu verleitet, sich mit den Bandenmitgliedern zu verbünden. Die bezahlten ihnen die geleisteten Dienste hoch und ließen auch sonst eine Menge Geld springen. Schon das reichte bei vielen aus, ihnen jede Unterstützung zuteil werden zu lassen.

Was aber die Polizei anging, so ließen es zahlreiche Beamte an dem nötigen Pflichteifer fehlen. Sie waren entweder zu bequem und träge oder aber zu feige, um den Banden mit der nötigen Energie entgegenzutreten. Viele waren auch bestechlich. »Mancher steht mit ihnen in ganz gutem Vernehmen«, heißt es in einem Bericht aus jener Zeit, »schmaust mit ihnen auf ihre Kosten in Wirtshäusern, läßt sich mit Geschenken von ihnen abfangen, kauft ihnen gestohlene Sachen selber ab und sagt ihnen zu ihrer Nachachtung freundschaftlich voraus, wann Gefahr für sie vorhanden ist.« Die Polizeibeamten der damaligen Zeit, kümmerlich bezahlt wie sie waren, konnte man leicht kaufen. Die Banden wußten daraus Kapital zu schlagen.

Die Leichtigkeit, mit der man damals Pässe und Atteste erlangen bzw. fälschen konnte, trug weiter dazu bei, daß sich die Banditen polizeilichem Zugriff ohne besondere Mühe entziehen konnten. Auch in dieser Hinsicht arbeitete die Käuflichkeit vieler Amtsinhaber den Gaunern in die Hände. Sich einen falschen Paß zu verschaffen, verlangte nicht einmal hohe Aufwendungen. Die Paßpolizei verfehlte gänzlich ihren Zweck.

In der eingangs erwähnten Darstellung des Gauner- und Bettlerwesens wird auch unangebrachte Milde in der Strafjustiz als Ursache für das große Übel genannt: »Nur wenige wurden im Verhältnis ihrer großen Anzahl von Zeit zu Zeit hingerichtet oder auf lebenslang ins Zuchthaus verurteilt. Es muß, besonders nach der neueren gelinderen Gerechtigkeitspflege, schon ein Erzjauner seyn, wenn er mit der einen oder der anderen dieser Strafen belegt wird.«

Nach der Entlassung aus der Strafanstalt tat man andererseits nichts, um zu verhüten, daß die Delinquenten sofort wieder rückfällig wurden. Man überließ sie einfach ihrem Schicksal: »Aus Gefängnissen und Zuchthäusern ... gehen sie gewöhnlich in verlumpten Kleidern, ohne einen Heller Geld, ohne alle Aussicht, ohne Zutrauen wieder ins Publikum.« Kein Wunder, daß man sie in den Banden sofort wiederfand.

Begünstigt wurde das Räuberwesen auch dadurch, daß die Einstellung der öffentlichen Meinung zwiespältig war. Männer, die es wagten, einer rückständigen, ja verrotteten Gesellschaftsordnung den Kampf anzusagen und im Kampf gegen sie notfalls den Boden des Rechts zu verlassen, konnten der Sympathien vieler Menschen gewiß sein. Der ungeheure Widerhall, den Schillers »Räuber« fanden (Uraufführung 1781 in Mannheim), erklärt sich aus dieser Einstellung. Man war geneigt, über alle von diesen Menschen verübten Straftaten hinwegzusehen, weil sie als Beschützer der Unterprivilegierten und Unterdrückten und als Anwälte einer besseren und gerechteren Sozialordnung erschienen. Vertraten sie nicht die Sache der Armen, Schwachen und Bedrängten gegenüber den Reichen und Mächtigen der Zeit und gaben sie damit nicht den Anstoß zu einer Fortentwicklung, die längst überfällig war?

Nachdem Friedrich Schiller die Figur des »edlen Räubers« in die deutsche Literatur eingeführt hatte, setzten sich unzählige Federn in Bewegung, und es entstand in den »Räuberromanen« eine bis dahin in Deutschland unbekannte Abart der Romanliteratur, innerhalb welcher Christian Vulpius (1762 bis 1827), der Schwager Goethes, mit »Rinaldo Rinaldini, der Räuberhauptmann« (1797) den größten Erfolg errang. In all diesen Büchern erschienen die führenden Gestalten des Räubertums als große Männer, denen nur die Ungerechtigkeit der bürgerlichen Gesellschaftsordnung den Weg nach oben versperrt habe. Nur wenig habe gefehlt, so hieß es, und aus diesen Menschen wäre ein neuer Alexander, ein Cäsar oder ein Napoleon hervorgegangen.

Friedrich Schiller ist zu seiner Tragödie bekanntlich durch eine Erzählung seines Landsmannes Christian Friedrich Daniel Schubart (1739–1791) inspiriert worden. Es ist aber nicht zweifelhaft, daß auf ihn auch die volkstümlichen Räubergestalten eingewirkt haben, die er damals miterlebte. Jene Zeit war ja doch die Epoche eines Hannickel im Schwarzwald, eines Stülpner im Erzgebirge, des Sonnenwirts in Schwaben. Und im Schatten dieser Großen, deren Namen jedermann im Lande geläufig war, waren Hunderte, ja Tausende anderer tätig, die als eine schwere Hypothek auf der Gesellschaft jener Zeit lasteten. Eine süddeutsche Gaunerliste aus dem Jahre 1800 enthält nicht weniger als 3147 Namen. In einzelnen Territorien versuchte man mit Hängen und Köpfen dieser Entwicklung Einhalt zu tun, und es wird berichtet, daß allein im Bezirk des Rentamts Burghausen in der Zeit von 1748 bis 1776 an die 1100 Personen hingerichtet worden sind. Das Übel war aber zu tief verwurzelt.

Die Spitzbübereien, Drangsalierungen, Greuel und Straftaten, die auf das Konto jener Räuberhauptleute kamen, traten nämlich unter dem Einfluß ihrer Heroisierung und Idealisierung, die für das Schrifttum jener Zeit charakteristisch war, in den Hintergrund, sie fanden Erklärung, wenn nicht gar Rechtfertigung oder Entschuldigung. Die großen Gestalten des Räuberwesens traten damals unter den romantischen Schimmer, den die Figur Karl Moors umgab. Man versah alle bedeutenderen Wegelagerer mit seinen Zügen und hob sie damit aus dem Alltag heraus.

Auf deutschem Boden entwickelte sich seit Ausgang des Jahrhunderts Johann Bückler, gen. Schinderhannes, zur beherrschenden Gestalt. Er erwarb mit seinen Räubertaten beinahe legendären Ruhm. Im Hunsrück und auf dem Odenwald, in der Pfalz und im Saarland lebt er noch heute, lange nach seinem Tod, in der Erinnerung des Volks fort.

Um wen handelt es sich bei diesem jungen Mann, der in seinem kurzen Leben solchen Ruhm erwerben sollte?

Zu Merzweiler im Saargebiet gab es im 18. Jahrhundert eine Familie, in der das Abdeckergewerbe erblich war. Dem Abdecker, auch

Schinder genannt, oblag die Notschlachtung kranken und die Verwertung gefallenen Viehs. In der Regel war der Abdecker zugleich Gerber und besorgte die Verwertung der angefallenen Häute, oft war er zugleich aber auch mit der Fleischbeschau, also veterinärhygienischen Aufgaben betraut. Waren ihm in dieser Weise zugleich halbamtliche Funktionen übertragen, so lautete seine Bezeichnung Wasenmeister.

Einer solchen Abdeckerfamilie entstammte ein Johann Bückler, der sich gegen Ende der 70er Jahre des 18. Jahrhunderts in Miehlen bei Nastätten als Abdecker niederließ. Ihm wurde 1778 oder 1779 ein Sohn geboren, der auf den Vornamen Johannes getauft wurde und als Räuberhauptmann nachmals so großen Ruhm erringen sollte.

Familie Bückler blieb nur wenige Jahre am Geburtsort des Knaben. Nach geschäftlichen Mißerfolgen verließ Johann Bückler mit Frau und Kind in einem Planwagen das Dorf, um nach Polen auszuwandern. Unterwegs ließ er sich von einem österreichischen Regiment, dessen Garnison damals Olmütz war, als Fourier anwerben und blieb dort einige Jahre. Dann verließ er heimlich das Regiment und kehrte in seinen Geburtsort Merzweiler zurück. In der Umgebung dieses Städtchens war er teils als Taglöhner, teils als Feldhüter tätig.

Bei diesem unsteten Wander- und Lagerleben wurde die Erziehung von Johannes begreiflicherweise sehr vernachlässigt. Als er mit 14 Jahren in Cappeln konfirmiert wurde, beherrschte er kaum die Anfangsgründe des Schreibens. Die Briefe, die von ihm erhalten sind, zeigen eine sehr ungelenke Schrift, sie sind außerdem voller Fehler. Viel Unterricht hatte der Junge offensichtlich nicht genossen.

Schon als Halbwüchsiger geriet Johannes mit dem Strafgesetz in Konflikt. Das kam so: Ein Gastwirt in Voistrode beauftragte ihn eines Tages, zusammen mit einem gleichaltrigen Burschen in einem Nachbarort für vier französische Taler Branntwein zu holen. Statt das zu tun, verpraßten die beiden das Geld und wagten sich dann nicht nach Hause. Sie zogen bettelnd durch das Land und stahlen dabei u. a. ein Pferd. Nachdem der Junge schließlich wieder heimgekehrt war, gaben ihn seine Eltern zu dem Abdecker Nagel in Bärenbach in die Lehre. Dort ging es zunächst sehr gut, dann aber kam es zu einem Zwischenfall, der den jungen Bückler endgültig aus der Bahn warf.

Nach altem Brauch gebührten die Felle der ungeborenen Tiere gefallenen Viehs den Schinderknechten; auch die Lehrlinge durften etwas davon beanspruchen. Johannes beobachtete nun, daß ihm der Großknecht seines Lehrherrn den ihm gebührenden Anteil ständig vorenthielt. Er beschloß deshalb, zur Selbsthilfe zu schreiten und entwendete aus dem Lagerraum des Abdeckers sechs Kalbfelle. Der Verdacht richtete sich sogleich gegen ihn. Er stellte die Täterschaft in Abrede, fand damit aber keinen Glauben und zog es deshalb vor, zu verschwinden. Einige Wochen danach stieß der Abdecker zufällig in einem Nachbarort auf ihn und veranlaßte seine Festnahme. Die Justiz machte kurzen Prozeß mit ihm: man ließ ihm auf dem Marktplatz zu Kirn 25 Stockhiebe verabreichen. Johannes Bückler empfand diese »schmachvolle Exekution« vor aller Öffentlichkeit als unerhörte Kränkung und Demütigung, die außer Verhältnis zu seiner Verfehlung stand. Sie hat ihn nach seiner Angabe zum Feind der bürgerlichen Gesellschaft gemacht und auf die Bahn des Verbrechens getrieben.

Zusammen mit einem Altersgenossen verübte er erneut Diebstähle und Betrügereien, die sich zunächst in erster Linie gegen die französischen Truppen richteten, die sich in dem neuerworbenen Lande etabliert hatten. Als Fuhrknecht beim französischen Train entwendete er aus den Magazinen der Franzosen in großem Umfange Brot und Fleisch und verkaufte es an die darbende Bevölkerung. Als die Sache eines Tages ruchbar wurde, konnte er sich der Bestrafung durch die Flucht entziehen.

Später gelang es ihm, wieder bei seinem früheren Arbeitgeber, dem Abdecker Nagel, unterzukommen – ein Zeichen dafür, daß man damals einige Diebereien, ja sogar eine öffentliche »Exekution«, nicht besonders tragisch nahm. Als Nagel aber feststellen mußte, daß sich der junge Bückler hinter seinem Rücken dem Hammeldiebstahl ergeben hatte, jagte er ihn davon und erstattete Anzeige. Der Bursche wurde daraufhin erneut festgenommen und im Rathaus von Kirn hinter Schloß und Riegel gebracht. Bevor er vor Gericht gestellt werden konnte, wurde er wiederum flüchtig. Diese Flucht über das Dach des Rathauses bedeutete für ihn den endgültigen Sprung in die Illegalität.

Da er die größeren Orte und belebteren Straßen meiden mußte, zog er sich in die Wälder des Hunsrück zurück. Die Mittel für seinen Lebensunterhalt verschaffte er sich durch Diebstähle.

Einige dieser Diebereien brachten seinem Namen unter seinesgleichen das erste Ansehen, weil er bei ihnen besondere Gerissenheit und Dreistigkeit an den Tag legte. Bei einem nächtlichen Einbruch entwendete er beispielsweise einem Gerbermeister einen großen Teil seiner Ledervorräte. Am Tage danach erschien er bei dem Bestohlenen und bot ihm das Leder zum Kauf an. Nichtsahnend erklärte sich der Händler dazu bereit. Ihm war offenbar die eigene Ware nicht ausreichend geläufig.

Dieselbe Unverfrorenheit entfaltete Bückler bei einem Einbruch in eine Tuchfabrik. Nachts mit Hilfe einer Leiter in deren Lagerräume eingedrungen, entwendete er daraus einige Ballen Tuch, obwohl im Nebenraum ein Buchhalter bei der Arbeit saß und die Tür dazu geöffnet war. Und er wußte mit seiner Beute so unauffällig zu verschwinden, daß niemand auf seine Spur kam.

Als er um jene Zeit nach einigen unliebsamen Zusammenstößen mit der Polizei den Gedanken erwog, das Vagabundendasein aufzugeben und zur Ordnung zurückzukehren, geriet er in einer abgelegenen Waldschenke in Kontakt zu einer Bande, die schon seit Jahren die Gegend unsicher machte und sich auf Pferdediebstähle spezialisiert hatte. Sie stand unter der Führung eines jungen Burschen namens Fink, den man auch den »roten Fink« nannte. Der Bande gehörten weiter Mosebach, Iltis Jakob, Seibert und Zughetto an – alles Leute, deren Namen im Lande bekannt waren. Ihre Helfershelfer waren der hinkende Schuster Johann Leyendecker und der Holzhacker Johann Georg Reidenbach.

Johann Bückler schloß sich dieser Bande an und trat dabei unter die besondere Obhut von Philipp Ludwig Mosebach. Der stammte aus dem Nassauischen, war der Sohn eines Pfarrers und hatte trotz seiner Jugend schon ein abenteuerliches Leben hinter sich. Nachdem er einige Jahre in den Niederlanden Soldat gewesen war, ließ er sich in der Gegend zwischen Mosel und Nahe nieder und verheiratete sich dort mit einem Mädchen aus einer Gaunerfamilie. Dann rief er zusammen mit den oben erwähnten Männern nach dem Vorbild der nördlich von ihnen operierenden Moselbande die erste Hunsrückbande ins Leben.

Das Gebiet von Eifel und Hunsrück erlebte damals eine unruhige und turbulente Zeit. Es gehörte zu denjenigen Landstrichen am Rhein, die jahrelang nicht aufhörten, »Kriegstheater« zu sein. Unaufhörlich zogen Truppen durch das Land, und zu ihnen gehörten Trosse, die zu Diebstählen und bewaffneten Überfällen geradezu aufriefen. Da es sich um Feinde handelte, galten Aktionen gegen sie nicht als kriminelle Handlungen, vielmehr im Gegenteil als patriotische Taten.

Den deutschen Behörden gelang es bei dieser Sachlage nur mit großer Mühe, die öffentliche Ordnung aufrechtzuerhalten. Den Vorteil davon hatten die Banden, die das Land unsicher machten. Niemand gebot ihrem verbrecherischen Tun Einhalt. Hatte sich ihre kriminelle Aktivität anfangs vor allem auf die Nachschubkolonnen des fremden Militärs gerichtet, so wurde sie jetzt auf die Bevölkerung des Landes ausgedehnt. Bei ihren Vieh- und Pferdediebstählen waren die Banden so erfolgreich, daß man später aus dem Munde von Johann Bückler hören konnte, er habe in seinem Leben so viele Pferde gestohlen, daß man mit Leichtigkeit damit eine ganze Schwadron ausrüsten könne. Der Schinderhannes erwarb damals den Ruf, der dreisteste, geschickteste und erfolgreichste Pferdedieb im ganzen Hunsrückgebiet zu sein. Polizei und Militär brauchten die Täter nicht zu fürchten. Die hatten mit anderen Dingen zu tun. Es war ja noch immer Krieg.

Nachdem während eines Tanzvergnügens ein Mitglied der Bande, ein gewisser Schnallenpeter, erstochen und ein anderer so schwer verletzt worden war, daß er am anderen Tage verstarb, trat die ganze Ohnmacht der Strafjustiz zutage. Die Strafverfolgungsbehörden leiteten zwar ein Ermittlungsverfahren ein, dieses verlief aber rasch im Sande. Die fraglichen Bluttaten wurden nie aufgeklärt, und die Schuldigen blieben ohne Strafe.

Bei derart chaotischen Zuständen konnte Schinderhannes es eines Tages wagen, mit einigen seiner Leute gegen die Stadt Kirn eine Art Strafexpedition zu starten. Daß er dort auf dem Marktplatz öffentlich gedemütigt worden war, brannte in seiner Seele als Schmach fort. Von zweien seiner Leute begleitet, brach er eines Nachts auf, um in Kirn einen reichen Kaufmann zu berauben. Da sich der Tat im letzten Augenblick unüberwindbare Hindernisse entgegenstellten, ließ er alle Wäschestücke mitgehen, die auf der

Bleiche der Stadt zum Trocknen auslagen. Für zahlreiche Einwohner war das am nächsten Tag eine böse Überraschung.

Ungefähr um die gleiche Zeit wurde Johann Bückler in die erste Mordtat verwickelt. Er fing damals an, sich für die Geliebte seines Kameraden Plackenklos zu interessieren, die 18jährige Elise Werner, ein bildschönes Mädchen. Ohne viel danach zu fragen, was der andere empfand, nahm er diesem das Mädchen einfach weg. Plackenklos kochte vor Wut, wagte sich aber nicht offen zu widersetzen. Zu einem schweren Konflikt zwischen beiden kam es dann aber, als Plackenklos seine Gunst einem anderen jungen Mädchen zuwandte, der bildhübschen Ami Schäfer. Die hatte sich nämlich in den Schinderhannes verliebt und wollte von dem Freier nichts wissen. Das löste bei Plackenklos einen Wutanfall aus. Er eilte zu der Mutter des jungen Mädchens und verlangte von ihr, die Tochter an ihn abzutreten. Als diese sich weigerte, wurde Plackenklos gegen Mutter und Tochter ausfällig, nahm ihnen die Kleider weg und zertrümmerte in ihrer Wohnung die Möbel und das Geschirr.

Als Schinderhannes davon hörte, machte er sich mit einigen seiner Anhänger auf die Verfolgung von Plackenklos und spürte ihn am 22. Dezember 1797 auf einem abgelegenen Gutshof auf. Es kam zu einer schweren Schägerei, in deren Verlauf einer der Beteiligten einen Stich gegen Plackenklos führte, der dessen Tod bewirkte. Wer den verhängnisvollen Stich geführt hatte, konnte erst nach Jahren festgestellt werden.

Johann Bückler hatte damit zum erstenmal an einer Tötungshandlung mitgewirkt. Er war damit auf eine Ebene geraten, auf der es für ihn hinfort kein Halten mehr gab. Diesmal ging die Sache bei Gericht allerdings noch einmal für ihn gut ab. Die eingeleitete Untersuchung endete wiederum mit einem »non liquet«.

Nach dem Tode von Plackenklos nahm Bückler Elise Werner ganz zu sich und lebte fast zwei Jahre lang mit ihr zusammen. Dann ging sie in andere Hände über. Sie stammte übrigens aus einer Familie, aus der nicht weniger als drei Personen, ihre Eltern und einer ihrer Brüder, den Tod durch Henkershand fanden. Ein solches Schicksal war damals nicht ungewöhnlich.

Eine für die Räuber und Wegelagerer nachteilige Entwicklung trat ein, als im Jahre 1798 die französische Gerichtsorganisation in den linksrheinischen Gebieten zur Einführung kam. Ein neu ernannter Friedensrichter namens Fölix beschloß, dem Bandenwesen den Garaus zu machen und ließ im Zuge einer großen Polizeiaktion auch den Schinderhannes verhaften. Bei seiner Vernehmung gelang es Fölix durch einen Trick, den Räuber zum Eingeständnis seiner Pferdediebstähle zu bewegen. Damit schien seine Verurteilung gesichert. Auf dem Transport nach Saarbrücken, wo er vor das Schwurgericht gestellt werden sollte, gelang ihm aber wiederum die Flucht. Er kehrte zur Bande zurück und verbarg sich dort.

In dieser Zeit wurde er in eine neue Affäre verwickelt, bei der es einen Toten gab. Einer seiner Kameraden, der Köhler Peter Petri, genannt der »schwarze Peter«, ein allgemein wegen seiner Gewalttätigkeit gefürchteter Mann, war einige Jahre vorher von dem Viehhändler Simon Seligmann anläßlich einer Liebesaffäre mit einer jungen Frau bei deren Ehemann denunziert worden. Als Perti am 17. August 1798 mit Bückler in einer Waldschänke bei Bier und Wein saß, kam Seligmann zufällig vorbei, wurde von dem angetrunkenen Petri angefallen und nach kurzem Kampf erstochen. Hannes sah das mit an und nahm hinterher einen Teil der Habseligkeiten des Getöteten an sich. Petri wurde im Oktober 1798 verhaftet, es gelang ihm aber, zu entfliehen. Er konnte erst im Jahre 1811 wiederergriffen werden.

Nachdem der schwarze Peter verschwunden war, nahm Schinderhannes die Führung der Bande in die Hand. Die war freilich nur lose organisiert. Bei den Banden, die auf deutschem Boden tätig waren, gab es nicht die straffe, beinahe militärische Ein- und Unterordnung, wie sie in Frankreich und Italien die Regel war. Zwar ragten allezeit einzelne Männer aus der Masse heraus, sie übernahmen auch bei vielen Raubzügen die Führung, sie hatten aber keine ständige Kommandostellung inne. Dafür war auch der Ab- und Zugang zu groß.

Hauptbetätigung der Bande waren nach wie vor Pferdediebstähle. Bei deren Ausführung trat man jetzt mit immer größerer Dreistigkeit auf. Man scheute sich nicht, die Tiere am hellichten Tag zu entwenden; sie wurden ebenso ungeniert verkauft.

Die Behörden traten dieser Entwicklung nicht mit der gebotenen Energie entgegen. Sie fürchteten die Rache der Räuber und hüteten sich, sich deren Unwillen zuzuziehen. Wie groß die Unsicherheit damals war, geht aus einem Polizeibericht hervor:

»Das herrnlose Gesindel hat sich in der ganzen hiesigen Gegend seit einiger Zeit derart gehäuft, daß am Tage niemand ohne Begleitung, bei Nacht aber kein Mensch über Feld zu gehen sich getraut aus Furcht, mißhandelt oder beraubt zu werden; die Pferde werden täglich aus den Ställen gestohlen, und der arme Landmann muß sich wegen der Wiedererhaltung seines Eigentums mit den Dieben abfinden.«

Die französische Regierung sah sich schließlich genötigt, diesem Zustand ein Ende zu machen. Sie stationierte in Kirn im Dezember 1798 eine Brigade Nationalgendarmerie und ließ durch diese Elitetruppe die ganze Gegend durchkämmen. Ihr gelang es in der Nacht vom 24. zum 25. Februar 1799, Schinderhannes anläßlich eines Stelldicheins bei seiner damaligen Geliebten Ami Schäfer zu fassen. Um einen Ausbruch unmöglich zu machen, wurde er nach dem Verhör durch den Friedensrichter in Kirn in den Gefängnisturm von Simmern verbracht. Tatsächlich gelang es, ihn sechs Monate dort festzuhalten. Insgeheim aber hatte der Häftling in der Zwischenzeit einen Stollen gegraben, durch den er in der Nacht vom 19. zum 20. August 1799 in den Stadtgraben gelangen konnte. Bei dem Sprung in die Tiefe brach er ein Bein und wurde durch nachstürzendes Mauerwerk erheblich verletzt. Unter unsäglichen Schmerzen gelang es ihm, sich in Sicherheit zu bringen und bei seinem früheren Arbeitgeber, dem Abdecker Nagel, seine Wunden versorgen zu lassen. Deren Ausheilung nahm viel Zeit in Anspruch.

In der Zeit dieser unfreiwilligen Muße organisierte Bückler seine Bande um. Die abenteuerliche Flucht aus dem als völlig ausbruchssicher geltenden Kerker in Simmern hatte sein Ansehen im Lande derart erhöht, daß er mit Leichtigkeit neue Spießgesellen fand. Dieser Mann, sagte man, müsse mit dem Teufel im Bunde stehen; anders sei sein Entweichen nicht zu erklären. Da er sich gleichzeitig als Feind der Franzosen, Juden und Reichen ausgab, rief er an den verschiedensten Stellen Sympathien für seine Sache wach. Johann Bückler wußte, wie man die öffentliche Meinung anzusprechen hatte.

Die Pferdediebstähle brachten auf die Dauer nicht mehr genug ein, deshalb ging man zu Einbrüchen und Raubüberfällen über. Dabei riskierte Bückler jetzt auch Morde.

Die erste Großaktion wurde gegen den Bauern Peter Riegel gestartet, und dazu wurden nicht weniger als 24 Mann aufgeboten. Vorher wurden noch ein jüdischer Arzt und ein jüdischer Kaufmann überfallen, die sich auf der Fahrt nach Kreuznach befanden. Als ihr Wagen herankam, feuerte Hannes einen Schuß ab und ließ anhalten. Dann wurden die Reisenden bis aufs Hemd ausgeplündert.

Nach diesem Vorspiel kam der Bauer selbst an die Reihe, und zwar in der Nacht vom 10. zum 11. Januar 1800. In sein Haus drangen zwölf Mann ein, mißhandelten ihn und seine Familie und durchwühlten alle Kisten und Kästen. Als Riegel bei dem Versuch, ins Freie zu entkommen, so unvorsichtig war, einen der Räuber beim Namen zu nennen, jagte ihm dieser, um ihn mundtot zu machen, eine Schrotladung in den Leib. Der Bauer war sofort tot. Eine Frau erhielt einen Schuß in die Brust.

Bückler war über diese Bluttaten sehr ungehalten. Blutvergießen hatte er unter allen Umständen vermeiden wollen. Jetzt aber hatten ihn seine Kumpane in eine gefährliche Entwicklung hineingerissen. Er brach die Aktion sofort ab und ging auf die rechte Rheinseite. Dort verschwand er für einige Zeit im Untergrund.

Nachdem er später auf das linke Rheinufer zurückgekehrt war, lernte er auf einem Volksfest die Tochter eines Musikers kennen, die dort als Bänkelsängerin auftrat. Sie gefiel ihm so gut, daß er sie durch einen seiner Kameraden in einen Wald in der Nähe ihres Wohnorts bestellte. Sie brachte zu diesem Rendezvous ihre 17jährige Schwester Juliane mit, für die Schinderhannes sofort Feuer und Flamme war. Er bestürmte sie, mit ihm zu kommen und seine Lebensgefährtin zu werden. Sie entsprach seinem Wunsch und hielt bis zu seinem Ende treu zu ihm.

Ein besonders erfolgreicher Coup gelang ihm zu Beginn des Jahres 1800 in der Nähe von Kreuznach. Als er dort mit zweien seiner Leute auf der Lauer lag, zog eine Schar von 30 Juden vorüber, denen sich fünf Bauern angeschlossen hatten. Sie waren ausnahmsweise ohne bewaffnete Begleitung. Die drei verlegten den Leuten den Weg und zwangen sie, ihr ganzes Geld herzugeben. Dann mußten alle die Schuhe und Stiefel ausziehen und auf einen großen Haufen werfen. Als ihnen am Ende erlaubt wurde, das Schuhwerk wieder anzuziehen, entstand großer Streit darüber, welche Schuhe zu wem gehörten, und dieser Streit artete schließlich in eine solenne

Schlägerei aus. Die drei Räuber konnten sich währenddessen ungehindert aus dem Staube machen.

Am 19. März 1800 betätigte sich Schinderhannes zusammen mit vier schwerbewaffneten Angehörigen seiner Bande erneut als Wegelagerer. Diesmal galt der Überfall einer größeren Gruppe von Handelsleuten, teils Christen, teils Juden. Auch hierbei wurde wieder große Beute gemacht. Ebenso wie in einem späteren Fall wurden einige der Überfallenen schwer mißhandelt.

Diese Straßenräubereien wechselten mit Einbrüchen in die Häuser von Juden ab, bei denen Hannes mit zwölf bis fünfzehn Mann vor das ins Auge gefaßte Haus rückte, mit dem »Rennbaum« die Tür aufbrach und dann das Haus ausplünderte.

Seit dem Jahre 1800 konnte sich Schinderhannes als Herr des Soonwaldes (Teil des Hunsrücks) betrachten. Damals nahm er die Bezeichnung »Johann durch den Wald« an, mit der er hinfort seine Briefe unterzeichnete. Zu seinem Hauptquartier machte er eine verlassene Burg bei Kirn, in deren halbverfallenen Räumen er bis zu 20 Familien der Mitglieder seiner Bande unterbringen konnte. Die Bewohner der umliegenden Ortschaften standen in dauernder Verbindung zu ihm und gaben ihm Nachricht, wenn Gendarmen oder französische Soldaten die Gegend durchstreiften. Einen zweiten Schlupfwinkel besaß er im Kallenfelser Hof, einer einsamen, auf einem Felsenvorsprung gelegenen ehemaligen Raubritterburg.

Von diesen festen Sitzen aus unternahm Bückler mit seinen Leuten ausgedehnte Streifzüge durch das linksrheinische Land, auf denen er Raubüberfälle verübte und sich in großem Umfang erpresserisch betätigte. Die Opfer, vornehmlich begüterte Kaufleute und Industrielle, pflegten von ihm Briefe zu erhalten, in denen er ihnen unter mehr oder minder verhüllter Drohung Geld abverlangte. Vor allem die Juden des Landes bekamen seine harte Hand zu spüren; sie waren die Hauptleidtragenden dieses Mannes, der um sich herum Angst und Schrecken verbreitete. Von den Raubüberfällen, derentwegen er später unter Anklage gestellt wurde, betrafen nicht weniger als neun Juden, und jüdische Geschäftsleute waren auch in erster Linie die Adressaten der erpresserischen Briefe, mit denen er sich in den Besitz von Geld zu setzen verstand. Kleine Leute behelligte Bückler in der Regel nicht. Aus Furcht vor Weiterungen wagte sich niemand seinen Forderungen zu widersetzen. Wer gezahlt hatte, erhielt als Gegenleistung für sich und seine Angehörigen eine Sicherheitskarte.

Der Bevölkerung bemächtigte sich auf die Dauer eine derartige Unruhe, daß sich der französische Chef der Verwaltung des Rheindepartements Ende 1800 veranlaßt sah, erneut polizeiliche Maßnahmen gegen den Räuber und seine Bande in die Wege zu leiten. Der zog es deshalb vor, wiederum auf das rechte Rheinufer überzuwechseln und mit seiner Geliebten in einer Mühle im Nassauischen Winterquartier zu beziehen. Dort suchten ihn Anfang Januar 1801 Angehörige der Niederländer Bande auf. Sie kamen dabei überein, gemeinsam ein Unternehmen gegen den Posthalter von Würges bei Königstein auszuführen, bei dem sie große Beute vermuteten. Nachdem bei diesem in der bekannten Weise die Haustür eingestoßen worden war, wurde er überwältigt und schwer mißhandelt. Vier der Beteiligten bewachten das Haus und schossen zur Einschüchterung der Bevölkerung unaufhörlich ihre Gewehre ab.

Da dieses neue Verbrechen erhebliches Aufsehen erregt hatte, hielt Bückler es für ratsam, auf das linke Rheinufer zurückzukehren. Dort verübte er mit seinen Kumpanen zahlreiche neue Überfälle und Einbrüche. Die Überfälle vollzogen sich dabei immer wieder nach der gleichen Methode: Aufbrechen der Haustüre durch Rammstoß mit dem »Rennbaum«, Einschüchterung der Bewohner des Hauses, notfalls Mißhandlung und Knebelung, Durchsuchung des Hauses nach Geld und Kostbarkeiten, eiliger Abzug. Die Beute war oft beträchtlich. Auch hier wagte kaum jemand, den Eindringlingen Widerstand entgegenzusetzen; es war zu gefährlich, man riskierte Leib und Leben. In den folgenden Wochen und Monaten wechselte Bückler zwischen dem linken und rechten Ufer des Rheines hin und her; im August und September gab er auch einmal eine kurze Gastrolle in Baden und Württemberg.

Im September 1801 trat nun ein Ereignis ein, das mit einem Schlag die Lage völlig veränderte. Während der Schinderhannes im Begriffe war, zusammen mit einigen seiner Leute einen reichen Juden in dem Orte Staudernheim auszuplündern, rotteten sich die alarmierten Bewohner des Dorfes zusammen und erhoben sich gegen die Eindringlinge. Die Übermacht war so groß, daß der berühmte Räuberhauptmann mit seinen Männern erstmalig die Flucht ergreifen und sein Unternehmen abbrechen mußte.

Damit war der Bann gebrochen, der Ruf: »Der Schinderhannes ist da!« zog nicht mehr. Die Bauern von Staudernheim gaben mit dieser mutigen Haltung ein Beispiel, das Nachahmung fand. Einige Wochen nach diesem Vorfall erhob sich in dem Dorf Obermorschel wiederum die ganze Einwohnerschaft gegen die Räuber und schlug sie erneut in die Flucht. Staudernheim war infolgedessen der große Wendepunkt in der Laufbahn des Schinderhannes. Sein Nimbus war dahin.

Jetzt zeitigten auch die verschärften Sicherungs- und Verfolgungsmaßnahmen der französischen Behörden die ersten Früchte. Im Verlauf der Jahre 1800 und 1801 gelang es, acht Angehörige der Bande hinter Schloß und Riegel zu bringen. Am 24. Februar 1802 fiel das Haupt von Karl Benzel, einem der Getreuesten des Schinderhannes. Seine Komplicen verschwanden auf Nimmerwiedersehen in französischen Kerkern.

Mit anderen Gefährten ging Bückler zu Beginn des Jahres 1802 zu einer Serie neuer Verbrechen über. Wieder handelte es sich vornehmlich um Erpressungen und Raubüberfälle. Dabei wurde die Ausführung immer gewalttätiger, und es kamen schlimme Exzesse vor. Die Entwicklung glitt dem Bandenchef mehr und mehr aus den Händen.

Anfang Mai 1802 trat bei dem Schinderhannes so etwas wie eine innere Umkehr ein. Er faßte damals den Entschluß, seinen bisherigen Lebenswandel aufzugeben und in die bürgerliche Gesellschaft zurückzukehren. Auch Julchen war in sich gegangen und hatte einen Kramhandel angefangen. Er verkaufte all seine Habe einschließlich Karren und Pferd, nahm einen falschen Namen an und ließ sich bei den kaiserlichen Truppen anwerben. In Limburg wurde er aber von einem Soldaten, der ihn von früher her kannte, verraten. In Ketten gelegt und nach Frankfurt verbracht, gestand er am 14. Juni ein, mit dem berühmten Räuberhauptmann identisch zu sein. Er gab dabei auch einen großen Teil seiner Verbrechen zu. Der Rat der freien Reichsstadt beschloß, ihn nach Mainz auszuliefern. Am 16. Juni wurde er in der Frühe französischen Gendarmen übergeben, die ihn unter starker Bedeckung nach Mainz transportierten. Julchen und einige seiner Kumpane befanden sich bei ihm, um ebenfalls der französischen Justiz übergeben zu werden.

Die Nachricht von der Verhaftung des Schinderhannes verbreitete sich mit Windeseile im ganzen Lande. Als der Transport in Mainz ankam, wurde er von einer unübersehbaren Menschenmenge erwartet. Die Leute waren aus dem Rhein- und Maingebiet in Massen herbeigeeilt; jedermann wollte den berühmten Zeitgenossen sehen. In der jüdischen Bevölkerung, die so sehr unter der Gewalttätigkeit dieses Mannes zu leiden gehabt hatte, griff ein Gefühl besonderer Erleichterung Platz. Bückler machte bei seinem Einzug in Mainz einen ruhigen und gefaßten Eindruck; er hoffte damals noch, vor dem Schlimmsten bewahrt zu bleiben.

Zusammen mit seinen Gefährten wurde er nach einem ersten Verhör in einem Turm untergebracht, der zu dem am Rhein gelegenen Stadttor gehörte. Ein Entweichen aus diesem Verließ war unmöglich. Ende 1802 oder Anfang 1803 gab Julchen dort einem Knaben das Leben.

Der Schinderhannes gab sich noch immer der Hoffnung hin, er werde mit einer Freiheitsstrafe davonkommen. Er hatte ja doch die kleinen Leute geschont und war auch bemüht gewesen, mäßigend auf seine Männer einzuwirken und sie von Roheiten abzuhalten. Sein Auftreten dem Untersuchungsrichter und den anderen Gerichtspersonen gegenüber war so offen, höflich und achtungsvoll, daß er Sympathie wecken mußte. Er räumte seine Untaten bereitwillig ein und gab dabei die Namen aller preis, die seiner Bande angehört oder sie unterstützt hatten. Aus seinen Angaben wurde erstmalig deutlich, wie groß der Kreis seiner stillen Helfer gewesen war. Seine Aussagen führten zu zahlreichen Verhaftungen.

Wegen des gewaltigen Umfangs der Sache wurde zu ihrer Aburteilung in Mainz ein Spezialgericht – Tribunal criminel spécial – eingesetzt. Die Voruntersuchung des Monstreprozesses fand erst Anfang 1803 ihren Abschluß. Die Anklage, die am 7. Februar 1803 bei Gericht einging, erstreckte sich auf nicht weniger als 67 Mitschuldige. Sie hatte 53 verschiedene Tatkomplexe zum Gegenstand, die in den Jahren 1796 bis 1802 verübt worden waren.

Für die Hauptverhandlung konnte zunächst kein Saal ausfindig gemacht werden, der groß genug war, alle Prozeßbeteiligten aufzunehmen. Sie wurde schließlich in den Konzertsaal des Mainzer Schlosses verlegt, der dafür mit einer Tribüne versehen worden war. Eröffnet wurde die Verhandlung am 24. Oktober 1803.

Den Vorsitz hatte der Gerichtspräsident Wernher inne. Von den

36 ausgelosten Geschworenen wurden je 12 von Anklage und Verteidigung abgelehnt. Die Staatsanwaltschaft sorgte dafür, daß alle Kleinbauern und armen Leute dem Gericht ferngehalten wurden; der Angeklagte besaß in ihren Reihen Sympathien, er wäre deshalb von ihnen unter Umständen zu milde behandelt worden. Die Verteidigung achtete darauf, daß auf die Geschworenenbank keine Juden kamen; von ihnen hätte ihr Mandant naturgemäß nichts Gutes erwarten können.

Am 24. Oktober 9 Uhr vormittags wurden die Angeklagten – jeweils zu zweien aneinandergekettet – in das Schloßgebäude gebracht. Im Vorraum wurden ihnen, dem französischen Prozeßrecht entsprechend, die Ketten abgenommen. Der Hauptangeklagte blickte munter und zuversichtlich um sich, die anderen machten einen eher gedrückten Eindruck.

Kurz vor 10 Uhr erschien das Gericht – die Richter und der Staatsanwalt in Talar und mit Barett. Da die Amtssprache französisch war, hatte man auch einige Dolmetscher aufgeboten.

Die Verlesung der Anklageschrift nahm zwei Tage in Anspruch. In seiner Einlassung gab Johann Bückler einen Abriß seines Lebens und schilderte darin, wie er auf die Bahn des Verbrechens geraten war. Er schloß mit den Worten:

> »Ich bekenne, daß ich Strafe für alle diese Verbrechen verdient habe; aber man wird mir doch keine Grausamkeit vorwerfen können, und wann meine Mitschuldigen deren begangen haben, so that ich alles, was von mir abhieng, um sie davon abzuhalten.
> In dem aufrichtigen Geständnis meiner Verbrechen ersah ich das einzige Mittel, selbige, in soweit es von mir abhieng, auszusöhnen, und die Übel, welche ich der Gesellschaft zugefügt habe, zu verbessern; ich überlasse denjenigen, die mich urtheilen werden, zu erwägen, ob ich diese Verbindlichkeit, welche ich mir aufgelegt, erfüllt habe; und welches auch mein Schicksal seyn mag, ich werde mich ihm mit Standhaftigkeit unterziehen; nur zu unglücklich, wenn es mir nicht mehr erlaubt ist, der Gesellschaft durch rechtschaffene Handlungen Unterpfänder der Aufrichtigkeit meiner Reue geben zu können.«

Die Beweisaufnahme, für die an die 500 Zeugen geladen worden waren, konnte in zwei Wochen zum Abschluß gebracht werden. Des Hauptangeklagten umfassendes Geständnis hatte dem Gericht die Arbeit sehr erleichtert. Durch das, was zur Sprache kam, wurde Johann Bückler zum Teil schwer belastet, insbesondere durch die Ermordung von Plackenklos, die Erschießung des Bauern Riegel und die schweren Exzesse der letzten Zeit. Am Schluß der Beweisaufnahme blieb für ihn nicht viel Hoffnung übrig.

Am Nachmittag des 19. November zogen sich die Geschworenen zur Beratung und Fällung des Schuldspruchs zurück. Dieser lautete für 42 der Angeklagten auf »schuldig«.

Nunmehr war es Sache der Richterbank, die Strafen festzusetzen. Nach einer langen Beratung, die bis Mitternacht dauerte, wurde über Johann Bückler und 19 der Mitangeklagten die Todesstrafe verhängt. Diese Entscheidung wurde für Schinderhannes auf drei Mordtaten, 20 Raubüberfälle und 30 schwere Diebstähle gegründet. Vater Bückler erhielt 22 Jahre Galeerenstrafe, Julchen 2 Jahre Gefängnis.

Bei Verkündung der Strafen geschah etwas Ungewöhnliches. Der Gerichtspräsident wandte sich dem Hauptangeklagten zu und widmete ihm Worte, aus denen hervorging, welch vorteilhaften Eindruck seine Person bei Gericht hervorgerufen hatte:

> »Sie haben im Laufe der Untersuchung eine so ernstliche Reue an den Tag gelegt und so viel Beweise von guten Charakteranlagen gegeben, daß der Gerichtshof gerne von den Gesetzen die mildeste Anwendung gemacht haben würde, wenn nicht die Anzahl und Größe der von Ihnen begangenen Verbrechen den Versuch jeder Ihnen günstigen Interpretation unmöglich gemacht hätte. Betrachten Sie Ihre Strafe als eine Sühne für die von Ihnen begangenen Verbrechen«.

In der Nacht vom 20. zum 21. November wurde auf einer Anhöhe bei Mainz eine Guillotine errichtet, und dahinter wurden 20 Grabstellen vorbereitet. Die Hinrichtung selbst war für den 21. November mittags 1 Uhr vorgesehen.

Am Morgen dieses Tages setzte eine wahre Völkerwanderung nach Mainz ein; unzählige Menschen strömten in der Stadt zusammen. Die Kinder erhielten schulfrei.

Kurz vor 1 Uhr erschienen der Präfekt, der Bürgermeister der Stadt Mainz und die Mitglieder des Gerichtshofs, um der Hinrichtung beizuwohnen. Als die fünf Wagen auf dem Richtplatz ankamen, auf denen sich – von berittenen Gendarmen umgeben – die Verurteilten befanden, ertönte das Armesünderglöckchen.

Die Exekution der 20 Verbrecher nahm nur 26 Minuten in Anspruch. Als letzter trat Johann Bückler auf das Gerüst. Jedesmal, wenn ein Kopf vom Rumpfe fiel und fontänenartig das Blut emporsprang, fingen die Gehilfen des Scharfrichters es in einem Behältnis auf und reichten es denen, die herbeieilten, um es zu trinken. Dieses Blut sollte nämlich von der Fallsucht heilen.

Johann Bückler ging gefaßt und mannhaft in den Tod. Manche unter den Zuschauern mögen an die Schlußstrophe von Schillers Räuberlied gedacht haben:

»Und wenn mein Stündlein kommen nun,
Der Henker soll es holen!
So haben wir halt unsern Lohn,
Und schmieren unsre Sohlen.
Ein Schlückchen auf den Weg vom heißen Traubensohn,
Und hura rax dax! geht's, als flögen wir davon.«

Noch lange danach bezeichneten 20 Pappeln die Stelle, wo die Hingerichteten in die Erde gebettet worden waren.

Mit der Hinrichtung des kaum 25 Jahre alt gewordenen Räuberhauptmanns fand die große Epoche des Räuberwesens ihr Ende. Diejenigen, die nach ihm kamen, waren Epigonen.

Vor einigen Jahren rief ein ausgezeichneter Film mit Curd Jürgens und Maria Schell in den Hauptrollen erneut die Erinnerung an den rheinischen Räuberhauptmann wach.

Schrifttum: Das Leben des Schinderhannes hat unzählige Darstellungen gefunden. Beste Schilderung: Curt Elwenspoek, Schinderhannes. Der rheinische Rebell. Stuttgart 1925. – Über das Räuberwesen zu Ausgang des 18. Jahrhunderts unterrichten u. a.: Abriß des Jauner- und Bettelwesens in Schwaben. Stuttgart 1793; Pfister, Aktenmäßige Geschichte der Räuberbanden. Heidelberg 1812; G. W. Pfeiffer, Actenmäßige Nachrichten über das Gaunergesindel am Rhein und Main. Frankfurt 1828; Chr. Rochlitz, Das Wesen und Treiben der Gauner, Diebe und Betrüger Deutschlands. Leipzig 1846. – Vgl. zum Ganzen auch G. Radbruch und H. Gwinner, Geschichte des Verbrechens. Stuttgart 1951 S. 220 ff., 268 ff., 279 ff.

Studentischer Fanatismus

Der Fall Carl Ludwig Sand

Am 23. März 1819 geschah eine Bluttat, die ein ungeheures Echo fand und die Mächtigen der damaligen Zeit mit panischem Schrekken erfüllte: ein junger Student namens Carl Ludwig Sand, Mitglied der Jenaer Burschenschaft, ermordete in Mannheim den Lustspieldichter August von Kotzebue, der als Schänder der deutschen Geschichte, russischer Spion und Verkörperung der Reaktion galt und in der Tat eine Art Agent der russischen Regierung war. Die Erinnerung an die Französische Revolution und die Schreckensherrschaft der Jakobiner war noch zu lebendig, als daß durch die Tat nicht die schlimmsten Befürchtungen wachgerufen worden wären.

Der Menschen von damals bemächtigte sich ein unheimliches Gefühl. Viele sahen eine neue Welle politischer Gewalttaten auf die Welt zukommen und fürchteten, daß dabei wiederum Ströme von Blut vergossen werden würden. Das Wartburgfest vom Oktober 1817 und Vorkommnisse an einigen der außerpreußischen Universitäten, insbesondere Jena, Gießen und Heidelberg, legten den Verdacht nahe, daß es sich nicht um die Tat eines einzelnen, sondern um die Ausgeburt einer Verschwörung handelte, deren Ziel es sei, die bestehende Gesellschaftsordnung aus den Angeln zu heben. Die Reaktion auf die Bluttat war von großer Schärfe. In die Strafverfahren, die von den Regierungen in die Wege geleitet wurden, sahen sich urplötzlich zahlreiche Studenten verwickelt, die mit dem Verbrechen nichts zu tun hatten. Sie mußten für die Tat eines anderen schwer büßen.

Sand entstammte einer hochangesehenen fränkischen Juristenfamilie. Er war am 5. Oktober 1795 in Wunsiedel zur Welt gekommen.

Wunsiedel gehörte zur Markgrafschaft Bayreuth, die bis 1807 unter preußischer Herrschaft stand. Sands Vater war Justizbeamter und später Richter. Die Mutter kam aus einer vermögenden Kaufmannsfamilie. Zwei Brüder und zwei Schwestern befanden sich ebenfalls in geachteter Position. Die Mitglieder der Familie Sand waren in Eintracht und Liebe innig miteinander verbunden. Kein Mensch hätte auf den Gedanken kommen können, daß aus dem Schoße dieser Familie ein fanatischer Mörder hervorgehen würde.

Eine schwere Blatternerkrankung, von der Carl Ludwig als kleines Kind befallen wurde, warf ihn jahrelang aufs Krankenlager. Wegen seiner Schwächlichkeit konnte mit dem Schulunterricht bei ihm erst mit dem 8. Lebensjahr begonnen werden. Eine starke Unbeholfenheit und eine gewisse Schwerfälligkeit im Wahrnehmen und in der Verarbeitung des Wahrgenommenen fielen später aber völlig von ihm ab.

Die warmherzige und intelligente Mutter wandte ihm von Anbeginn an ihre besondere Sorge zu; sie wußte, daß er ihrer bedurfte. Sehr kümmerte sich auch einer seiner Lehrer um ihn, der Rektor Saalfrank. Als er 1810 nach Hof versetzt wurde, nahm er den jungen Sand mit sich.

Die Erziehung Carl Ludwigs stand zu Hause und auf der Schule unter den Leitgedanken der Aufklärung, sie war infolgedessen auf die Grundsätze der allgemeinen Moral sowie protestantisch-christlich ausgerichtet. Man war im Hause Sand erfüllt vom Glauben an den Sieg des Guten, an die Weisheit der menschlichen Vernunft und an die Kraft des sittlichen Willens. Und damit verband sich die feste Überzeugung, daß alles irdische Geschehen Teil der göttlichen Weltordnung sei. Für die Familie Sand galt die alte Richtschnur: »Fürchte Gott, tue recht und scheue niemand!« Alles im Hause dieser Familie atmete Rechtschaffenheit, Liebe zum Nächsten und Gottesfurcht. Und das war auch der Geist, der die Erziehung desjenigen Kindes durchdrang, dessen Tat in der Welt dereinst Aufsehen erregen sollte.

Diese auf praktisches Christentum gerichtete Erziehung machte aus dem jahrelang kränkelnden, schwächlichen und zurückgebliebenen Kind schließlich einen jungen Menschen, der durch zupackende Art und absolute Furchtlosigkeit Aufsehen erregte. Schon im Alter von 11 Jahren rettete er einem ertrinkenden Kinde das Leben. Und wenig später sprang er im Kampfspiel zwei Stock hoch aus einem Kirchturm auf die Erde, um seiner Partei Entsatz zu bringen.

Mit den Ereignissen der großen Politik kam er erstmalig im Jahre 1806 in Berührung. Die Markgrafschaft Bayreuth wurde damals von französischen Truppen besetzt. Das Besatzungsregime dauerte bis 1810 an, und aus ihm erwuchsen Reibungen, die bis in den Umkreis der Familie hinein reichten (dem Vater wurde eine Zeitlang die Pension entzogen). 1810 wechselte das Gebiet dann aus der Fremdherrschaft in die Oberhoheit des Königreichs Bayern über – von der Mehrheit der Bevölkerung ohne Begeisterung hingenommen, da es ihr unter dem preußischen Regiment gut gegangen war.

Aus den Aufzeichnungen Sands wissen wir, daß sich bei ihm unter den Eindrücken der Franzosenherrschaft eine schwärmerische Liebe zum großen deutschen Vaterland entwickelte. Das Auf und Ab der Entwicklung seit 1806 riß ihn wie die meisten anderen jungen Menschen zwischen den widerspältigsten Gefühlen hin und her, und als im Jahre 1812 die Herrschaft Napoleons über Europa endgültig stabilisiert erschien, brachte ihn das fast zur Verzweiflung. Diese Stimmung brach sich bei ihm im Mai 1812 in eigenartiger Weise Bahn. Als er erfuhr, daß der französische Kaiser zu einer Truppenparade nach Hof kommen werde, verließ er die Stadt, wo er damals das Gymnasium besuchte, und begab sich zu seinen Eltern nach Wunsiedel. Es sei ihm unerträglich, sagte er, den Feind und Unterdrücker des Vaterlandes in derselben Stadt zu wissen, »ohne sein Leben an ihn zu wagen«. Sand war noch nicht 17 Jahre alt, aber schon damals stieß man bei ihm auf Gedanken, die ihn sieben Jahre später zur Tat schreiten lassen sollten.

1812 folgte er seinem Lehrer Saalfrank nach Regensburg und blieb dort bis zum Herbst 1814. Er war ein Musterschüler, stand jeden Morgen um 4 Uhr auf und arbeitete ununterbrochen den ganzen Tag hindurch. Bei der Abschlußprüfung schnitt er unter 34 Schülern als sechster ab. Seine Lehrer stellten ihm ein sehr günstiges Zeugnis aus: »Er ist von der Vorsehung mit herrlichen Geistesanlagen beschenkt. Mit einem gar nicht schlechten Gedächtnisse faßt er den Unterricht . . . ohne große Schwierigkeit auf, sucht mit seinem sehr guten Verstand in die vorkommenden Gegenstände immer tiefer einzudringen und durch sorgfältige Übung im Denken und Untersuchen seine Urteilskraft, deren Äußerungen gewöhnlich richtig und treffend sind, zu schärfen. Fährt er so fort, so wird er nicht nur als ein gründlich gelehrter, sondern auch als ein moralisch vollkommener Mann, selbst glücklich, kräftig auf das Wohl seiner Mitbrüder wirken.«

In seiner Freizeit betätigte sich Sand in einem literarischen Zirkel, las mit seinen Freunden klassische und moderne Autoren und suchte sich auch sonst in jeder Richtung weiterzubilden. Von Regensburg aus hielt er engen Kontakt zu seiner Familie und wechselte mit Eltern und Geschwistern zahlreiche Briefe.

In Regensburg erlebte er dann auch das Ende der napoleonischen Gewaltherrschaft. Als die Nachricht von der Völkerschlacht bei Leipzig (16. bis 19. Oktober 1813) eintraf, war er überglücklich. Dabei hatte Bayern bis zu der Schlacht auf seiten Napoleons gestanden, und viele Menschen im Lande hielten auch noch nach der Schlacht am Rheinbundgedanken fest. Für ihn – Sand – hatte es nie ein Schwanken gegeben: die Sache des großen deutschen Vaterlandes hatte ihn nicht eine Minute lang für den französischen Kaiser Partei ergreifen lassen. Eben darum war er auch nicht in das bayerische Heer eingetreten; für den Usurpator seine Haut zu Markte zu tragen, verspürte er keine Lust. Als er sich dann im Dezember 1813 für den Feldzug in Frankreich zum Waffendienst meldete, war es zu spät. Der Krieg neigte sich sichtbar seinem Ende zu, und man brauchte ihn nicht mehr.

Im Jahre 1815 hatte er mehr Erfolg, er wurde als Freiwilliger in ein bayerisches Jägerbataillon aufgenommen. Bevor dieses aber zum Einsatz kam, war bei Waterloo die Entscheidung erstritten worden. Für die bayerischen Truppen blieb nichts mehr zu tun übrig. Mitte Dezember 1815 wurde er entlassen, ohne einen Schuß auf den Feind abgegeben zu haben.

Bevor er zu den Fahnen eilte, hatte Sand in Tübingen den Anfang eines Theologiestudiums absolvieren können. Schon damals erwies er sich als äußerst fleißiger, strebsamer und bildungshungriger Student, in dessen Tagesplan über jede Minute verfügt war.

In Tübingen kam er zum erstenmal mit der großen studentischen Bewegung in Berührung, die ihn später ganz in ihren Bann schlagen sollte. Die Freiheitskriege waren für die Angehörigen der jüngeren Generation ein großes Erlebnis gewesen. Noch nie in der Geschichte der deutschen Universitäten hatten die Studenten für das große deutsche Vaterland gekämpft und geblutet – jenes Vaterland, das in mehrere Dutzend Einzelstaaten zersplittert war.

Sollte ihr Einsatz einen Sinn haben, so mußte die nationale Einheit wieder hergestellt und mit freiheitlichen politischen Formen verbunden werden. Diese beiden große Ziele: Einheit und Freiheit waren es, die damals im Bewußtsein der akademischen Jugend Einzug hielten und es bald ganz durchdrangen.

Noch stärker als in Tübingen wurde Sand von dem neuen Geist in Erlangen erfaßt, wohin er sich zur Fortsetzung seines Studiums Anfang Januar 1816 gewandt hatte, nachdem ihm seitens der bayerischen Regierung der weitere Besuch einer »ausländischen« Universität untersagt worden war. Die Rückkehr zu geregelter wissenschaftlicher Arbeit bereitete ihm anfangs Schwierigkeiten, da er kränklich aus dem Kriege heimgekehrt war. Aber auch hier überwand er alle Hemmungen und Schwierigkeiten durch eisernen Fleiß. Aus den Tagebüchern, die er von Anfang 1816 bis Ende 1818 führte, erfährt man, daß sein Tagewerk wieder aufs genaueste eingeteilt und sein ganzes Dasein dem Studium gewidmet war. Über jede Minute des Tagesablaufs pflegte er vor sich Rechenschaft abzulegen. Der politischen Aktivität seiner Kommilitonen hielt er sich zunächst fern. Das sollte sich aber nach Schluß seines ersten Erlanger Semesters radikal ändern.

In Jena, damals Mittelpunkt der studentischen Reformbewegung, hatten sich inzwischen Dinge ereignet, die die anderen Universitäten rasch in ihren Bann ziehen sollten. Am 12. Juni 1815 waren dort die vier wichtigsten Landsmannschaften unter Musik mit ihren Fahnen auf dem Marktplatz zusammengetreten und hatten sich unter dem Gesang von Liedern Ernst Moritz Arndts zu einer Burschenschaft zusammengeschlossen, die unter den Farben Schwarz-Rot-Gold Ehre, Freiheit, Vaterland auf ihr Panier schrieb und als Vereinigung aller Studierenden gedacht war. Diese jungen Menschen hatten auf den Schlachtfeldern Europas ihr Blut im Glauben an eine bessere Zukunft ihres Volkes und Vaterlandes vergossen, und jetzt mußten sie erleben, daß nichts von dem Wirklichkeit wurde, weswegen sie ins Feld gezogen waren – daß im Gegenteil mit der Heiligen Allianz die schwärzeste Reaktion Platz griff und der Kontinent unter die Vorherrschaft Rußlands trat. Die jungen Menschen an den Universitäten konnten nicht begreifen, daß dies die Frucht all ihrer Bemühungen sein sollte. Sie waren nicht bereit, sich damit abzufinden.

Als Sand Anfang 1816 nach Erlangen kam, hatte der neue Geist dort noch nicht Wurzel geschlagen. Das lag daran, daß Bayern »Ausländer« von der Universität fernhielt. Erlangen hatte deshalb im Jahre 1816 auch nur 150 Studenten, und das studentische Korporationswesen stand unter der Herrschaft der drei Landsmannschaften der Franken, Ansbacher und Bayreuther. Bei ihnen herrschten noch immer die alten Trink- und Raufsitten vor, die die deutschen Universitäten im 17. und 18. Jahrhundert so sehr in Verruf gebracht hatten. Hier wie anderwärts gab es noch immer die Unsitte des Pennalismus, kraft deren die älteren Semester befugt waren, die neu auf die Universität gekommenen Studenten, die sog. »Pennäler«, demütigendster Behandlung zu unterziehen und sie nach Kräften auszubeuten. Es gab Trinksitten, aufgrund deren beispielsweise jeder Student durch bloßen Zuruf gezwungen werden konnte, bis zu zwölf Krug Bier ohne Unterbrechung zu leeren. Und es gab ein Duellwesen von solchem Ausmaß, daß sich der Herzog von Sachsen-Weimar im Jahre 1709 veranlaßt fühlte, den Zweikampf unter Todesstrafe zu stellen, ein Gesetz, das erst im Jahre 1750 wieder aufgehoben wurde. Daß sich die Studierenden auch im Alltag nicht an die Normen hielten, die für anständige Menschen sonst eine Selbstverständlichkeit waren, zeigt eine Beobachtung, die Fichte Anfang der 90er Jahre in der Jenaer Stadtkirche machte. Erstaunt sah er, daß die Studenten während des Sonntagsgottesdienstes Nüsse knackten, Äpfel aßen und Tabakpfeifen rauchten. Und die Zügellosigkeit vieler unter ihnen bekam er dadurch zu spüren, daß man ihm mehrfach die Fenster einwarf. Das war übrigens eine Methode, die man immer anwandte, wenn sich einer der akademischen Lehrer mißliebig gemacht hatte. Manchmal ließ man es bei einer Katzenmusik bewenden, meist aber ging man weiter.

Carl Ludwig Sand gehörte zu denjenigen Studenten, die entschlossen waren, diesen Unsitten ein Ende zu machen und die damit verbundene Tyrannei zu brechen. Er begann damit, die in Jena entwickelte neue Burschentracht anzulegen. Noch bis in das neue Jahrhundert hatten sich die Studenten »altenfritzisch« gekleidet. Sie trugen über einer bunten Weste einen oft mit Stickereien, Schnüren, Troddeln und Quasten versehenen langschößigen Rock, der mit einem hohen Kragen versehen war, enganliegende Hosen und einen überdimensional großen, breiten und hohen Dreimaster; Kanonenstiefel mit pfundschweren Sporen, Schläger und Tabakpfeife waren unerläßliches Zubehör. Bis zum Ende des 18. Jahrhunderts wurden vielfach auch noch Perücken getragen. Die Tracht dieser jungen Akademiker war so, daß sie nach Börnes Worten halb römischen Kriegern, halb deutschen Postillionen glichen.

Hinfort wollte sich der Student nicht mehr »welsch« kleiden, sondern so, »wie es ernst und einfach und schön dem deutschen Jüngling geziemt«. Dementsprechend trat an die Stelle des früheren Prachtgewands ein einfacher, kurzer schwarzer Rock, über dessen Halsteil der breite Hemdkragen entblößt ausgelegt war. Das als »knechtisch« empfundene Halstuch fehlte. Die Hosen lagen eng an und waren bis in Kniehöhe von gespornten Stiefeln umgeben. Auf dem Kopf trug der Bursche ein federn- oder kokardengeschmücktes Samtbarett und an der Seite einen Hirschfänger oder Dolch. Die Haare ließ er lang wachsen, sie hingen ungekämmt bis auf die Schultern herunter. Man nannte das die »altdeutsche Tracht«. Es war ein ganz anderes Bild als bisher. Die traditionelle Neigung des deutschen Studenten für neuartige Modeformen hatte es ins Extrem verkehrt.

Mehr noch als dieser Übergang zu einer neuen Tracht lag Sand und denen, die wie er auf der Suche nach neuen Formen studentischen Lebens waren, die Überwindung der überlieferten Trink- und Duellsitten am Herzen. Um in dieser Richtung voranzukommen, beschloß er, zusammen mit Freunden in die Landsmannschaft der Franken einzutreten und sie »umzufunktionieren«.

Dieses Unternehmen endete freilich zur großen Enttäuschung aller Beteiligten mit einem Fehlschlag. Es gelang ihnen nicht, in den Seniorenkonvent einzudringen und die Herrschaft in der Landsmannschaft an sich zu reißen. Sie erwies sich als stärker gefügt, als man angenommen hatte. Der Seniorenkonvent konnte den Zersetzungsversuch in letzter Minute zerschlagen. So traten denn Sand und vier seiner Freunde aus der Frankonia wieder aus.

Ihre Versuche, neuen Geist in die Studentenschaft hineinzubringen, setzten sie trotz dieses Fehlschlags unverdrossen fort. Nachdem sich ihnen andere Kommilitonen angeschlossen hatten, kamen sie überein, auf dem Burgberg nahe einer Eiche einen Ort zum »Tagen und Turnen« zu errichten und ihm den Namen »das Rütli« zu geben. Sie schleppten Steine und anderes Baumaterial herbei und richteten den Platz so her, wie es ihren Vorstellungen entsprach. Bei der Einweihungsfeier hielt Sand eine Rede, in der er forderte, »aus dem Innern die giftigen Nattern des verdorbenen Auslands zu verbrennen« und an ihre Stelle die bewährten vaterländischen Ideale zu setzen; dabei zugleich aber die Erlanger Studentenschaft zu »einer deutschen Burschenschaft zu erheben«. In der Weise, wie es bei solchen Veranstaltungen üblich war, wurde ein großes Feuer entzündet, wurden bei Fackelschein patriotische Lieder gesungen und wurde die Glut umtanzt, bis der Morgen graute.

Auf die Dauer war diesen Reformbestrebungen indessen kein Erfolg beschieden. Zwar stießen sie bei dem Senat der Universität und der Professorenschaft auf viel Sympathie. Sands religiöse Schwärmereien und sein Fanatismus waren indessen nicht nach jedermanns Geschmack, und von der Regierung aus München kam eines Tages strikte Weisung, in Erlangen keinerlei burschenschaftliche Bewegung entstehen zu lassen. So sank denn auch die Gefolgschaft Sands, die zeitweise 40 Mann betragen hatte, auf 24 zurück.

Die tiefe Niedergeschlagenheit, die sich Sands unter dem Eindruck dieser Entwicklung bemächtigte, suchte er durch intensive Arbeit an einer burschenschaftlichen Verfassung zu überwinden. Er trat deshalb auch in Briefwechsel mit den Jenenser und Hallenser Burschenschaften ein. In Erlangen selbst entwickelten sich zwischen den Landsmannschaften, ihm und seinen Freunden schwere Konflikte, die mehrfach in Tätlichkeiten ausarteten. Damals kam Sand erstmalig der Gedanke, die Universität zu wechseln und nach Jena zu gehen.

In das Jahr 1817 trat er mit der Hoffnung ein, daß sich in Erlangen doch noch alles zum Guten wenden werde. Am 15. Januar 1817 wurde der Verfassungsentwurf, den er in 436 Paragraphen formuliert hatte, von etwa 20 Studenten auf einem feierlichen Kommers als »Erlanger Burschenbrauch« angenommen, und zwar mit dem Anspruch, hinfort an Ort und Stelle als allein maßgebliche Studentenordnung zu gelten. Die Leitgedanken waren: Tugend, Wissenschaft, Vaterland. Bei aller sonstigen Reformfreundlichkeit hielt er aber am Zweikampf fest und forderte die Ausschaltung aller Juden als Feinde des Volkstümlichen. Dieser Entwurf stieß auf den entschiedenen Widerstand der Landsmannschaften, und das war für sein Schicksal entscheidend. Er trat nicht in Kraft.

Sand, von inneren Kämpfen hin- und hergerissen und zermartert, begab sich, von einem Freund begleitet, in den Osterferien 1817 auf Wanderschaft und besuchte Heidelberg und Tübingen. An beiden Orten nahm er Fühlung zu den Burschenschaften auf, und es hat den Anschein, daß damals der Plan eines großen Burschenfestes erörtert wurde. Auf diejenigen, die in jenen Tagen seine Bekanntschaft machten, wirkte er sympathisch. Man erinnerte sich später daran, daß er schlicht, zurückhaltend und bescheiden aufgetreten war, daß er eine große Vorliebe für das Mittelalter und die Poesie der Romantik gezeigt hatte, und daß nichts habe annehmen lassen, daß dieser so friedlich und beherrscht auftretende Kommilitone einer Gewalttat fähig sei.

Nach Erlangen zurückgekehrt, sah sich Sand erneut in Auseinandersetzungen mit den Landsmannschaften verwickelt, sie verfolgten ihn Tag und Nacht und ließen ihn innerlich nicht zur Ruhe kommen. Ein schreckliches Ereignis warf ihn vollends aus dem Gleichgewicht: sein nächster Freund ertrank vor seinen Augen in der Regnitz. Er war tief erschüttert.

Während man noch auf der Suche nach dem Ertrunkenen war, stießen Angehörige der Landsmannschaften beleidigende Äußerungen über ihn und seine Freunde aus, und diese Schmähungen hörten nicht einmal vor der aufgebahrten Leiche auf. Als nach studentischer Sitte die Einladung zur Teilnahme an der Trauerfeier auch an die Landsmannschaften erging, wurde sie von ihnen in schroffster Form zurückgewiesen. Da Grund zu der Befürchtung bestand, sie würden die nächtliche Feier stören, erklärten Sand und seine Freunde, sie würden jeder neuen Beschimpfung mit Waffengewalt entgegentreten. Die Bürger der Stadt verstärkten deshalb die Wachen an den Toren, und zum Schutze der Trauerfeier wurde die gesamte Polizei aufgeboten. Nach der Feier, die dank dieser starken Sicherung ohne Zwischenfall verlief, schloß sich Sand mehrere Tage ein, um seiner Trauer Herr zu werden. Vier Tage nach dem Unglück richtete er einen Brief an seine Eltern, der eine erste Beruhigung und Sammlung erkennen ließ.

Nachdem er das seelische Gleichgewicht endgültig wiedergefunden hatte, wandte er sich erneut dem Kampf um eine Erneuerung des studentischen Lebens zu. Er nahm zu diesem Zweck Fühlung zu der Burschenschaft in Jena und dem Kreis um den Turnvater Jahn in Berlin auf. Bei der Werbung, die er und seine Anhänger in Erlangen für die Burschenschaft entfalteten, traten neuerdings auch politische Forderungen in Erscheinung: die Forderung nach verfassungsrechtlicher Verwirklichung des Konstitutionalismus und nach Herstellung der Presse- und Versammlungsfreiheit. Damit traten jetzt auch in Erlangen Postulate auf, die das Mißtrauen der damaligen Regierungen wachrufen mußten.

Für Carl Ludwig Sand waren diese Wochen und Monate mit Unruhe erfüllt. Noch immer war nicht abzusehen, wer sich durchsetzen würde: die am Althergebrachten festhaltenden Landsmannschaften und Orden oder die Reformbewegung. Der Kampf mit denen, die von dem alten Brauchtum nicht abgehen wollten, nahm mit der Zeit immer heftigere Formen an. Als einer seiner Gegner ihn beschuldigte, er habe seinen Freund ertrinken lassen, weil er zu feige gewesen sei, sein Leben für ihn zu riskieren, forderte Sand den Beleidiger vor seine Klinge. So sah er sich zu einer Konsequenz genötigt, die er im Grunde verabscheute.

Da er nirgendwo einen entscheidenden Fortschritt sah, faßte er jetzt endgültig den Entschluß, nach Jena überzusiedeln. Die bayerische Regierung erteilte ihm am 29. Juli 1818 die Genehmigung zu diesem Wechsel des Studienorts. Am 27. August, als sich ihre Rütlifeier zum ersten Male jährte, versammelte er seine Freunde um die Mitternachtsstunde noch einmal auf dem gewohnten Platz, um mit ihnen die alten Kampflieder: »Lützows wilde, verwegene Jagd«, »Ins Feld, ins Feld!« und Theodor Körners Schwertlied zu singen. Am 4. September schrieb er einige Abschiedszeilen in das Burschenbuch und ermahnte seine Freunde, ihren Idealen treu zu bleiben und für sie notfalls auch »zu sterben, wenn es Gottes großer Ruf gebeut.« Dann verließ er Erlangen, ohne jemals wieder dorthin zurückzukehren. Ein kurzer Ferienaufenthalt in Wunsiedel bei seinen Eltern diente der Sammlung und Vorbereitung auf das Kommende. Wieder trat in seinen Briefen die Mahnung auf, zu jedem, auch dem allerletzten Einsatz, bereit zu sein: »Nach Freiheit wollen wir ringen, und also wollen wir uns nicht durch das Drohen des Todes bändigen und gängeln lassen, der ja doch die höchste Freistätte ist. Lebend wollen wir jenen knechtigen Seelen eine Pest sein, und tot wollen wir sie uns nachziehen.« Als Sand dies schrieb, war er noch nicht ganz 22 Jahre alt. In seiner Heimatstadt fiel er während seines Besuches durch Mystizismus und exzentrisches Wesen auf.

Die Universität Jena war schon gleich nach dem Ausbruch der Französischen Revolution Mittelpunkt besonderer politischer Aktivität geworden. Die neuen Ideen wurden dort mit Enthusiasmus begrüßt; sie hatten zur Folge, daß sich die akademische Jugend mit Begeisterung dem öffentlichen Leben und den Fragen der Tagespolitik zuwandte. Diese Wendung zur Politik brachte die Universität Jena bereits nach der Jahrhundertwende in Verdacht, ein Sammelplatz aller Demokraten und Revolutionäre zu sein, weshalb schon Napoleon ernsthaft erwogen hatte, die Universität in Jena ebenso wie die in Halle zu schließen. Nur mit Mühe konnte er von dieser Absicht abgebracht werden.

Der Verdacht, ein Zentrum revolutionärer Umtriebe zu sein, war schon einmal zu Beginn der 90er Jahre entstanden. Damals war die Universität Jena der Schauplatz tumultuarischer Vorgänge gewesen, als deren Drahtzieher man politische Agitatoren vermutete. Als der Senat im Jahre 1792 den Versuch unternahm, durch das Verbot der studentischen Orden dem Duellwesen den Garaus zu machen, kam es zu schweren Ausschreitungen, in deren Verlauf das Haus des Prorektors gestürmt und verwüstet und ein Student schwer verletzt wurde. Die akademischen Behörden veranlaßten daraufhin, daß Militär nach Jena verlegt wurde (es waren 16 Husaren und 50 Jäger). Gleichzeitig wurde die studierende Jugend durch landesherrlichen Erlaß über das Wesen der akademischen Freiheit unterrichtet: diese bedeute keineswegs einen Freibrief zu unsittlichen und gesetzwidrigen Handlungen, vielmehr allein und ausschließlich ungehinderten Genuß der Universitätseinrichtungen zu wissenschaftlicher und sittlicher Bildung. Wem das nicht passe, der möge einen anderen Platz aufsuchen.

Die Jenaer Studenten empfanden diesen Erlaß und das einrükkende Militär als schwere Provokation, forderten stürmisch den Abzug der Soldaten und beschlossen – nachdem diese Forderungen abgelehnt waren – den Auszug aus Jena. Dieser wurde unter Beteiligung der gesamten Studentenschaft am 19. Juli 1792 auch durchgeführt. Die Regierung wich daraufhin zurück und kam fast allen Forderungen nach, die die Studenten für die Rückkehr aufgestellt hatten.

In den folgenden Jahren kam es ständig zu neuen Ausschreitungen, deren Opfer 1794 – wie schon angedeutet – u. a. auch Fichte wurde (er hatte sich gegen die unter den Studenten herrschende Sittenroheit gewandt). Ihm wurden an zwei aufeinanderfolgenden Tagen die Fenster eingeworfen. Der im deutschen Jungakademiker ruhende Hang zur Aggression schreckte hier nicht davor zurück, sich gegen einen der bedeutendsten Vertreter der Wissenschaft zu richten.

Als die jungen Männer, die an den Befreiungskriegen teilgenommen hatten, das Studium aufnahmen, hatte sich an der Universität noch nichts Wesentliches geändert. An Ungebundenheit und Freiheit des studentischen Lebens wurde Jena noch immer von keiner anderen Universität übertroffen. Nirgendwo aber hatten sich auch alle Auswüchse so rein erhalten wie hier.

Wie damals die Lage war, hat Heinrich von Treitschke eindrucksvoll in seiner »Deutschen Geschichte im 19. Jahrhundert« geschildert. »Die Völlerei und die Unzucht zeigten sich oft mit einer Frechheit, die uns heute unmöglich erscheint; das Hasardspiel ward überall selbst auf offener Straße betrieben, und die unausrottbare deutsche Rauflust ging so weit über alles erlaubte Maß hinaus, daß die dreihundertfünfzig Mann starke Jenaer Studentenschaft im Sommer 1815 in einer einzigen Woche einhundertsiebenundvierzig Duelle ausfocht. Die frischen volkstümlichen Trink- und Wanderlieder der sangeslustigen alten Zeiten waren fast verschollen; man sang zumeist schmutzige Zoten oder die weinerlichen Ergüsse einer platten Sentimentalität, die einer längst überwundenen literarischen Epoche angehörten. Mit den Rosenkreutzern und den anderen Geheimbünden des alten Jahrhunderts verschwanden auch ihre Geistesverwandten, die Orden der Studenten. Die Landsmannschaften, die seitdem wieder auflebten, bewachten eifersüchtig ihre geschlossenen Werbebezirke, pflegten einen kleinlichen, partikularistischen Sinn, der alles Ausheimische dünkelhaft abwies, und ertöteten jedes kräftige Selbstgefühl durch einen brutalen Pennalismus. Der Fuchs durfte nicht klagen, wenn ein heruntergekommenes altes Haus ihm ein Smollis anbot und darauf mit ihm hutschte: dann mußte er alles, was er auf dem Leibe trug, Kleider, Uhr und Geld, gegen die dürftigen Lumpen seines Gönners vertauschen. Wer in dieser Schule aufwuchs, lernte es, nach oben zu ducken, nach unten zu drucken ...«

Die Jugend, die aus den Freiheitskämpfen heimkehrte, konnte sich mit solchen Zuständen nicht befreunden. Sie forderte eine durchgreifende Neu- und Umgestaltung des studentischen Lebens, Bändigung der Rauflust durch Einrichtung von Ehrengerichten, absolute Gleichheit aller Studierenden und Ausrottung aller Übelstände des sog. Pennalismus. Und mit dem Verlangen nach Auflösung aller landsmannschaftlichen Sonderbünde verband sich das große politische Ziel der Verwirklichung der nationalen Einheit des deutschen Volkes auf der Grundlage eines fortschrittlichen, demokratischen Staatswesens.

Das also waren die Tendenzen und Forderungen, in die Carl Ludwig Sand sich in Jena versetzt sah. Bevor er dort Quartier bezog, nahm er – am 18. Oktober 1818 – am Wartburgfest teil, das die erste große Vertreterversammlung der deutschen Studentenschaft darstellte. Die Einladung zu dieser Veranstaltung war nicht nur an die Burschenschaften, sondern auch an die Landsmannschaften ergangen, und fast alle sagten zu. Sand selbst, der die geplante Wallfahrt zur Wartburg als ein großes geschichtliches Ereignis empfand, verfaßte ein religiös-politisches Glaubensbekenntnis dazu, ließ es in 200 Exemplaren drucken und schwarz-rot-gold einbinden.

Während der Feier selbst trat er nirgendwo besonders in Erscheinung. Die Schrift, die er verteilen ließ, fand wenig Interesse, und da ihm die Gabe rednerischer Beeinflussung der Massen versagt war, finden wir ihn auch nicht unter denen, die sich mit Ansprachen an die Festteilnehmer gewandt haben.

Dessenungeachtet nahm er an allem, was sich vor seinen Augen abspielte, auf das lebhafteste Anteil, und so war er denn auch Zeuge davon, daß ein preußischer Ulanenschnürleib, ein hessischer Zopf und ein österreichischer Korporalstock unter Pereatrufen ins Feuer flogen, und mit ihnen eine Anzahl Schriften, darunter die »Geschichte des Deutschen Reiches« des Bühnenautors August von Kotzebue, bei dessen Erwähnung die Schmährufe nicht enden wollten.

In Jena, wohin sich Sand jetzt endgültig wandte, gehörten von 650 Studenten nicht weniger als 500 der Burschenschaft an. Hatte er in Erlangen im Mittelpunkt der studentischen Kämpfe gestanden, so wurden ihm hier nur untergeordnete Ämter übertragen, und in seinem letzten Jenaer Semester traf ihn überhaupt keine Wahl mehr.

Über Deutschland ging damals die erste große Verfassungsbewegung hinweg. Bedeutende Teile der öffentlichen Meinung verlangten stürmisch die Erfüllung der Zusicherungen, die dem deutschen Volk durch den Wiener Kongreß erteilt worden waren, und die Jenaer Studenten nahmen diese Forderung begeistert auf. Die deutschen Kabinette beobachteten mit steigendem Mißtrauen diese »Brutanstalt des Jakobinismus« und machten gegen diejenigen akademischen Lehrer Front, die an dem Wartburgfest teilgenommen und es verteidigt hatten. Das waren die (Jenaer) Professoren Oken und Fries. Sie wurden beide unter Anklage gestellt, Oken aber freigesprochen und das Verfahren gegen Fries eingestellt.

Die Jenaer Studenten nahmen an dem Schicksal der beliebten Professoren lebhaften Anteil und traten nachdrücklicher noch als vorher für ihre großen politischen Ideale ein – freiheitliche Verfassungen, Freiheit der Meinungsäußerung und das große deutsche Vaterland.

Das Sprachrohr der liberalen Gruppen innerhalb der Studentenschaft wurden die von den Professoren Oken und Luden herausgegebenen Zeitschriften »Isis« und »Nemesis«. Sie wurden ab 1817 die Träger einer heftigen literarischen Kontroverse, welche die Wirksamkeit des Lustspieldichters August von Kotzebue zum Gegenstand hatte, von dessen seichten und gehaltlosen Theaterstücken die deutsche Bühne fast ein Vierteljahrhundert beherrscht worden war.

Kotzebue hatte im April 1817 in Weimar seinen Wohnsitz begründet und dort ein reaktionäres Kampfblatt, das »literarische Wochenblatt«, ins Leben gerufen. In ihm nahm er nicht nur alles aufs Korn, was an liberalen Bestrebungen in der Publizistik der damaligen Zeit spürbar wurde; sein ganz besonderer Spott und Hohn galt der burschenschaftlichen Bewegung, vor allem, seitdem auf dem Wartburgfest auch von ihm Schriften öffentlich verbrannt worden waren.

Von dem damals 56jährigen Mann wußte man, daß er in russischen Diensten stand und dem Zaren gegen Entgelt regelmäßig Berichte über die literarische, religiöse, wirtschaftliche und politische Situation in Deutschland lieferte. Niemand konnte im Zweifel darüber sein, welcher Art die Berichte waren. In seiner Zeitschrift äußerte er sich derart verächtlich über die deutschen Universitäten und ihre Studenten, daß sich ihm der allgemeine Haß und die Wut der jungen Akademikergeneration zuwandte. Für sie war er schließlich der Repräsentant alles Undeutschen, Unsittlichen und Unchristlichen schlechthin. Seine Dramen erschienen diesen jungen Menschen als Ausbund der Frivolität, und seine »Deutsche Geschichte« als Schändung alles dessen, was an der Vergangenheit des deutschen Volkes groß und erhaben war.

Kotzebue wurde so in den Augen der Studenten zum Symbol dessen, was im deutschen Vaterlande schlecht und verrottet war. Bei den Karnevalsveranstaltungen des Winters 1817/1818, auf denen die Verfasser aller auf der Wartburg verbrannten Schriften in Tierkarikaturen dargestellt wurden, stellte ein Student auch Kotzebue dar. Als ihm daraufhin der Sohn Kotzebues, damals selbst Mitglied der Jenaer Burschenschaft, eine Forderung zusandte, wurde er in Verruf getan und sah sich gezwungen, die Universität zu verlassen.

Den Siedepunkt erreichte die Stimmung gegen Kotzebue, als der Jenaer Professor Luden im Januar 1818 in seiner »Nemesis« Auszüge aus einem seiner Geheimberichte an den Zaren bringen konnte, die ihm zugespielt worden waren. Die fragliche Nummer der Zeitschrift wurde zwar noch vor der Auslieferung beschlagnahmt, es war von dem Inhalt inzwischen aber so viel durchgesickert, daß jedermann im Bilde war. Die liberale Presse benutzte den Vorfall, um gegen Kotzebue in breiter Front Stellung zu nehmen und ihn als »russischen Spion« zu brandmarken.

Kotzebue wies die Angriffe schärfstens zurück und beantragte die Einleitung eines Strafverfahrens gegen diesen Jenaer Professor, der es gewagt habe, in seiner Zeitschrift den Respekt zu verletzen, den er dem Zaren schulde. Auf diese Anzeige wurde gegen Luden beim Kriminalgericht zu Weimar eine Untersuchung eingeleitet, gegen welche die Universität Jena protestierte, weil man den persönlichen Gerichtsstand der Professoren nicht beachtet hatte. Die Sache wurde daraufhin dem Leipziger Schöppenstuhl übertragen, durch den Luden ohne vorherige Anhörung im schriftlichen Verfahren am 8. April 1818 zu einer mehrmonatigen Gefängnisstrafe und einer Geldbuße verurteilt wurde.

Ein einziger Schrei des Protestes war die Folge. Dank seiner imponierenden Persönlichkeit und seines fesselnden Vortrags gehörte dieser Historiker schon seit den Jahren der Fremdherrschaft zu den angesehensten akademischen Lehrern an der thüringischen Landesuniversität. Als er jetzt unter Strafe genommen wurde, ergriff die gesamte Studentenschaft für ihn Partei und brachte ihre Genugtuung zum Ausdruck, daß er Kotzebue als das bezeichnet hatte, was er in ihren Augen war – ein »elender Komödienverfertiger und russischer Spion«.

Carl Ludwig Sand gehörte zu denjenigen Jenaer Studenten, in denen sich ein unbändiger Haß gegen diesen Todfeind der Erneuerung und des Fortschritts ansammelte. Langsam faßte in seiner Seele die Überzeugung Fuß, daß gegen diesen unseligen Mann etwas unternommen werden müsse. Am 5. Mai 1818 trug er in sein Tagebuch folgendes ein: »Herr, mitunter wandelte mich heute wieder eine so wehmütige Bangigkeit an; aber fester Wille, feste Beschäftigung löst alles und hilft für alles; und das Vaterland schafft Freude und Tugend; unser Gottmensch, Christus, unser Herr, er ist das Bild einer Menschlichkeit, die ewig schön und freudig sein muß. – Wenn ich sinne, so denke ich oft, es sollte doch einer mutig über sich nehmen, dem Kotzebue oder sonst einem solcher Landesverräter das Schwert ins Gekröse zu stoßen.«

An jenem Maitag waren Name und Gestalt von Kotzebue zum ersten Mal in einer Weise vor seine Seele getreten, die ihn zur Tat aufrief. In den Sommermonaten des Jahres 1818 sollte sich sein Sinnen und Trachten ganz darauf fixieren. War es nicht Pflicht des Patrioten, die matt gewordenen Geister durch eine spektakuläre Tat aufzurütteln und die stockende Entwicklung anzutreiben – sei es auch um den Preis des eigenen Lebens? Hier hatte er es mit einem Manne zu tun, der unaufhörlich Gift um sich verbreitete und in raffiniertester und frivolster Weise allem Niedrigen und Unedlen im deutschen Volke Vorschub leistete – dem Mangel an Nationalbewußtsein, dem Hang zur Selbstbefleckung und Selbstpeinigung der Deutschen und dem Trieb zur Beschmutzung des eigenen Nestes. Und er tat das vor aller Welt als Söldling einer fremden Macht, die es darauf anlegte, im Zusammenwirken mit solchen Verräternaturen jede freiheitliche Regung zu unterdrücken. War es nicht allerhöchste Zeit, diesem verräterischen Treiben ein Ende zu machen?

Da der Streit zwischen Kotzebue auf der einen Seite, Luden und Oken auf der anderen Seite den ganzen Sommer über andauerte, war dafür gesorgt, daß der Gedanke von der Notwendigkeit einer befreienden Tat in Sands Seele lebendig blieb. Im Herbst unternahm er eine Reise nach Berlin und suchte dort den Theologieprofessor de Wette und den Turnvater Jahn auf. Dann reiste er zu den Schlachtfeldern des Jahres 1813 und sammelte bei Großbeeren, Dennewitz, Lützen und Leipzig 12 Pfund Kugeln.

Den letzten Anstoß zur Tat gab eine Bekanntschaft, die er nach seiner Heimkehr in Jena machte. Dort hatte sich – von Gießen kommend – ein junger Dozent der Rechte niedergelassen. Karl Follen, der konsequenteste Vertreter des politischen Radikalismus, den es damals an den deutschen Universitäten gab. Er entstammte dem Kreis der Gießener Schwarzen (so genannt wegen ihrer altdeutschen Tracht) oder Unbedingten, die die Monarchie grundsätzlich ablehnten und nur die auf absoluter Volkssouveränität beruhende Republik gelten ließen.

In dieser Einstellung erkannte man unschwer die Lehren der Französischen Revolution. Damit verbanden sich bei Follen Gedankengänge der Philosophie des deutschen Idealismus. Was der einzelne aufgrund seiner Vernunft für wahr erkennt, hat er in die Wirklichkeit umzusetzen, und zwar ohne Zögern, ohne irgendwelche Rücksichten, unbedingt. Dabei ist jedes Mittel erlaubt, selbst der politische Mord.

Follen übte auf die durch die Entwicklung enttäuschten jungen Menschen eine wahrhaft dämonische Wirkung aus. Er war mit allen Gaben des Körpers und Geistes gesegnet. Äußerlich eine blendende Erscheinung, war er zugleich auch ein trefflicher Turner, Schwimmer und Fechter. Seine überragende Intelligenz rückte ihn überall, wo er auftrat, sofort in den Mittelpunkt des Geschehens. Ein hinreißender Redner, wußte er seinen Gedanken überall Beachtung zu verschaffen. Auf die Jugend wirkte er wie ein Prophet. Seine leidenschaftliche Vaterlandsliebe, seine unaufhörliche Propaganda für die Rechte aller Unterdrückten und sein Lobpreis des Märtyrertodes für Freiheit und Vaterland fanden bei ihr lebhafte Resonanz.

In Jena sammelte Follen eine Schar gläubiger junger Männer um sich, die dem Zauber seiner Persönlichkeit restlos erlagen; er war ihr Abgott. In der Unbedingtheit seiner politischen Auffassungen, in seinem leidenschaftlichen, kompromißlosen Fanatismus erinnerte er von weitem an Robespierre und andere führende Vertreter der Französischen Revolution.

Mit dem Auftreten dieses Mannes kam ein radikaler Zug in die progressiven Teile der Jenaer Studentenschaft hinein. Auch Carl Ludwig Sand erlag der suggestiven Wirkung, die von Follens Persönlichkeit ausging, und wenn er schon zuvor zu einer Philosophie der Tat tendiert hatte, so ergriff sie jetzt ganz Besitz von ihm. Follens These, daß derjenige, der für das allgemeine Beste eine furchtbare Tat auf sich nehme, um so höher stehe, je mehr er bei sich Hemmungen niederringen müsse, trug ihn über die seelischen Kämpfe, die ihn in der zweiten Hälfte des Jahres 1818 durchtobten, hinweg. Bis zum Jahresende war bei ihm alles für den endgültigen Entschluß zur Tat vorbereitet.

Ein Zögern gab es noch, als der Prozeß, den Kotzebue gegen die Jenaer Professoren Oken und Fries angestrengt hatte, vor dem Oberappellationsgericht in Jena für Oken mit einem Freispruch endete und das Verfahren gegen Fries eingestellt wurde. Dieser Vorgang ließ die Erregung gegen Kotzebue vorübergehend verebben.

Da aber ereignete sich etwas, was sie neu anfachte, stärker noch als zuvor: Auf dem Aachener Kongreß hatte ein Beauftragter des Zaren namens Stourdza eine Denkschrift über den gegenwärtigen Zustand Deutschlands verteilt, in welcher die deutschen Universitäten (diese »gotischen Trümmer des Mittelalters, Korporationen ohne Zweck, Aufbewahrungsorte aller Irrtümer des Jahrhunderts«) aufs schärfste angegriffen wurden. Mit den Burschenschaften, so wurde darin behauptet, sei eine solche Zuchtlosigkeit in die Reihen der Studenten hineingetragen worden, daß die bisherige Passivität der öffentlichen Gewalten nicht länger verantwortet werden könne.

Durch einen Pariser Buchhändler veröffentlicht, entfesselte diese Denkschrift einen Sturm der Entrüstung gegen den Zaren und seine Helfershelfer. Man empfand sie als einen noch nie dagewesenen unerhörten Eingriff in die inneren Verhältnisse eines fremden Staates und griff den Zaren und seine Ratgeber schärfstens an.

Von zwei Jenenser Burschenschaften auf Pistolen gefordert, zog es Stourdza vor, sich der Verantwortung durch die Flucht zu entziehen. Kotzebue hingegen fand keine Bedenken dagegen, in seiner Zeitschrift für den Zaren einzutreten und dessen »allerweiseste Gesinnungen« zu verteidigen. Dabei behauptete er, dessen Kosaken hätten ja doch erst den Deutschen den Kerker der französischen Zwangsherrschaft geöffnet.

Wie Sand später vor Gericht aussagte, gab dieser Artikel bei ihm den Ausschlag. Er argwöhnte auf seiten der Russen die Absicht, Deutschland in einen Zustand der Ohnmacht wie nach dem Westfälischen Frieden zu versetzen, und dem mußte entgegengetreten werden.

Am 31. Dezember 1818 notierte er in seinem Tagebuch: »Soll es etwas werden mit unserem Streben, soll die Sache der Menschheit aufkommen in unserem Vaterlande, soll in dieser wichtigen Zeit nicht alles wieder vergessen werden und die Begeisterung wieder auflohen im Lande, so muß der Schlechte, der Verräter und Verführer der Jugend, August von Kotzebue, nieder – dies habe ich erkannt. – Bis ich dies ausgeführt habe, habe ich nimmer Ruhe, und was soll mich trösten, bis ich weiß, daß ich mit ehrlichem Willen mein Leben daran gesetzt habe? Gott, ich bitte Dich um nichts als um die rechte Lauterkeit und Mut der Seele, damit ich in jener höchsten Stunde mein Leben nicht verlasse.«

Nachdem nun sein Entschluß gefaßt war, ging er an die Vorbereitung der Tat. Damit war er fast drei Monate beschäftigt. Er hatte vor, die Tat mit zwei Dolchen auszuführen. Einen besaß er schon, ein nicht ganz sechs Zoll langes Jagdmesser. Den anderen gab er um Weihnachten herum in Arbeit. Dem Waffenschmied legte er bei der Auftragserteilung ein Modell in Wachs und eine Zeichnung vor. Er sollte erheblich länger als der andere werden und auch eine breitere Klinge besitzen. Die Waffe war Mitte Februar fertig. Er sprach von ihr – in Anlehnung an Theodor Körner – nur als von seinem »kleinen Schwert«.

Dann ging er in die Vorlesungen über Anatomie und informierte sich dort über die Lage des Herzens. Im Gespräch mit Medizinern holte er sich die Bestätigung für das, was er beobachtet hatte. Einmal unternahm er auch einen Versuch am Objekt. Als eines Tages sein Stubennachbar bei ihm erschien, stürzte er sich mit einem Holzstab in der Hand auf ihn, führte damit einen Stoß gegen dessen Gesicht, und – als dieser ihn mit den Händen abwehrte – einen zweiten gegen dessen Brust. Dann gab er dem Kommilitonen, der ihn verblüfft anstarrte, folgende Erklärung für sein Verhalten: »Siehst Du, so muß man es machen, wenn man einen erstechen will; erst ins Gesicht, damit er mit den Händen danach fährt und zum Stoß in die Brust eine Blöße gibt.« Da Sand gelegentlich solche

Scherze liebte, legte der Nachbar dem Vorfall keine besondere Bedeutung bei.

Insgeheim entwarf er in derselben Zeit eine Anzahl Schriftstücke, in denen er seine Tat erklären und rechtfertigen wollte. Mehr und mehr trat dabei ein Dokument in den Vordergrund, das er mit »Todesstoß dem August von Kotzebue« überschreiben und nach der Tat an einer Kirche oder am Haus Kotzebues anschlagen wollte. Es sollte Ziel und Zweck des Mordes erläutern. Er arbeitete es unzählige Male um, bis er schließlich mit der Fassung zufrieden war. Auf einem großen Foliobogen, fein säuberlich zu Papier gebracht, nahm er es später auf seine Reise mit. In unnatürlichen, schwülstigen Wendungen wetterte er darin gegen die Schlaffheit und Feigheit der Zeit und bezeichnete Kotzebue, ihren »arglistigen Erzknecht«, als den scheinheiligen Verderber und Verräter des deutschen Volkes. Wenn er ihn niederstoße, so tue er das diesem Volke zum Zeichen.

Für die Presse verfaßte er ein »Todesurteil«, dessen Zweck es war, das, was Kotzebue vorzuwerfen sei, ausführlicher darzustellen und sodann im einzelnen darzulegen, warum er – Carl Ludwig Sand – an jenem »das Gesetz des Volkes und des Reiches« vollziehe.

Entsprechendes schrieb er der Burschenschaft und seinen Freunden.

Besondere Sorgfalt wandte er den Briefen zu, die für seine Eltern und seine Geschwister bestimmt waren. Er schrieb sie unzählige Male um, bis sie ihre Schlußfassung fanden.

In dem Brief an die Eltern hieß es nach ergreifenden Worten des Abschieds:

> »Viele der ruchlosesten Verführer treiben ungeahndet, bis aufs völlige Verderben unseres Volkes hin, bei uns ihr Spiel. Unter ihnen ist Kotzebue der feinste und boshafteste, das wahre Sprachwerkzeug für alles Schlechte in unserer Zeit ... – Er treibt täglich argen Verrat am Vaterlande und steht dennoch, geschützt durch seine heuchlerischen Reden und Schmeichlerkünste und gehüllt in den Mantel eines großen Dichterruhms, trotz seiner Schlechtigkeiten als ein Abgott für die Hälfte Deutschlands, die von ihm geblendet gern das Gift annimmt, das er in seinen Zeitschriften darreicht.«

Diesen Mann niederzumachen und zu vernichten, sei heilige Pflicht – »soll nicht die Geschichte unserer Tage mit ewiger Schmach behaftet sein«.

Dieser Brief war von Sand in den ersten Märztagen des Jahres 1819 niedergeschrieben worden. Als um diese Zeit die Zeitungen die Nachricht brachten, daß Kotzebue die Absicht habe, im Frühjahr nach Rußland zurückzukehren (er hatte schon früher einige Jahre in Reval gelebt), wußte Sand, daß keine Zeit mehr zu verlieren war. Wegen der Nähe von Jena hatte Kotzebue aus Gründen seiner persönlichen Sicherheit schon einige Monate zuvor Weimar verlassen und war nach Mannheim übergesiedelt. Auch dort fühlte er sich nicht sicher, und so hatte er den Zaren um die Gunst gebeten, ihn zurückzuberufen. Das hatte der Monarch auch getan.

Bevor Sand Jena verließ, regelte er alle seine persönlichen Angelegenheiten, übergab seinem Stubennachbarn in einem versiegelten Paket die Briefe, die er vorsorglich verfaßt hatte, traf über seine Bücher und sonstigen Habseligkeiten Verfügung und fertigte ein Verzeichnis der Schulden an, die seine Eltern bezahlen sollten. Am 7. März abends lud er einige Freunde und Bekannte zu sich. Keiner ahnte, was in ihrem Gastgeber vor sich ging. Am darauffolgenden Abend überbrachte er Follen in verschlossenem Umschlag das »Todesurteil« mitsamt einer Abschrift des »Todesstoßes« sowie drei für Zeitungen bestimmte Briefe. Ob er dabei Follen in seine Pläne eingeweiht hat, steht nicht fest. In seinem unverschlossenen Pult ließ er zwei Briefe zurück, in denen er die Burschenschaft und seine Freunde davon unterrichtete, was er vorhatte.

Am 9. März stand er in aller Frühe auf und machte sich zu Fuß auf den Weg nach Mannheim. Für die Wanderung dorthin hatte er 12 Tage vorgesehen. Am 21. wollte er an Ort und Stelle sein.

Er trug auf der Reise die übliche Burschentracht: den dunklen Rock mit rotwollener Weste, schwarze, lange Hosen und Schnürstiefel. Das schwarzsamtene Barett bedeckte seine langen dunkelblonden Haare, die auf den offenen weißen Halskragen herunterfielen. In einem kleinen Ranzen führte er außer der Wäsche einige Briefe bei sich, den Entwurf des Abschiedsbriefs an die Eltern und das Exemplar des »Todesstoßes«, das er nach der Tat anschlagen wollte. Zuunterst lag, in Wäsche eingehüllt, der kleinere der beiden

Dolche; das Schwert mußte er obenauf legen, weil es zu groß war. Während der Reise nahm er es, um nicht damit aufzufallen, mehrfach heraus und verbarg es auf der Brust. In den Taschen seines Anzugs fand man bei seiner Festnahme u. a. das Johannesevangelium und Körners »Leier und Schwert«. Beide waren stark zerlesen – ein Zeichen dafür, daß er sich oft damit beschäftigt hatte.

Daß er sich für seine Reise so viel Zeit nahm, ist auffallend, da durch Zufall leicht einer der zurückgelassenen Briefe hätte geöffnet werden können. Dieses Risiko störte ihn aber nicht. Sein Weg führte ihn über Erfurt und Eisenach nach Frankfurt am Main. Dort suchte er den württembergischen Bundestagsgesandten von Wangenheim auf, den er von Tübingen her kannte, traf ihn aber nicht an. Als der von Sands Besuch hörte, hatte er das Empfinden, daß entsetzliches Unheil im Kommen sei und warf sich auf das Pferd, um mit Sand zu sprechen. Er verfehlte ihn aber. Sand hatte nämlich seine Reise für fünf Tage in Darmstadt unterbrochen, und das ahnte der Diplomat nicht. Die Hauptstadt des Großherzogtums Hessen war damals ein Zentrum des politischen Radikalismus, und im Gespräch mit einer Reihe seiner Gesinnungsgenossen holte sich Sand neue Kraft und neue Entschlossenheit, die er dringend benötigte, da ihn Kleinmut zu überwältigen drohte. Den Fragen seiner Freunde nach dem Zweck seiner Reise wich er aus: »Es ist besser, Ihr wisset es nicht!« Am 22. in der Frühe verabschiedete er sich von ihnen und trat den Marsch nach Mannheim an. Den Ranzen ließ er zurück, damit er ihn nicht behindere. Den »Todesstoß«, den er nach vollbrachter Tat anschlagen wollte, steckte er in die Brusttasche. Die beiden Dolche verbarg er auf der Brust und im linken Rockärmel. Um wegen seiner langen Haare keinen Verdacht zu erregen, ließ er sie von einem seiner Darmstädter Freunde, der ihn ein Stück Weges begleitete, unterwegs kürzer schneiden. In Lorsch verbrachte er die letzte Nacht. Wieder griff er zum Johannesevangelium und zu Körners Gedichten. Als er darin die Verse las:

»Was soll das ew'ge Zaudern?
Hier hilft nur rasche Tat,
Die kraftvoll ohne Schaudern
Das Schlangenhaupt zertrat«

fiel jedes Zögern von ihm ab.

Am nächsten Morgen ließ er sich von Lorsch nach Mannheim fahren und traf dort gegen 9.30 Uhr an der Neckarbrücke ein. Er frühstückte zunächst in aller Ruhe und ließ sich dann in einem Mietfuhrwerk zur Wohnung des Staatsrats von Kotzebue fahren. Unterwegs fiel ihm ein, daß seine Kleidung doch etwas zu altdeutsch aussehe. Er ließ sich deshalb zurückfahren, bürstete seine Kleidung ab und legte ein weißes Halstuch um. Vor dem Hause Kotzebues entließ er den Droschkenkutscher und läutete. Er gab sich als Baltendeutscher aus Mitau aus; er fürchtete nämlich, Kotzebue werde ihn nicht vorlassen, wenn er sich als Deutscher bezeichnete. Die Magd, die ihm öffnete, sagte, Herr von Kotzebue sei nicht zu sprechen, er möge am Nachmittag wiederkommen.

Um die Zeit bis zum Nachmittag zu überbrücken, suchte Sand das Mannheimer Naturalienkabinett und die Jesuitenkirche auf und besichtigte sie. Gegen Mittag begab er sich in die Gastwirtschaft zurück, in der er gefrühstückt hatte, und nahm in aller Ruhe das Mittagessen ein. Dabei kam er mit zwei Geistlichen ins Gespräch und diskutierte mit ihnen geschichtliche Gegenstände. Irgendwelche Unruhe war ihm dabei nicht anzumerken. Dem einen seiner Gesprächspartner fiel allerdings eine Erhöhung unter seinem Rock auf. Beim Abschied äußerte er, er müsse jetzt Herrn von Kotzebue einen Besuch machen.

Gegen 5 Uhr erschien er erneut im Hause Kotzebue und ließ sich durch einen Diener anmelden. Während er im Flur des Obergeschosses wartete, kamen drei Damen an ihm vorbei, die Frau von Kotzebue besuchen wollten. Er grüßte sie höflich. Dann wurde er ins Wohnzimmer gebeten. Als er den Raum betrat, kam ihm Kotzebue aus dem Nachbarzimmer entgegen. Was dann geschah, hat Sand selbst folgendermaßen geschildert:

»Ich kam etwa sechs Schritte vorwärts in das Zimmer und grüßte Kotzebue, der etwas näher zur Tür trat, dann wendete ich mich gegen ihn auf die Seite des Eingangs herum. Das Schrecklichste war mir, daß ich mich verstellen mußte; ich sagte ihm, daß ich ihn auf meiner Durchreise besuchen wolle, und nach einigem Hin- und-Herreden sprach ich: ›Ich rühme mich‹ – was wohl von Kotzebue anders gedeutet haben mag – dann zog ich den Dolch und fuhr fort: ›Ihrer gar nicht, hier, der Verräter des Vaterlandes‹ und mit dem letzten Ruf stieß ich ihn nieder ... Wieviele Stöße ich ihm gegeben, kann ich nicht mehr sagen, ebensowenig, welcher Stoß der erste war; es war geschwind geschehen: Ich zog den Dolch aus dem linken Rockärmel, wo ich ihn in einer Scheide verwahrt hatte, und versetzte ihm einige Stiche in die linke Seite. Kotzebue hat während des Angriffs gar nicht gesprochen, sondern nur ein bloßes Gewimmer hervorgebracht, auch da, als er schon gesehen, daß ich mit aufgehobenem Arm auf ihn loskam. Er hielt nur die Hände vor und fiel gleich am Eingang des Zimmers linker Hand zusammen, etwa drei Schritte von demselben. Daß ich ihn im Gesicht verwundet haben sollte, weiß ich nicht, wahrscheinlich mag es geschehen sein ...«

So wie er es an seinem Stubennachbarn erprobt hatte, hatte Sand zuerst einen Stoß gegen das Gesicht seines Opfers geführt. Dabei drang der Dolch in dessen Oberkiefer ein und Sand hatte Mühe, ihn wieder herauszubekommen. Als dann der Angegriffene angsterfüllt die Hände hob, um sein Gesicht zu decken, gab er die linke Brustseite frei, und diese Blöße benutzte Sand, um ihm das Schwert in die Herzgegend hineinzubohren. Der Stoß war so kräftig, daß er tief in die Brusthöhle eindrang und dabei Herz und Lunge tödlich verletzte. Ein dritter Stoß glitt an einer Rippe ab und bewirkte nur eine oberflächliche Verwundung.

Im Begriffe, die Flucht zu ergreifen, fiel sein Blick auf den vierjährigen Sohn Kotzebues, der schreiend in das Zimmer hereinkam. Wie Sand später ausgesagt hat, hielt ihn dieser Anblick am Tatort zurück und veranlaßte ihn, sich dem Kind gewissermaßen als Ersatz anzubieten. Er warf die Mordwaffe beiseite, holte den kleinen Dolch aus seiner Brusttasche hervor und stieß ihn mit aller Macht in seine linke Seite.

Als dann die Hausbewohner herbeieilten, fanden sie beide blutüberströmt vor. Kotzebue hatte gerade noch so viel Kraft, sich ins Nebenzimmer führen zu lassen. Dort verschied er in den Armen seiner Tochter. Sand konnte trotz schwerer Verwundung noch das Zimmer verlassen und sich ins Erdgeschoß begeben. Dank der eingetretenen Verwirrung hätte er sich leicht entfernen können, wenn ihn nicht Blutverlust und Schwäche daran gehindert hätten. Er zog deshalb den »Todesstoß« aus der Tasche und übergab ihn dem Diener.

Den Menschen, die auf die Hilferufe der Hausbewohner herbeigeeilt waren, sagte er: »So müssen alle Verräter sterben!« Nach einer Pause rief er ihnen mit lauter Stimme zu: »Hoch lebe mein deutsches Vaterland und im deutschen Volke alle, die den Zustand der reinen Menschheit zu fördern streben!« Anschließend kniete er nieder, betete und dankte Gott für diesen Sieg. Nach diesen Worten stieß er sich den Dolch erneut in die linke Brust. Dann ließ er ihn los und sank in sich zusammen. Ein Handwerksgeselle zog ihm später den Dolch aus der Brust. Als die Polizei erschien, machte er den Eindruck eines Sterbenden.

Im Krankenhaus zeigte sich dann, daß die beiden Stiche nicht tödlich waren. Als man ihm nach etwa zwei Stunden die Frage vorlegte, ob er Kotzebue ermordet habe, nickte er energisch. Auf einen Zettel schrieb er dann in kaum leserlichen Schriftzügen: »A. v. Kotzebue ist der Verführer unserer Jugend, der Schänder unserer Volksgeschichte und der russische Spion unseres Vaterlandes.«

Ungeachtet starken Wundfiebers heilten die beiden Stichwunden schon nach zwei Wochen aus. Inzwischen hatte sich bei Sand aber in der linken Brusthöhle ein Bluterguß angesammelt, der eine Operation notwendig machte. Diese Operation wurde am 8. April durch den Heidelberger Chirurgen Chelius ausgeführt, und dabei wurden dreiviertel Liter geronnenen Blutes entfernt. Dem Patienten war vorher gesagt worden, ein einziger scharfer Atemzug könne seinen Tod herbeiführen, er müsse deshalb ruhig atmen; Sand hielt sich an diese Weisung. Da in der Lunge ein Eiterherd festgestellt wurde, konnte die Wunde nicht geschlossen werden. Sand konnte deshalb bis zu seinem Tode nur noch auf dem Rücken liegen. Zweimal täglich mußte die Wunde versorgt und der Verband erneuert werden. Die schweren Schmerzen, die seine Wunde verursachte, ertrug er mit vorbildlicher Fassung und Geduld. Seine Haltung machte auf die Ärzte und das Pflegepersonal den größten Eindruck.

Nie war bei ihm auch nur ein Schatten von Reue zu entdecken. Er war und blieb der festen Überzeugung, eine gute Tat getan und sich um das Wohl des Vaterlandes verdient gemacht zu haben.

Die Justizbehörden behandelten ihn nicht wie einen gewöhnlichen Häftling; eine gewisse Rücksichtnahme war unverkennbar. Als er dann aus der Klinik in die Krankenabteilung der Mannheimer Strafanstalt überführt wurde, erhielt er ein Einzelzimmer mit Blick ins Grüne. Das Bett stand in der Mitte des Raumes, und darüber brachte man ein Pult an, auf dem er Bücher aufstellen konnte. Bei dem Gefängnispersonal erwarb er sich rasch Sympathien, und es war schließlich so, daß dem allezeit freundlichen und zufriedenen Gefangenen jeder Wunsch von den Augen abgelesen wurde. – Anfang August wurde Erlaubnis erteilt, daß ihn der Maler Moosbrugger porträtierte.

Sobald er nach seiner schweren Operation voll vernehmungsfähig war, erschien zweimal pro Tag der Untersuchungsrichter bei ihm, um ihn zu verhören. Anfangs diktierte Sand seine Antworten selbst. Da der Beschuldigte voll geständig war, schien sich das Verfahren rasch dem Ende zu nähern.

Da aber wurden in Jena die beiden Briefe entdeckt, die Sand für die Burschenschaft und seine gleichgesinnten Freunde hinterlassen hatte. Sie ließen den Verdacht entstehen, daß es sich nicht um die Tat eines Einzelgängers, sondern um ein Komplott handelte, ja vielleicht um eine weitverzweigte Verschwörung. Der Verdacht der Regierungen wurde dadurch genährt, daß im Volke der Mörder deutlich erkennbar weit mehr Sympathien genoß als der Ermordete.

Viele schreckten nicht davor zurück, dieser Zuneigung öffentlich Ausdruck zu verleihen. Der Jenenser Naturforscher Oken nannte Sand in seiner Zeitschrift »Isis« einen der gesittetsten, männlichsten, erkenntlichsten und selbständigsten Studenten, die ihm je begegnet seien, bei dem höchstens Irrtum, niemals aber Verdorbenheit Triebfeder gewesen sein könne. Professor Grohmen, ein Psychiater, erklärte, die Tat Sands erscheine wie ein Meuchelmord, sei es aber nicht; es handle sich im Gegenteil um die Tat »eines bis zum höchsten Grade der Moralität, der Religionsweihe erhöhten und verlebendigten Bewußtseins«. Ähnlich äußerten sich der junge Herbart und Josef Görres. Unter den Studenten und den Gebildeten war weitaus das Gefühl der Bewunderung vorherrschend. Den Mörder umgab bald ein Glorienschein!

Diese Reaktionen ließen erkennen, welch tiefer Riß damals durch die geistige Welt ging. Das Gebot: »Du sollst nicht töten!« war, wie nicht selten in politisch unruhiger Zeit, der allgemeinen Anerkennung verlustig gegangen.

Aufschlußreich war die Reaktion Goethes. Als Leiter des Weimarer Theaters hatte er im Laufe der Zeit großen Ärger mit Kotzebue gehabt. Dieser hatte alles getan, seine Stellung zu untergraben, war am Ende dazu übergegangen, ihn offen anzufeinden und hatte ihm auf jede Weise das Leben schwer gemacht. Im Innern lehnte Goethe dieses »vorzügliche, aber schluderhafte Talent« entschieden ab. Da aber das Publikum seine Lustspiele auf der Bühne zu sehen wünschte, mußte er sich mit diesem unangenehmen Menschen abfinden, und so sind unter Goethes Theaterdirektion (1791-1817) nicht weniger als 88 von Kotzebues Dramen mit 667 Aufführungen gespielt worden (K. hat insgesamt 227 Stücke geschrieben). Als Goethe dann am 26. März 1819 die Nachricht von der Ermordung erhielt, war aus seinem Munde kein einziges Wort eindeutiger Verdammung der Bluttat zu hören. Stattdessen äußerte er sich so, daß es wie eine Art Genugtuung klang. So sagte er am 28. März zu dem Kanzler von Müller, wo man über die Grenzen der Individualität hinausgreife, frevelnd, störend, unwahr, da verhänge die Nemesis früh oder spät angemessene Strafe. So sei in Kotzebues Tod eine gewisse notwendige Folge einer höheren Weltordnung erkennbar. Und am 18. April sprach er der Tat dem gleichen Gesprächspartner gegenüber sogar einen gewissen Segen zu: »Kotzebues Blut bringt uns erst die wahre Pressfreiheit, weil nun jeder mit dem Innersten hervortrete«. Am Ende seines Leben kam Goethe in einem Gespräch mit Eckermann noch einmal auf die Tat zurück: »Der Haß schadet niemand, aber die Verachtung ist es, was den Menschen stürzt. Kotzebue wurde lange gehaßt, aber damit der Dolch des Studenten sich an ihn wagen konnte, mußten ihn gewisse Journale erst verächtlich machen« (Gespräch vom 15. Februar 1831).

Goethe hatte das Glück, daß nichts von dem, was er unmittelbar nach der Bluttat verlauten ließ, in die Öffentlichkeit drang. Wäre dem anders gewesen, so hätte es vielleicht denselben Sturm der Entrüstung gegeben wie im Fall des Berliner Theologieprofessors de Wette. Der hatte nämlich am 31. März 1819 einen Brief an Sands Mutter gerichtet, in dem er über den Mord in einer Weise urteilte, die einer Rechtfertigung gleichkam. Dieser denkwürdige Brief, der mit Sicherheit die Empfindungen vieler Menschen von damals wiedergab, hatte folgenden Wortlaut:

»Daß die Meinung des großen Haufens Ihren Sohn als Verbrecher brandmarken wird und mit einem Schein des Rechts, dies fordert mich, der ich mir ein Urteil über die Sache zutraue, auf, seinen Anwalt bei Ihnen zu machen und sein Andenken wenigstens in seiner Familie vor Entehrung zu schützen.

Die begangene That ist freilich nicht nur ungesetzlich und vor dem weltlichen Richter strafbar, sondern auch, allgemein betrachtet, unsittlich und der sittlichen Gesetzgebung zuwiderlaufend. Durch Unrecht, durch List und Gewalt kann kein Recht gestiftet werden, und der gute Zweck heiligt nicht das ungerechte Mittel. Als Sittenlehrer kann ich nie zu solchen Handlungen ermahnen und raten, das Böse soll nicht durch das Böse, sondern allein durch das Gute überwunden werden. Aber ist von der Beurtheilung irgendeiner geschehenen Handlung die Rede, so darf man nie das allgemeine Gesetz als Maßstab gebrauchen, sondern die Überzeugung und die Beweggründe des Handelnden. Nur nach seinem Glauben wird ein jeder gerichtet. Nun bin ich allerdings der Meinung, daß der Entschluß Ihres Sohnes aus einem Irrthum hervorgegangen und nicht ganz frei von Leidenschaft gewesen ist.

Aber welcher Mensch darf sich rühmen, von Irrthum und Leidenschaft frei zu sein? Nur Einer ist es gewesen. Der Irrthum wird entschuldigt und gewissermaßen aufgehoben durch die Festigkeit und Lauterkeit der Überzeugung, und die Leidenschaft wird geheiligt durch die gute Quelle, aus der sie fließt. Daß beides der Fall bei Ihrem frommen und tugendhaften Sohne gewesen, bin ich fest überzeugt. Er war seiner Sache gewiß; er hielt es für recht, das zu thun, was er gethan, und so hat er recht gethan. Ein jeder handle nach seiner besten Überzeugung, so wird er das Beste thun.

Wenn ich seinen Entschluß nicht ganz von Leidenschaft freispreche, so verstehe ich darunter keinen trüben Rausch, keine schäumende Aufwallung, denn er war, soviel ich weiß, ein sehr ruhiger und besonnener Mensch. Es war die reinste Begeisterung, die ihn erfüllte, die aus der besten Quelle kam, aber von der jugendlichen Kraft eine Gewalt entlehnte, welche über die Schranken des Lebens hinaustrieb! Ohne irgendeinen Antheil an dieser Art von Leidenschaft wird kaum eine große That von dem Menschen vollbracht werden können; das Licht der Begeisterung wird immer zur Glut auflodern. Mit vollkommener Aufrichtigkeit versichere ich Sie, daß ich die Liebe, welche mir Ihr Sohn auf den ersten Blick abgewonnen, seinem Andenken nicht entziehen kann, vielmehr in größerem Maße zuwende.

So wie die That geschehen ist, durch diesen reinen frommen Jüngling, mit diesem Glauben, mit dieser Zuversicht, ist sie ein schönes Zeichen der Zeit. Und was auch das Schicksal Ihres Sohnes sein mag, er hat genug gelebt, da er für den höchsten Trieb seines Herzens zu sterben beschlossen hat. Wer das Leben wagen kann, hat das wahre Hochgefühl desselben, und schätze man doch nicht den Werth desselben nach seiner Dauer, sondern nach seiner inneren Fülle und Schönheit. Leider herrscht bei uns die Ansicht, wonach man ein Leben in Feigheit, Trägheit einem schönen Tode vorzieht. Sagen Sie nicht, es sei zu beklagen, daß so viele das Edle dieses Todes nicht erkennen werden. Wenigstens ist er doch ein Zeichen einer besseren Lebensansicht, wodurch mancher erweckt werden wird. Ein Jüngling setzt sein Leben daran, einen Menschen auszurotten, den so viele als einen Götzen verehren. Sollte dies ohne alle Wirkung sein? Doch nach dem Erfolg ist keine Handlung zu beurtheilen, nicht nach dem Glanze, den es von sich wirft, ein Leben. Das Edelste sinkt oft verkannt in den Staub!«

Für den Professor de Wette hatte der Brief höchst unangenehme Folgen. Durch eine Indiskretion bekannt geworden, rief bei den damaligen Machthabern höchsten Unwillen hervor. Gegen de Wette wurde ein Verfahren eingeleitet, auf das hin Friedrich Wilhelm III. am 18. September 1819 seine Entlassung verfügte. In der Königlichen Kabinettsorder hieß es: »Ich würde mein Gewissen verletzen, wenn ich einem Manne, der den Meuchelmord unter Bedingungen und Voraussetzungen gerechtfertigt hält, den Unterricht der Jugend ferner anvertrauen wollte«.

In dem, was seine eigene Person betraf, war Sand von Anfang an bereit, alles zuzugeben. Sobald sich aber seine Vernehmung Personen zuwandte, in denen man Mittäter oder Gehilfen vermutete, wurde er unzugänglich und schreckte im Bedarfsfalle auch nicht vor Lügen zurück.

Vor allem war er bemüht, Karl Follen aus dem Verfahren herauszuhalten. Dabei war an dessen intellektueller Urheberschaft nicht zu zweifeln. Als »Prediger der Gewalt und des politischen Mordes« trägt er vor dem sittlichen Urteil letztlich die Verantwortung für die Tat. Ob man bei ihm auch von strafrechtlicher Verantwortung sprechen kann, ist ungeklärt. Bei den Verhören, denen er unterzogen wurde, verantwortete er sich so geschickt, daß man ihm nichts anhaben konnte. Gewiß hatte er dem Täter das Geld für die Reise nach Mannheim vorgestreckt, und manches deutete darauf hin, daß er mit ihm im Komplott gestanden hatte. Ein überzeugender Nachweis dafür ließ sich aber nicht erbringen. Als sich aus den aufgefundenen Briefen eine Belastung ergab, bestand Follen auf einer Gegenüberstellung mit Sand. In geheimem Zusammenspiel operierten beide dabei so geschickt, daß der Untersuchungsrichter auch diesmal nicht weiterkam.

Ein großer Trost war es für den Gefangenen, daß seine Familie fest zu ihm stand. Die Mutter, zunächst tief erschüttert, faßte sich rasch und wandte ihrem Sohn ihre ganze Liebe zu. Sie sah in ihm einen Märtyrer und dankte Gott für die große Güte, daß er ihn ihr so lange erhalten habe, bis sein Charakter sich rein habe ausprägen können. Von den übrigen Familienangehörigen distanzierte sich nicht einer von ihm; im Gegenteil, alle waren bemüht, ihm sein schweres Los zu erleichtern. Einen unkontrollierten Besuch ohne Beschränkungen bei ihm konnten sie freilich nicht durchsetzen. Sand verzichtete deshalb darauf. Er hat vor seinem Tod von seiner Familie nie wieder jemand zu Gesicht bekommen. Den Briefwechsel mit ihm stellten sie auf seine Bitte hin schließlich ein, weil das Gericht durch die Kontrolle zu sehr belastet wurde.

Das Gerichtsverfahren, nach damaligem Verfahrensrecht geheim und schriftlich, zog sich viele Monate hin. Erst am 9. November 1820 konnten die Untersuchungsrichter die Akten an das zuständige Gericht in Karlsruhe weiterleiten. In Fällen, in denen die zu erwartende Strafe zehn Jahre Zuchthaus überstieg, hatte dieses sich gutachtlich zu äußern und dann den Fall dem Oberhofgericht zu unterbreiten, das für die Urteilsfällung zuständig war.

Der Verteidiger, der dem »Inculpaten« von Amts wegen zugeordnet worden war, verfaßte eine 62 Bogen umfassende Verteidigungsschrift und legte sie dem Gericht vor. Er sprach darin von »Ideenverwirrung« und »irregehender Vaterlandsliebe« und zog

Sands Zurechnungsfähigkeit in Zweifel. Dieser Angeklagte, so schloß der Verteidiger, müsse freigesprochen werden. In einem Nachtrag sprach der Anwalt dann noch von Notwehr.

Derartige Ausführungen waren nicht dazu angetan, das Gericht in irgendeiner Weise zu beeinflussen. Die Mitglieder des Hofgerichts in Karlsruhe äußerten sich am 11. April 1820 gutachtlich dahin, daß der Angeklagte des Mordes schuldig sei und deshalb zur Strafe der Enthauptung durch das Schwert verurteilt werden müsse. Für eine Begnadigung erklärten sich von den zwölf Richtern nur zwei. Am 5. Mai trat das Oberhofgericht diesem Gutachten bei und fällte ein entsprechendes Urteil. Schon eine Woche danach bestätigte der Großherzog von Baden dieses Urteil.

Entgegen aller Erwartung hatte Sand den Urteilsspruch noch erlebt. Zur Feststellung, ob sein Gesundheitszustand die Vollstrekkung des Urteils gestatte, erschienen am 13. Mai seine Ärzte bei ihm und untersuchten ihn gründlich. Dem Vernehmen nach soll er ihnen mit lauter Stimme Gedichte von Theodor Körner vorgetragen haben, um sie davon zu überzeugen, daß sein gesundheitlicher Zustand dem Vollzug des Urteils nicht im Wege stehe. In der Tat ging es ihm danach besser, so daß er einige Stunden am Tag das Bett verlassen konnte.

Am 17. Mai erschien dann eine Gerichtskommission, um ihm das Urteil offiziell bekanntzugeben. Nachdem es verlesen war, äußerte er: »Meine Herren, Sie sind mir willkommene Boten!« Er sterbe gern, habe er doch dem Vaterlande und der Menschheit einen Dienst geleistet. Dann schrieb er einen letzten Brief an seine Eltern.

Zum Hinrichtungstag war der 20. Mai, der Pfingstsamstag, bestimmt worden. Während der zwei Tage, die ihm noch verblieben, sah Sand eine Anzahl Besucher bei sich. Alle waren über seine feste, klare, ja beinahe heitere Haltung erschüttert. Auf die Frage eines dieser Besucher, ob er Reue empfinde, lautete die Antwort: »Ich habe ein Jahr vorher darüber nachgedacht und seitdem wieder 14 Monate, und meine Ansicht hat sich um nichts geändert!«

Am 18. ließ er sein langes Haar richten und den Körper waschen. So hätten es auch die alten Germanen gehalten, sagte er. Am 19. empfing er den Besuch des Scharfrichters Wittmann aus Heidelberg, der über das, was ihm bevorstand, tief unglücklich war. Sand tröstete ihn und bat ihn, bei seinem Geschäft Ruhe zu bewahren und nichts zu übereilen. Er ließ sich sagen, wie er sich am besten verhalte und dankte ihm im voraus für alle seine Mühe.

Den Vorabend des 20. Mai verbrachte er mit dem Geistlichen im Gebet.

Vor Antritt der letzten Fahrt zog er einen dunkelgrünen Rock mit bis zum Hals geschlossenem schwarzen Kragen an, über den der Hemdkragen gelegt war, außerdem eine weißleinene Hose. Als er während des Ankleidens Schmerzen an seinen Wunden verspürte, ließ er den Verband erneuern. Die Zeit zwischen vier und fünf Uhr morgens verbrachte er betend in Gesellschaft von Geistlichen.

Die Straßen zum Hinrichtungsplatz waren schwarz von Menschen. Um jede Störung unmöglich zu machen, war die ganze Mannheimer Garnison aufgeboten worden. Seit drei Uhr morgens waren in der ganzen Stadt Posten aufgestellt worden, und Patrouillen zu Fuß und zu Pferde durchzogen alle Straßen und Plätze. Besonders stark gesichert war das Heidelberger Tor. Das mannshohe Schafott, das auf einer Wiese aufgestellt worden war, war rundherum von einem Bataillon Infanterie mit geladenen Gewehren umgeben. Eine weitere Kompanie Infanterie und eine Eskadron Kavallerie standen in der Nähe in Alarmbereitschaft zu jederzeitigem Eingreifen bereit.

Die Bevölkerung von Mannheim nahm an dem Vorfall lebhaftesten Anteil. Die Behörden hatten Mühe, einen Wagen für den Transport des Verurteilten aufzutreiben. Als der Wagen, von Kavallerie umgeben, durch die dichtbesetzten Straßen fuhr, brachen viele Menschen in Tränen aus. Sand grüßte nach allen Seiten.

Von zwei Strafanstaltsbeamten gestützt, stieg Sand auf das Schafott. Dort erwarteten ihn die Gerichtskommission und der Scharfrichter mit seinen Gehilfen. Stehend hörte Sand das Urteil an, das noch einmal verlesen wurde. Als ihm die Gehilfen des Scharfrichters die Hände an den Stuhl banden, bat er, den Strick nicht zu fest anzuziehen, er habe Schmerzen in der Brust. Dann wurde sein Hals freigemacht, sein Haar auf dem Scheitel zusammengebunden und ein Tuch vor seine Augen gebunden. Nunmehr holte der Scharfrichter zu dem tödlichen Streich aus. Als der Schlag fiel, war aus der drei- bis viertausend Menschen umfassenden Menge ein Aufschrei zu hören. Dann brachen viele in Schluchzen aus.

In seiner Erregung hatte der Scharfrichter den Kopf nicht völlig vom Rumpf getrennt; er war deshalb zu einem zweiten Hieb genötigt. Während der Leichnam in den Sarg gelegt wurde, durchbrach die Menge die Absperrung, tauchte Taschentücher und Bücher in das Blut, das vom Schafott herunterfloß, schnitt Späne vom Blutgerüst ab und riß dem Scharfrichter die abgeschnittenen Locken aus der Hand. Das Taschentuch, das Sand bei sich gehabt hatte, sandte der Scharfrichter mitsamt einer Locke an die Mutter. Den Stuhl, auf dem er bei der Hinrichtung gesessen hatte, schenkte er einem Heidelberger Bürger, der ihn auf seine Kinder vererbte. Er selber errichtete aus den Balken des Blutgerichts in seinem Weinberg ein Gartenhäuschen, in dem die Heidelberger Burschenschaften während der Zeit, in der sie verboten waren, sich insgeheim trafen.

Auf dem Richtplatz wurden noch lange alltäglich frische Blumen niedergelegt. Wie der berühmte Heidelberger Kliniker Adolf Kußmaul in seinen Lebenserinnerungen berichtet hat, erregte der Mörder mehr Teilnahme als sein Opfer, vor allem bei Frauen und Mädchen: »Sie schmückten das Bild des blondgelockten schlanken Jünglings in der kleidsamen Burschentracht, der sein junges Leben dem Scharfrichter hingeben mußte, mit Immortellen und hingen es auf im verschwiegenen Schlafgemach«. Die Bevölkerung bewahrte dem Hingerichteten noch viele Jahre ein ehrenvolles Gedächtnis. Die Wiese, die der Schauplatz der Exekution gewesen war, hieß seitdem »Sands Himmelfahrtswiese«.

Die Folgen der Ermordung Kotzebues waren ganz anders, als Sand sie sich vorgestellt hatte. Seine Tat hatte für das deutsche Volk ein Zeichen geben sollen, sich gegen seine Unterdrücker zu erheben. Nichts dergleichen trat ein. Stattdessen lieferte der Mord den Machthabern eine willkommene Handhabe, gegen die Unruheherde an den Universitäten vorzugehen. Es ergingen am 20. September 1819 die Karlsbader Beschlüsse, die erst 1848 wieder aufgehoben wurden. Aufgrund dieser Beschlüsse wurde in Mainz zur Unterdrückung der »demagogischen Umtriebe« eine Zentraluntersuchungskommission ins Leben gerufen, auf deren Konto zahlreiche Strafverfahren gegen Studenten kommen. Am 26. November 1819 wurde die Deutsche Burschenschaft aufgelöst. Die Universitäten wurden unter strenge Bewachung gestellt. Es begann eine Zeit finsterer Reaktion, es trat also genau das Gegenteil dessen ein, was Sand mit seiner Tat bezweckt hatte.

Schrifttum: von Hohnhorst, Vollständige Übersicht der gegen Carl Ludwig Sand, wegen Meuchelmordes, verübt an dem Kaiserlich Russischen Staatsrath v. Kotzebue, geführten Untersuchung. Aus den Originalakten gezogen, geordnet und herausgegeben. Stuttgart und Tübingen 1820; Carl Ludwig Sand, dargestellt durch seine Tagebücher und Briefe. Von einigen seiner Freunde. Altenburg 1821; C. E. Jarcke, Carl Ludwig Sand und sein, an dem kaiserlich-russischen Staatsrath v. Kotzebue verübter Mord. Eine psychologisch-criminialistische Erörterung aus der Geschichte unserer Zeit. Berlin 1831; Richard und Robert Keil, Geschichte des Jenaischen Studentenlebens von der Gründung der Universität bis zur Gegenwart (1558–1858). Leipzig 1858 S. 244 ff., 435 ff.; Gerhard Stenger, Goethe und August von Kotzebue. Breslau 1910; Karl Alexander von Müller, Karl Ludwig Sand. München 1925.

Dramatische Konfrontation

Turnvater Jahn und E. T. A. Hoffmann

Die beiden prominentesten Opfer der durch Carl Ludwig Sands Tat ausgelösten reaktionären Bewegung waren Ernst Moritz Arndt (1769–1860) und Friedrich Ludwig Jahn (1778–1852). Ernst Moritz Arndt hat das, was er seit seiner Amtsenthebung (1820) leiden mußte, in seinen »Erinnerungen aus dem äußeren Leben« eindrucksvoll beschrieben und vor der Geschichte festgehalten. Friedrich Ludwig Jahn war die gleiche Leichtigkeit der Darstellung nicht gegeben, er hatte zwar die Absicht, auch seinerseits eine Selbstbiographie zu schreiben, fand aber vor seinem Tode nicht mehr Entschluß und Kraft zur Niederschrift. So sind dem deutschen Volk die schweren Erlebnisse, die ihm in einem sich jahrelang hinschleppenden Strafverfahren beschieden waren, so gut wie unbekannt geblieben. Wenige wissen auch, daß Jahn auf seiten der Justiz als Gegenspieler E. T. A. Hoffmann, der nachmals so berühmt gewordene Vertreter der Romantik, gegenübergestanden hat.

Friedrich Ludwig Jahn gilt heute als Schöpfer der deutschen Turn- und Sportbewegung; daher sein Beiname »Turnvater«. 1811 richtete er zusammen mit seinem Freund Friesen in Berlin auf der Hasenheide den ersten Turnplatz ein, und es war dabei sein Ziel, vaterländische Gesinnung in der Jugend zu erwecken und sie auf die kommende Erhebung vorzubereiten. Dieses Beispiel fand an zahlreichen Plätzen Nachahmung. Der Turngedanke verbreitete sich rasch über ganz Deutschland, und aus Jahn wurde über Nacht eine der volkstümlichsten Gestalten der damaligen Zeit. Zwei Universitäten, Jena und Kiel, ernannten ihn fast gleichzeitig zum Dr. honoris causa und feierten ihn in ihren Diplomen als den Erwecker der Jugend, den Retter deutscher Sprache und einen zweiten Luther.

Als die Befreiungskriege ausbrachen, schlossen sich die meisten seiner Anhänger den Freiwilligenverbänden an, und Jahn selbst übernahm im Freikorps Lützow die Führung eines Bataillons. Da er hier alles andere als Lorbeeren erntete, wurde er aus diesem Kommando bald wieder abberufen und bei den Besatzungsbehörden in Frankreich verwendet.

Wenige Jahre nach Kriegsende geriet Jahn, dem eine aggressive, derbe, polternde, mitunter auch skurrile Ausdrucksweise eigen war, in Konflikt mit den herrschenden Gewalten. Manche seiner Aussprüche erregten bei der Obrigkeit unliebsames Aufsehen, andere sogar heftigen Anstoß. So war es nicht verwunderlich, daß die preußischen Polizeibehörden nach der Ermordung Kotzebues auch gegen ihn vorgingen, die Turnplätze schlossen und ein Strafverfahren in die Wege leiteten.

Auf persönlichen Befehl des preußischen Staatskanzlers, des Fürsten Hardenberg, wurde Jahn in der Nacht vom 13. zum 14. Juli 1819 verhaftet und auf die Festung Spandau verbracht. Das war der Auftakt zu einem Strafverfahren, das erst nach sechs Jahren sein Ende finden sollte.

Was lag vor, und wodurch war er in Verdacht geraten?

Bis zum Jahre 1817 waren die Beziehungen Jahns zur Obrigkeit noch ungetrübt. Sein Buch über die »Deutsche Turnkunst«, 1816 erschienen, fand überall die beste Aufnahme. Es war den Provinzialverwaltungen von den Berliner Zentralinstanzen zur weiteren Verbreitung zugesandt worden, und der Turngedanke konnte im ganzen Lande Wurzel fassen. Überall wurden Turnplätze geschaffen und Turnanstalten errichtet. Von überallher wurden junge Menschen zu Jahn geschickt, um bei ihm als Turnlehrer ausgebildet zu werden.

Die Sympathie der Behörden kühlte freilich rasch ab, als sich innerhalb der Turnbewegung politische Tendenzen bemerkbar machten. Den Anstoß dazu gaben die »Vorträge über deutsches Volkstum«, die Jahn ab Januar 1817 in Berlin vor einem großen Zuhörerkreis hielt. Diese Vorträge bauten auf einer Schrift über »Deutsches Volkstum« auf, die Jahn zuerst 1810 publiziert hatte.

Der Saal, den Jahn für seine Vorträge gemietet hatte, war jedesmal gedrängt voll; er hatte 500 Plätze und war immer überfüllt. Die offene und kühne Sprache, die er anschlug, empfanden alle als ungewöhnlich und befreiend. Einer der jungen Menschen, die bei dem ersten Vortrag zugegen waren, schrieb hinterher darüber:

»Jahn hat gesprochen wie ein freier deutscher Mann, und ich bin überzeugt, daß diese Vorträge von großer Wichtigkeit sein werden.« Und in der Weimarischen Zeitung vom 21. Januar 1817 hieß es: »Am 17. d. Mts. eröffnete der Professor und Turnmeister Jahn seine Vorlesungen über Teutsches Volksthum in einem Hörsaale, wo Freunde der Wahrheit und des Vaterlandes (vielleicht auch einige Schleicher) aus allen Ständen sich zahlreich versammelt hatten. In seiner Einleitung sprach er von den freiwilligen Sprechern, die jetzt in die Schranken treten müßten, wenn sie auch nicht, wie vordem die freiwilligen Krieger, dazu aufgerufen würden ...«

Nicht alle Berichte waren freilich so günstig. In einer Altonaer Zeitung wurde auf bedenkliche Stellen in den Vorträgen aufmerksam gemacht: »Herr Jahn begann seinen ersten Vortrag über deutsches Volksthum mit den Worten: ›Wer so wie ich reden will, der muß seinen Rücken frei haben. Was mich betrifft, ich habe meine Rechnung mit dem Himmel abgeschlossen.‹ Weiterhin sagte er von den Königen und Fürsten: ›sie verständen entweder gar nichts von dem Regieren, oder sie wären sogenannte Routiniers; das Wort bedeute soviel als Eingefahrene‹. Dabei verglich Herr Jahn diese Eingefahrenen mit Postillonen, die nach erlangter Routine im Fahren häufig einschliefen, unbekümmert, wohin die Pferde mit den Reisenden ihren Weg nähmen.«

Das waren gefährliche Worte, die an maßgeblicher Stelle übel vermerkt wurden. Am 24. Februar richtete der Staatskanzler Fürst Hardenberg folgendes Schreiben an Jahn: »Nach einer mir soeben zugehenden Nachricht haben Ew. Wohlgeboren sich in Ihrer letzten Vorlesung mehrere Ausfälle gegen die Diplomatiker, welche den Pariser Frieden geschlossen, erlaubt, und namentlich aufgeführt: ›daß sie Alles, was mit dem Schwerdte errungen worden, mit der Feder wieder verloren hätten‹. Über die Staatsbeamten haben Sie ferner bemerkt: ›Hunde, Huren, Schauspieler, Operntänzer, Köche, Pferde usw., das sind die neun Musen unserer Staatsmänner‹; die Regierungs- und Amtsblätter haben Sie mit dem Spottnamen ›Angstblätter‹ belegt und dabei geäußert: ›daß die Deklarationen der Gesetze bloß deshalb so häufig erfolgten, damit die Pränumeranten der Gesetzsammlung doch etwas für ihr Geld erhielten ...‹«

»Ich weiß«, so schloß der Brief, »daß Sie alle Ihre Vorlesungen zuvor schriftlich ausarbeiten und finde mich durch vorstehende Äußerungen veranlaßt, Sie aufzufordern, mir die schriftliche Ausarbeitung zur letzten Vorlesung unverzüglich und unfehlbar binnen 24 Stunden einzureichen.«

Jahn entsprach dieser Aufforderung, bat dabei aber, seine Worte nicht aus dem Zusammenhang herauszureißen und zu verdrehen: »Darum soll man aus diesen einzelnen Vorträgen kein Stück- und Flickwerk machen, sie nicht in Fetzen reißen, auch keine einzelnen Gedanken an den Galgen schlagen, oder gar eine einzelne Redensart rädern.«

Bald fiel der »Turnvater« erneut unangenehm auf. Am 7. März äußerte er in seinem Vortrag u. a.: »Wer seinen Kindern die französische Sprache lernen oder lehren läßt, ist ein Irrender; wer darin beharrt, sündigt gegen den heiligen Geist. Wenn er aber seinen Töchtern französisch lehren läßt, so ist das eben so gut, als wenn er ihnen die Hurerei lehren läßt.«

Ein Generalstabshauptmann, der dem Vortrag beiwohnte, fühlte sich durch diese Bemerkungen als Vater von zwei Töchtern, die Französisch lernten, verletzt und »wagte« am 9. März, an Fürst Hardenberg die Frage zu richten:

»Ob ein deutscher Hausvater durch die Gesetze gegen Ausfälle der obigen Art, öffentlich angesprochen, geschützt werden könne? oder ob er die Sache als eine Persönlichkeit behandeln dürfe? oder endlich, ob er sie als einen tollen Hundsbiß zu betrachten habe?«

Der Staatskanzler forderte Jahn auf, sich wegen dieser »höchst unschicklichen Äußerungen« zu rechtfertigen. Jahn antwortete erst nach dreimaliger Aufforderung, und zwar so ausfallend und derb, daß er wegen der Form seines Schreibens zurechtgewiesen werden mußte.

Er habe nicht früher geantwortet, sagte er, da er dem Hauptmann Zeit habe lassen wollen, »inzwischen wieder zu sich selbst zu kommen und seine aufgeregte Leidenschaftlichkeit völlig beruhigen zu können«. Kein anderer »Hausvater« habe die Rede auf sich bezogen, und er, Jahn, habe auch keinen dabei im Sinne gehabt. Er habe von dem Hauptmann und seinen Töchtern bisher nicht die geringste Ahnung gehabt. Der Offizier liege offenbar an schweren Einbildungen krank darnieder und leide an der »Ichsucht«, weil er sonst unmöglich »selbstgeschaffene Gespenster« als Feinde bekämpfen würde. Er, Jahn, sei nicht der erste und Gott sei Dank auch nicht der einzige, der auf die Gefahren aufmerksam mache, »so unserem Vaterlande durch das Gift drohen, was die Französische Sprache in unseren Volksschulen ungestört und ungestraft hineingleisset«. Wer die Geschichte verstehe, wisse, »daß ein Volk nur durch das lebendige Leben der Muttersprache in frischer Rege bleibe. Weder hätten die Römischen Mädchen in früher Jugend Punisch gelernt, weil die Männer mit diesem Volke in steter Fehde waren, noch die von Athen Persisch, nachdem Xerxes ihre Stadt in Schutt und Asche verwandelt«.

Die zweite »Wagfrage« des Hauptmanns: »Ob er die Sache als eine Persönlichkeit behandeln dürfe«, fand Jahn noch eigenartiger als die erste. Habe der Offizier die Absicht, die alten Sitten zu erneuern und über den Wert und die Würde der deutschen Sprache ein Gottesgericht zu begehren? Gut dann! Falls er im Ernst als Ritter und Retter des Franzosentums in die Schranken treten wolle, so werde er – Jahn – mit fröhlichem Herzen und ruhigem Gewissen zur Wehr greifen.

Gegen die dritte »Wagfrage«, ob nämlich der Hauptmann Jahns Urteile über die welsche Sprache als einen »tollen Hundsbiß« zu betrachten habe, habe er nichts einzuwenden, falls jener davon die »Franzosenscheu« bekomme.

Am Schluß dieses Schreibens betonte Jahn, er habe »frei und offen geredet, ohne Blumen und Blatt, rundheraus, frisch von der Leber weg, rein vom Herzen«. Mit seiner Rede habe er auf lauter Redliche gerechnet und darum auch »nicht die Worte gestutzt für der Schmierlinge Horchohr und der Hetzmichel Verdrehkunst«. Möge auch bisweilen ein hartes Wort oder ein derber Ausdruck gefallen sein, so gehöre eben »auf einen knorrigen Klotz ein starker Keil, eine schwere Schlage und die Wucht eines kräftigen Armes«.

»Deutschland ist nicht sicher vor einer Umkehr durch die Franzosen, wenn auch alle Französischen Festungen von deutschen Truppen besetzt sind, solange unsere Kinder in unserer Volksschule noch immer, nach der Leipziger Schlacht wie vor, von der Französischen Sprache gefesselt und dem Franzosentum als Geisel geliefert werden.« –

Es überrascht nicht, daß Jahn nach alledem von hoher und höchster Stelle nahegelegt wurde, seine Vorträge abzubrechen. Das schlug er jedoch aufs entschiedenste ab. Fünfzehn Vorträge habe er gehalten, und sechs stünden noch aus. Er sei es seiner Ehre schuldig, sie zu Ende zu führen, und nur wenn sie amtlich untersagt würden, werde er vorzeitig abbrechen.

Ein Verbot erging jedoch nicht. Jahn fuhr fort, die abenteuerlichsten Ideen zu entwickeln und scharfe Angriffe gegen hochgestellte Persönlichkeiten zu führen.

So etwa sagte er: »Heutigen Tages ist des Regierens sehr viel geworden. Dieses und das Schlaraffenleben hat die Verwaltung in die Hauptstadt getrieben, denn ein kleinerer Ort ist nicht bequem zu solchem Spuk.« – »Heutzutage hat jeder Deutsche Fürst das Gemeinwohl zum Aushängeschild, und ist übrigens schlau genug auf seinen Vortheil. Und das ist die Ursache, warum sie sich so leicht voneinander trennen lassen; den Deutschen Bund verknüpft ein loses Band, aus lauter Sondernutzen gewebt.« – »Die von Seelenmeistern berechnete Menschenzahl eines Staates ist nur Unterthanenschaft, aber himmelweit vom Volk unterschieden; sie ist aber eben so wenig ein Volk, als eine geworbene Söldnerschar, die auf dem Prahlplatz gedrillt wird.« – Über Friedrich den Großen urteilte er: »So blieb er ein Fremdling im eigenen Volke und ein Reisender in der Heimath. Nur aus Unkunde des Volksthums hat er seinen Unterthanen durch Wälschsucht, Franzosenliebe, Unglauben, Ungeld, fremde Mauthner und zuviel regieren wehe gethan.«

Oft waren seine Äußerungen geheimnisvoll und dunkel und mannigfacher Ausdeutung fähig: »Es ist hohe Zeit, daß es anders wird. Ohne Volksthümlichkeit im Schirm weiser Verfassung bleibt die Kunst ein Spiel für den Sclaven, um seine Ketten zu vergolden, und die Wissenschaft ist nur ein Zeitvertreib der langen Weile seiner lebenslänglichen Gefangenschaft. Ein fressender Krebs nagt an unsern edelsten Theilen, wir siechen und giehnen schon eine schreckliche Zeit. Sollen wir aber stier und starr das Ende abwarten? Sollen wir die Hände in den Schooß legen? Haben wir keine andere Wehr und Waffen, als Seufzer, Ach und Weh!? Sind wir gebundene Opferthiere, so sich obendrein mit ihrer Geduld, Gelassenheit und Ergebung brüsten? Noch dürfen wir uns nicht übergeben, noch dürfen wir nicht verzweifeln! Noch sind wir nicht verloren! Noch sind wir zu retten! Aber nur durch uns selbst. Den Deutschen kann nur durch Deutsche geholfen werden.«

Gelegentlich streifte sein Vortrag das Paradoxe. So schlug er eines Tages vor, eine künstliche Wüste anzulegen, um das Land an schwachen Stellen gegen das Eindringen des Feindes sicherzustellen: »Und zwar sollen zu dem Wohl des Vaterlandes Marschen vermorasten, Auen einsümpfen, Höhen verfurten, Niederungen verbruchen, gewässerte Thäler durch Wall und Mauern zu Seen stauen. In diese Wüste sollen dann Roth- und Schwarzwild, Elennthiere, Auerochsen und zuletzt Raubthiere aller Art hineingesetzt werden. Aus alten Klöstern entstehen dann Eulenschläge, Adlerhorste aus ausgebrannten Thurmzinnen, durch Feuersbrünste ist zu Hyänenbauen vorgearbeitet. Unterirdisch aufgebaute Irrgebäude dienen gleich Schneckenbergen zu Werken für Giftschlangen. Die mit einer Doppelreihe von Verwallungen und Dornhecken eingezäunte Wüste ist wenigstens einen Grad breiter, kein Leichtfuß kann sie ohne Rast durchhüpfen. Hungrige Wölfe, Bären und dergleichen passen Einschleichern, Kundschaftern und Landstreichern auf den Dienst; beginnen die reißenden Thiere sich einander selbst zu verspeisen, so werden sie mit Drehern und Seglern von Schafen, Franzosenkühen, unbrauchbaren Pferden usw. gefüttert und der beständige Kampf, den die in der Wüste wohnenden Leute mit ihnen zu führen genöthigt, ist die beste Vorschule zur Landwehr.«

Am 3. April (Gründonnerstag) schloß Jahn diese Vorträge, die bis zuletzt die Zuhörer in Bann geschlagen, ja fasziniert hatten. Bevor er aufhörte, griff er noch die geheime Polizei an.

Am Abend dieses Tages brachten ihm seine Zuhörer eine musikalische Huldigung dar, die mit dem gemeinsamen Gesang des Liedes: »Ein' feste Burg ist unser Gott« begann. Die »Nationalzeitung« schrieb damals: »Was Luther erweckt, es hatte auch Jahn ermuthigt: der Beistand Gottes. Schwerlich wurden auch seit jenem Kirchengründer so kräftige Worte zu dem deutschen Volke gesprochen, als Jahn in seinen Vorträgen mit Leben, mit höherer Begeisterung, zu Gottes Ehre, für König, Volk und Vaterland aussprach.«

Inzwischen (am 23. März 1819) war Kotzebue ermordet worden, und in die jetzt einsetzenden Verfolgungsmaßnahmen wurde auch Jahn verwickelt. Den letzten Anstoß für seine Verhaftung gab die Auffindung von Papieren, die man im Besitz eines Gymnasiasten namens Lieber entdeckte. Dieser junge Mann gehörte zum Bekanntenkreis Jahns. Er stellte ihn in unbegrenzter Verehrung dem Heiland gleich und hatte in einem Notizbuch, das er mit der Aufschrift »Goldkörnlein aus Vater Jahns Munde« versah, Äußerungen aufgezeichnet, die jener im Kreis seiner Vertrauten angeblich gemacht hatte.

In diesem Notizbuch wurden nun allerdings erstaunliche Dinge von Jahn behauptet. Da konnte man beispielsweise lesen, Jahn habe gesagt, noch keine Verfassung sei »ohne Blut geworden«. »Mit Dräuen«, hieß es weiter, »greift kein Feldherr an. Hätte ich das Schwert, ich wollte mit Christus darunter fallen. An jedem Baum bis Charlottenburg muß einer hangen und in der Stadt auch noch. Ich wollte mir Luft machen.« Noch bedenklicher erschien ein anderer Ausspruch. Von seinem jungen Anhänger gefragt, ob es wohl Unrecht wäre, Kamptz (den verhaßten Chef der preußischen Polizei) zu töten, soll Jahn erwidert haben: »Ja, Wort gegen Wort, Feder gegen Feder, Hand gegen Hand. Nehmen Sie mich fest, wohlan!« Das klang wie eine Billigung politischer Mordtaten und wurde von der Polizei auch so gedeutet. Hatte man Jahn bisher schon in Verdacht gehabt, er hetze die Jugend in hochverräterischer Weise gegen die Obrigkeit auf, so erblickte man in den bei Lieber beschlagnahmten Papieren jetzt den Beweis dafür.

Das alles schien als Belastungsmaterial auszureichen, und so wurde die Verhaftung Jahns angeordnet. Sie wurde, wie schon erwähnt, in der Nacht vom 13. zum 14. Juli 1819 ausgeführt. Jahn kam zunächst nach Spandau, später nach Küstrin. Während er sich hinter Kerkermauern befand, wurde er von schweren Schicksalsschlägen heimgesucht. Zwei seiner Kinder starben kurz nacheinander. Die seelische Belastung, die für ihn der Verlust der Freiheit bedeutete, wurde dadurch sehr verstärkt.

Für Jahn war es nun von unschätzbarem Wert, daß seine Sache bei Gericht an einen Berichterstatter kam, der ihm völlig unvoreingenommen gegenübertrat und sich nicht im geringsten durch das beeinflussen ließ, was in den Ministerien gewünscht wurde. Das war – wie schon erwähnt – Ernst Theodor (Wilhelm) Amadeus Hoffmann (1776–1822). Damit berührte sich die Lebensbahn des Turnvaters mit derjenigen einer der interessantesten und originellsten Gestalten der deutschen Romantik, um die in den letzten 150

Jahren ein ganzes Schrifttum erwachsen ist. Die 1967 erschienene Bibliographie von Jürgen Voerster weist nicht weniger als 1264 Buch- und Aufsatztitel über E. T. A. Hoffmann aus.

Hoffmann war zugleich Richter, Schriftsteller, Maler und Komponist. Von Hause aus Jurist, kam er 1802 in die von Preußen neuerworbenen polnischen Gebiete und war dort als Richter tätig. 1804 nach Warschau versetzt, fing er an, sich nebenberuflich auch als Dirigent und Komponist zu betätigen. Mit dem Einmarsch der Franzosen im November 1806 verlor er Amt und Stellung und konnte erst im Herbst 1814 die Wiederaufnahme in den preußischen Staatsdienst erreichen. In der Zwischenzeit mußte er sich anderweit durchs Leben schlagen. Im Jahre 1808 fand er am Theater zu Bamberg einen neuen Wirkungskreis als Kapellmeister, Regisseur und Theaterdirektor, den er 1813 mit einem ähnlichen in Dresden und Leipzig vertauschte. In Berlin wurde er dem Kammergericht zugeteilt und am 22. April 1816 zum Kammergerichtsrat ernannt.

Nachdem durch Kabinettsorder vom 16. September und 1. Oktober 1819 eine »Immediat-Untersuchungs-Kommission zur Ermittlung hochverräterischer und anderer gefährlicher Umtriebe« geschaffen worden war, gehörte Hoffmann zu denjenigen Richtern des Kammergerichts, die in dieses Gremium berufen wurden. Den Vorsitz hatte der Vizepräsident des Kammergerichts v. Trützschler inne, Beisitzer waren außer Hoffmann der Kammergerichtsrat Sydow und die Kammergerichtsassessoren v. Gerlach und Kuhlmeyer, außerdem als Vertreter der Polizei der Regierungsassessor Tschoppe und der Polizeirat Kayser. Da die beiden letzten bald ausschieden, stellte der Ausschuß eine rein richterliche Behörde dar. Wegen seiner Zuständigkeit für alle Demagogenverfolgungen hatte seine Tätigkeit eminente politische Bedeutung.

An diese neu ins Leben getretene Behörde wandte sich Jahn am 27. September 1819 von Küstrin aus mit einer dringenden Eingabe. Er betonte darin seine gänzliche Schuldlosigkeit, beschwerte sich über die ihm zuteil gewordene Behandlung und die unerträglichen Haftbedingungen und forderte seine sofortige Freilassung oder Überweisung der Sache an das zuständige Gericht. »Was Mörder und Räuber ungebeten erlangen – Richter und Recht – darauf hoffe und harre ich schon seit eilf Wochen. Und dazu bin ich enger und strenger in Gefangenschaft als ein wirklich Verurtheilter ... Man hat den Ausdruck Justizmord – dies ist Justizvergiftung.« In der ihm eigenen skurrilen Ausdrucks- und Denkweise beklagte er sich auch über die Punkte, die ihm bei seiner Vernehmung als Belastungsmomente vorgehalten worden waren:

> »Ernstlich genommen, weiß ich nicht: Ob ich mehr über die Befangenheit erstaunen, oder über die Verzerrkunst ergrimmen soll. Darum ist doch wohl die Commission nicht bestellt, um herauszubringen, wer die ungenannten Verfasser von zwei Gegen-Streitschriften sind? Die Commission findet darin Aufruhr, weil ich mich im Jahre 1817 auf der Insel Rügen mit Jemandem überworfen? Weil ich im November 1817 in einer öffentlichen Sitzung der Berlinischen Gesellschaft für Deutsche Sprache eine Rede zu Ehren Luthers des Sprachhelden stehenden Fußes gehalten, errege ich Aufstand. Und weil ich die Turnregel beim Klettern gebe, aufwärts zu blicken, bin ich ein Empörer.«

In der von Hoffmann verfaßten und unterzeichneten Antwort auf diese Eingabe wurde Jahn zunächst dahin belehrt, daß die Kommission, der die Rechte eines förmlichen Gerichtshofs zugesprochen worden seien, an die Stelle der sonst zuständigen Instanz getreten sei; von Unzuständigkeit könne also keine Rede sein. Sodann wurde Jahn eine Rüge erteilt, weil er von harter Gefangenschaft gesprochen hatte. Davon könne man deshalb nicht sprechen. In seiner Erwiderung (vom 15. Oktober datiert) bestand Jahn darauf, daß er allen Grund habe, sich über seine Unterbringung zu beklagen.

In dieser Immediat-Untersuchungs-Kommission hat Hoffmann eine Tätigkeit entfaltet, die auf ihn als Mensch und Richter ein höchst vorteilhaftes Licht wirft. Er stand den Bestrebungen der sog. Demagogen sehr kritisch gegenüber, hielt aber die Hand über alle, die in falschen Verdacht geraten waren, und zeigte gegenüber Einwirkungsversuchen von hoher und höchster Stelle eine Standfestigkeit, die ihn außerordentlich ehrt. Der Direktor des Polizeidepartements, der Geheime Oberregierungsrat Karl Albert von Kamptz, der Polizeiminister von Schuckmann, ja sogar der Staatskanzler in höchsteigener Person, haben zu wiederholten Malen versucht, auf die Entscheidungen der Kommission einzuwirken. Sie meinten nämlich, es mit einer weitverzweigten Verschwörung zu tun zu haben. Sie stießen dabei vor allem bei Hoffmann auf Widerstand, und dieser Widerstand erwies sich in den meisten Fällen als unüberwindlich. Er war nicht bereit, seine richterliche Unabhängigkeit politischen Wünschen zum Opfer zu bringen.

Die ersten Zusammenstöße zwischen der Immediatkommission und dem Polizeiministerium gab es im Falle eines ehemaligen Burschenschafters, des Dr. Georg Ludwig Roediger. Dieser hatte auf dem Wartburgfest durch eine zündende Rede Aufsehen erregt. In Jena gehörte er zu dem Bekanntenkreis von Carl Ludwig Sand, und in Berlin stand er in Verkehr mit dem Buchhändler Reimer, der seit langem demagogischer Umtriebe verdächtig war. Es wurde außerdem ermittelt, daß er in Jena Kontakt zu Studierenden gehabt hatte, die auf die revolutionären Ziele der »Schwarzen« und »Unbedingten« eingeschworen waren. Aufgrund dieser Verdachtsmomente wurde Roediger am 8. Juli 1819 in Berlin, während er sich dort zum Zwecke der Habilitation aufhielt, verhaftet. Die Immediatkommission bestellte Hoffmann zum Sachbearbeiter, der sein Votum bis zum 20. November fertigstellte.

In diesem Votum ging Hoffmann alle Verdachtsgründe durch und wies in gründlicher Untersuchung nach, daß keiner stichhaltig war. Besondere Aufmerksamkeit widmete er dabei der Behauptung, Roediger habe in Jena zu den »Schwarzen« in Verbindung gestanden. Das habe er in der Tat, es sei aber nicht erwiesen, daß er von den staatsgefährdenden Zielen dieser Leute Kenntnis gehabt habe. Hoffmann stellte dementsprechend den Antrag, die Einleitung eines Hauptverfahrens abzulehnen und den Beschuldigten sofort aus der Haft zu entlassen. Die Kommission faßte entsprechenden Beschluß und gab davon dem Justizminister von Kircheisen und dem Polizeiminister von Schuckmann Nachricht.

Kamptz, von seinem Minister ins Bild gesetzt, verfaßte sofort ein Gegengutachten und behauptete darin, Hoffmann habe das Aktenmaterial nicht ausgeschöpft. Die Verdachtsmomente gegen Roediger seien keineswegs entkräftet. Gestützt auf diese Darlegungen, verlangte er am 27. November die Wiederinhaftnahme von Roediger, die kurz danach auch erfolgte. Der Polizeiminister von Schuckmann und der Staatskanzler Fürst Hardenberg machten sich die Ansicht von Kamptz zu eigen und ordneten die Fortführung des Verfahrens an. Die Immediatkommission wurde unter Hinweis auf angebliche Mängel und Lücken im Votum Hoffmanns aufgefordert, das Verfahren wiederaufzunehmen.

Die Immediatkommission war jedoch nicht bereit, sich diesen Eingriff in die Sphäre der richterlichen Unabhängigkeit gefallen zu lassen. In einer aus der Feder Hoffmanns stammenden Stellungnahme verwahrte sich der Ausschuß in aller Form gegen alles, was die Unbefangenheit des richterlichen Urteils beeinträchtigen konnte:

> »Nach diesem im Allgemeinen aufgestellten Grundsatz haben wir in allen bis jetzt bearbeiteten Sachen mit der Genauigkeit und Gewissenhaftigkeit verfahren, die jedes Richters heiligste, unverletzlichste Pflicht ist. Insbesondere haben wir uns, wie es ebenfalls unsere Pflicht erfordert, bemüht, aus den verschiedensten Vernehmungen, Korrespondenzen usw. die sich gegen jeden Einzelnen ergebenden Verdachtsgründe zusammenzustellen, bey der sorgfältigen Erwägung derselben uns aber gewiß jene Freiheit und Unabhängigkeit des Gemüts erhalten, die dem Kriminalrichter eigen sein muß, um den gegen irgend jemand streitenden Verdacht eines Verbrechens nur auf objektive Gründe zu bauen, da im Fall des Gegenteils, wenn nämlich subjektive Gründe dazu gelten sollen, nicht mehr von einem Verdacht, sondern von einem Argwohn die Rede seyn würde, der zu keinem kriminalistischen Verfahren Anlaß geben kann und darf.«

Die Tatsache, daß Dr. Roediger neu in Haft genommen worden war, gab der Kommission Anlaß, die Minister zu bitten, ihn sofort wieder zu entlassen.

Dieser zweite Bericht rief wieder den entschiedenen Widerspruch von Kamptz hervor. Durch ihn veranlaßt, machte der Polizeiminister erneut Vorhaltungen. Nachdem die beiden polizeilichen Mitglieder abberufen worden waren, wurde Roediger außerhalb der Kommission scharfen und schärfsten Verhören durch Organe der Polizei unterworfen. Unter Vorlage der polizeilichen Niederschriften forderte die Regierung die Kommission erneut auf, die Untersuchung wiederaufzunehmen. Diese entsprach auch dieses Mal der an sie herangetragenen Zumutung nicht. Roediger wurde schließlich entlassen.

Das von der Regierung als renitent empfundene Verhalten der Kommission hatte die Folge, daß »zur Wahrung des staatspolizeilichen Interesses« eine Ministerialkommission ins Leben gerufen wurde, die aus dem Staatskanzler, den Ministern von Kircheisen, von Schuckmann und von Wittgenstein und drei Ministerialbeamten – unter ihnen von Kamptz – bestand. In der königlichen Kabinettsorder (vom 6. Dezember) hieß es:

»Ich bin weit entfernt, in die richterliche Eigenschaft der Commission einzugreifen oder ihre freie Überzeugung lenken zu wollen; aber es ist auf der anderen Seite von der höchsten Wichtigkeit, daß jener staatspolizeyliche Zweck erreicht, die gefährlichen Umtriebe mit Sorgfalt und in allen ihren Zweigen verfolgt und die Mittel ergriffen werden, welche die Sicherheit Meines Staats und ganz Deutschlands fordern und notwendig machen.«

Zwischen der neuen und der alten Kommission gab es in der Folgezeit unaufhörlich Reibungen und Konflikte.

Hoffmann ließ sich jedoch durch nichts von seiner Linie abbringen. Die gleiche Festigkeit wie im Falle Roediger zeigte er auch in dem Verfahren gegen Adolf Ludwig Follen, den älteren Bruder von Karl Follen, der im Falle Sand eine so bedeutsame Rolle gespielt hat. Nicht weniger entschieden als sein Bruder setzte sich dieser junge Mann in Wort und Schrift für die Errichtung einer deutschen Republik ein. Er wirkte nicht nur tatkräftig an der Verbreitung revolutionärer Flugschriften mit, er gab auch ein revolutionäres Liederbuch heraus und forderte die deutsche Jugend auf, die Fürsten davonzujagen. Er übernahm schließlich die Redaktion der »Allgemeinen Zeitung« in Elberfeld, deren Ziel es war, den Gedanken des Umsturzes in die Öffentlichkeit hineinzutragen.

Das alles waren Bestrebungen, welche die herrschenden Mächte nicht hinnehmen konnten. Im Zuge der einsetzenden Demagogenverfolgungen wurde Follen am 12. Juli 1819 in Elberfeld verhaftet, und zwar auf Anordnung des Polizeiministeriums in Berlin, hinter der als treibende Kraft wiederum von Kamptz stand. Als Haftgrund wurde »Teilnahme an demagogischen Verbindungen und Umtrieben« angegeben. Follen wurde nach Berlin gebracht und in die Stadtvogtei eingeliefert.

Die weitere Bearbeitung des Falles erfolgte durch die Immediatkommission. Sachbearbeiter wurde E. T. A. Hoffmann. Er tat für den Inhaftierten, was sich eben nur machen ließ.

Zwar war es Hoffmann nicht möglich, Follen sofort zur Freiheit zu verhelfen. In einem ersten Votum, das schon am 10. November fertig vorlag, kam er um den Vorschlag, gegen Follen eine Kriminaluntersuchung zu eröffnen und ihn in Haft zu behalten, nicht herum. Der Inkulpat hatte nun einmal an den Bestrebungen der Gießener »Schwarzen«, die Fürsten zu verjagen und aus Deutschland eine Republik zu machen, tatkräftig und zielbewußt mitgewirkt. Er hatte auch die Mordtat Sands verteidigt.

Als sich dann aber nach monatelang dauernder Untersuchung erneut die Frage stellte, ob Follen in Haft zu behalten sei, nahm Hoffmann in einer Weise zu dem Fall Stellung, wie es günstiger für den Beschuldigten nicht möglich gewesen wäre. In einem von ihm verfaßten zweiten Votum, welches das Datum vom 24. August 1820 trägt, führte er aus, Follen werde voraussichtlich von dem zuständigen Gericht, dem Oberlandesgericht Breslau, für schuldig erklärt werden, freilich nur wegen des Verbrechens der Erregung von Mißvergnügen gegen die Regierung. Da es zweifelhaft sei, ob er sein Ziel tatsächlich erreicht habe, könne als höchstzulässige Strafe nur eine »zweijährige Einsperrung« in Frage kommen. Da auf diese Strafe ein Jahr Untersuchungshaft anzurechnen sei, außerdem aber bei ihrer Festsetzung die Jugend des Betroffenen berücksichtigt werden müsse, werde die Strafe, die er noch zu verbüßen habe, aller Wahrscheinlichkeit nach unter einem Jahr liegen. Unter diesen Umständen aber lasse sich die Aufrechterhaltung des Haftbefehls nicht rechtfertigen. – Die anderen Mitglieder der Kommission traten Hoffmanns Vorschlag bei.

Unter normalen Umständen hätte Follen auf dieses einstimmige Votum der Immediatkommission sofort aus der Haft entlassen werden müssen. Der Justizminister von Kircheisen entsprach ihm aber nicht, weil sich das Polizeiministerium einer Freilassung dieses als besonders gefährlich angesehenen »Demagogen« widersetzte.

Nunmehr setzte zwischen der Immediatkommission und der Ministerialkommission ein Tauziehen um das Schicksal A. L. Follens ein. Die Immediatkommission drängte auf Entlassung, die Ministerialkommission widersetzte sich ihr. Die Festigkeit und Unerschrockenheit Hoffmanns und seiner Kollegen trugen aber insofern Frucht, als sich der König Mitte August 1821 veranlaßt sah, Follen freizulassen und aus Preußen auszuweisen, allerdings gegen Übernahme der eidlichen Verpflichtung, sich zur Abbüßung einer etwa erkannten Strafe zu stellen.

Am 21. November 1821 wurde Follen vom Oberlandesgericht in Breslau wegen Hochverrats und Teilnahme an einer verbotenen geheimen Verbindung im Abwesenheitsverfahren zu 10 Jahren Festungsarrest verurteilt. Diese drakonische Strafe hätte der Verurteilte ohne Zweifel abbüßen müssen, wenn ihm nicht in Hoffmann eine Art Schutzengel zur Seite gestanden hätte. –

Dieselbe feste und klare Haltung legte Hoffmann im Falle des Substituten des Kölner Generalprokurators, Ludwig von Mühlenfels, an den Tag. Auch er – ein noch verhältnismäßig junger Mann – war in den Verdacht demagogischer Umtriebe geraten und deswegen im Juli 1819 im Zuge der großen Verhaftungswelle hinter Schloß und Riegel gebracht worden. Entsprechend der neuen Zuständigkeitsregelung kam auch sein Fall vor die Immediatkommission, und auch für ihn wurde Hoffmann zum Berichterstatter bestellt. Am 22. August 1820 erstattete er sein Votum und trat darin für Haftentlassung ein, da Mühlenfels strafbare Handlungen nicht nachgewiesen werden könnten. Die Kommission folgte seinem Vorschlag und berichtete entsprechend.

Dieser Bericht rief erneut Kamptz auf den Plan. In einem von ihm verfaßten Schreiben teilte der Justizminister von Kircheisen der Immediatkommission im Auftrag der Ministerialkommission mit, die Untersuchung könne noch nicht als abgeschlossen betrachtet werden; sie sei wiederaufzunehmen. Dabei wurde der Immediatkommisssion angeraten, durch Anwendung von Zwangsmitteln Mühlenfels dahin zu bringen, eine Aussage zu machen (mit der Begründung, nur einem rheinischen Gericht Rede und Antwort stehen zu müssen, hatte Mühlenfels die Aussage bisher verweigert). In einem vom 9. Dezember 1820 datierten neuen Gutachten rechtfertigte Hoffmann sein früheres Votum in sehr gründlichen Ausführungen noch einmal und fand auch diesmal die Billigung seiner Kollegen. Die Anwendung von Zwangsmitteln lehnte die Kommission als gesetzwidrig und zwecklos rundweg ab.

Hatte E. T. A. Hoffmann schon in den Fällen Follen und Mühlenfels dem preußischen Richterstand alle Ehre gemacht und seinen Namen in die Annalen der preußischen Justiz eingeschrieben, so ging er durch sein großartiges Verhalten im Falle des Turnvaters Jahn sogar in die deutsche Geschichte ein.

Auch bei Jahn saß die treibende Kraft im preußischen Polizeiministerium, und wie im Fall Follen war das der Polizeidirektor von Kamptz. Mit der Angelegenheit war zunächst nur die Polizei befaßt, die den Beschuldigten am 15. Juli, 26. Juli und 14. September 1819 eingehend vernahm. Am 5. Oktober wurden die Akten dann der Immediat-Untersuchungs-Kommission übersandt, von der Hoffmann zum Berichterstatter bestellt wurde.

Während Hoffmann mit der Abfassung seines Votums beschäftigt war, hatte er sich noch in einer zweiten Sache mit Jahn zu befassen. Dieser war nämlich zum Gegenangriff übergegangen und hatte den, der in Preußen der spiritus rector der Demagogenverfolgungen war, den Geheimen Oberregierungsrat von Kamptz, wegen Beleidigung verklagt. Die Art, wie Hoffmann sich bei diesem Vorspiel zu der eigentlichen Sache Jahn verhalten hat, gereicht ihm, dem Kammergericht und dem preußischen Richterstand zur Ehre.

Jahn war – wie oben dargelegt – in der Nacht vom 13. zum 14. Juli verhaftet worden. Am 15. Juli erschien in den Berliner Zeitungen ein unsignierter Artikel, in dem der »Turnvater« als Verführer der Jugend und höchst gefährlicher, verbrecherischer, ja mordlustiger Mensch hingestellt, also schwerstens verunglimpft wurde. Der Artikel hatte folgenden Wortlaut:

> »Nach den in Berlin, in Gemäßheit der im letzten Zeitungsblatt gedachten Maßregeln, in Beschlag genommenen Papieren, hat der Dr. Fried. Ludw. Jahn nicht allein, dem gemessensten Verbot und seinen heiligsten Versicherungen entgegen, auf den Turnplätzen demagogische Politik jeder Art getrieben, sondern auch fortgesetzt versucht, die Jugend gegen die bestehende Regierung einzunehmen und zu revolutionären und anderen gefährlichen Grundsätzen, z. B. der bedingten Rechtmäßigkeit des Meuchelmords der Staatsdiener, der Zierde des Dolchs für jeden Mann – bei ihm fand man deren zwei – zu verführen. Er ist daher gestern verhaftet und zur strengsten Untersuchung auf eine Festung abgeführt.«

Als Jahn von diesem Artikel hörte, war er über diesen dreisten Versuch eines Rufmords empört. Er beschloß, gegen den Verfasser und Einsender vorzugehen. Seine Frau erhielt von ihm den Auftrag, sofort den Namen des Urhebers dieser Schmähschrift, in der Sprache der damaligen Gesetze »Pasquill« genannt, festzustellen. Da sich die beiden Zeitungen weigerten, diesen Namen preiszugeben, reichte Frau Jahn am 21. August Klage beim Kammergericht ein. Vor dem Untersuchungsrichter gaben die Redakteure dann von Kamptz als Einsender des Artikels an.

Jahn erhob am 19. November 1819 Beleidigungsklage gegen den hochgestellten Beamten und beantragte nicht nur, ihn zu einer Freiheitsstrafe zu verurteilen, sondern auch zu bestimmen, daß die Schmähschrift durch den Henker vor aller Öffentlichkeit den Flammen übergeben werde. Dieser Antrag ist ein derart einmaliges Dokument, daß er nachfolgend in seinen wesentlichen Teilen wiedergegeben sei:

»Ich bitte ganz gehorsamst:
dieses Exhibitum als eine diesfällig begründete Klage anzunehmen, (Termin) anzusetzen und dem Verklagten die in beiden gedachten Zeitungsblättern gleichlautend enthaltene Schmähschrift zur Anerkennung vorzulegen, demnächst auch ihn unter Übertragung sämtlicher Prozeßkosten nach der Strenge des Gesetzes ... mit Festungsstrafe zu belegen, dabei auch zu erkennen, daß das Pasquill durch den Henker auf öffentlichem Platze verbrannt werde, und, wie dies geschehen, öffentlich bekannt zu machen.«

Der Verklagte werde sich wahrscheinlich darauf hinausreden, daß er im Amte und auf Befehl des Staatskanzlers gehandelt habe.

Die erste Schutzbehauptung werde dadurch entkräftet, daß der Artikel keinen amtlichen Charakter gehabt habe. Vor allem könne es unmöglich innerhalb amtlicher Befugnisse liegen, »Pasquille ausgehen zu lassen«. Der Verklagte habe sein Amt klar mißbraucht, und dieser Umstand enthalte einen Grund zur Verschärfung der Strafe. Die zweite Schutzbehauptung falle deshalb in sich zusammen, weil der Staatskanzler einen Befehl der behaupteten Art gar nicht gegeben habe. Eben darum habe der Herausgeber der Preußischen Staatszeitung, der Geheime Staatsrat von Staegemann, den Artikel zurückgewiesen.

Als Hoffmann diese Klage erhielt, dauerte es nur elf Tage, bis er entschlossen war, ein Verfahren einzuleiten. In der vom 30. November datierten Einleitungsverfügung erklärte Hoffmann u. a., es handle sich um eine schwere Injurie, die der Kläger an dem Verklagten auch hätte rügen können, wenn dieser kein Beamter gewesen wäre. Von der Einleitung dieses »Injurienprozesses« gab er dem Innenminister Nachricht, damit dieser prüfen könne, ob auch ein Dienstverfahren gegen von Kamptz einzuleiten sei.

Der durch den Innenminister alarmierte Justizminister von Kircheisen schrieb einige Tage danach an das Kammergericht zurück, von Kamptz habe nicht als Privatmann, sondern dienstlich gehandelt; Diensthandlungen aber seien den Gerichtshöfen nicht unterworfen. Die Injurienklage sei deshalb unzulässig. Der Schluß des Schreibens lautete:

> »Ich weise das Königliche Hof- und Kammergericht hiermit dazu an: das Verfahren in dieser Sache unverzüglich zu sistieren.«

Hoffmann dachte nicht daran, eine solche die richterliche Unabhängigkeit tangierende Weisung zu respektieren.

Am 10. Januar 1820 erwiderte er, das Kammergericht dürfe dem Kläger, dessen Anspruch er und seine Kollegen für rechtsbegründet hielten, rechtliches Gehör nicht verweigern und den Gang des eingeleiteten Prozesses nicht hemmen, ohne seine Pflicht zu verletzen. Nach längeren Ausführungen zur Rechtsfrage erklärte Hoffmann schließlich, das Verfahren werde nicht sistiert, und es bleibe bei dem angesetzten Termin.

Unter dem 3. Februar ging dem Kammergericht ein neues Schreiben zu, in dem es nicht nur angewiesen wurde, das Verfahren zu sistieren, sondern die Klage sogar abzuweisen. Grund: Kamptz sei bei Aufgabe des fraglichen Artikels nicht als Privatmann, sondern amtlich tätig geworden, er könne deshalb vor Gericht nicht belangt werden.

Das Kammergericht reagierte auf diese »Anweisung« in einer Weise, die es aufs höchste ehrt. In einem Schreiben, das die Unterschrift aller seiner Richter fand, lehnte es der Gerichtshof am

14. Februar 1820 entschieden ab, Jahn mit seiner Klage abzuweisen; er erklärte sich nur bereit, das Verfahren bis zur Abwicklung des Strafprozesses gegen Jahn auszusetzen. In seiner zweifellos von Hoffmann entworfenen Antwort betonte er, auch die höchsten Staatsbeamten seien dem Gesetz unterworfen und hätten sich ihm zu fügen. Nur das liege im Sinne jener unparteiischen Justiz, wie sie als heilige Pflicht von ihnen allen in ihrem Amtseide beschworen worden sei.

Justizminister und Staatskanzler sahen dieser festen und unbeugsamen Haltung gegenüber am Ende nur noch eine Möglichkeit, einen Skandal zu vermeiden: der König mußte eingreifen. Das tat dieser auch. Mit Kabinettsorder vom 13. März 1820 verfügte Friedrich Wilhelm III., daß die Akten zu »reponieren« seien. Dieser Anordnung mußten sich die Richter am Kammergericht fügen, da der König nach damaligem Verfassungsrecht die Befugnis besaß, »aus höheren Staatsgründen den Gang des Rechts zu hemmen«. Die Schlußverfügung, das Datum des 20. März 1820 tragend, lautete dementsprechend: »Die Akten sind auf Kosten des Klägers zu reponieren.« Damit war der Versuch des Turnvaters, seinen Hauptgegner vor die Schranken des Gerichts zu ziehen, gescheitert. –

In dem Strafverfahren gegen Jahn lautete die Beschuldigung auf Hochverrat, d. h. also auf ein Verbrechen, bei dem nach dem damaligen preußischen Strafrecht bis zur Todesstrafe gegangen werden konnte. E. T. A. Hoffmann hat den Fall einer Untersuchung unterzogen, die ihn als ausgezeichneten Richter ausweist, und unter dem 18. Februar 1820 ein Votum erstattet, das in der 1855 erschienenen Jahn-Biographie von Heinrich Pröhle mehr als 100 Druckseiten umfaßt.

Die Frage, mit der sich Hoffmann als Untersuchungsführer auseinanderzusetzen hatte, bestand darin, ob Jahn wirklich durch Geheimbündelei und Verbreitung zersetzender Ansichten und Lehren den Staat in Gefahr gebracht habe. Die Behauptung, daß das durch ihn geschehen sei, stützte sich vornehmlich auf eine Anzeige, die ein Regierungsrat namens Janke gegen ihn erstattet hatte. Danach sollte Jahn dem »Deutschen Bund«, einer Vereinigung mit hochverräterischer Zielsetzung, angehört haben, dessen Ziel es gewesen sei (und noch sei), Deutschland unter Beseitigung der bestehenden Einzelstaaten in eine Republik umzuwandeln. Janke, der nach seiner

Angabe dem Bund vor Jahren selbst angehört hatte, hatte diese Angaben auf seinen Eid genommen.

Die Untersuchung ergab nun, daß ein solcher Bund nach dem Zusammenbruch von 1806 tatsächlich ins Leben gerufen worden war, daß sein Zweck aber ausschließlich darin bestanden hatte, vaterländische Gesinnung zu wecken und aufrechtzuerhalten. »Staatswidrige Maßregeln«, d. h. ein Wirken gegen den Staat, habe man zu keiner Zeit im Sinne gehabt, man könne deshalb auch nicht von hochverräterischem Tun sprechen.

Wie Hoffmann in seinem Votum darlegte, hatten die beschlagnahmten Papiere nichts enthalten, wodurch die Behauptung von der hochverräterischen Natur des Deutschen Bundes bestätigt wurde. Nirgendwo hatte sich eine Bemerkung gefunden, daß er Deutschland in eine Republik umgestalten wollte. Einige hohe Staats- und Regierungsbeamte, die sich die Behauptung von der hochverräterischen Zielsetzung zu eigen gemacht hatten, hatten sie bei ihrer Vernehmung nicht aufrechterhalten können. Alle ihre Behauptungen »seien für den Kriminalrichter völlig wertlos«. So sei als einziger Belastungszeuge der Regierungsrat Janke übriggeblieben. Dessen Anzeige sei aber, was den angeblich hochverräterischen Zweck betreffe, durch keinen einzigen Zeugen bestätigt worden, stehe vielmehr »völlig isoliert« da. Im Gegenteil hätten alle ehemaligen Mitglieder des Bundes erklärt, sein Zweck sei es gewesen, vaterländische Gesinnung zu verbreiten, den gesunkenen Mut zu beleben und die Kraft zu erwecken, zum Dienst für das Vaterland mit Gut und Blut bereit zu sein. Die Glaubwürdigkeit dieses »Denunzianten« sei im Laufe der Untersuchung derart erschüttert worden, und er erscheine in einem derart »zweideutigen Licht«, daß man auf seine Aussage um so weniger etwas geben dürfe, als es sich »um das härteste, mit der schrecklichen Todesstrafe verpönte Verbrechen« handele.

Nach alledem gebe die Belastung durch Janke keinen Grund ab, Jahn länger in Haft zu lassen.

Dazu berechtige aber auch nicht, was durch die beschlagnahmten Papiere des Gymnasiasten Franz Lieber bekanntgeworden sei. In dem Notizbuch habe es geheißen, er – Lieber – habe Jahn eines Tages gefragt: »Wäre es nun jetzt wohl Unrecht – v. Kamptz zu töten?«, worauf Jahn geantwortet haben sollte: »Ja, Wort gegen

Wort, Feder gegen Feder, Hand gegen Hand. Nehmen Sie mich fest, wohlan!« Diese Niederschrift habe Lieber bei seiner Vernehmung dahin modifiziert, die letzten Worte habe Jahn wohl nicht gesagt. Jahn habe nachdrücklich in Abrede gestellt, eine Äußerung getan zu haben, aus der eine Billigung eines Mordanschlags herausgehört werden konnte. Lieber leide infolge einer Kriegsverwundung an »Hart- und Halbhörigkeit« und habe manches offenbar ganz und gar mißverstanden. Jedenfalls könne man Jahn niemals »Aufforderung zu einem Morde« nachsagen.

Durch das, was Lieber später über seine Beziehungen zu Jahn geäußert hatte, hatte er den Aussagewert seiner Notizen derart eingeschränkt, daß Hoffmann über sie unter Hinweis auf »das Unzusammenhängende in Frage und angeblicher Antwort« hinweggehen konnte. Lieber hatte nämlich ausgesagt:

> »Weil nun Jahn der Erfinder der Turnkunst ist und sein ganzes Wesen besonders auf mich wirkte, so hielt ich ihn für ein in Fleisch und Blut erschienenes Ideal, und alles, was er sprach, gleichsam für Orakelsprüche. Deshalb entstand bei mir der Gedanke, seine Aussprüche aufzuzeichnen, und da diese Reden größtenteils auf der Straße geführt wurden, so ist es natürlich, daß ich einesteils den Zusammenhang derselben nicht immer genau im Gedächtnis behalten konnte, anderenteils absichtlich nur dasjenige, was mich besonders ansprach, außer dem Zusammenhang niedergeschrieben habe. Ja, es ist wohl häufig geschehen, daß ich das, was mir gerade passend erschien, zusammenstellte, wenn es auch keineswegs in dieser Verbindung gesprochen worden war. Überdies habe ich dergleichen Aufzeichnungen oft monatelang später ... niedergeschrieben und kann ich daher keineswegs behaupten, daß Jahn diese Äußerung gemacht oder sie in dem niedergeschriebenen Zusammenhange ausgesprochen hat.«

Ein verantwortungsbewußter Richter konnte nach dieser Erklärung die fragliche Niederschrift nicht mehr zur Grundlage für eine Hochverratsanklage machen. So lautete denn auch die Schlußfolgerung Hoffmanns: »Auch hier findet sich nichts, was die längere Haft des Jahn rechtlich begründen könnte.«

Blieb als dritter Anklagepunkt noch die Verbreitung staatsgefährlicher Grundsätze und Gesinnungen durch öffentliche Reden, Vorlesungen und andere Äußerungen.

Auch hier ging Hoffmann jede Beschuldigung Punkt für Punkt durch, und auch hier habe – so folgerte er – die Aussage der zahlreich vernommenen Zeugen ergeben, daß das meiste, was gegen Jahn vorgebracht worden war, auf Mißverständnissen oder Gerüchten beruhte. Anderes klinge vielleicht gefährlich, sei aber strafrechtlich nicht ernst zu nehmen. Neben guten Gedanken, neben logisch geordneten Stellen, die ganze Seiten einnähmen, stoße man auf die paradoxesten Sätze, die abenteuerlichsten Ideen und auf bittere, gegen geachtete Personen gerichtete Ausfälle, ohne daß zu begreifen sei, wo sie auf einmal herkämen. Wie wenig es dabei Jahn darauf angelegt habe, die Gemüter zu revolutionärer Aktivität anzuregen, gehe aus einer Äußerung hervor, die für seine Geistesart charakteristisch sei:

»Der Wahn, nach Willkür in der Welt als Hexenmeister etwas zurecht zu zaubern, spukt in jedem zornig herrischen Gemüth. Pfaffentrug, Jesuiten, Jakobiner, Zwingherren, halb und ganz unbekannte Obern, Hellinge und Finsterlinge, Gesetzsteller und Verfassungsscheue qualmen alle aus diesem höllischen Giftpfuhl. Ein Volk kann sich nur zeitgemäß erneuen und langsam entwikkeln, aber nicht wie die alten Weiber im Märlein zur Mühle laufen, um sich jung mahlen zu lassen. Ein Volk soll kein Blatt in seiner Geschichte ausstreichen und sein Leben knicken. Viel weniger soll es gar gegen seine eigenen Eingeweide wüthen und sich sein Lebensblut abzapfen, um sich anderes hinein zu quirlen. Drunter und drüber werfen ist kein bauen und Selbstmord keine Übung der Sittlichkeit. Gewaltsame Umwandlungen, die unsere Sprache wol nicht mit Unrecht Umwälzungen nennt, sind wie Ausbrüche eines Feuerberges. Ohne Schonung, ohne Erbarmen wird die Prachtflur verheert, und die heilige Friedenswohnung der Unschuld stirbt in Asche. Durch Umwälzungen in der Staatenwelt ist selten Gutes geschehen, und das wenige Gute bleibt nur ein Beiläufer neben einem Heere von Gräueln. Wo ihr Glutstrom flutete, mußten ganze Geschlechter in die Vernichtung, mit Völkerblut ward der Boden des kreißenden Staates befruchtet, und aus dem Moder der Opferbeine entsproßte spät dann eine neue

Welt. Wer aber darum sich zu einer Rotte verschwören, damit Aufstand, Aufruhr und Empörung anzetteln und so einen bessern Zustand durch Sünden und Blutschuld hervorbringen will, den muß man wie einen Unsinnigen bemitleiden und, äußert sich sein Wahn in Wuth, sogleich als einen Rasenden an Ketten schließen.«

All das sei absonderlich und häufig paradox. Vieles davon sei als »öffentlicher Unfug« anzusprechen, der nicht geduldet werden könne und auch nicht geduldet worden sei – von hier bis zum Hochverrat sei aber ein weiter Weg.

Nichts anderes gelte für das von Jahn ins Leben gerufene Turnwesen. Auch hier habe er »allerlei argen Unfug« zu verantworten, der aber aus seinen persönlichen Eigentümlichkeiten zu erklären sei.

Die Absonderlichkeit, ja Skurrilität dieser Persönlichkeit charakterisierte Hoffmann in einer Weise, wie es treffender nicht hätte geschehen können. Wenn sich innerhalb des Turnwesens staatsgefährliche Bestrebungen hätten entfalten können, so hänge das damit zusammen, daß Jahn nicht die Einsicht und Kraft besessen habe, einer solchen Entwicklung Einhalt zu tun. Denn um falschen Tendenzen entegenzuwirken,

»mußte ein Mann an der Spitze stehen, der mit der reinsten Gesinnung völlige Ruhe, die Leidenschaftslosigkeit des wahren Weisen verband. Diese letzteren Eigenschaften fehlen dem Jahn ganz und gar. Er ist, wie es aus allem, was er begann, klar hervorgeht, heftig, leidenschaftlich, wider seine Gegner erbittert und was das schlimmste scheint, mit sich selbst, mit seinen Ansichten und Meinungen nicht im klaren, wie dies seine Vorlesungen und Schriften darthun. Dabei hascht er nach Paradoxen, nach blendenden Witzwörtern und bemüht sich, seinem Ausdruck eine alterthümliche Energie zu geben, die, oft beinahe Stil der Bibel, ihre Wirkung auf die Jugend um so weniger verfehlen kann, als auch durch eine gewisse Frömmelei sich unsere jetzige Zeit charakterisiert. Kommt noch hinzu, daß dem Jahn eine große Rauhheit, Biederbheit (Burschikosität) in seinem Aeußern, in seinem ganzen Betragen eigen, die den Knaben und Jünglingen nur gar zu sehr gefällt, so konnte es nicht fehlen, daß er die

Liebe, ja die enthusiastische Verehrung seiner Turner in eben dem Grade gewinnen, als der Anstalt selbst schädlich werden mußte. Jahn versammelte eine neugeschaffene Generation ankommender Kraftmenschen um sich her, die sowol Kleidung als Betragen auszeichneten und mit denen er, eine wandernde Propaganda des Turnens, Züge unternahm, auf denen sie überall allgemeine Aufmerksamkeit erregten. Wenn sie laute Gesänge anstimmend durch die Straßen zogen, sich auf Märkten in den Straßen lagerten, überall von der Menge angegafft, so mußten sie sich in der That bald für ein auserlesenes Völklein achten, das höheres in sich tragend an gewöhnliche Sitte und Ordnung nicht gebunden sein konnte.«

Eine Revolutionierung Deutschlands oder ein bedrohlicher Aufstand sei von dem exaltierten Gehabe und den großen Worten der Gefolgschaft Jahns nicht zu befürchten. Damit entfalle aber auch der dritte Grund, ihn in Haft zu behalten.

Die Immediatkommission trat den Ausführungen Hoffmanns bei und richtete an den Justizminister den Antrag, Jahn vorbehaltlich etwa polizeilich zu treffender Maßnahmen aus der Haft zu entlassen. Das bisherige Ergebnis der Ermittlungen mache es nicht wahrscheinlich, daß ihn eine Strafe treffen werde. Sollte es wider Erwarten der Fall sein, so werde sie doch so gering ausfallen, daß sich eine Fortsetzung der Haft nicht rechtfertigen lasse.

Auch diese Stellungnahme stieß auf den entschiedenen Widerstand von Kamptz. Er hatte die Schuld Jahns vor der Öffentlichkeit als erwiesen hingestellt und war nicht bereit, seinen Standpunkt zu revidieren und von seiner früheren Erklärung abzurücken. Er unterzog den Bericht der Immediatkommission einer heftigen Kritik und bestand darauf, daß die Untersuchung weitergeführt werde. Die Ministerialkommission schloß sich seinem Votum an und lehnte eine Freilassung mit Beschluß vom 6. April 1820 ab.

Die Immediatkommission dachte nicht daran nachzugeben. In zwei Schreiben vom 15. April und 3. Mai forderte sie erneut, Jahn aus der Haft zu entlassen. Dem trat am 4. Mai wiederum die Ministerialkommission entgegen.

Die Fälle Follen, Dr. Roediger, von Mühlenfels und Jahn hatten zwischen den beiden Kommissionen schließlich eine derartige Spannung erzeugt, daß sich die Ministerialkommission Anfang 1821 veranlaßt sah, den König anzurufen. Durch Kabinettsorder vom 5. März 1821 ordnete Friedrich Wilhelm III. an, daß die Ministerialkommission als Oberbehörde zu betrachten sei. Die Immediatkommission sei als jener unterstellt anzusehen und habe alle von dort kommenden Anweisungen auszuführen. Praktisch bedeutete dies, daß von Kamptz alle Fäden in die Hand bekam, denn er war nun einmal der spiritus rector der Ministerialkommission.

Dieser Kabinettsorder trat die Immediatkommission am 5. April 1821 in einer umfangreichen Eingabe entgegen. Ihre Mitglieder machten geltend, sie hätten alle Untersuchungen streng nach Recht und Gesetz geführt, und wenn des Königs Majestät sich nicht entschließen könne, die Ministerialkommission anzuweisen, den vorliegenden Anträgen zu entsprechen, so bäten sie darum, »ihre Entbindung von der Kommission allerhuldreichst zu verfügen«. Ihr Vorsitzender, der Vizepräsident von Trützschler, hatte schon am 4. Februar 1821 um Enthebung von seinem Amte gebeten.

Verschärft wurde die Situation dadurch, daß ein anderes Mitglied der Immediatkommission, der Kammergerichtsassessor von Gerlach, sich offen weigerte, einer Weisung der Ministerialkommission gemäß den Buchhändler G. A. Reimer aus Berlin zu verhören. Der war nämlich ebenfalls in den Verdacht demagogischer Umtriebe gekommen. Der Kammergerichtsassessor, älterer Bruder der nachmals so bekannt gewordenen Gerlachs, wies die an ihn gerichtete Weisung als eine Zumutung scharf zurück und bat dringend um Enthebung von seinem Amt. Am 22. Juni 1821 rechtfertigte er sein Verhalten vor dem König mit folgenden mannhaften Worten:

> »Meines unmaßgeblichen Ermessens ist es nähmlich einem getreuen Justiz Beamten Seiner Königlichen Majestät nicht erlaubt, Allerhöchst Derselben Befehle auszuführen, sobald solche mit dem Ausspruche seines Gewissens sich nicht vereinigen lassen, und es höret seine Verantwortlichkeit, wenn er dergleichen dennoch vollführet, dadurch nicht auf, daß sein Benehmen sich auf einen Allerhöchsten Befehl gründet; mit Recht können Seine Königliche Majestät vielmehr von einem getreuen Diener erwarten, daß derselbe sich der Vollziehung solcher Befehle, welche seinem Gewissen zuwiderlaufen, nicht füge und lieber seinen Dienst

quittiere, und mit Recht würde ein solcher Diener meines Erachtens, wenn künftighin Seine Königliche Majestät eine andere Ansicht in der Sache gewönnen, dafür, daß er solche Befehle wider besseres Wissen und Gewissen ausgeführt hätte, von Allerhöchst Denselben verantwortlich gemacht werden können.«

Die Reaktion der Staatsspitze auf diese verschiedenen Eingaben war bezeichnend. In autoritären Staatswesen pflegt man sich in solchen Fällen, weil sie als unbequem empfunden werden, nicht selten in Stillschweigen zu hüllen. So geschah es auch hier: weder der Vizepräsident von Trützschler noch auch die Mitglieder der Immediatkommission wurden ihres Amtes enthoben. Ja, man würdigte sie auf ihre so dringenden Vorstellungen nicht einmal einer Antwort.

Um einer Ausweitung und Vertiefung des Konflikts vorzubeugen, gab die Ministerialkommission schließlich nach und entschied sich für einen Kompromiß. Sie beschloß, dem König vorzuschlagen, Jahn aus der Haft zu entlassen, ihn aber bis auf weiteres in der Festung Kolberg festzuhalten. In der Stadt und ihrer Umgebung sollte er zwar Bewegungsfreiheit besitzen, bis zum Abschluß seines Prozesses aber unter der Aufsicht des Festungskommandanten verbleiben. Mit Kabinettsorder vom 31. Mai 1821 entschied der König dementsprechend.

Nachdem am 18. November 1819 das Turnwesen unter polizeiliche Aufsicht gestellt worden war, wurde es auf Anordnung des Königs am 2. Januar 1820 gänzlich verboten. Für Jahn bedeutete das den Wegfall seines Gehalts von insgesamt 1000 Talern. Um aber ihn und seine Familie keine Not leiden zu lassen, ordnete der Staatskanzler an, daß in Zukunft 400 Taler an Jahn als Pension und 600 Taler an seine Frau als Unterstützung zu zahlen seien. Art und Höhe dieser Geldleistungen lassen erkennen, daß Jahn noch nicht vollständig das Wohlwollen des Königs und seiner Berater eingebüßt hatte.

Jahn ließ seine Familie nach Kolberg nachkommen, mietete dort eine Wohnung und genoß die Bewegungsfreiheit, die ihm für die Stadt und ihre nächste Umgebung eingeräumt worden war. Er konnte ungehindert seinen Studien nachgehen und geselligen Verkehr pflegen. Ein furchtbarer Schlag war es für ihn, als seine Frau am 8. September 1823 plötzlich verstarb. In Berlin besaß man die Großzügigkeit, die seiner Frau bewilligte Zahlung von 600 Talern auf ihn »bis zur Beendigung der Untersuchung« zu übertragen.

Der Abschluß des Verfahrens zog sich aber noch lange hin. Der Verteidiger Jahns hatte seine Verteidigungsschrift am 18. Juni 1821 eingereicht. Zusammen mit den übrigen Akten war sie am 14. August jenes Jahres beim Oberlandesgericht Breslau als dem für alle Demagogenprozesse jetzt zuständigen Gericht eingegangen. Dessen Entscheidung ließ mehr als zweieinhalb Jahre auf sich warten.

Das Urteil, das am 13. Januar 1824 erging, lautete dahin, »daß der Dr. der Philosophie und Turnlehrer Friedrich Ludwig Jahn wegen wiederholter, unehrerbietiger und frecher Äußerungen über die bestehenden Verfassungen und Einrichtungen im Staate, ohne Rücksicht auf den früher erlittenen Arrest und die bisherige polizeiliche Observation zu Kolberg mit zweijährigem Festungsarrest zu belegen« sei. Von den übrigen Anklagepunkten, insbesondere dem hochverräterischer Betätigung, wurde er freigesprochen.

Gegen dieses Urteil legte Jahn Berufung ein. Der Verteidigungsschrift seines Anwalts fügte er eine »Selbstverteidigung« bei, die der Anklage mit sehr kühnen Wendungen entgegentrat. Das Oberlandesgericht zu Frankfurt an der Oder sprach ihn am 15. März 1825 von allen Anklagepunkten frei und billigte ihm eine Entschädigung zu.

Wenn Jahn und dessen Freunde gemeint hatten, mit diesem Urteil habe er seine volle Freiheit wiedergewonnen, so täuschten sie sich. Durch Kabinettsorder vom 3. Mai 1825 wurde ihm eröffnet, ihm werde weder erlaubt, sich in Berlin oder in einem Umkreis von zehn Meilen aufzuhalten, noch in einer Universitäts- oder Gymnasialstadt. Da, wo er seinen Wohnsitz hinverlege, bleibe er außerdem unter polizeilicher Aufsicht. Die Pension von 1000 Talern werde nur so lange an ihn fortgezahlt werden, als er diesen Bedingungen entspreche. – Viele haben es Jahn verdacht, daß er sich diesen Beschränkungen gefügt hat.

Jahn wählte Freiburg an der Unstrut zu seinem Wohnsitz und begründete eine neue Familie, fand aber dort keine dauernde Bleibe. 1828 wurde bei der Regierung zu Merseburg gemeldet, Jahn habe zu Gymnasiasten der benachbarten Städte Kontakt aufgenommen und sich zu diesem Zweck u. a. in Merseburg aufgehalten. Da in jener Gegend gleichzeitig burschenschaftliche Umtriebe beobachtet worden waren, wurde die Regierung zu Merseburg am 19. September 1828 vom Polizeiminister in Berlin veranlaßt, Jahn einen anderen Aufenthaltsort anzuweisen. Er siedelte deshalb nach dem Städtchen Kölleda über, wo er sieben Jahre verblieb. Dann konnte er nach Freiburg zurückkehren.

Von Kölleda aus richtete er am 20. November 1829 an den Provinziallandtag ein Schreiben, in dem er sich so ausfallend über die Regierung in Merseburg äußerte, daß ein Strafverfahren gegen ihn eingeleitet wurde. In diesem wurde er wegen Beleidigung zu sechs Wochen Festungshaft verurteilt, die er 1830 in Erfurt verbüßte.

Nach dem Tode Friedrich Wilhelms III. bat er um Aufhebung aller ihm auferlegten Aufenthaltsbeschränkungen und Beseitigung der Polizeiaufsicht. Mit Bescheid vom 31. Oktober 1840 entsprach der preußische Innenminister diesem Gesuch. Ende 1840 verlieh ihm der neue König für seine Teilnahme an den Befreiungskriegen nachträglich das Eiserne Kreuz. Als 1838 das Haus abbrannte, in dem er zur Miete wohnte, wurde in Deutschland eine öffentliche Sammlung für ihn veranstaltet. 1848 wurde er in die Frankfurter Nationalversammlung gewählt. 1857 fand sein Leben einen friedlichen Ausklang.

Für E.T.A. Hoffmann sollte sein Verhalten in den Demagogenprozessen, insbesondere sein Eintreten für den Turnvater Jahn, noch ein bitteres Nachspiel haben. Ihm wurden die letzten Monate seines Lebens durch ein Buchverbot und ein Disziplinarverfahren umdüstert. Die treibende Kraft war auch hierbei der Chef der preußischen Polizei von Kamptz, bei dem sich ein heftiger Groll gegen den Mann angesammelt hatte, dessen Verhalten so gar nicht seinen Wünschen entsprach.

Je länger Hoffmann mit Demagogenprozessen zu tun hatte, desto stärker wurde seine Empörung darüber, wie man bei der preußischen Polizei mit der Freiheit anderer Menschen umsprang. Ohne jede konkrete Belastung wurden viele in langwierige Strafverfahren verwickelt und hinter Gefängnismauern verbracht, bei denen sich hinterher alle Beschuldigungen als haltlos und unbegründet erwiesen.

Am 24. Juni 1820 machte Hoffmann seinem Unmut in einem Brief an seinen Freund von Hippel Luft: »Wie Du mich kennst, magst Du Dir wohl meine Stimmung denken, als sich vor meinen Augen ein ganzes Gewebe heilloser Willkühr, frecher Nichtachtung aller Gesetze, persönlicher Animosität, entwickelte ... Dir darf ich nicht erst versichern, daß ich eben so wie jeder rechtliche vom wahren Patriotismus beseelte Mann überzeugt gewesen war und bin, daß dem hirngespinstigen Treiben einiger junger Strudelköpfe Schranken gesetzt werden mussten, um so mehr, als jenes Treiben auf die entsetzlichste Weise ins Leben zu treten begann.« Nach einem Hinweis darauf, daß das aufrührerische Tun der Gießener Schwarzen und Sands meuchelmörderische Tat es unerläßlich gemacht hätten, auf gesetzlichem Wege mit aller Strenge »zu strafen und zu steuern«, stellte Hoffmann fest: »Aber statt dessen traten Maßregeln ein, die nicht nur gegen die That, sondern gegen Gesinnungen gerichtet waren.«

Hoffmann entschloß sich, diese Praxis in einer Persiflage anzuprangern und ihr damit, wenn möglich, Einhalt zu tun. Im »Kater Murr« hatte er so etwas schon einmal getan, nämlich das zumeist harmlose Treiben der Burschenschaften und ihre unsinnige Verfolgung in der Fehde zwischen Katzen und Hunden geschildert. Im Polizeiministerium hatte diese kühne Bezugnahme keine Reaktion ausgelöst. Jetzt versuchte es Hoffmann in »Meister Floh« noch einmal.

Mit der Ausarbeitung dieses Märchens hatte der Dichter im Herbst 1821 begonnen. Krankheit hinderte ihn daran, das Werk in einem Zuge fertigzustellen. Der Verleger erhielt zunächst nur die ersten Kapitel. Ohne deren Fortsetzung abzuwarten, gab er sie in Druck.

Im 4. und 5. Teil der Erzählung wird dem Leser der Geheime Hofrat Knarrpanti vorgestellt, dessen Bild deutlich erkennbar dem Chef der preußischen Polizei von Kamptz nachgeformt war. Bevor er in der Darstellung erscheint, wird eine aufsehenerregende Verhaftung geschildert. Sie betrifft Peregrinus Thyss, den Haupthelden des Märchens, und erfolgt deshalb, weil er eine Dame der Gesellschaft entführt haben soll. Bei den nachfolgenden Ermittlungen vermag jedoch niemand den Namen der angeblich Verschwundenen anzugeben, bei der Polizei war auch keine einzige Person als abgängig gemeldet worden. Der zuständige Justizbeamte, »Abgeordneter des Raths«, sah deshalb die Sache als einstellungsreif an.

»Da erschien aber vor dem Rath ein seltsamer Mensch, sowohl seiner Kleidung als seinem ganzen Wesen nach, welcher sagte, er sey Geheimer Hofrath und nenne sich Knarrpanti. Darauf zog er ein Papier mit einem großen Siegel aus der Tasche und überreichte es mit einer höflichen Verbeugung und einer Miene, die deutlich aussprach, wie sehr der Rath durch die hohe Würde, die er, der Geheime Hofrath Knarrpanti, bekleide, und durch den wichtigen Auftrag, den er erhalte, überrascht sey, und welcher Respekt ihm nun erwiesen werden würde. Knarrpanti war ein sehr wichtiger Mann, ein sogenanntes Factotum an dem Hofe eines kleinen Fürsten ...«

Diesem Fürsten sei vor einiger Zeit – so hieß es in »Meister Floh« weiter – eine seiner Prinzessinnen »abhanden gekommen«. Knarrpanti hatte sich erboten, sie wieder herbeizuschaffen. Der Abgeordnete des Raths, an den er sich mit der Bitte um Unterstützung wandte, erwiderte dem Geheimrat, es sei niemand entführt worden, und damit erübrige sich doch wohl jede weitere Untersuchung. Dem hielt Knarrpanti entgegen, er habe den Täter bereits ausfindig gemacht, und das sei kein anderer als Peregrinus Thyss. Er müsse sofort verhaftet und seine Papiere beschlagnahmt werden.

»Auf die Erinnerung, daß doch eine That begangen seyn müsse, wenn es einen Thäter geben solle, meinte Knarrpanti, daß, sey erst der Verbrecher ausgemittelt, sich das begangene Verbrechen von selbst finde.«

Nur ein oberflächlicher, leichtsinniger Richter sei nicht imstande, dies und das »hineinzuinquirieren« und dem Angeklagten auf diese Weise einen »kleinen Makel« anzuhängen, der seine Inhaftnahme rechtfertige.

Nachdem der Ratsbeauftragte die Verhaftung des Thyss und die Beschlagnahme seiner Papiere angeordnet hatte, kamen er und Knarrpanti bei deren Auswertung zu völlig verschiedenem Ergebnis. Der Ratsbeauftragte fand nichts darin, was den Inkulpaten irgendwie belasten konnte.

»Des Herrn Geheimen Hofraths Knarrpanti späherisches Falkenauge hatte dagegen gar vieles in den Schriften des Herrn Peregrinus Thyss entdeckt, das ihn als einen höchst gefährlichen Menschen darstellte. Peregrinus hatte sonst in seinen früheren Jünglingsjahren ein Tagebuch gehalten; in diesem Tagebuch gab es nun aber eine Menge verfänglicher Stellen . . .«

Bei der Niederschrift dieser Sätze hatten Hoffmann unverkennbar Tatsachen vor Augen gestanden, deren Kenntnis er dienstlich erlangt hatte. Wenn hier von einem »Tagebuch« die Rede war, so hatte er offensichtlich nicht nur an das Tagebuch des Gymnasiasten Lieber gedacht, das Jahn als Belastung vorgehalten worden war, sondern auch an dasjenige des 1819 verhafteten Studenten Asverus, in dem an einer Stelle der Ausdruck »mordfaul« vorkam. Das läßt insbesondere folgende Bemerkung erkennen:

»Die Stelle in dem Tagebuche, auf welche der weise Geheime Hofrath Knarrpanti den Abgeordneten des Raths aufmerksam machte, lautete: Heute war ich leider *mord*faul. – Die Silbe *mord* war dreimal unterstrichen und Knarrpanti meinte, ob jemand wohl verbrecherischere Gesinnungen an den Tag legen könne als wenn er bedauere, keinen Mord verübt zu haben!«

Daß sich Thyss in Gedanken schon seit langer Zeit mit »Entführungen« beschäftigt habe, sei beispielsweise auch aus dem Tagebucheintrag zu entnehmen: »Heute sah ich im Theater Mozarts Entführung aus dem Serail zum zwanzigsten Mal mit demselben Entzücken. Es ist doch was hohes, herrliches um diese Entführung.«

Als Knarrpanti vorgehalten wurde, daß es doch gänzlich an einem »Corpus delicti« fehle, blieb dieser

»fest dabei stehen, daß ihn das delictum den Henker was kümmere, wenn er nur ein Corpus in die Faust bekäme und das Corpus sey der gefährliche Entführer und Mörder, Herr Peregrinus Thyss.«

Im weiteren Fortgang der Erzählung wird Thyss während einer Vernehmung, die über hundert Fragen umfaßte, durch Meister

Floh instand gesetzt, die Gedanken des »spitzfindigen Schlaukopfs« zu erraten.

»Knarrpantis Gedanken lauteten ungefähr: Ich glaube selbst gar nicht, daß der junge Mann unsre Prinzessin ... entführt hat, ja entführt haben kann. Aber ich durfte die Gelegenheit nicht versäumen, zu meinem eigenen Besten einen großen Rumor zu machen. Mein kleiner Herr fing an, gleichgiltig gegen mich zu werden und am Hof nannte man mich einen langweiligen Träumer ... Da kam ja die Entführungsgeschichte wie eine Wohlthat des Himmels. Mit der Nachricht, daß ich der entflohenen Prinzessin auf die Spur gekommen, erhob ich mich plötzlich wieder zu dem Ansehen das ich beinahe ganz verloren. Man findet mich wieder verständig, weise, gewandt, und vorzüglich dem Herrn so treu ergeben, daß ich eine Stütze des Staats zu nennen auf der alles Wohl beruht.«

Aus der Geschichte könne nichts herauskommen, da eine Entführung dem Verhafteten nicht nachzuweisen sei, aber das tue nichts zur Sache. Er jedenfalls werde ihn mit Kreuz- und Querfragen so lange quälen, bis der junge Mann ungeduldig werde und unbedachte Antworten gebe. Die streiche er dann mit einem Rotstift an und versehe sie mit einigen Erläuterungen – und schon stehe der Mann in einem Zwielicht, das ihm Nachteil bringe und die Richter gegen ihn einnehme.

»Gepriesen sei die Kunst, der gleichgültigsten Sache einen Anstrich von gehässiger Bedeutsamkeit zu geben. Es ist eine Gabe, die mir die Natur verlieh und vermöge der ich mir meine Feinde vom Halse schaffe und selbst im besten Wohlseyn bleibe.«

Die gewissen- und skrupellose, Recht und Wahrheit beiseite rükkende »Demagogenschnüffelei«, wie sie Kamptz und seine Helfershelfer bei der Polizei praktizierten, wurde auf diese Weise von Hoffmann seitenlang persifliert und ins Lächerliche gezogen. Die Persönlichkeit des Chefs der preußischen Polizei erfuhr dabei eine Charakterisierung, die als schlechthin vernichtend bezeichnet werden mußte. Noch nie hatte man es gewagt, mit einem der höchsten Funktionäre des preußischen Staates derart ins Gericht zu gehen.

Im ursprünglichen Text waren noch schärfere Wendungen enthalten. So z.B. hieß es an einer Stelle:

»Der seltsame Entführungs Prozeß wurde zum Stadtgespräch und der würdige Knarrpanti mußte zu seinem nicht geringen Verdruß bemerken, daß die Leute sich mit allen Zeichen des Ekels und Abscheus die Nasen zuhielten, wenn er vorüberging und ihre Plätze verließen, wenn er sich an die Wirthstafel setzen wollte. Bald machte er sich fort aus der Stadt.«

Diese Stellen ließ Hoffmann aus dem Manuskript streichen. Das Schreiben, in dem er den Verleger um diese Streichung bat, trug das Datum des 19. Januar 1822. Es fiel unglückseligerweise in die Hände der Polizei und wurde als Schuldeingeständnis gewertet.

Hoffmann hatte die Unvorsichtigkeit besessen, in seinem Berliner Weinlokal das bevorstehende Erscheinen einer Persiflage über Kamptz anzudeuten. Eine Mitteilung darüber ging dem Polizeiministerium zu, das sofort Schritte unternahm, das Manuskript in die Hand zu bekommen und den Druck zu verhindern. Auf Veranlassung des Ministers von Schuckmann reiste ein Dr. Klindworth nach Frankfurt, und diesem gelang es, von dem preußischen Gesandten beim Deutschen Bund unterstützt, bei dem Verleger Wilmanns die Herausgabe des Manuskripts zu erwirken.

Bei dessen Überprüfung hatte Kamptz keine Zweifel, daß er mit der Figur Knarrpantis gemeint sei, die Publikation also auf ihn abziele. In einer Stellungnahme, die er am 31. Januar 1822 Minister von Schuckmann unterbreitete, behauptete er, von Hoffmann »auf eine unverkennbare Art« geschildert worden zu sein. Dabei habe dieser in unzulässiger Weise Kenntnisse verwendet, die er dienstlich, d. h. beim Studium von Strafakten, erworben habe. Auf die Wendung »mordfaul« sei er beispielsweise in den Akten des Studenten Gustav Asverus gestoßen, der im Sommer 1819 verhaftet worden war. Und mit dem »Abgeordneten des Raths« sei unverkennbar die Immediatkommission gemeint, mit Knarrpanti andererseits werde auf ihn – Kamptz – und die Ministerialkommission abgezielt. Der eine erscheine in höchst vorteilhaftem Licht, der andere als Ausbund der Schlechtigkeit.

Kamptz schloß mit der Behauptung, daß sich Hoffmann folgender Vergehen schuldig gemacht habe: »1. Verletzung der Sr. Majestät und seinen Vorgesetzten schuldigen Treue und Ehrfurcht; 2. gebrochene Amtsverschwiegenheit; 3. öffentliche grobe Verleumdung eines Staatsbeamten in Ausübung seines Amtes.«

Minister von Schuckmann wandte sich am 4. Februar 1822 an den Staatskanzler und bat um sein Eingreifen. Hoffmanns Verhalten innerhalb der Immediatkommission, aber auch schon ein länger zurückliegender Vorfall (H. hatte als Regierungsrat in Posen das Kollegium, dem er angehörte, in einem »Pasquill« lächerlich gemacht) ließen über die »offizielle und moralische Unwürdigkeit dieses Mannes« keinen Zweifel obwalten.

> »Es rechtfertigt sich daher allenthalben das Bedürfnis, sowohl der hiesigen Umtriebe wegen, als auch um der ganzen Staatsdienerschaft einen Beweis zu geben, daß Seine Majestät von derselben pflichtmäßige Treue, Ehrfurcht, redliche Gesinnungen und Würde verlangen, den Kammergerichtsrath Hoffmann so schleunig als möglich nicht allein aus der Immediat-Commission, sondern auch aus seinen hiesigen Amts- und übrigen Verhältnissen in Verhältnisse zu ersetzen, in welchen er vermöge seines Leichtsinns, seiner Eitelkeit, Schreibsucht und Gewinnsucht von den, dem bösen Prinzip anhängenden Personen nicht als Werkzeug zur Compromittierung des öffentlichen Ansehens gemißbraucht werden kann. Der geringe Grad öffentlicher Achtung, dessen er bisher noch genossen haben mag, ist ohnehin durch diesen Vorfall, der bereits sehr bekannt ist und noch allgemeiner bekannt werden wird, mithin durch sein eigenes Verschulden ganz verlohren.«

Der Minister hielt die Einleitung eines gerichtlichen Verfahrens nicht für opportun, meinte aber, man solle Hoffmann in die Provinz versetzen – etwa nach Insterburg.

Der Dichter – inzwischen schwer erkrankt – war durch seinen Verleger von der Beschlagnahme sofort unterrichtet worden. Am 8. Februar wandte er sich mit einem Schreiben unmittelbar an den Staatskanzler und bat ihn, sich das Manuskript vorlegen zu lassen, damit er sich von dessen Harmlosigkeit persönlich überzeugen könne. Notfalls möge man es dem Oberzensur-Kollegium zur Prüfung unterbreiten.

Noch am gleichen Tag erging eine Königliche Kabinettsorder, die den Kammergerichtspräsidenten anwies, Hoffmann zu vernehmen und die Niederschrift über das Verhör binnen 24 Stunden vorzulegen. Dieser Befehl konnte zunächst nicht ausgeführt werden, weil Hoffmann nicht vernehmungsfähig war. Der Staatskanzler gab dem Justizminister daraufhin (am 15. Februar) Weisung, die Vernehmung ausführen zu lassen, sobald das der Gesundheitszustand des Betroffenen irgend erlaube. Der König widme dieser Sache größte Aufmerksamkeit.

Am 22. Februar hatte sich Hoffmanns Zustand so weit gebessert, daß er vernommen werden konnte. In der Vernehmungsniederschrift heißt es: »Der Herr Kammergerichtsrat ward im Bett liegend und sehr matt befunden, aber völlig bei Geisteskräften, und erklärte sich bereit, die ihm vorzulegenden Fragen zu beantworten. Er gab zu, die beanstandeten Stellen im 4. und 5. Kapitel von ›Meister Floh‹ verfaßt, er leugnete auch nicht, seinem Verleger durch Schreiben vom 19. Januar die Streichung von zwei Stellen aufgegeben zu haben. Zur Sache verwies er auf eine umfangreiche ›Verteidigungsschrift‹, in der er jede böse und tadelnswerte Absicht entschieden in Abrede stellte.« Am Schluß seiner Aussage hatte Hoffmann erneut nachdrücklich betont:

> »Nochmals beteuere ich, daß ich mir bei der Erfindung und Ausarbeitung jenes durchaus scurrilen, ja gänzlich bizarren Abentheuers durchaus nicht im mindesten böser Absichten bewußt bin und mich reines Gewissens fühle.«

Das, was Hoffmann in dieser Rechtfertigungsschrift ausgeführt hat, ist nicht überzeugend. Es kann nach Lage der Dinge überhaupt nicht daran gezweifelt werden, daß die Figur des Knarrpanti auf Kamptz gemünzt war. Er hat dabei auch Tatsachen aus Akten verwertet, die ihm als Untersuchungsrichter in die Hände gekommen waren.

Man könnte Hoffmann nun einen Vorwurf daraus machen, daß er den Versuch unternommen hat, sich um die Verantwortung für seine Persiflage herumzudrücken. Man darf aber nicht außer acht lassen, daß er ein gewisses Risiko lief, sein Amt und damit auch seine Versorgung zu verlieren. Er war schon einmal auf die Straße gesetzt worden, und er wußte, was das bedeutete. Außerdem war er schwer krank. Man muß ihm deshalb nachsehen, wenn er sich nicht offen zu seiner Tat bekannt hat. Daß es ihm an Mut nicht fehlte, hatte er bei seiner richterlichen Arbeit vielfältig bewiesen.

Das Protokoll und die Verteidigungsschrift gab der Kammergerichtspräsident am nächsten Tage an den Justizminister von Kircheisen weiter. In seinem Begleitschreiben trat er in loyaler Weise den scharfen und beleidigenden Abqualifikationen entgegen, die Hoffmann durch den Polizeiminister erfahren hatte. Er schrieb, er müsse pflichtgemäß erklären,

> »daß der Kammergerichts-Rath Hoffmann sich durch vorzüglich gründliche Arbeiten, in den allerwichtigsten Criminal-Sachen eben so sehr, als durch Ernst und würdiges Betragen in seinen Amtshandlungen ausgezeichnet hat, auch nicht einmal eine Spur seines comischen Schriftsteller-Talents blicken ließ.«

Während die Entscheidung darüber, ob gegen Hoffmann ein Disziplinarverfahren eröffnet werden sollte, noch schwebte, erklärte der Polizeiminister von Schuckmann, einem Vorschlag des preußischen Gesandten beim Deutschen Bund entsprechend, daß er gegen den Druck des Märchens nichts einzuwenden habe, falls die »pasquillanten Ausfälle« entfernt würden. Hoffmann erklärte sich zur Streichung der Stellen, die Knarrpanti betrafen, bereit. »Meister Floh« erschien deshalb verstümmelt. Erst nachdem 1906 Georg Ellinger die gestrichenen Partien veröffentlicht hatte, konnte das Märchen in den Hoffmann-Ausgaben vollständig wiedergegeben werden.

Was mit Hoffmann damals geschehen ist, steht nicht eindeutig fest. Nach Angabe Dorows soll ihm Friedrich Wilhelm III. einen Verweis erteilt haben. Nach Behauptung anderer ist es zu einer Entscheidung des Königs nicht mehr gekommen, weil Hoffmann vorher verstarb. Noch am 1. März 1822 hatte der Polizeiminister bei dem Staatskanzler strenge Bestrafung dieses Mannes verlangt, der sich »eine so auffallende Verletzung der Amtstreue und der Amtsverschwiegenheit ... zu Gunsten der Demagogen« habe zuschulden kommen lassen:

»Eurer Durchlaucht wird es hierbei nicht entgehen, daß diese Handlung des Kammergerichts-Raths Hoffmann nicht allein in Berlin, sondern auch durch die öffentlichen Blätter Gegenstand der allgemeinen Aufmerksamkeit geworden ist, und daß nur Ernst und Nachdruck in Ihrer Entscheidung verhüten kann, daß sie nicht auch Gegenstand des Triumphes aller Gleichgesinnten werde.«

Ein gnädiger Tod entzog den Dichter der Rachsucht seiner Gegner. Unter dem 6. Juli 1822 findet sich in seinen Personalakten folgender Vermerk:

»Da der Kammergerichts-Rath Hoffmann verstorben ist, so sind die während seiner letzten Krankheit zurückgelegten Aktenstücke nunmehr zu reponieren. Hardenberg.«

Auf den Rat von Hoffmanns Freund Hitzig schlug die Witwe die Erbschaft aus. Das erwies sich als ein guter Rat, denn der Nachlaß war überschuldet. Seine Versteigerung erbrachte 631 Reichstaler, denen mehr als 2300 Reichstaler Schulden gegenüberstanden. Hauptgläubiger war J. C. Lutter, der Inhaber der Weinhandlung und Wirt der berühmten Weinstube Lutter und Wegner; seine Forderung belief sich auf nicht weniger als 1116 Reichstaler. Lutter verzichtete später darauf, mit der Begründung, daß Hoffmann die Nichtbegleichung dieser Schuld durch die vielen Gäste, die er in sein Haus gezogen, mehr als wettgemacht habe.

Diese eigenartige Episode schloß sich an das Ableben eines Mannes an, der nicht nur ein bedeutendes dichterisches Werk hinterlassen, sondern der Welt auch das Beispiel eines großartigen, unerschrockenen und charakterfesten Richters gegeben hatte.

Schrifttum: Heinrich Pröhle, Friedrich Ludwig Jahns Leben. Berlin 1855 S. 171 ff., 321 ff.; Carl Euler, Friedrich Ludwig Jahn. Sein Leben und Wirken. Stuttgart 1881 S. 578 ff.; Der Prozeß des Dr. Jahn wider den Geh. Ober-Regieregierungsrath von Kamptz. Dokumentation bei Wilhelm Dorow: Erlebtes aus den Jahren 1813–1820. 2. Theil. Leipzig 1843 S. 179 ff.; Georg Ellinger, Das Disziplinarverfahren gegen E. T. A. Hoffmann (nach den Akten des Geh. Staatsarchivs). Deutsche Rundschau Bd. 128 S. 79 ff.; Gottfried Fittbogen, Der Prozeß gegen Adolf Ludwig Follen. Deutsche Revue 47 Jg. (1922) 2. Bd. S. 34 ff.; Eugen Walter, Das Juristische in E. T. A. Hoffmanns Leben und Werk. Diss. Heidelberg 1950; Friedrich Schnapp, E. T. A. Hoffmanns Briefwechsel, 3. Bd. München 1969, insbes. S. 217 ff.; F. A. Ricci, E. T. A. Hoffmann, L'Homme et l'Oeuvre. Paris 1947; Wolfgang Schütz, Einwirkungen des preußischen Justizministers auf die Rechtspflege. Diss. Marburg 1970 S. 21 ff.

Tragische Verstrickung

Der Fall Fritz Reuter

Die Leiden, die Fritz Reuter (1810–1874) in einer langen und schweren Strafhaft unverdientermaßen durchmachen mußte, haben diesen volkstümlichen Meister plattdeutscher Prosa zu einer tragischen Figur gemacht. In die studentischen Wirren zu Beginn der 30er Jahre des vergangenen Jahrhunderts verstrickt, geriet er in die Maschen der preußischen Strafjustiz hinein und bekam deren ganze Härte zu spüren. Es ist ein Wunder, daß er daran nicht zerbrochen ist.

Fritz Reuter, der Sohn des Bürgermeisters der kleinen mecklenburgischen Stadt Stavenhagen, war von dem Studium seiner Heimatuniversität Rostock unbefriedigt und beschloß deshalb, an die Universität Jena überzuwechseln. In Jena trat er kurz nach seiner Ankunft der Allgemeinen Burschenschaft bei (Eintrittsdatum 23. Mai 1832). Für diesen Schritt waren bei ihm nicht wie bei den meisten anderen politische Gründe maßgebend, vielmehr der Wunsch nach geselligem Anschluß; alle seine Freunde gehörten nämlich der Burschenschaft an. Als Reuter zwei Tage nach seiner Verpflichtung auf deren Statuten anläßlich seiner Immatrikulation ehrenwörtlich versichern mußte, keiner verbotenen Vereinigung beizutreten, war er sich nicht bewußt, daß die Burschenschaft nach geltendem Recht dazu rechnete. Denn das Leben in ihr spielte sich vor aller Öffentlichkeit ab, alle ihre Mitglieder trugen offen die Farben »schwarz-rot-gold«, jeder Bürger kannte sie und zu ihren Mitgliedern gehörten junge Menschen aus den ersten Familien.

Die 1830 durch die Julirevolution in Europa ausgelöste Erschütterung wirkte auch auf die burschenschaftliche Bewegung ein: ihre Bestrebungen wurden stärker als zuvor auf das politische Gebiet hingelenkt. Der Gang der Ereignisse wurde innerhalb der akademischen Jugend mit größter Aufmerksamkeit verfolgt, und es gab nicht wenige Studenten, die der Meinung waren, der deutschen Jugend sei eine ähnliche Aufgabe gestellt wie der zu Paris, wo bekanntlich entscheidende Impulse zu der Julirevolution von den Studenten ausgegangen waren. Als dann im September 1830 in Jena Unruhen ausbrachen, das Haus eines Geheimen Hofrats in Brand gesetzt und anderen Bürgern die Fenster eingeworfen wurden, waren daran zahlreiche Burschenschafter beteiligt.

Im Wintersemester 1830/31 kam es unter der Einwirkung der noch immer fortdauernden Unruhe innerhalb der damals in Jena etwa 250 Studierende umfassenden Burschenschaft zur Spaltung in Arminen und Germanen. Die Mehrheit ihrer Mitglieder (zwischen 200 bis 300) war nicht bereit, die Wendung zu politischer Aktivität mitzumachen. Die Minderheit der Germanen (etwa 30 bis 40 Studenten umfassend) hingegen wollte keine wissenschaftliche, sondern eine politische Verbindung sein und als solche für die Herbeiführung der politischen Einheit Deutschlands tätig werden. Auf dem Burschentag, der am 26. September 1831 in Frankfurt am Main abgehalten wurde, waren nur die germanisch eingestellten Burschenschaften vertreten. Damals wurde allen Beteiligten zur Pflicht gemacht, das große Ziel der nationalen Einheit unverrückbar vor Augen zu behalten und in der Öffentlichkeit dafür zu werben. Eine Revolution solle durch die Mitglieder der Burschenschaft zwar nicht entfesselt werden, an einem etwa ausbrechenden Volksaufstand solle man aber aktiv teilnehmen.

In diesem Beschluß des Frankfurter Burschentags lag ein Schritt, der in gefährlicher Weise vom Weg der Legalität fortführte. Er mußte früher oder später zu einem Zusammenstoß mit den herrschenden Gewalten führen. Bevor das geschah, kam es in Jena noch einmal zu einem Zusammenschluß der beiden Richtungen (26. Januar 1832). Er hatte aber keinen Bestand. Schon nach einem halben Jahre (13. Juli 1832) gingen Arminen und Germanen wieder auseinander. Es war ihnen nicht möglich gewesen, sich über ihre Zielsetzung zu einigen.

Inzwischen war ein neuer starker politischer Impuls von dem Hambacher Fest (27. Mai 1832) ausgegangen. Er verschaffte vor allem denjenigen Kräften Auftrieb, die unter dem Motto: »Wiedergeburt Deutschlands in Einheit und Freiheit« für eine totale Umgestaltung des Deutschen Bundes eintraten.

Der letzte und entscheidende Schritt zu einem politischen Kampfbund erfolgte seitens der germanisch orientierten Burschenschaften auf dem Burschentag, der am 25. und 26. Dezember 1832 in Stuttgart stattfand; sie wollten das politische Engagement. Die Beschlüsse dieser Versammlung trugen jetzt eindeutig revolutionären Charakter. Sie gingen dahin, daß die deutsche Burschenschaft ihr großes Ziel, die Herstellung der nationalen Einheit in Freiheit, notfalls auch mit Gewalt durchsetzen solle. Mit diesen und ähnlichen Entschließungen war die Allgemeine Deutsche Burschenschaft zu einer Kampforganisation mit eindeutig hochverräterischer Zielsetzung geworden, und es war nur noch eine Frage der Zeit, wann es zu einem Zusammenstoß mit den herrschenden Mächten kommen werde.

Den auslösenden Funken lieferte am 3. April 1833 der Sturm auf die Frankfurter Hauptwache. An ihm waren zahlreiche Burschenschafter beteiligt, darunter auch einige Jenaer Germanen. Hier wurde zum ersten Male versucht, die bestehende Ordnung mit Gewalt zu verändern, und diese revolutionäre Tat forderte den Regierungen schärfstes Durchgreifen ab. Dabei wurden Maßnahmen getroffen, die tief in das Schicksal zahlreicher junger Menschen eingriffen, und zu denen, die darunter zu leiden hatten, gehörte Fritz Reuter.

Als sich in Frankfurt diese aufregenden Vorfälle ereigneten, war Reuter schon seit fast drei Monaten nicht mehr Mitglied der Burschenschaft. Zwar war er noch in ihr verblieben, als sich am 13. Juli 1832 Arminen und Germanen wieder trennten, und er hatte sich mit all seinen mecklenburgischen Landsleuten den Germanen angeschlossen. In dem neuen Bund war er aber nie hervorgetreten, hatte zu keiner Zeit ein Amt darin bekleidet und sich auch nie an den Debatten beteiligt. Er war ein »Bierstudent«, den wenig mehr als die Kneipen interessierten. Bei seinen Kommilitonen hieß er deshalb auch der »Bierreuter«. Nachdem er im Herbst schwer gestürzt war und sich dabei eine Fußverletzung zugezogen hatte, die es ihm unmöglich machte, seine Studentenbude zu verlassen, und ihm später überdies die Pflege seines schwer erkrankten Zimmernachbarn jede freie Minute abforderte, verlor er nahezu jeden Kontakt zu seinem Bund.

Da Germania-Jena auf dem Burschentag zu Stuttgart nicht vertreten gewesen war, bekam sie von den Beschlüssen, die dort Ende 1832 gefaßt worden waren, erst einige Wochen später Kenntnis. An dem Konvent, auf dem die Germanen über die Beschlüsse unterrichtet wurden – es war dies am 18. Januar 1833 –, hat Reuter nicht teilgenommen. Als einige Tage danach beraten wurde, ob man die neue Zielsetzung akzeptieren solle, erklärte Reuter zusammen mit 14 seiner Bundesbrüder den Austritt aus der Burschenschaft. Am folgenden Tag löste sich die Germania selbst auf.

Den revolutionären Weg, den die germanische Richtung innerhalb der Burschenschaft damals eingeschlagen hatte, hat Reuter also weder mitgemacht noch auch nur gutgeheißen. Er war auch nicht an den Straßentumulten beteiligt, die in Jena einige Tage vor dem Weihnachtsfest 1832 begannen und wochenlang andauerten. Dem Universitätsamtmann, mehreren Professoren und einer Anzahl Bürger der Stadt wurden dabei die Fenster eingeworfen sowie Läden und Türen demoliert, die Pedelle verprügelt und eine Polizeiwache verwüstet. Ende Januar 1833 hatte sich die Lage derart zugespitzt, daß 300 Soldaten nach Jena verlegt werden mußten. Das Erscheinen des Militärs führte Zusammenstöße mit den aufgeputschten Studenten herbei, bei denen es zahlreiche Verwundete und einen Toten gab. Damals wurde den Jenaer Studenten das Führen von Stockdegen, Terzerolen, Dolchen und ähnlichen Waffen untersagt. Das Beherbergen von Fremden wurde ihnen verboten. Schließlich wurde bestimmt, daß jeder, der sich einer mutwilligen Sachbeschädigung, insbesondere an Straßenlaternen, schuldig gemacht hatte, für alle während der letzten sechs Monate erfolgten, unaufgeklärt gebliebenen Straftaten dieser Art Schadenersatz zu leisten habe.

Reuter selbst hat an diesen Exzessen, wie es scheint, nicht aktiv mitgewirkt. Er wurde aber in Zusammenhang mit einer Zweikampfaffäre gebracht und deswegen vorübergehend in Haft genommen. Es handelte sich um ein Pistolenduell zwischen zwei Studenten, dem er als Zuschauer beigewohnt hatte. Auf die Nachricht, daß der eine der Duellanten schwer verwundet worden sei, erschien in Begleitung eines Pedellen eine Militärpatrouille am Tatort und nahm in einem Wirtshaus in der Nähe Reuter und vier andere Studenten fest. Vor dem Haftlokal in Jena rotteten sich am Abend zahlreiche Studenten zusammen und forderten die Freilassung der Inhaftierten. Der Kommandeur der nach Jena entsandten Truppen, ein Major, hielt es für das klügste, die Gefangenen in Freiheit zu setzen.

Nach einem erneuten Zusammenstoß mit dem Militär, der wiederum blutig verlief, wurde eine allgemeine Studentenversammlung einberufen und der Auszug aller Studenten beantragt. In einer Debatte, die sich stundenlang hinzog, zeigte sich, daß die große Mehrheit von einem solchen Akt der Solidarisierung diesmal nichts wissen wollte. Die Gemäßigten behielten die Oberhand. Die etwa 50 Studenten umfassende radikale Minderheit blieb aber dabei, Jena zu verlassen. Zu denen, die an den folgenden Tagen der Universität den Rücken kehrten, gehörte Fritz Reuter. Er begab sich nach Camburg bei Naumburg und blieb dort einige Wochen.

Von der Universität wurde ihm in dem Abgangszeugnis zunächst einwandfreie Führung bescheinigt. Außer einer zweimaligen Geldstrafe wegen nächtlicher Ruhestörung sei nichts Nachteiliges über den Studiosus Reuter zu vermelden. Dieses Zeugnis erfuhr wenig später aber eine einschneidende Korrektur. Die Jenaer Behörden verhängten über ihn nämlich nachträglich die förmliche »Wegweisung« aus Universität und Stadt und führten als Gründe dafür an: Unfleiß, Hang zum Trunk, mehrfache Ruhestörung und Verdacht der Zugehörigkeit zu einer verbotenen Studentenverbindung.

Aus einem Brief, den einer seiner akademischen Lehrer, der Romanist von Schröter, an seinen Vater gerichtet hat, wissen wir, daß Fritz Reuter in Jena keinen guten Ruf genossen hat. Der Gelehrte schrieb (am 20. März 1833), er könne dem Herrn Bürgermeister leider nichts Tröstliches über den Lebenswandel seines Sohnes mitteilen. »Seine ganze Zeit hat er mit Studententreibereien, Besuchen von Wirthshäusern, Herumlaufen usw. todt geschlagen. Dies ist das Zeugniss, welches ihm Alle, selbst alle Studenten geben, die seinen Lebenswandel beobachtet haben. Ich selbst, an meinen Studirtisch gebannt, kann nur bezeugen, daß er meine Vorlesungen so gut wie gar nicht besucht hat. Das Übrige weiß ich nur vom Hörensagen – aber in ganz Jena ist nur eine Stimme darüber. Auch die akademischen Behörden bezeugen dies, und deshalb ist er, als ein durch sein Beispiel sehr schädliches Glied der Universität von hier weggewiesen worden.« Es sei hohe Zeit, daß er auf einen anderen Weg gebracht werde, sonst werde aus ihm ein unglücklicher Mensch.

Kurz bevor der Bürgermeister diesen niederschmetternden Brief erhielt, hatte ihm sein Sohn endlich mitgeteilt, wo er sich aufhielt – nämlich in Camburg. Er hatte ihn wochenlang ohne jede Nachricht gelassen, weshalb der Vater ihn schließlich durch die Zeitungen suchen ließ. In einem längeren Brief setzte Fritz jetzt den Vater über die Gründe seines Weggangs aus Jena ins Bild und bat ihn, ihn zur Fortsetzung seines Studiums nach München gehen zu lassen. Das lehnte der Vater ab und forderte seinen Sohn statt dessen auf, sofort nach Hause zu kommen. Fritz verbrachte infolgedessen den Sommer in Stavenhagen.

Inzwischen hatte der Sturm auf die Frankfurter Hauptwache den reaktionären Kräften die Legitimation zu scharfem Vorgehen verschafft. Die 100 jungen Männer, die es gewagt hatten, bewaffnet gegen die beiden Wachgebäude vorzugehen, die Posten zu entwaffnen und die Gefangenen zu befreien, waren – wie schon erwähnt – zu einem erheblichen Teil Burschenschafter gewesen. Sie hatten bei ihrem tollkühnen Unternehmen schwarz-rot-goldene Kokarden und Armbinden getragen und waren mit dem Feldgeschrei: »Es lebe die Freiheit und Einheit Deutschlands« aufgetreten. Aus aufgefundenen Flugblättern und aus der Vernehmung derer, die festgenommen worden waren, ergab sich, daß der Frankfurter Wachensturm das Signal zu einem allgemeinen Volksaufstand hatte geben sollen.

Die Frankfurter Ereignisse lösten bei den Regierungen der Staaten des Deutschen Bundes große Unruhe aus; die Erinnerung an die blutigen Vorgänge während der Französischen Revolution waren noch allzu lebendig. Am 20. Juli 1833 beschloß die Bundesversammlung die Errichtung einer Bundeszentralbehörde, der die Aufgabe gestellt wurde, die gegen den Bestand des Deutschen Bundes und die öffentliche Ordnung in Deutschland gerichteten Bestrebungen zu untersuchen. Die in Frage kommenden Einzelverfahren sollten allerdings Sache der Landesbehörden bleiben.

Die Maßnahmen, die hier vom Deutschen Bund ins Auge gefaßt wurden, wurden nirgendwo so energisch und unerbittlich durchgeführt wie in Preußen. Dabei war es dort an keiner Stelle zu Unruhen gekommen. Man hielt es in Berlin aber für unerläßlich, Vorbeugungsmaßregeln zu treffen. Der Wachensturm lieferte eine großartige Handhabe zum Ein- und Durchgreifen. Der damalige preußische Außenminister Ancillon schrieb damals nach Wien: »Das

Frankfurter Attentat kann Deutschland retten, wenn man sich beeilt, das Ereignis auszubeuten.«

Da die in Frankfurt festgenommenen Studenten zu einem erheblichen Teil Burschenschafter gewesen waren, richteten sich die im Juni 1833 in Preußen beginnenden Verfolgungsmaßnahmen in erster Linie gegen die Burschenschaften und deren derzeitige und frühere Mitglieder. Zur besseren Kontrolle und zur Koordinierung wurde durch Kabinetts-Order von 6. Juli 1833 dem Kammergericht in Berlin die Untersuchung aller gegen den Bestand des Deutschen Bundes und die öffentliche Ordnung in Deutschland gerichteten Unternehmungen übertragen. Die Zusammenarbeit mit der Bundeszentralbehörde in Mainz wurde in die Hände einer Ministerialkommission gelegt, die aus den beiden Justizministern (Mühler und von Kamptz) und dem Minister des Innern und der Polizei (von Brenn) bestand. Diese Kommission hatte zugleich auf Gründlichkeit und schnelle Abwicklung der in Berlin anhängigen Verfahren hinzuwirken. Gleichzeitig wurde der Kriminalrichter Dambach von Querfurt nach Berlin versetzt und zum Untersuchungsrichter bestellt. Die neu eingerichteten Organe sollten allsogleich mit dem Fall Reuter zu tun bekommen.

Zunächst blieb Fritz Reuter unbehelligt. Als der Sommer vergangen war, erlaubte der Vater dem Sohne, nach Berlin zu reisen, um sich dort immatrikulieren zu lassen. Am 8. Oktober 1833 in Berlin angekommen, erfuhr Fritz, daß sein Jenenser Bundesbruder Weiß verhaftet worden war. Er nahm deshalb von dem Plan, sein Studium in Berlin fortzusetzen, Abstand und reiste nach Leipzig weiter, um dort sein Glück zu versuchen. Er wurde aber abgewiesen. Seinen Vorschlag, nach Zürich zu gehen, lehnte der Vater ab und befahl ihm, sofort nach Hause zurückzukehren. Da ihm das Geld für die Rückreise fehlte, mußte Fritz über Berlin fahren, wo ein Vetter von ihm wohnte, der ihm Geld vorschießen konnte. Diese Reise über Berlin sollte ihm zum Verhängnis werden.

Als er am 27. in Berlin eintraf, war der Vetter verreist. Er mußte deshalb bis zu dessen Rückkehr an Ort und Stelle bleiben. Er tat das, obwohl er annehmen mußte, daß die Polizei hinter ihm her war. Am 30. kam endlich der Verwandte zurück. Reuter machte einen Fuhrmann ausfindig, der am 31. eine Fahrt nach Neustrelitz antreten wollte, und verabredete sich mit ihm auf 9 Uhr morgens.

Den Abend vorher traf er sich mit Freunden und kneipte mit ihnen mehrere Stunden lang. Dann begab er sich mit einem Mädchen in dessen Wohnung und verbrachte mit ihm die Nacht. Am nächsten Morgen um 7 Uhr in der Frühe wurde er von der Polizei aus dem Bett geholt, verhaftet und in die Stadtvogtei, das damalige Polizeigefängnis, verbracht. Als Haftgrund wurde »zweckloses Umhertreiben« angegeben. In der Stadtvogtei wurde Reuter mit allerlei Gesindel, Landstreichern, Bettlern, Straßendirnen und Zuhältern in eine Zelle gesperrt. Erst auf dringende Vorstellungen hin wies man ihm eine Einzelzelle an.

Die preußische Polizei war auf Reuter bei der Vernehmung von drei Studenten aufmerksam geworden, die anläßlich der Jenaer Krawalle verhaftet worden waren. Sie waren nach ihren Bundesbrüdern gefragt worden, und dabei hatten sie auch den Namen ihres mecklenburgischen Kommilitonen genannt.

Anfangs hatte man in Berlin nur für die Landesbürger unter den Burschenschaftern Interesse gezeigt. Als dann aber im Mai 1833 der Polizeikommissar Hoffrichter mit der Beobachtung des gesamten studentischen Lebens beauftragt worden war, wandte man auch denjenigen Aufmerksamkeit zu, die sich im Lande aufhielten, ohne immatrikuliert zu sein, vermutete man in ihnen doch Agenten und Zwischenträger, deren Aufgabe es sei, »den Samen des Bösen auszustreuen«.

Zu denen, die man unter Beobachtung genommen hatte, gehörte – ohne daß er das ahnte – auch Fritz Reuter. Am 15. Oktober erstattete der Kommissar dem Berliner Polizeipräsidenten einen Bericht, der Reuter als gefährlich hinstellte. »Er ist ein höchst roher, aber dabei ein sehr scharfsinniger und verschmitzter Kopf.« Er habe sich bei den Jenaer Krawallen »besonders bemerklich gemacht« und habe auch die Absicht gehabt, in Frankfurt am Main aktiv zu werden, doch seien die Unruhen vor dem verabredeten Zeitpunkt ausgebrochen. In Heidelberg seien Briefe von Reuter beschlagnahmt worden, die den Verdacht begründeten, er habe an dem Frankfurter Wachensturm teilgenommen, zumindest aber davon gewußt. Nachforschungen darüber habe sich der Student durch die Flucht entzogen. Er habe sich unangemeldet einige Zeit in Berlin aufgehalten und wolle jetzt zur Fortsetzung seines Studiums nach Zürich gehen. In Jena sei er relegiert worden.

Dieser Bericht – großenteils auf Vermutungen basierend – war für Reuter derart belastend, daß ihm die preußischen Behörden von Anfang an voreingenommen gegenüberstanden. Diese Voreingenommenheit wurde dadurch verstärkt, daß er sich zunächst beharrlich weigerte, die Namen seiner Jenenser Bundesbrüder preiszugeben. Von dieser Weigerung ging er auch dann nicht ab, als ihm die nach der damaligen Strafprozeßordnung gegen »halsstarrige und verschlagene Verbrecher« im Falle »frechen Lügens, verstockten Leugnens oder gänzlichen Schweigens« erlaubten Zwangsmittel (u. a. körperliche Züchtigung) angedroht wurden. Reuter erwiderte, er werde unter keinen Umständen seine Freunde namhaft machen: »Mag man mich meinetwegen so lange einsperren, daß mein Haar auf meinem Haupte grau wird; dennoch will ich darüber nichts sagen.« Er ahnte nicht, daß andere längst alles ausgeplaudert hatten. Als man ihn davon unterrichtete, entschloß er sich zu vollständiger Aussage und brachte sie am 12. November 1833 in einem »Selbstbekenntnis« zu Papier.

In dieser Aussage schilderte er zunächst, wie es zu der Abspaltung der Germanen aus der wiedervereinigten Burschenschaft gekommen war. Einer seiner Bundesbrüder sei eines Tages im Konvent aufgestanden und habe erklärt,

> »in der Verbindung sei ein Geist des Hasses und der Zwietracht eingerissen, der bereits durch vorgefallene Roheiten sich zu äußern beginne, wer mit ihm ein Feind solcher Unwürdigkeiten sei, möge sich von der Verbindung lossagen und ihm folgen. Weil die meisten meiner Landsleute und Bekannten sich erhoben, ging auch ich zu der Germania über, die nun den Burgkeller verließ und auf dem Fürstenkeller ihre Kneipe aufschlug.«

In der neuen Korporation habe man dann bis zum Herbst 1832 an einer Verfassung gearbeitet; er – Reuter – habe sich an diesen Arbeiten aber nicht beteiligt. Durch einen Unfall und die tödliche Erkrankung seines Zimmernachbarn habe er dann jeden Kontakt zur Germania verloren. Die Krawalle in Jena seien zwar durch einige seiner Bundesbrüder ausgelöst worden, er für seine Person habe daran aber keinerlei Anteil genommen. Auf dem Burschentag zu Stuttgart sei seine Verbindung nicht vertreten gewesen. Er selbst sei übrigens aus ihr ausgetreten, nachdem die ersten Nachrichten von den dort gefaßten Beschlüssen nach Jena gedrungen seien. Die Germania habe sich dann auch selbst aufgelöst. Von den Ausschreitungen in Frankfurt am Main habe er die erste Andeutung Ende April 1833 in einer thüringischen Zeitung gelesen.

Reuter wurde von der Polizei zum letzten Mal am 4. Dezember 1833 vernommen. Am gleichen Tag übersandte der Polizeipräsident von Berlin die Akten an den Innenminister weiter, zur Entscheidung darüber, »ob der Reuter nunmehr dem Königlichen Kammergericht zur Einleitung der gerichtlichen Untersuchung überwiesen werden« solle. Am 11. Dezember beschloß die Ministerialkommission, die Akten an das Kammergericht weiterzuleiten.

In diesem Augenblick setzten Versuche des Vaters Reuter ein, ein Strafverfahren von seinem Sohne abzuwenden oder doch wenigstens seine Auslieferung nach Mecklenburg zu erreichen.

Der Bürgermeister wandte sich zunächst an den Preußischen Justizminister von Kamptz, der aus Mecklenburg stammte. Der gefürchtete Mann empfing am 17. Dezember 1833 den Petenten persönlich und empfahl ihm, sich an die neuerrichtete Ministerialkommission zu wenden und bei ihr gegen Sicherheitsleistung die vorläufige Freilassung seines Sohnes zu beantragen. In einem Gesuch, das der Vater am nächsten Tage vorlegte, betonte er, ein unseliges Geschick habe seinen Sohn leider veranlaßt, in eine Studentenverbindung, die sogenannte Germania, einzutreten. »Wenn diese nun auch zu den verbotenen gehören mag: so ist doch, neben der jugendlichen Unerfahrenheit und Unbesonnenheit, zur Entschuldigung des Unglücklichen ausdrücklich zu bemerken, daß dieser Verein fast öffentlich dastand, auch dem dortigen akademischen Senate nicht unbekannt war, und deshalb in den Augen meines Sohnes als stillschweigend genehmigt erscheinen mochte. In diesem Verein ist mein Sohn nie einer der Leiter und Führer gewesen, und er ist auch, als er späterhin dessen verwerfliche Tendenzen kennen gelernt hatte, freiwillig und aus eigenem Antriebe aus demselben ausgetreten.«

Es war ohne Zweifel sehr unvorsichtig von dem Bürgermeister, dem »Verein«, dessen Mitglied sein Sohn unbestritten gewesen war, pauschal »verwerfliche Tendenzen« nachzusagen. Eine solche Bemerkung konnte von der angerufenen Stelle leicht als Schuldeingeständnis betrachtet werden. Vater Reuter beging in seinem Gesuch aber noch die weitere Ungeschicklichkeit, die Möglichkeit eines »Fehltritts« offen einzuräumen, obwohl Umstände, die seinen Sohn außer der Teilnahme an einer verbotenen Vereinigung strafrechtlich belasten konnten, noch gar nicht bekannt geworden waren: »Worin aber auch das Vergehen meines Sohnes bestehen mag, so bin ich doch jetzt nach persönlicher Unterredung mit ihm ... fest überzeugt, daß er seinen Fehltritt jetzt aufs bitterste bereut, und daß er nichts sehnlicher wünscht, als für die Zukunft seinem wissenschaftlichen Zwecke ernst und streng leben zu können.«

Diese Ausführungen konnten den Verdacht der Behörden, daß mehr geschehen sei, als man bis jetzt wußte, nur bestärken. Hatte man bisher vielleicht noch gemeint, es handle sich um Torheiten leichtsinniger junger Leute und nicht um hochverräterische Umtriebe, so mußten die Darlegungen des Vaters die gegenteilige Annahme begünstigen. Tatsächlich faßte die Ministerial-Kommission (gez. Brenn, Kamptz, Mühler) am 28. Dezember den Beschluß, den Antrag auf Haftentlassung abschlägig zu bescheiden. Begründet wurde er mit »der besonderen Teilnahme (des stud. jur. Fritz Reuter) an der alle deutschen Regierungen betreffenden hochverräterischen Verbindung Germania zu Jena«. Das war eine Wendung, unter der man sich alles und nichts vorstellen konnte. Der Vater des »Inkulpaten« hatte sie durch sein ungeschicktes Gesuch provoziert. Aus der Ablehnung konnte man den Schluß ziehen, daß die Ministerialkommission den Tatbestand einer »hochverräterischen Verbindung« als erfüllt betrachtete, und darin lag die Gefahr begründet, daß Reuter die Todesstrafe treffen werde.

Nach diesem Mißerfolg wandte sich der Bürgermeister Reuter an seinen Landesherrn, den Großherzog Friedrich Franz I. von Mecklenburg-Schwerin, und bat ihn, die Auslieferung seines Sohnes zu veranlassen. Dieser habe die Gesetze des Preußischen Staates nicht verletzt und sich auch sonst auf dessen Territorium keiner strafbaren Handlung schuldig gemacht, er gehöre deshalb vor ein mecklenburgisches Gericht.

Auch dieses Gesuch verfiel der Ablehnung (Bescheid vom 28. Januar 1834), obwohl beispielsweise das Großherzogtum Sachsen-Weimar alle in seinem Machtbereich verhafteten Burschenschafter ihren Heimatländern zur Aburteilung ausgeliefert hatte. Ein

Freund und Landsmann Reuters namens Krüger war dementsprechend auch im Herbst 1833 nach Mecklenburg überstellt worden. Während die Untersuchung gegen ihn lief, durfte Krüger bei seinen Eltern wohnen und schließlich sogar unter polizeilicher Aufsicht in Rostock sein Studium wiederaufnehmen. Als jetzt einflußreiche Persönlichkeiten die Bitte des Bürgermeisters Reuter unterstützten, entschloß sich die mecklenburgische Regierung, mit Note vom 7. Februar 1834 bei dem Preußischen Minister des Auswärtigen förmlich um die Auslieferung des Studiosus Reuter nachzusuchen. Darauf erhielt Schwerin niemals eine Antwort. Was man dort nicht wußte, war, daß sich der preußische Außenminister Ancillon sofort an die Ministerialkommission mit der Bitte um Stellungnahme gewandt hatte. Diese Stellungnahme (gez. Brenn, Kamptz, Mühler) war negativ ausgefallen. Man warnte vor einer Entscheidung, die grundsätzliche Bedeutung für alle anderen Fälle erlangen und der preußischen Regierung die Handlungsfreiheit Auslieferungsanträgen gegenüber rauben konnte.

Die Argumente, auf die solche Auslieferungsanträge gestützt wurden, fanden preußischerseits keine Anerkennung. Wie schon erwähnt, traten die Burschenschaften für ein Reich aller Deutschen ein. Sie wandten sich damit eigentlich nicht gegen die einzelnen Bundesstaaten, sondern nur gegen den Deutschen Bund als solchen. Dieses Argument wurde von den Regierungen indessen nicht anerkannt. Jedes Unternehmen gegen die Integrität des Deutschen Bundes, sagten sie, stelle zugleich auch einen Angriff gegen jeden einzelnen Bundesstaat dar, weil dessen Existenz auf der des Bundes aufgebaut sei. Gehör fanden die Sachwalter der verhafteten Studenten auch nicht mit dem Hinweis, daß der Vorwurf des Hochverrats billigerweise doch nur gegen Untertanen des fraglichen Staates erhoben werden könne, weil nur sie diesem Staat gegenüber unter einer Treuepflicht ständen. Dem hielt man entgegen, daß der Ausländer mit seinem Eintritt in einen anderen Staat dessen Schutzes teilhaftig werde und dementsprechend gehalten sei, gegen ihn nicht feindlich zu verfahren. Angesichts dieser Rechtsauffassung waren alle Bemühungen, Fritz Reuter der preußischen Justiz zu entziehen, von vornherein zum Scheitern verurteilt.

Wie schon erwähnt, hatte die Königliche Ministerialkommission am 11. Dezember 1833 beschlossen, die Akten zur Eröffnung der gerichtlichen Untersuchung an das Kammergericht weiterzuleiten. In dem an den Untersuchungsrichter gerichteten Begleitschreiben des Justizministers hieß es, Reuter habe eingestanden, Mitglied der Germania zu Jena, d. h. einer »gefährlichen, alle deutschen Staaten bedrohenden geheimen Verbindung gewesen zu sein«, und das rücke ihn unter den Verdacht des Hochverrats. Der p. Reuter sei während der Dauer der Vernehmungen im Gefängnis zu behalten. Ob er zu einem späteren Termin vorläufig entlassen werden könne, sei zu gegebener Zeit zu prüfen.

Reuter wurde daraufhin in die Hausvogtei überstellt. Das war am 1. Januar 1834. Seine Unterbringung war menschenunwürdig. Die Zelle, in die er kam, war feucht und dunkel. Bücher und Stiefel waren nach wenigen Wochen mit Schimmel überzogen. Um jede Verbindung zwischen den eingelieferten Studenten unmöglich zu machen, waren den Fenstern der Zellen Blechkästen vorgeschaltet, die nur wenig Licht und Sonne eindringen ließen. Der Aufenthalt in diesem Raum war also höchst ungesund und äußerst niederdrückend. Stundenlange Vernehmungen, die sich oft über den ganzen Tag bis in die Nacht hinzogen, untergruben die seelische Widerstandskraft des Gefangenen vollends. Er wurde schließlich so reizbar, daß er mehrfach die Herrschaft über sich verlor und gegen das Aufsichtsperonal tätlich wurde. Einmal bestrafte ihn die Gefängnisleitung deswegen mit drei Tagen geschärftem Arrest bei Wasser und Brot. Das machte seine Situation aber auch nicht besser. Ein schriftlicher Appell, den er an den Untersuchungsrichter Dambach richtete, brachte keine Änderung.

Dieser Mann, der sich den Gefangenen gegenüber jovial gab und – auf deren Vertrauensseligkeit spekulierend – Geständnisse aus ihnen herauszuholen bemüht war, gab im November 1834 vor der Verlegung Reuters auf die Festung Silberberg eine Äußerung über ihn zu den Akten, die mit ihren grotesken Unwahrheiten und ihren Übertreibungen die ganze Hinterhältigkeit dieses Richters erkennen läßt:

> »Reuter hat sich während seiner Gefangenschaft stets als ein roher Geselle bewährt und ist häufig wegen Übertretung der Haus Gesetze gestraft. Er hat den Inspector persönlich bedroht, sang die ärgsten Zotenlieder, polterte häufig im Kerker, zankte

laut mit Schildwache und Gefangenen Wärter, und nur seine gänzliche Isolierung brachte ihn zur Vernunft. Er ist an und für sich gutmütig, aber leicht zum Zorne gereitzt und dann einem Thiere ähnlich. Gelernt scheint er fast nichts zu haben und der couleur perdue anzugehören. Deshalb hat er sein Studium aufgegeben und will Maler und Mathematiker werden. Nach seiner Entfernung von Jena hat er vagabundirt und ist bei einer Hure hier arretiert worden. Gefährlich scheint er nicht als Anhänger verderblicher Lehren, sondern als Taugenichts.«

Von einem Mann, der die Stirn hatte, über ihn so etwas zu den Akten zu bringen, hatte er nichts Gutes zu erwarten.

Bei den Verhören, denen Reuter jetzt in ununterbrochener Folge ausgesetzt war, sah er sich immer wieder mit der Beschuldigung konfrontiert, er habe von der Wendung der burschenschaftlichen Bewegung ins Revolutionäre gewußt und sei keineswegs nur ein unbedeutendes Mitglied gewesen. Reuter bestritt dies und machte geltend, er habe in der Burschenschaft nur Geselligkeit gesucht und sich um deren politische Zielsetzung nicht gekümmert. Diese Einlassung fand keinen Glauben, ja sie ließ Reuter allgemein als unglaubwürdig erscheinen. Die Unkenntnis von Geschichte und Zielsetzung der Burschenschaft, die er von sich behauptete, nahm man ihm einfach nicht ab. Ebensowenig glaubte man ihm, daß er von den revolutionären Stuttgarter Beschlüssen erst auf dem Konvent erfahren habe, auf dem er ausgetreten sei. Er mochte sagen, was er wollte, er fand mit seiner Darstellung nirgendwo Glauben.

Nicht bestreiten konnte er, daß er vorher an den Veranstaltungen seiner Burschenschaft regen Anteil genommen hatte, darunter auch solchen, auf denen man miteinander und mit »Philistern« politische Zeitfragen diskutiert hatte. An den Inhalt dieser Diskussionen behauptete er sich nicht mehr erinnern zu können. Teilgenommen habe er auch an den Feiern, die man zur Erinnerung an die Französische Revolution, die Erhebungsversuche der Polen, die Schlacht bei Leipzig und die Schlacht bei Waterloo veranstaltet habe. Was für Äußerungen dabei gefallen waren, behauptete er ebenfalls nicht sagen zu können.

Nicht in Abrede stellen konnte er auch, auf der Straße und auf der Kneipe öfter mit anderen das Lied »Fürsten zum Land hinaus« gesungen zu haben, das Angriffe auf den Deutschen Bund, einige deutsche Bundesfürsten und z. B. die Verse enthielt:

»Erst hängt den Kaiser Franz,
Dann den im Siegerkranz.
Auf, auf!«

Das Lied wurde damals von den Studenten gern gesungen, weil es eine sehr ansprechende Melodie hatte. Witzbolde hatten den ursprünglichen Text um eine Anzahl spritziger und aggressiver Strophen vermehrt, die den Gesang des Ganzen schließlich zu einem beliebten Studentenulk werden ließ. Die preußischen Justizbehörden sahen darin das »Verbrechen der beleidigten Majestät durch ehrenrüchige Schmähungen« im Sinne des Allgemeinen Landrechts – mit »zwey- bis vierjähriger Zuchthaus- oder Festungsstrafe« bedroht. Sie waren engherzig genug, darauf in einigen Fällen die Strafverfolgung zu stützen.

Durch Beschluß vom 20. August 1834 erklärte der Untersuchungsrichter Dambach die Sache Reuter für »spruchreif«. Das gesetzlich vorgeschriebene »Schlußverhör« des Beschuldigten fand am 11. September statt.

Da auf Hochverrat Todesstrafe angedroht war, hätte Reuter schon zu Beginn der Untersuchung ein Verteidiger beigeordnet werden müssen. Dambach ließ ihn erst am 20. August davon unterrichten, daß er das Recht habe, sich durch einen »Rechtsverständigen« schriftlich verteidigen zu lassen (das Verfahren war ja noch zur Gänze schriftlich!). Reuter bat daraufhin, ihm einen Verteidiger von Amts wegen beizuordnen. Dazu wurde am 24. August der Justiz-Kommissions-Rat Kunowsky bestellt, der sich aber um seinen Mandanten wenig kümmerte. Zum Schlußverhör am 11. September erschien er nicht, weshalb er unter Androhung einer Ordnungsstrafe für den 25. September neu geladen werden mußte. In diesem Termin gab er eine Erklärung zu Protokoll, in der er die Zuständigkeit des Kammergerichts in Abrede stellte,

»da Inquisit ein Ausländer sei und im Ausland sein Vergehen begangen habe. Der Inquisit habe gar keine Verpflichtung oder Veranlassung gehabt, sich um die Strafgesetze des Preußischen

Staates jemals zu bekümmern; es sei auch keine Gelegenheit vorgekommen, ihm die speciellen Vorschriften der gegen geheime Verbindungen gerichteten Preußischen Gesetze bekannt zu machen ...«

Unter Hinweis auf den Fall der beiden Kieler Studenten und ehemaligen Burschenschafter Wieck und Kleekamp, die vor der Aburteilung an die dänische Regierung ausgeliefert worden waren, forderte der Verteidiger für Reuter dasselbe. Er war dabei seiner Sache so sicher, daß er seinem Mandanten im voraus erklärte, seinem Antrag werde mit Sicherheit entsprochen werden.

Es kam aber anders. Der Justizminister widersprach und ließ dabei die Berufung auf die beiden Kieler Fälle nicht gelten.

In der »schriftlichen Defension«, die Kunowsky jetzt vorlegen mußte, betonte dieser noch einmal, seinem Mandanten sei der in der neuen Constitution der Germanen enthaltene »praktisch-politische Zweck« unbekannt geblieben. Daran sei trotz einiger Aussagen, die das für unwahrscheinlich erklärten, festzuhalten. Vor den Stuttgarter Beschlüssen sei das Leben der Jenenser Germanen nicht von hochverräterischen Tendenzen beherrscht gewesen, und was die Zeit hinterher angehe, so fehle es an jedem zwingenden Nachweis, daß Reuter die eingetretene Änderung erfahren und gebilligt habe.

In einer Art, die kaum mit den Pflichten des Verteidigeramts vereinbar, die sicherlich auch taktisch nicht klug war, weil sie den Beschuldigten in gefährlicher Weise in den Augen seiner Richter herabsetzte, hielt es der Herr Justiz-Kommissions-Rat für richtig, folgendes Bild von dem Studiosus Fritz Reuter zu entwerfen:

Seine persönliche Teilnahme an den Verhandlungen der Verbindung rechtfertige allenfalls nur dann einen Schluß auf seine »Mitwisserschaft um so sträflicher Absichten Einzelner, wenn sich aus dem Naturell des Reuter ergäbe, daß er zu irgend etwas Festem und Besonnenem, sei es im Guten oder im Bösen überhaupt fähig wäre, und daß er an den Angelegenheiten der Verbindung jemals einen wahren Antheil genommen hätte. Allein nicht nur seine eigenen Aussagen, sondern das Zeugniss seiner Mitschuldigen bezeichnen ihn als einen rohen Burschen, den alles langweilte, was nicht auf Kneipen und schlechte Studenten Schwänke hinauslief, als einen Menschen, der weder zuverlässig noch treu und muthig war, um selbst einer verbrecherischen Verbindung anzugehören ... Einen Menschen solchen Schlages mußte das sittlich wissenschaftliche Streben der Burschenschaft anekeln, und das politische unverständlich und fremd bleiben, weil es ihn, wie er naiv genug oft sagt, ›ennuyirte‹! Es ist daher leicht erklärlich, daß er von dem Treiben, dem er sich halb bewußtlos hingegeben hatte, nur die Oberfläche überall erkannte.«

Auf Reuter falle jedenfalls nicht einmal der Verdacht hochverräterischer Betätigung. Er müsse deshalb mangels Beweises freigesprochen werden.

Das war nun eine höchst merkwürdige Verteidigungsschrift, die den Interessen des Beschuldigten in keiner Weise entsprach. Sympathien konnte sie bei den Mitgliedern des Gerichtshofs nicht erwecken, im Gegenteil, sie mußte etwa vorhandene Antipathiegefühle nur noch verstärken.

Die Verteidigungsschrift trug das Datum vom 23. November 1834, der Justiz-Kommissions-Rat kannte seinen Klienten also erst seit etwas mehr als zwei Monaten, und schon hielt er sich für legitimiert, über ihn ein persönlich so vernichtendes Urteil abzugeben.

Daß dieser Mann sich nicht die geringste Mühe gegeben hatte, sich in die Lage dieses unglücklichen jungen Mannes hineinzuversetzen, und daß ihm jedes Mitgefühl abging, wie es normalerweise der Strafverteidiger seinem Mandanten entgegenbringt, zeigte ein Schreiben, das er am gleichen Tage an den Vater seines Schutzbefohlenen richtete. Darin hieß es:

»Ew. Wohlgeboren kann ich heute, nachdem ich die letzte Nacht vor Antritt einer sechswöchentlichen Geschäfts Reise, die ich in einer Stunde antreten werde, der Vertheidigung Ihres Sohns gewidmet habe, nur mit wenigen Worten anzeigen, daß die so eben von mir beendete Vertheidigungsschrift mit dem Antrage auf völlige Freisprechung desselben endigt. An diese glaube ich zwar nicht, ich bin aber der Meinung, daß man ihn ab instantia absolvieren wird. Details über die Verbindungen und Verschuldungen Ihres Sohnes bin ich teils nicht befugt, Ihnen zu communiciren, theils bin ich dazu zu erschöpft, sie würden Ihnen auch nicht sonderlich Freude machen, denn seine Freisprechung wird, um es offen zu gestehen, weniger das Resultat seiner Unschuld, als das Resultat der traurigen Erwägung sein, daß er nach seiner jetzigen Entwicklungsstufe zu etwas Ernstem und Tüchtigem, weder im Guten noch im Bösen taugt ...«

Diese vernichtende Prognose über die Zukunft seines Sohnes wird der an sich schon »tiefgebeugte Vater« als einen schweren Schlag empfunden haben. Die Verteidigungsschrift und der Brief lassen erkennen, daß die Wahl eines Verteidigers für Fritz Reuter nicht schlechter hätte ausfallen können. Dieser Justiz-Kommissions-Rat Kunowsky war ein Unglück für ihn.

Wie seine Verteidigung richtigerweise hätte angelegt werden müssen, zeigte einige Monate später der Mann, der den Jenenser Germanen als »General-Defensor« beigeordnet worden war – der Justiz-Kommissions-Rat von Tempelhoff. In der Verteidigungsschrift, die er am 5. Februar 1835 bei Gericht einreichte, war einiges von dem zu lesen, was vorher schon im Falle Reuter hätte geltend gemacht werden müssen. Er bat nämlich dringend darum, die Dinge in den richtigen Proportionen zu sehen:

»Hat der erkennende Richter das Studenten Leben ... vor Augen, so wird derselbe das ganze Sach Verhältniss aus einem ganz anderen Gesichtspunkte ansehen, als diess im Laufe der Untersuchung geschehen zu sein scheint. Er wird Vieles, worin man Landesverrätherei, Hochverrat und Gott weiß was für Verbrechen hat finden wollen, als jugendliche Unbesonnenheit und übermüthige Studenten Streiche betrachten ... Alles, was man ihnen (d. h. den Jenenser Germanen) zur Last legen kann, sind Worte ohne That, ja selbst ohne klar gedachten Zweck und höchstens ein oder der andere Studenten Streich.«

Bei dem Liede: »Fürsten zum Land hinaus« seien ihnen die Melodie und der Gesang die Hauptsache gewesen. Davon abgesehen mache »das bloße Absingen revolutionärer Lieder die Sänger noch nicht zu Hochverräthern«. Schließlich handele es sich ja auch nicht um reife Männer, sondern um Jünglinge, die kaum die Kinderschuhe ausgezogen hätten. Bei ihren Ausflügen in die Politik seien sie von mehr oder minder nebelhaften Vorstellungen beseelt gewesen, die man ihnen kaum als kriminelle Handlungen anrechnen könne: »Der eine sagt, er habe eine constitutionelle Monarchie im Auge gehabt, der andere . . ., er habe an eine Republik gedacht, und die Meisten erklären, sie hätten garnicht darüber nachgedacht.« Die eigentliche »Absicht der Inculpaten« stehe jedenfalls nicht fest, eine solche sei auch durch keinerlei Handlung betätigt worden. Ein schlagender Beweis für die nichtrevolutionäre Tendenz der Germania-Jena sei deren Auflösung, nachdem die Stuttgarter Beschlüsse bekannt geworden seien. Damals sei den jungen Leuten bewußt geworden, auf welchen Abweg sie geraten waren: »Diese Erkenntnis versetzte sie in so panischen Schrecken, daß sie davonliefen.« –

Die Untersuchung zog sich bis zum 21. September 1835 hin. Dann erklärte der Untersuchungsrichter die Akten »Weiss und Genossen«, die auch den Fall Reuter umfaßten, insgesamt für geschlossen und verfügte deren Vorlage zum Spruch.

Das Urteil des Kammergerichts sollte allerdings noch lange auf sich warten lassen. Neben dem Verfahren gegen »Weiss und Genossen« gab es nämlich noch eine Anzahl anderer Verfahren gegen ehemalige Burschenschafter (insgesamt 204), die alle einheitlich abgeurteilt werden sollten, damit der Öffentlichkeit die Größe der Gefahr drastisch vor Augen geführt werde. Der Aktenberg nahm schließlich einen solchen Umfang an, daß die Sache im laufenden Geschäftsgang nicht mehr bewältigt werden konnte. Ein Kammergerichtsrat mußte von allen übrigen Geschäften befreit und zum Sonderberichterstatter bestellt werden. Trotzdem zog sich das Ermittlungsverfahren noch über 20 Monate hin.

Am 4. August 1836 wurde dann endlich unter dem Vorsitz des Präsidenten des Kriminalsenats des Kammergerichts das Urteil gefällt und verkündet. Es lautete gegen 39 der Angeklagten wegen Hochverrats auf Todesstrafe. Von den zum Tode Verurteilten sollten vier qualifiziert mit dem Rade von oben nach unten und 35 mit dem Beil hingerichtet werden. 159 der angeklagten Studenten wurden zu langjährigen Festungsstrafen verurteilt, und nur bei vier behielt sich das Gericht das Urteil vor.

Diese ungewöhnlich harten Strafen erklären sich daraus, daß das Kammergericht angenommen hatte, die Burschenschaften seien schon durch die Frankfurter Beschlüsse von 1831 zu hochverräterischen Vereinigungen geworden. Dem lag ein verhängnisvoller

Irrtum zugrunde. Tatsächlich haben alle burschenschaftlichen Verbindungen, auch die germanischen Verbände, den Übergang zu revolutionärer Zielsetzung erst mit den Stuttgarter Beschlüssen vom 26. Dezember 1832 vollzogen. Wenn das Kammergericht annahm, das sei schon 1831 geschehen, so schloß es aus der Meinung einzelner Mitglieder auf die Gesamttendenz der Bewegung. Der Frankfurter Sitzungsbericht konnte erst viel später ermittelt werden. Es war das Verdienst von Wentzcke und Heer, in ihrer »Geschichte der deutschen Burschenschaft« diesen Irrtum endgültig widerlegt zu haben.

In dem Urteil des Kammergerichts wird über den Fall Reuter folgendes gesagt:

> »Reuter hält höchstwahrscheinlich in mehreren Beziehungen mit der Wahrheit zurück. Zuvörderst ist es fast undenkbar, daß er, der an den Versammlungen der neuen Germania Theil nahm, in welchen deren Tendenz berathen und festgestellt wurde, nicht Kenntniss derselben erlangt haben soll. Sodann ist er verdächtig, Waldemar Müller bei sich beherbergt und der Versammlung, in welcher die Stuttgarder Beschlüsse publicirt wurden, beigewohnt zu haben ... Ganz unglaubwürdig erscheint es, wenn Reuter angiebt, die Strophe des Liedes ›Fürsten zum Land hinaus‹, welche die Beleidigung Seiner Majestät des Königs enthält, nicht zu kennen und nicht gesungen zu haben ...«

Reuter, so hieß es in dem Urteil weiter, sei folgendes zum Vorwurf gemacht worden: 1. seine Teilnahme an der vereinigten Burschenschaft als Commentbursche und Mitglied; 2. seine Teilnahme an der neuen Germania als Mitglied; 3. seine Kenntnis des revolutionären Stuttgarter Beschlusses und 4. die Beleidigung Seiner Majestät des Königs.

Die Punkte 1 und 3 hielt das Gericht nicht für erwiesen. Die Tendenz der (wieder) vereinigten Burschenschaft sei nicht revolutionär gewesen; man müsse dem Inquisiten auch abnehmen, daß er über diese Tendenz in den wenigen Monaten seiner Zugehörigkeit nicht unterrichtet worden sei. Es sei auch nicht bewiesen, daß er die revolutionären Stuttgarter Beschlüsse gekannt habe. Falls er tatsächlich ins Bild gesetzt worden sei, dürfe nicht außer acht gelassen werden, daß er unmittelbar danach seinen Austritt erklärt habe. Das lasse die Möglichkeit zu, daß er sich die Stuttgarter Beschlüsse nicht zu eigen habe machen wollen.

Das Gericht fuhr fort:

> »Straffällig erscheint er dagegen nach den oben entwickelten Principien als Mitglied der neuen Germania, die, auch nach seinem eigenen Geständniss als Mitglied zur Erreichung des Verbindungs Zwecks, die Theilnahme an einer Revolution anerkannte. Der Beweis gegen ihn ist durch sein qualificirtes Geständnis geführt. Ebenso hat er, wegen Beleidigung Seiner Majestät des Königs eine außerordentliche Strafe verwirkt.
> Wie wohl diess letztere Vergehen ein Schärfungs Grund ist, so hat doch in Betracht, daß der Inquisit nichts gethan hat, was unmittelbar und zunächst den gewaltsamen Umsturz des Preußischen Staats bezweckt hätte, gegen den Inquisiten wegen Theilnahme an einer den gewaltsamen Umsturz der Verfassung des Preußischen Staats bezweckenden Verbindung und wegen Beleidigung Seiner Majestät des Königs nur auf die einfache Todesstrafe, die Strafe des Beiles erkannt werden müssen, außerdem aber auf Confiscation seines Vermögens.«

Das also war das Ergebnis des jahrelang sich hinziehenden Verfahrens: Hinrichtung durch das Beil!

Das Todesurteil gegen Reuter war eine Ungeheuerlichkeit. Er hatte der Burschenschaft ganze acht Monate angehört, hatte darin keinerlei politische Aktivität entfaltet und war gleich nach Bekanntwerden der revolutionären Stuttgarter Beschlüsse ausgetreten. Alles hatte sich außerhalb Preußens abgespielt, weshalb man fragen mußte, woher die preußische Justiz die Legitimation nahm, sich mit seiner Sache zu befassen. Das Urteil des Kammergerichts stand auch in schreiendem Gegensatz zu dem, was in anderen Ländern geschehen war. Dort hatte man überall nur kurzfristige Freiheitsstrafen verhängt. Besonders empörend war es, daß man dieses Urteil auch auf das Absingen eines Studentenlieds gestützt hatte (»Beleidigung Seiner Majestät des Königs«). Das war das gleiche Kammergericht, das sich im Falle des Turnvaters Jahn so großartig verhalten hatte!

Reuter wurde von seiner Verurteilung erst ein halbes Jahr später unterrichtet. Das lag daran, daß eine Bekanntgabe des Urteilsspruchs vor seiner Bestätigung durch den Monarchen nicht zulässig war. War die Untersuchung wegen Hochverrats, Landesverrats oder Majestätsbeleidigung eröffnet worden, oder lautete das Urteil auf Todesstrafe oder lebenslängliche Freiheitsstrafe, wurde der Spruch erst mit der königlichen Bestätigung verbindlich und erhielt damit seine endgültige Fassung.

Auf dem Wege zu dem Monarchen gelangten die Vorgänge am 6. Oktober 1836 zu der Ministerialkommission. Sie bestanden aus 11 dicken Aktenbänden, und das Urteil umfaßte 1786 Blatt.

Für die Angehörigen der »arminischen« Burschenschaften hatte das Kammergericht seinerzeit generelle Milderung der Strafen vorgeschlagen. In bezug auf die Mitglieder der »germanischen« Burschenschaften war das Gericht im Gegensatz dazu nicht auf Milde gestimmt. Die hochverräterischen Ziele seien bei diesen Vereinigungen so bestimmt ausgesprochen worden, daß niemand darüber habe im Zweifel sein können. Nun seien die Betroffenen zwar bei ihrem Eintritt in die Verbindung zumeist nicht sofort eingeweiht worden, es sei für sie auch schwierig gewesen, sich aus ihr wieder zu lösen, denn man hätte ihnen sofort den Vorwurf der Feigheit gemacht. »In ihrer Jugend und Unerfahrenheit von Leuten mit festerem und entschiedenerem Willen bestrickt und hingerissen«, sei die große Mehrzahl von ihnen – willen- und charakterlos wie sie waren – in der Verbindung geblieben. Bei Teilnahme an solchen Verbindungen, bei denen der »objectiv gefährliche Charakter prägnant hervortritt«, werde die Entscheidung von der »Persönlichkeit eines jeden einzelnen« abhängig gemacht werden müssen. Eine »allgemeine Begnadigung« lasse sich jedenfalls nicht empfehlen.

Die Ministerial-Kommission, die die Akten an den König weiterzuleiten hatte, trat in ihrem Begleitbericht im Gegensatz dazu für eine gewisse Milde ein, mit der Begründung, daß die große Sorglosigkeit der Universitätsbehörden zugunsten der Verurteilten berücksichtigt werden müsse. Die hätten nämlich das verbrecherische Treiben der jungen Leute sorglos und pflichtwidrig wuchern lassen. Es sei aber ratsam, die Gnadengesuche abzuwarten.

Nur in einem Punkt solle man sofort handeln – bei den verhängten Todesurteilen. In Anbetracht der Hartnäckigkeit vieler Inculpaten und der »Verwirrung ihrer Begriffe« sei es gar nicht ausgeschlossen, daß der oder jener auf der Vollziehung der Todesstrafe bestehen werde, wie es gerade in Schweden geschehen sei. Es sei deshalb ratsam, den Inquisiten bei Verkündung des Urteils sofort zu eröffnen, daß Seine Majestät beschlossen habe, alle verhängten Todesstrafen in zeitige Festungsstrafen umzuwandeln.

Drei der zum Tode verurteilten Burschenschafter wurden demgemäß zu lebenslänglicher Festungsstrafe begnadigt, die übrigen, und unter ihnen Fritz Reuter, zu dreißigjährigem Festungsarrest.

Am 28. Januar 1837 wurde Reuter im Rathaus zu Silberberg endlich von dem gegen ihn ergangenen Urteil unterrichtet, und zwar zunächst mit Beschränkung auf den Urteilstenor. Die Entscheidungsgründe wurden ihm erst am 11. Mai eröffnet.

Er war erschüttert. Seine mecklenburgischen Bundesbrüder hatten sich in der Germania zu Jena weitaus aktiver als er betätigt, und trotzdem waren sie von einem Rostocker Gericht am 18. November 1835 nur zu zwei Jahren Festung verurteilt worden. Einer von ihnen blieb von Strafe sogar ganz verschont, weil er vom Universitätsgericht in Jena 14 Tage Karzer erhalten hatte. In den Urteilsgründen hatte das mecklenburgische Gericht ausgeführt, zwar liege ein »hochverräterisches Unternehmen« vor, dessen Gefährlichkeit sei aber nur »gering« gewesen; ein Zusammenhang mit anderen revolutionären Bünden habe jedenfalls nicht bewiesen werden können. Überdies habe es an konkreten Vorstellungen über die Verwirklichung der nationalen Einheit ganz gefehlt. Daraus ergebe sich die »unpraktische Tendenz« der Verbindung. Nicht zu übersehen sei auch, daß die »Inculpaten« durch jugendliche Unbesonnenheit, theoretische Verirrung und Verführung von Älteren zu ihrem Tun verleitet worden seien und Reue gezeigt hätten.

Dieser vernünftigen Einstellung der mecklenburgischen Justiz entsprach die humane Vollstreckung der Strafe. Schon während der Untersuchungshaft war den Beschuldigten erlaubt worden, ihr Studium in Rostock fortsetzen. Auf der Festung Dömitz wurden ihnen alle nur denkbaren Erleichterungen eingeräumt. Sie durften jeden Tag einige Stunden zum Mittagessen in die Stadt gehen und im Sommer in der Elbe sogar baden. Anfang 1837 erließ ihnen der alte Großherzog die Hälfte der Strafe, und schon Mitte des Jahres 1837 waren alle in Freiheit.

Das alles erfuhr Fritz Reuter, und im Lichte dieser Mitteilungen mußte er seine Erlebnisse mit der preußischen Strafjustiz als doppelt hart und unerbittlich empfinden. Nachdem er die Urteilsgründe erfahren hatte, überlegte er, ob er das »Rechtsmittel der weiteren Verteidigung« einlegen solle. Er tat es zunächst, verzichtete aber später darauf, weil er sich dadurch nicht den Weg für ein Gnadengesuch versperren wollte.

Schon am 27. Mai 1837 richtete der Vater Fritz Reuters ein solches Gnadengesuch an den König. Er führte darin aus, er – der Vater – habe nicht ahnen können, welchen Gefahren er seinen Sohn in Jena entgegengeschickt habe: »Bey einem äußerst reitzbaren Gemüthe, bei einer lebhaften Einbildungskraft, besonders aber bei einem großen Leichtsinn und weit entfernt von dem Wohnort seines Vaters und von einem väterlich rathenden Freunde, unterlag mein unglücklicher Sohn dem heillosen Einflusse der Zeit, des Orts und seiner Umgebung und ward Mitglied einer schon vor seiner Ankunft daselbst vorhandenen verbrecherischen Studenten Verbindung, die mir später unter dem Namen Germania bekannt geworden ist.« Er habe allerdings, »das Verbrecherische der Verbindung einsehend«, Jena freiwillig schon im Februar 1833 verlassen. Er habe der Verbindung auch nur als einfaches Mitglied angehört, nie ein Amt darin bekleidet und ihr aus eigenem Antrieb rasch den Rücken gekehrt. Er sei dann durch Zufall den Gesetzen eines Staates verfallen, deren Strenge er nicht gekannt habe, gegen die er auch nie unmittelbar aktiv geworden sei. Beinahe vier Jahre schon werde er in strengstem Arrest gehalten, während seine gleichschuldigen Landsleute längst auf freien Fuß gesetzt worden seien. Er – der alte Vater – nähere sich Seiner Majestät »mit der submissesten Bitte«, seinem Sohn im Gnadenweg entweder den Rest der Strafe zu erlassen oder ihn zur Disposition seines Landesherrn zu stellen.

Dieses Gesuch wurde zu den Akten gelegt. Mit Datum vom 15. Juni lief dann ein Gesuch von Reuter selbst ein, in dem er erklärte, nie in seinem Leben sei ein »wirkliches Verbrechen« Ziel seiner Bestrebungen gewesen:

»Schon seit fast vier Jahren büße ich die leichtfertigen Verirrungen meiner Jugend in einer strengen Gefangenschaft und es war mir vergönnt, den Ernst zu sammeln, der dem jungen Manne zur Befestigung edler Grundsätze und zur Erfüllung seiner Lebens Aufgabe nöthig ist. Ich habe um so schmerzlicher diese Strafe empfunden, als ich sie fern von meinem Vaterlande ertragen mußte, und es mir nicht unbekannt ist, daß in demselben die Beurtheilung unserer Vergehungen viel gelinder ... ist.«

Von solchen Gedanken ermutigt, wage er es, von der Gnade Seiner Majestät Milderung der Strafe zu hoffen »und flehend darum mich vor Allerhöchst Dero erhabenem Thron niederzuwerfen«.

Vater und Sohn hofften, daß der König an seinem Geburtstag (3. August) die Begnadigung aussprechen werde. Der Tag ging aber vorüber, ohne daß etwas geschah. Am 11. August gab die Ministerialkommission eine gutachtliche Stellungnahme ab, die ungünstig lautete. Besondere Gründe, ihn der Gnade des Königs zu empfehlen, lägen nicht vor. Sein Lebenswandel spreche nicht für den Antragsteller. Als Student sei er zweimal disziplinarisch bestraft worden, und in der Haft habe er sich schlecht geführt und einige Strafen zugezogen. Der Untersuchungsrichter halte ihn zwar nicht als Anhänger staatsverderblicher Lehren, aber »als Taugenichts für gefährlich«.

Da aber die Jenenser Germania wenig zur Verwirklichung hochverräterischer Zwecke getan habe und Reuter auch kein Preuße sei, schlage die Kommission vor, die Strafe unter Aufhebung der Vermögenskonfiskation auf acht Jahre Festungsarrest zu ermäßigen.

Am 10. September entsprach der König diesem Vorschlag. Am 6. Oktober 1837 wurde Reuter davon in Kenntnis gesetzt. Er nahm diese Eröffnung mit Gleichmut entgegen. Alle Gefangenen hatten nämlich ihre Hoffnung auf den 16. November 1837, den Tag des 40jährigen Regierungsjubiläums Friedrich Wilhelms I. gesetzt, aber auch dieser Tag ging vorüber, ohne daß eine Amnestie verkündet wurde.

Auf seinem Weg durch die preußischen Kerker wanderte Reuter zwischen 1833 und 1839 über die Stadtvogtei und Hausvogtei zu Berlin auf die Festungen Silberberg, Glogau, Magdeburg und Graudenz. Anschließend wurde er noch ein Jahr auf der mecklenburgischen Festung Dömitz festgehalten.

Wegen chronischer Überfüllung der Berliner Hausvogtei, des Untersuchungsgefängnisses des Kammergerichts, waren die verhafteten Burschenschafter schon im Spätherbst 1834 auf die preußischen Festungen, insbesondere Silberberg, Glatz, Glogau, Weichselmünde und Pillau, abgeschoben worden, obwohl es auch dort an Räumlichkeiten und Bewachungspersonal fehlte. Die Gefangenen wurden in den Kasematten untergebracht, die kalt, feucht und dunkel waren. Erkrankungen waren die unausbleibliche Folge dieser Zustände. Auf der Festung Glatz beispielsweise waren von zehn eingelieferten Burschenschaftern binnen kurzem fünf erkrankt; einer starb, zwei holten sich eine Tuberkulose und zwei eine Unterleibskrankheit.

Reuter wurde am 12. November 1834 nach der Festung Silberberg in Marsch gesetzt. Er war froh, der Hausvogtei entronnen zu sein. In Silberberg sollte er bei im ganzen humaner Behandlung über zwei Jahre bleiben. Er stieß dort auf Leidensgenossen, an die er sich anschließen konnte.

Bald aber stellte sich auch bei ihm Krankheit ein, und er mußte mehrfach in Lazarettbehandlung überwiesen werden. Am 30. November 1836 richtete er ein Gesuch an das Kammergericht, in dem er um Auslieferung in seinen Heimatstaat bat. Seit seiner Verhaftung am 30. Oktober seien jetzt drei Jahre vergangen – »drei Jahre, die meine Gesundheit ... untergraben haben und mir namentlich eine höchst bedenkliche Augen Schwäche zugezogen haben, die in den dunklen Gefängnissen in Berlin erzeugt und in den feuchten und ebenfalls dunklen Kasematten hieselbst nicht zu beheben ist«. Seine mecklenburgischen Landsleute aus der Germania zu Jena seien mit zweijähriger Festungsstrafe davongekommen. Es sei unmöglich ein Grund vorhanden, ihn länger und härter als seine Landsleute zu bestrafen, zumal er sich auf preußischem Boden überhaupt nichts habe zuschulden kommen lassen.

Dem Gesuch war ein Attest des zuständigen Militärarztes beigegeben, das von dem Gesundheitszustand des damals 25 Jahre alten Gefangenen ein erschütterndes Bild entwarf. Reuter habe während seines Festungsaufenthalts öfter an gesundheitlichen Beschwerden gelitten, die seine Aufnahme in das Garnison-Lazarett erforderlich gemacht hätten. Zu Unterleibsbeschwerden seien auf dem linken Auge Sehstörungen hinzugekommen, die als Vorboten des schwarzen Stars zu betrachten seien – Folgen fortdauernder Einwirkung feuchter Luft. Es sei unbedingt erforderlich, ihn in eine trockene Unterkunft in der Ebene zu verlegen.

Der Antrag auf Auslieferung nach Mecklenburg wurde vom Kammergericht abgelehnt, zugleich aber verfügt, daß der Gefangene auf die Festung Glogau zu verlegen sei. Am 16. Februar 1837 wurde Reuter dort eingeliefert. Mit der Reise dorthin hat er später »Ut mine Festungstid« beginnen lassen.

Der zweite Kommandant der Festung, ein Major v. Wichert, war ein humaner Mann, der allezeit bemüht war, den in der Festung einsitzenden Studenten beizustehen und ihnen ihr schweres Los zu erleichtern. Reuter atmete auf. Leider aber konnte er in Glogau nicht bleiben. Der Festungskommandant von Lützow hatte sich wegen der Überfülllung der Festung nur zu »vorläufiger Aufnahme« Reuters bereit erklärt. Er bestand in Berlin darauf, daß er schleunigst auf eine andere Festung verbracht werde. Aus den Akten gehe hervor, daß »Reuter ein Mensch von der schlechtesten Conduite und . . . die ihm zuerkannte Freiheitsstrafe von sehr langer Dauer sei. Zur Aufnahme solcher Verbrecher sei die Festung nicht eingerichtet«. Die Zitadelle sei nicht von Mauern umschlossen, weshalb man die Gefangenen immer nur mit Bewachung ausschicken könne. Es fehle aber überall das nötige Personal.

So wanderte Reuter auf die Festung Magdeburg weiter, und dort erlebte er nach seiner eigenen Angabe die schwerste Station seiner Leidensgeschichte. Seine Zelle lag nach Norden und war infolgedessen ohne jede Sonne. Sie war so feucht, daß seine Bücher, Stiefel und Einrichtungsgegenstände, wie schon in Berlin während seines Aufenthaltes in der Hausvogtei, binnen kurzem mit Schimmel überzogen waren. Das Wasser war oft nicht trinkbar. Ausgang hatten die Gefangenen auf einen nach Norden gelegenen Hof, an dessen Enden sich zwei Kotgruben befanden. Die Hälfte der Festungsinsassen war ständig im Lazarett.

Im Herbst 1837 wurde die Ministerialkommission auf die unhaltbaren Verhältnisse in der Festung aufmerksam gemacht. Sie setzte beim Kriegsminister durch, daß dieser einen Stabsoffizier und zwei Ärzte nach Magdeburg schickte, um die Situation zu überprüfen. Der Bericht dieser Kommission bestätigte alle Gerüchte, die nach Berlin gedrungen waren, und forderte sofortige Abhilfe.

In Berlin war von Kamptz, jetzt Staatsminister, von dieser Schilderung derart erschüttert, daß er vorschlug, die jungen Leute samt und sonders zu begnadigen. Der Zweck der Abschreckung sei bei ihnen sicherlich erreicht. Die anderen Mitglieder der Kommission, vor allem die Minister von Rochow und Mühler, waren jedoch gegen eine Kollektivbegnadigung. Man müsse auf den Einzelfall abstellen und entsprechend der Individualität des Verurteilten entscheiden. Reuter ahnte nicht, daß damit eine neue Chance zerstört worden war, ihn endlich aus seiner schrecklichen Lage zu befreien – eine Chance, die von einer Seite gekommen war, von der er das nicht vermutet hätte.

Immerhin aber hatte der Untersuchungsbericht die Folge, daß die Festung Magdeburg aus sanitären Gründen geräumt wurde. Reuter gehörte zu denen, die auf die Festung Graudenz verlegt wurden (Mitte März 1838). Auf dem Wege dorthin, der über Berlin führte, verweigerte der berüchtigte Kriminaldirektor Dambach dem Vater Reuter, der eigens dafür nach Berlin gekommen war, drei Tage lang jede Besuchserlaubnis – ein barbarischer Akt, wenn man bedenkt, daß sich Vater und Sohn zum letztenmal vor fünf Jahren gesehen hatten. So hart und brutal konnte die preußische Strafjustiz damals sein! Reuter hat dieses erschütternde Erlebnis in Kapitel 12 von »Ut mine Festungstid« festgehalten und ihm eine ergreifende Schilderung gewidmet.

In Graudenz ging es Reuter und seinen Leidensgenossen wesentlich besser als vorher. Sie wurden anständig behandelt und genossen mehr Freiheit. »Wir sind von der Hölle in den Himmel gekommen«, schrieb er am 17. März an seinen Vater. Der gute Geist des Ganzen war der alte, ehrwürdige Kommandant der Festung, der Oberst und spätere General von Toll. Den bedauernswerten Studenten, die vor ihn traten, sagte er bei der Einlieferung: »Sie sollen's hier auch gut haben, denn meine Sache ist es nicht, Leute, die im Unglück sind, noch mehr hinunter zu treten.« Das waren für die soeben Eingetroffenen neue und ungewohnte Töne.

Inzwischen hatte Bürgermeister Reuter den Versuch unternommen, die mecklenburgische Regierung zu erneuten Demarchen in Berlin zu bewegen. Einen besonders eindrucksvollen Schritt in dieser Richtung bildete ein langes Schreiben, das er am 9. Dezember 1836 an den Großherzog richtete, mit dem er eine schon am 20. Januar 1834 ausgesprochene Bitte erneuerte, die Auslieferung seines Sohnes zu veranlassen. Der Großherzog ging bereitwillig auf die Bitte des Vaters ein und wies seinen Berliner Gesandten, den Grafen Hessenstein, an, der preußischen Regierung eine Note zu überreichen, in der die Bitte um Begnadigung bzw. Auslieferung unterstützt wurde.

Der preußische Außenminister Ancillon legte die Note der Ministerialkommission vor und bat um Stellungnahme. Überraschenderweise war es diesmal wiederum v. Kamptz, der ebenso entschieden wie warmherzig für den Antrag eintrat. An einen Bekannten schrieb er damals: »Das Unglück der in Untersuchung befangenen Männer ergreift mich tief, vielleicht am tiefsten, obwohl ich dazu am wenigsten Veranlassung habe, indem ich mir die gewissenhaftigste Beruhigung geben kann, daß es an mir nicht gelegen, den schlechten Lehren und noch schlechtern Lehrern bei Zeiten ein solches Ziel zu setzen, was diesem Vorfall und diesen Bestrebungen der Jugend sehr kräftig vorgebeugt haben würde. Millionen von Tränen würden dann nicht fließen.« Diese jungen Männern seien nicht von schlechtem Charakter, sondern nur von anderen aufgeputscht und verführt.

Auch dieses Mal scheiterte von Kamptz an seinen beiden Ministerkollegen von Rochow und Mühler. Sie waren nicht bereit, für einen neuen Gnadenerweis zu plädieren, und veranlaßten deshalb, daß die mecklenburgische Regierung einen hinhaltenden Bescheid erhielt. Im Augenblick, so wurde nach Mecklenburg geschrieben, könne nichts geschehen.

Schon am 2. März 1837 wandte sich Bürgermeister Reuter erneut mit einem Hilferuf an seinen Landesherrn. Sein Sohn werde physisch und geistig untergehen, wenn er nicht bald aus seiner gegenwärtigen Lage befreit werde.

Auf Befehl des Großherzogs wurde daraufhin eine neue Note nach Berlin gesandt und darin die Bitte ausgesprochen, Reuter zur Verbüßung seiner Reststrafe auf die Festung Dömitz zu überstellen.

Der preußische Außenminister empfahl nunmehr der Ministerialkommission, der Auslieferung zuzustimmen. Aber auch jetzt war diese noch nicht bereit, den Gefangenen nach Mecklenburg auszuliefern, obwohl v. Kamptz erneut nachdrücklich die Partei für ihn ergriffen hatte. Der Großherzog ließ jedoch nicht locker und schickte eine weitere Note nach Berlin. In ihrem Bericht erklärte sich die Ministerialkommission indes wiederum gegen eine Auslieferung, und der König folgte ihrem Vorschlag. Am 10. September 1837 entschied er entsprechend. Davon wurde die mecklenburgische Regierung am 29. September 1837 unterrichtet.

Damit war die Behandlung des Falles am toten Punkt angelangt. Vater Reuter ließ sich dadurch aber nicht entmutigen, er wandte sich vielmehr am 23. März 1838 unmittelbar an Friedrich Wilhelm III. und bat um Erlaß der Reststrafe oder Auslieferung. Der mecklenburgische Gesandte händigte dem preußischen Außenminister persönlich das Gnadengesuch aus. In einem Begleitschreiben brachte die mecklenburgische Regierung zum Ausdruck, daß der Großherzog die Bitte nachdrücklich unterstütze.

Wieder legten sich die Minister von Rochow und Mühler quer. Die Gnade Seiner Majestät sei für den verurteilten Reuter »bereits in hohem Grade eingetreten«. Unabhängig davon lehnte am 10. Mai 1838 auch der König die »alternativen Anträge« des Bürgermeisters ab.

Der mecklenburgische Gesandte in Berlin versuchte jetzt durch private Fühlungnahme, u. a. mit dem Staatsminister des Königlichen Hauses, Fürst Wittgenstein, sein Ziel zu erreichen, stieß aber auch hier auf Ablehnung. Dabei blieb es dann zunächst auch.

Graf Hessenstein sah in diesem Dilemma schließlich nur noch einen Ausweg – einen persönlichen Brief des Großherzogs an den König. Nach einigem Zögern erklärte sich der Fürst dazu bereit. Am 16. Februar 1839 richtete er an den König, seinen Schwiegervater, ein Handschreiben, worin er sich unter der Anrede: »Durchlauchtigster, Großmächtigster, Freundlich vielgeliebter Herr Schwiegervater!« die Anträge des Bürgermeisters zu eigen machte und um »huldvolle Aufnahme« seiner Vorschläge bat.

Der Großherzog blieb mehrere Monate ohne Nachricht. Das lag daran, daß der König auch in diesem Fall die Meinung der Ministerialkommission eingeholt hatte. Diese wies auf grundsätzliche Bedenken hin, erklärte sich aber eventualiter mit einer Auslieferung nach Dömitz zur Abbüßung der Reststrafe bereit. Am 2. Mai 1839 entschied der König dann auch in diesem Sinne. Allerdings wurde die Auslieferung mit dem Vorbehalt verbunden, daß das Recht der Begnadigung dem König von Preußen gewahrt bleibe.

Am 15. Juni 1839 wurde endlich der Transport von Graudenz nach Dömitz durchgeführt. Der Kommandant der Festung Graudenz bescheinigte Reuter zwar gute Führung, wies den transportierenden Gendarmen aber an, Reuter »den Genuß spirituöser Getränke so viel als möglich zu untersagen, indem durch den häufigen Genuß dergleichen Getränke, Arrestant einen starken Anfall von Delirium erleidet, und so den Transport erschweren und aufhalten würde«.

Reuter durfte sich wie erlöst fühlen. Er genoß in Dömitz alle nur denkbaren Hafterleichterungen und war in der Familie des Kommandanten der Festung häufig zu Gast. Zwar lief seine Strafzeit erst am 13. November 1842 ab, er hoffte aber, bald freizukommen. Er ahnte nicht, daß die mecklenburgische Regierung in bezug auf die Strafzeit an die Zustimmung des Königs von Preußen gebunden war. Dort aber standen nach wie vor die Minister Mühler und von Rochow jeder großzügigen Geste der Krone im Wege.

Erst der Tod Friedrich Wilhelms III. machte den Weg für Fritz Reuter frei. Ohne die preußische Begnadigung abzuwarten, entließ ihn der Landesherr Mitte August 1840 aus der Haft. Reuter hat seinem Großherzog diese hochherzige Tat nie vergessen.

In seinem Dankesbrief an die mecklenburgische Regierung sagte er: »Möge mir vergönnt sein durch ein späteres Leben zu zeigen, daß Eine Hohe Großherzogliche Landes Regierung am gründlichsten die Verirrungen meiner Jugend durch die mir erwiesene Gnade und Milde aus meinem Sinne getilgt und der Dankbarkeit ein Herz geöffnet hat, welches stets bereit sein wird, seine Anhänglichkeit an die Institutionen des Vaterlandes laut zu bekennen.«

Wenn er später nach Schwerin kam, versäumte er nie, die Grabstätte seines Großherzogs aufzusuchen: »Die Worte, die mein Herz dann redet, sind voll Dank dafür, daß er einst eine arme abgequälte Menschenseele zu einer großen Freude auferweckt hat.« –

Hart und unerbittlich wie er war, zwang Vater Reuter seinen Sohn, im Alter von 30 Jahren noch einmal das diesem so verhaßte Studium der Jurisprudenz aufzunehmen. In Tübingen abgewiesen, fand er an der Universität von Heidelberg Aufnahme. Dort aber verfiel er völlig dem Alkohol. Nach dem Bericht eines Kommilitonen machte sein Äußeres bald einen heruntergekommenen Eindruck: »unsauber in Kleidung und Wäsche, ungekämmt oft das

Haar, weil er mit Stiefel und Sporen im Bett gelegen hatte«. Der durch einen in Heidelberg studierenden Mecklenburger alarmierte Vater ließ ihn im Frühjahr 1841 durch einen städtischen Bediensteten heimholen. Diesem hatte er ein Schreiben mitgegeben, worin er autorisiert wurde, jede Polizeibehörde um Amtshilfe anzugehen, falls Fritz sich nicht fügen wolle.

Damals zeigte sich, daß Reuter in regelmäßiger Wiederkehr von Zuständen heimgesucht wurde, in denen er Alkohol gegenüber jede Hemmung verlor und bis zu 30 Flaschen (meist Wein) in sich aufnahm. Dem Anfall ging im allgemeinen eine Periode voraus, in der er unruhig, erregt und reizbar war.

Er pflegte dann drei bis vier Tage lang ununterbrochen zu trinken, bis er vollständig berauscht war. Wenn er aus diesem Zustand wieder aufwachte, war er schwach und elend und erbrach tagelang. Die Vorwürfe, die er sich dann machte, führten ihn oft an den Rand der Verzweiflung. Fühlte er sich einigermaßen wieder auf dem Posten, nahm er einige Tage nur ganz leichte Kost zu sich, bis ihn dann ein ungeheurer Appetit überkam, mit dessen Hilfe er rasch wieder in Ordnung kam; seine Frau, die Predigerstochter Luise Kuntze (1817–1894) war ihm dabei eine große Stütze. Er hatte dann immer das Empfinden, von schwerer Krankheit genesen zu sein und kehrte frisch und wohlgemut zur Arbeit zurück. Da ihn Alkohol anregte und ihm Wohlgefühl vermittelte, trank er bei der Arbeit Wein oder Bier, beschränkte sich in der Regel aber auf mäßige Mengen. Diese chronische Alkoholeuphorie ist aus seinem Schaffen nicht wegzudenken; aus ihr dürfte vor allem sein Humor hervorgegangen sein.

Die Anfälle brachen über ihn in Intervallen von vier bis acht Wochen herein; einmal vergingen sogar neun Monate. Von dieser Geißel sollte er bis an sein Lebensende nicht mehr freikommen.

Dem Bürgermeister war dieser Hang seines Sohnes ein schwerer Kummer, von dem seine letzten Lebensjahre umdüstert wurden (er starb 1845). In seinem Testament bestimmte er, daß Fritz den auf ihn entfallenden Erbteil erst dann erhalten solle, wenn er vier Jahre hintereinander sich von dem Laster der Trunksucht freigehalten habe. Bis dahin solle er nur die Zinsen davon beziehen, und auch die nicht mehr, falls er heirate. Zur Verwaltung seines Erbes wurde ein Kurator bestellt. Reuter blieb bis an sein Lebensende unter dieser peinlichen Bevormundung, er erhielt auch nie seinen Erbteil ausgezahlt – weil er die vom Erblasser gestellte Bedingung nicht zu erfüllen vermochte.

Es ist bis zum heutigen Tag streitig, ob Fritz Reuter die Anlage zu diesen schweren alkoholischen Exzessen durch Vererbung erworben hat, oder ob er diesem Laster erst während seiner Festungsjahre verfallen ist. Adolf Wilbrandt hat in seiner Biographie Reuters behauptet, während seiner Haft habe sich bei ihm eine krankhafte (neurotische) Verstimmung des Magens und der Speiseröhre herausgebildet, und die sei es gewesen, die den Grund zu seiner Trunksucht gelegt habe. Reuter sei jedenfalls kein Trinker von Profession oder Quartalssäufer gewesen. In der Tat hat er während seiner ganzen Haftzeit über Magenbeschwerden, heftiges Erbrechen usw. geklagt. Seine Briefe sind voll davon.

Dieser Deutung, die im Schrifttum viele Anhänger gefunden hat, ist von ärztlicher Seite widersprochen worden. Reuter könne schon deshalb nicht erst in seiner Festungszeit zum Trinker geworden sein, weil es ihm während der ersten fünfeinhalb Jahre seiner Haft nicht möglich gewesen sei, an nennenswerte Mengen von Spirituosen heranzukommen.

Alkoholische Exzesse waren ihm in der Tat erst unter den erleichterten Haftbedingungen der Graudenzer und Dömitzer Zeit möglich. Damals trafen ihn Besucher nicht selten betrunken an. Einer der Schüler, die von ihm in Graudenz unterrichtet wurden, hat später geschrieben: »Reuter hat sich leider dem Trunke ergeben. Wenn wir zu den Stunden kamen, lag er häufig auf seiner Soldatenbettstelle, auf der Erde stand am Kopfende eine Flasche Korn, aus der er zeitweise einen Schluck nahm. Reuter bekam bald das Delirium.« Seinem Vater, dem er ab und zu brieflich beichtete, schrieb er eines Tages: »Es kommt mir ohne mein Wissen und Willen über den Hals.« Das war eine aufschlußreiche Bemerkung.

Im Jahre 1907 hat der Arzt Paul Albrecht eine Schrift über »Fritz Reuters Krankheit« veröffentlicht, worin er diese als »Dipsomanie« diagnostiziert (griech. Dipsos ›Durst‹, mania ›Sucht‹). Die sieben Haftjahre seien nicht Ursache dieser periodisch wiederkehrenden alkoholischen Exzesse gewesen, so erklärt Albrecht, sie hätten die vorhandene krankhafte Grundlage nur verschärft in Erscheinung treten lassen.

Dieser Deutung ist 1928 der Psychiater Werner Heinz in seinem »Tagebuch eines alten Irrenarztes« beigetreten. Der Irrenarzt, sagt auch er, müsse Reuter für einen Dipsomanen erklären, d. h. einen Kranken, dessen Seelenzustand darauf beruhe, »daß er von Zeit zu Zeit in einen Gemütszustand verfällt, in welchem er nur Erleichterung durch Genuß von Narcoticis verspürt. Von ›Schuld‹ zu reden hat der Psychiater keine Veranlassung.« Die Überwindung des periodisch auftretenden Zwanges, zur Flasche zu greifen, übersteige menschliches Vermögen, dem Betroffenen könne deshalb aus seinem Verhalten auch kein Vorwurf gemacht werden. Es handle sich eben um eine Krankheit, die sich der Steuerung durch den Willen entziehe. –

Nach der Heidelberger Katastrophe war der Vater endlich bereit, Fritz zu gestatten, sein Glück in der Landwirtschaft zu versuchen. Er trat als Volontär (mecklenburgisch: »Strom«) in den Betrieb des Gutspächters Rust ein und hielt dort auch mehrere Jahre aus. Nach vorübergehender Tätigkeit in einem anderen landwirtschaftlichen Betrieb wurde er dann Privatlehrer.

Zur Schriftstellerei kam er erst Anfang der fünfziger Jahre. Sein erstes Buch – »Läuschen und Rimels« – brachte er mit 43 Jahren (1853) heraus. Von seinen Hauptwerken veröffentlichte er »Ut te Franzosentid« 1859, »Ut mine Stromtid« 1862–1864, »Ut mine Festungstid« 1862. In allen diesen Werken erwies sich Reuter als ein großartiger Erzähler, dessen Darstellung in einzigartigem Maß mit Humor gewürzt ist. Die völlig ressentimentlose, ja humorvolle Art, in der er in »Ut mine Festungstid« die schweren Jahre seiner Gefangenschaft geschildert hat, kann man nur bewundern. Einige der prägnanten Gestalten, die Reuter dem Leser in seinen Romanen vorstellt, in erster Linie »Onkel Bräsig«, haben bedeutende Volkstümlichkeit erlangt, und nicht wenige ihrer Aussprüche sind zu geflügelten Worten geworden. Mit seinen Büchern wurde er einer der erfolgreichsten Schriftsteller seiner Zeit. Bis zu seinem Tode waren von ihnen schon rund eine halbe Million Bände verkauft, und das dafür gezahlte Honorar wurde auf hunderttausend Taler geschätzt – eine für die damalige Zeit gewaltige Summe. Er sah sich schließlich mit Ehren überhäuft, erhielt 1863 den Rostocker Ehrendoktor und später zahlreiche Orden und sonstige Auszeichnungen. Schon bald nach seinem Tode wurden an verschiedenen Orten Bronzestatuen von ihm errichtet.

Als Fritz Reuter am 15. Juli 1874 in Eisenach, seinem Alterssitz, unter gewaltiger Anteilnahme der Bevölkerung zu Grabe getragen wurde, gab ihm – dem zum Tode verurteilten »Demagogen« und »Hochverräter« – eine Militärkapelle das letzte Geleit, und das gesamte Offizierskorps der Garnison folgte seiner Bahre. Alle Welt hatte das Gefühl, daß an diesem Manne, der für nichts und wieder nichts sieben Jahre hinter Kerkermauern hatte verbringen müssen, etwas gutzumachen sei.

Niemand ahnte, daß ein solches Schicksal im 20. Jahrhundert Tausenden und Abertausenden zuteil werden würde.

Schrifttum: Gerhard Figge, Fritz Reuter. Eine aktenmäßige Darstellung seines Prozesses und seiner Auslieferung. Diss. Berlin 1942 (in Maschinenschrift). Bisher einzige Gesamtdarstellung. – Reiches Material auch in den Briefen von Fritz Reuter an seinen Vater aus der Schüler-, Studenten- und Festungszeit. Herausgegeben von Franz Engel. Zwei Bände. 2. Aufl. Braunschweig 1898 und Otto Glagau, Fritz Reuter und seine Dichtungen. Neue Auflage. Berlin 1875.

Zivilcourage

Die politische Justiz des Jahres 1848

In den Wirren, von denen Deutschland im Gefolge der Revolution von 1848 heimgesucht wurde, haben die herrschenden Mächte nicht nur Waffengewalt zum Einsatz gebracht, sie haben auch versucht, den oppositionellen Strömungen mit Hilfe der Strafjustiz beizukommen. Von den Strafverfahren, die einen politischen Hintergrund hatten, haben vor allem die Prozesse gegen Ferdinand Freiligrath, den berühmten Dichter, Benedikt Waldeck, den populären Führer der Liberalen, und 42 Abgeordnete der preußischen Nationalversammlung, die an dem bekannten Steuerverweigerungsbeschluß beteiligt waren, Aufsehen erregt. In allen diesen Fällen wurde versucht, die Opposition mit den Mitteln der Strafjustiz mundtot zu machen bzw. sie einzuschüchtern. Das war ohne Zweifel der Grund, weshalb die Staatsanwaltschaften angewiesen wurden, gegen diese Männer einzuschreiten. Es lag an einer Eigentümlichkeit der neuen Gerichtsverfassung, nämlich der Ausdehnung der Zuständigkeit der Schwurgerichte auf politische Delikte, daß die preußische Regierung mit diesem Versuch, die Strafjustiz ihren Zwecken dienstbar zu machen, auf der ganzen Linie scheiterte. Die Geschworenen waren in dem gewünschten Sinne nicht zu beeinflussen. Das Schwurgericht erwies sich als ein echtes »Bollwerk der Freiheit«.

Der Fall Freiligrath

Beginnen wir mit Ferdinand Freiligrath (1810–1876). Freiligrath, Sohn eines Detmolder Lehrers, hat zunächst eine kaufmännische Lehre durchgemacht und war dann im Großhandel tätig. Anlage und Neigung führten ihn frühzeitig zur Poesie. Als er im Jahre

1838 eine erste Sammlung von Gedichten veröffentlichte, erregte er sensationelles Aufsehen, und seitdem war sein Ruf als Dichter für immer begründet. Im Jahre 1839 entsagte er der Tätigkeit, für die er ausgebildet worden war, und widmete sich ganz dem Dichterberuf. Alexander von Humboldt, von dem romantischen Kolorit der Werke dieses jungen Menschen in Bann geschlagen und begeistert, vermittelte ihm nach dem Regierungsantritt Friedrich Wilhelms IV. eine Rente, auf die er freilich schon Anfang 1844 verzichtete, um politisch Bewegungsfreiheit zu haben und gegen Angriffe gesichert zu sein. Damals bahnte sich bei ihm der Übergang zu revolutionärer Lyrik an. Aus einem Jünger der Romantik wurde ein Dichter, der in den politischen Tageskampf eingriff.

Im November 1841 hatte er sich von politischer Stellungnahme noch distanziert:

»Die ihr gehört – frei hab' ich sie verkündigt!
Ob jedem recht: – schiert ein Poet sich drum?
Seit Priams Tagen, weiß er, wird gesündigt
In Ilium und außer Ilium!
Er beugt sein Knie dem Helden Bonaparte,
Und hört mit Zürnen d'Enghiens Todesschrei:
Der Dichter steht auf einer höhern Warte,
Als auf den Zinnen der Partei!«

Auf diese Verse hatte ihm Georg Herwegh, der führende Kopf im Bereich der politischen Dichtung, folgende Antwort entgegengeschleudert:

»Partei! Partei! Wer sollte sie nicht nehmen
Die noch die Mutter aller Siege war!
Wie mag ein Dichter solch ein Wort verfemen,
Ein Wort, das alles Herrliche gebar?«

Diese Aufforderung, dem Ruf der Zeit zu folgen, seinen Elfenbeinturm zu verlassen und sich politisch zu engagieren, fand bei Freiligrath zunächst keine Resonanz. Er hatte bisher noch nicht Anlaß gefühlt, sich mit den politischen Zuständen im deutschen Vaterland zu beschäftigen. Es sollte aber nicht lange dauern, da befand auch er sich im Lager der politischen Kampfdichtung. Sein 1844 erschienenes »Glaubensbekenntnis« enthält eine Sammlung politischer Gedichte, die im Sinne freiheitlich-demokratischer und sozialer Ideale eine radikale Reform der bestehenden staatlichen und gesellschaftlichen Verhältnisse forderten.

Freiligrath ging damals aus Gründen seiner persönlichen Sicherheit ins Ausland. Er hatte vorausgeahnt, daß sein Buch beschlagnahmt und ein Haftbefehl gegen ihn erlassen werde. In der Schweiz veröffentlichte er 1846 ein neues Buch mit politischen Liedern («Ça-ira«). Da ihm Gefahr drohte, deswegen in der Eidgenossenschaft in ein Strafverfahren verwickelt zu werden, begab er sich auf den Rat englischer Freunde nach London, wo er bis 1848 verblieb.

Im Mai 1848 kehrte Freiligrath nach Deutschland zurück und ließ sich in Düsseldorf, dem Wohnsitz zahlreicher Freunde, nieder. Mit leidenschaftlicher Anteilnahme griff er in die laufenden politischen Auseinandersetzungen ein, und zwar durch eine Anzahl Gedichte, die er später unter dem Titel »Neuere politische und soziale Gedichte« publizierte. Mit ihnen, insbesondere dem Weckruf: »Die Toten an die Lebenden«, trat der Dichter selbst auf die Barrikaden, um die Geister wachzurütteln und sie in ihrer Kampfentschlossenheit zu bestärken und anzufeuern.

Dieses Gedicht, eines der bekanntesten aus der deutschen Lyrik des 19. Jahrhunderts, hatte eine eigenartige Entstehungsgeschichte. Freiligrath war in Düsseldorf sofort nach seiner Ankunft dem radikal-demokratisch eingestellten Volksklub beigetreten. Diese Vereinigung war chronisch in Geldnot, weil seine Mitglieder meist den unbemittelten Schichten des Volkes angehörten. Als nun im Vorstand eines Tages erörtert wurde, wie man die aufgelaufenen Schulden abdecken könne, fand der Vorsitzende, daß Freiligrath nicht mit der nötigen Aufmerksamkeit bei der Sache war und machte ihm deswegen Vorwürfe. Es kam darüber zwischen ihnen zu einer heftigen Auseinandersetzung. Um den Frieden wiederherzustellen, machte einer der Anwesenden mehr im Scherz denn im Ernst den Vorschlag, Freiligrath möge sich bereit erklären, als eine Art Buße ein Gedicht zu verfassen, das dann zum Besten der Vereinskasse zu vertreiben sei. Der Dichter nahm an und lieferte Ende Juli das Gedicht: »Die Toten an die Lebenden« ab.

Der Eindruck, den Freiligrath mit diesem Beispiel politischer Kampfpoesie hervorrief, war ungeheuer. Das Gedicht kam in den ersten Tagen des August in den Handel, wurde in Tausenden von Exemplaren gekauft und allerorten diskutiert. Es erregte solches Aufsehen, daß man von einem »politischen Ereignis« sprechen konnte. Noch heute dürfte sich niemand dem Eindruck zu entziehen vermögen, den diese Verse mit ihrem hinreißenden Schwung, ihrem wilden Pathos und ihren rauschenden Schlußworten hervorrufen. Die stolzen und erhebenden Worte, mit denen die toten Märzkämpfer die Lebenden zur letzten blutigen Erhebung für die Freiheit aufrufen, waren für die Ewigkeit geschrieben.

In Berlin beobachtete man den Vorgang mit großem Mißbehagen. Man hielt diese Art von Kampfdichtung für staatsgefährlich und war deshalb nicht bereit, sie zu tolerieren.

Die Staatsanwaltschaft in Düsseldorf erhielt Anweisung, gegen den Dichter ein Strafverfahren in die Wege zu leiten. Dem wurde an Ort und Stelle sofort (am 4. August) entsprochen. Schon gleich nach Erscheinen der Druckschrift beantragte der Chef der angerufenen Staatsanwaltschaft, der Oberprokurator Schnaase (ein Mann, der sich nachmals als Kunsthistoriker einen großen Namen machen sollte), bei der Anklagekammer des Landgerichts, den Verfasser in Anklagezustand zu versetzen, Haftbefehl gegen ihn zu erlassen und die noch greifbaren Exemplare der Publikation zu beschlagnahmen.

Begründet wurde der Antrag damit, das Gedicht: »Die Toten an die Lebenden« enthalte eine hochverräterische Aufreizung der Bürger, die Regierung zu stürzen und zu verändern sowie sich gegen die königliche Gewalt zu bewaffnen. Sie sei namentlich in folgenden Versen enthalten:

»Zu viel des Hohns, zu viel der Schmach wird täglich euch
  geboten:
Euch muß der Grimm geblieben sein – o, glaubt es uns, den
  Toten!
Er blieb euch! ja, und er erwacht! er wird und muß erwachen!
Die halbe Revolution zur ganzen wird er machen!

Er wartet nur des Augenblicks: dann springt er auf allmächtig:
Gehobnen Armes, weh'nden Haars dasteht er wild und
  prächtig!

Die rost'ge Büchse legt er an, mit Fensterblei geladen:
Die rote Fahne läßt er wehn hoch auf den Barrikaden!

Sie fliegt voran der Bürgerwehr, sie fliegt voran dem Heere –
Die Throne gehn in Flammen auf, die Fürsten fliehn zum Meere!
Die Adler fliehn; die Löwen fliehn: die Klauen und die Zähne! –
Und seine Zukunft bildet selbst das Volk, das souveräne!«

Das Gedicht, so hieß es in dem Antrag weiter, enthalte nicht nur eine Aufforderung zum Hochverrat, es enthalte auch grobe Beleidigungen Seiner Majestät des Königs. Kenne das preußische Recht die Majestätsbeleidigung auch nicht als besonderes Verbrechen, so dürfe die »erste Magistratsperson des Landes« doch nicht des Schutzes beraubt werden, den jeder friedliche Bürger genieße. Und was die dichterische Form dieser »Provokation« anlange, so könne sie Freiligrath der Verfolgung nicht entziehen, da sie die verbrecherische Absicht und den verbrecherischen Erfolg nicht ausschließe.

Es gereicht der aus fünf Berufsrichtern bestehenden Anklagekammer des Düsseldorfer Landgerichts zu hoher Ehre, daß sie den Mut aufbrachte, diesen Antrag noch am gleichen Tag abschlägig zu bescheiden – »in Erwägung, daß in dem genannten Gedicht eine direkte Aufreizung i. S. des Art. 102 des StGB nicht enthalten ist, daß die Beleidigung der K. Majestät nicht strafbar erscheint, und der König keine Magistratsperson ist«.

Gegen diesen Beschluß legte die Staatsanwaltschaft Beschwerde bei dem Appellationsgericht in Köln ein. Überraschenderweise trat der Kölner Vertreter der Staatsanwaltschaft der Auffassung der Anklagekammer beim Landgericht bei und beantragte, die Beschwerde als unbegründet zu verwerfen. Das Strafgesetzbuch stelle in der Tat nur die direkte Aufforderung zum Hochverrat unter Strafe. Die beanstandeten Zeilen in dem fraglichen Gedicht ließen sich zwar, wenn man sie aus dem Zusammenhang herausreiße, als eine Provokation zum Bürgerkriege deuten, sie drückten aber nur »die Klage über die augenblickliche Zwecklosigkeit einer Provokation aus; diese Klage stelle ebensowenig als die weitere Prophezeiung von späterem Bürgerkriege eine direkte Aufforderung zu diesem dar«. Eine ausdehnende Auslegung der in Frage stehenden Vorschriften des Strafgesetzbuchs aber laufe auf den Versuch einer »Umgehung des Gesetzes« hinaus. Dem sei nicht zu folgen. Was aber die behauptete Beleidigung des Königs betreffe, so stehe man hier vor einer »Lücke der Gesetzgebung«, deren Ausfüllung der gesetzgebenden Gewalt verbleiben müsse. – Bei den rheinischen Gerichtshöfen gab es damals eine Menge mutiger und charaktervoller Männer, die sich – wie man hier wieder sah – nicht darum kümmerten, was man an höchster Stelle wünschte.

Ohne zu dieser Argumentation im einzelnen Stellung zu nehmen, beschloß der Anklagesenat beim Oberlandesgericht Köln wider Erwarten, das Verfahren zu eröffnen und die Sache dem Assisenhofe (Schwurgericht) zu Düsseldorf zur Verhandlung und Aburteilung zu überweisen.

Die Nachricht, daß gegen den Dichter ein Strafverfahren eröffnet worden war, sickerte bald in die Presse ein. Da sich Freiligrath einen Namen erworben hatte, der weit über die Grenzen Deutschlands hinausreichte, erregte diese Meldung größtes Aufsehen. Die ganze Nation nahm Anteil an seinem Ergehen. Diese Anteilnahme erhöhte sich noch, als die Zeitungen meldeten, daß er am 29. August verhaftet und in das Gerichtsgefängnis von Düsseldorf eingeliefert worden sei. Er befand sich damals noch keine vier Monate wieder auf deutschem Boden.

Die Haft wurde milde gehandhabt; der Häftling konnte ungehindert Besuch empfangen. Auf den 30. August wurde eine Volksversammlung einberufen, um zu überlegen, was man für den verhafteten Mitbürger tun könne. Eine von ihr gewählte Abordnung wurde beim Oberprokurator vorstellig. Sie erhielt den Bescheid, der Anstoß zur Verfolgung und Verhaftung Freiligraths sei nicht in Düsseldorf, sondern »höheren Orts« gegeben worden. – Der Dichter blieb den ganzen September über in Haft.

Die Anklageschrift, die das Datum des 18. September 1848 trug, beschuldigte »Ferdinand Freiligrath, 38 Jahre alt, Schriftsteller, geboren zu Detmold, zuletzt in Düsseldorf wohnhaft«, durch sein Gedicht die Bürger zur Bewaffnung gegen die landesherrliche Macht und zum Umsturz der bestehenden Staatsverfassung aufgereizt zu haben. Der Angeklagte habe das zwar bestritten und angegeben, seine Absicht sei nur gewesen, das Volk durch seine Verse aufzurütteln und zu einem moralischen Kampf gegen die ihm angetane Unbill zu ermuntern. Das Gedicht enthalte aber das Gegenteil von dem, was der Angeklagte behaupte. Denn zunächst lasse er die auf den Barrikaden in Berlin Gefallenen vor dem königlichen Schloß und dem König erscheinen, und diesen schmähe, verfluche und verhöhne er. In der Folge spreche er dann seinen Tadel darüber aus, daß feig verscherzt worden sei, was die Gefallenen trotzig errungen hätten, und er rufe jetzt unmittelbar zum Bürgerkrieg und zum Umsturz der Verfassung auf.

Die Hauptverhandlung wurde auf den 30. Oktober 1848 angesetzt. Mehrere Tage vor dem Termin wurde zwischen dem Leiter der Justizbehörden und dem Kommandeur der Bürgergarde vereinbart, den illustren Angeklagten nicht auf der sog. »Armesünderbank« Platz nehmen zu lassen, sondern auf einem Stuhl neben seinen Verteidigern. Er sollte außerdem nicht von gewöhnlichen Polizeibeamten, sondern Offizieren der Bürgerwehr zu seinem Platz geleitet werden. Zur Aufrechterhaltung der Ordnung sollten 50 Bürgergardisten über den Saal verteilt werden. Damit die Verhandlungen auch von außen nicht gestört werden konnten, war außerdem vereinbart worden, das Gerichtsgebäude in weitem Umkreis von 300 Bürgergardisten umstellen zu lassen.

Die Jury setzte sich den damaligen Vorschriften entsprechend aus einer Richterbank und einer Geschworenenbank zusammen. Die Richterbank bestand aus fünf Berufsrichtern, die Geschworenenbank aus zwölf Laienrichtern. Von den ausgelosten Geschworenen lehnten die Anklagevertretung neun, die Verteidigung zehn ab. Der Schwurgerichtspräsident, ein Appellationsgerichtsrat, ermahnte dann die Geschworenen, mit größter Gewissenhaftigkeit die Belastungsgründe zu prüfen und ihr Urteil weder durch Haß oder Bosheit noch Frucht oder Zuneigung beeinflussen zu lassen – d. h. sich zu entscheiden »mit der Unparteilichkeit und Festigkeit, die einem braven und freien Manne geziemen«.

Bei Verlesung der Anklageschrift gab es einen Zwischenfall, als die Zeile:

»Die rote Fahne läßt er weh'n hoch auf den Barrikaden«

verlesen wurde. Diese Worte lösten in der Zuhörerschaft einen Beifallssturm aus. Der Präsident rief daraufhin die Versammlung zur Ordnung, da er sonst den Saal räumen lassen müsse. Nach dieser Ermahnung blieb es bis zum Schluß ruhig.

Die Vernehmung des Angeklagten zur Person war in wenigen Minuten beendet. Zur Sache gefragt, wiederholte Freiligrath, er habe das Gedicht nur in der Absicht geschrieben, friedlich und moralisch auf die Bevölkerung einzuwirken. Der Gedanke an gewaltsamen Umsturz habe ihm völlig ferne gelegen. Dabei verblieb er auch. Er betonte immer wieder, er habe zwar der Reaktion entgegenwirken wollen, aber nur durch moralischen Kampf. Zur Bewaffnung gegen die bestehende Ordnung habe er nie und nimmer aufrufen wollen.

»Was die Form des Gedichtes anbelangt, so mag mir beim Niederschreiben desselben der Pegasus durchgegangen sein; es ist dies nichts als poetische Lizenz.«

Der Präsident faßte die Einlassung des Dichters in einer Weise zusammen, aus der zu erkennen war, daß er ihm wohlwollend gegenüberstand: »Der Inhalt des Gedichtes ist also der, daß Sie darin zu einem Kampfe, aber zu einem moralischen, auffordern, daß Sie unter dem Kriege nicht die physische Gewalt, sondern die moralischen Waffen verstehen. Ferner, daß in dem Gedichte eine Bezeichnung der zukünftigen Lage der Dinge sei ...«

Die vier Zeugen, die anschließend vernommen wurden, äußerten sich ganz im Sinne des Dichters. Der erste, ein Privatsekretär, war dabei gewesen, als Freiligrath das Gedicht im Düsseldorfer Volksklub vortrug, und zwar auf besondere Bitte der Erschienenen, die es von ihm hören wollten.

»Welchen Eindruck hat es auf Sie gemacht?« fragte der Präsident.

»Oh, es hat mir sehr gefallen. Es hat den Eindruck auf mich gemacht, den ein schönes Gedicht immer macht.«

»Hat es Sie nicht bewogen, zu wünschen, daß zur Gewalt geschritten werde?«

»Nein, es hat mich nur aufgemuntert, ihm meinen Beifall zu zollen.«

Der zweite Zeuge, ein Kaufmann, äußerte sich ähnlich. Auf die Frage, welchen Eindruck er gehabt habe, erwiderte er:

»Es hat auf mich *den* guten Eindruck gemacht, den es gemacht hat auf jeden, der es verstanden hat.«

»Und welchen Eindruck haben die angedeuteten Stellen auf die Versammlung gemacht?«

»Ich hatte das Gedicht schon gelesen, ehe Freiligrath es vorgetragen hat, aber auf mich ... und die Versammlung hat es keinen aufreizenden Eindruck gemacht. Es hat den Eindruck gemacht, welchen ein großes Geistesprodukt nur machen kann, da es *Wahrheiten* enthält, worüber uns die Zeitungen schon berichteten. Von Aufreizungen, die daraus erfolgt sein sollen, kann nicht die Rede sein.« –

Die Verhandlung hatte damit einen Verlauf genommen, wie ihn sich der Dichter besser nicht wünschen konnte. Kein Zweifel, daß sich bei den Geschworenen eine für ihn günstige Meinung gebildet hatte. Alle Welt wartete nun gespannt darauf, ob der Staatsanwalt die Anklage aufrechterhalten würde. Er tat es.

Der Anklagevertreter holte in seinem Plädoyer weit aus, ehe er auf die zur Beurteilung stehende Handlung einging. Er wies zunächst darauf hin, daß die Zuständigkeit des Geschworenengerichts, dieses »mächtigen Bollwerks der Freiheit«, erst in allerneuester Zeit auf politische Verbrechen ausgedehnt worden war, d. h. auf solche Delikte, bei deren Aburteilung anstelle der Unbefangenheit, welche allein dem Angeklagten und dem Gesetze die nötige Bürgschaft gebe, leicht »die Leidenschaft und die Willkür der Parteien treten«. Wer in dieser Beziehung Befürchtungen habe, verkenne allerdings die Würde des Geschworenengerichts, die es verhindere, daß die Geschworenen die Grenzen ihrer Wirksamkeit verkennen oder überschreiten würden. – In diesen Worten lag eine deutliche Mahnung an die Laienrichter, sich in ihrem Urteil nicht durch politische Sympathien für den Angeklagten beeinflussen zu lassen.

Der Anklagevertreter legte dann Wert auf die Feststellung, daß die bloße Äußerung einer Meinung, und sei sie noch so kritisch, als »freies Erzeugnis geistiger Tätigkeit« für sich genommen niemals strafbar sein könne. »Die Strafbarkeit beginnt erst, wo die Meinung zur Tat wird.« Wer vor anderen seine politische Meinung zu rechtfertigen, andere von deren Richtigkeit zu überzeugen versuche, bediene sich keiner strafbaren Mittel. Anders, wenn jemand »durch Handlungen der Gewalt seine Meinung durchsetzen« wolle; der mache sich strafbar.

Dieser Sachverhalt sei hier verwirklicht worden. Der Angeklagte habe durch sein Gedicht zur Anwendung von Gewalt *angereizt*, und zwar direkt. Es sei nicht nötig, daß mit der Äußerung das Ziel verfolgt worden sei, die Leser oder Zuhörer auf der Stelle zu Gewalthandlungen zu bewegen. Es genüge, wenn die Aufreizung »gerade und unverrückt und unzweideutig auf ihr Ziel losgegangen« sei.

Der Angeklagte, so fuhr der Anklagevertreter nach diesen reichlich gewundenen Ausführungen fort, habe zum Umsturz und zum Bürgerkrieg aufgerufen und damit eine Brandfackel in die Welt geworfen. Das aber habe ihn strafbar gemacht.

»Ich schließe diese Rede mit den Worten, welche in der Paulskirche gesprochen wurden: ›Meine Herren, wenn Sie die Freiheit wollen, müssen Sie auch Ihr Maaß wollen!‹ – Ich trage daher auf das ›Schuldig‹ an.«

Der erste der beiden Verteidiger, der Advokat Meyer, erinnerte das Gericht zunächst daran, daß man es mit einem »großen Dichter« zu tun habe, dessen Äußerungen nicht aus dem Zusammenhang gerissen werden dürften. Der Sinn könne nur in dem Ganzen liegen, und dieses Ganze sei ein poetisches Kunstwerk, dessen Schönheit ernsthaft niemand bestreiten könne.

Der Verteidiger trug daraufhin das Gedicht ganz vor und bemerkte dazu: »Das ist das Gedicht in seinem Zusammenhange. Nun frage ich Sie, was ist der Inhalt dieses poetischen Ergusses? Die gefallenen Märzkämpfer klagen, daß alles wieder verloren, was sie trotzig errungen, sie schließen dann die Klage an: ›Auch alles hast Du gelitten!‹ Hieran knüpft sich die Prophezeiung mit der Warnung: Bis zum Tage, wo zum zweitenmal sich das Ereignis zeigt, bis dahin seid besonnen und wachsam. Eine Aufreizung zur Waffengewalt gegen die Königliche Macht ist nicht darin enthalten.«

Das Wort »Krieg«, so fuhr der Anwalt fort, habe der Angeklagte nur »bildlich gewollt«. Es sei hier weder an Kanonen noch an Säbel zu denken. Das Staatsgebäude werde durch bloßes Ausschütteln eines Schurzfells bestimmt nicht erschüttert. Es sei kein Kartenhaus, das der Wind umstoße (Beifall).

»Der Dichter hat das Herz aufwecken, die öffentliche Meinung wachrufen wollen, die mächtiger ist als tausend Barrikaden.«

Das sei ja auch die Meinung der Ratskammer gewesen, die die Eröffnung eines Strafverfahrens abgelehnt habe. Der Oberprokurator habe dann beschlossen, die Sache an den Assisenhof zu bringen, aber keine Gründe dafür gegeben.

Daß mit dem Angeklagten ein Dichter vor die Schranken des Gerichts gerufen worden sei, dürfe nicht außer Betracht gelassen werden. Jeder habe das Recht, Idealen nachzustreben, der Dichter ganz besonders. Da sei das Wort »Umsturzversuch« wahrhaft fehl am

Platze. Den Zeitungsredakteuren sehe man ganz andere Dinge nach. Sei der Dichter eher strafbar als jeder andere Schriftsteller?

Der Verteidiger schloß mit Worten, die geschickt auf die Mentalität der Geschworenen abgestellt waren:

»Warum wollen Sie strafen? Der Dichter ist der Freund des Volkes. Sie wollen doch nicht das Volk beleidigen und kränken. Das Volk soll verletzt sein, weil er es zum Bürgerkriege aufgefordert habe; das Volk klagt ihn aber nicht an. Das sagen Ihnen die Organe des Volkes, daß das Volk seine Verurteilung nicht will. Sie, meine Herren, sind betraut mit der Macht, zu entscheiden über Leben, Tod und Ehre. Legen Sie die Hand aufs Herz. Mein Antrag geht auf Freispruch.«

Der zweite Verteidiger unterstrich diese Ausführungen und betonte auch seinerseits, daß in dem Gedicht nichts Anstößiges gefunden werden könne – auch nicht in bezug auf die Person des Königs. Niemand sei auf das Gedicht hin zur Tat geschritten. Wünsche oder Träumereien, auf ein Manuskirpt geworfen, könnten aber eine Bestrafung wegen Aufwiegelung im Sinne des Gesetzes nicht begründen. Auch er beantragte Freispruch.

In der Rechtsbelehrung, die der Präsident den Geschworenen zu erteilen hatte, machte er sie auf die Bedeutung des Begriffs »direkt« für den Tatbestand der Aufreizung zum Hochverrat aufmerksam und legte ihnen damit einen Freispruch nahe.

Die Geschworenen berieten nur eine Viertelstunde. Dann teilte ihr Obmann – noch in Abwesenheit des Angeklagten – den Wahrspruch mit, zu dem sie einstimmig gelangt waren: »Der Angeklagte ist nicht schuldig.«

Diese zwölf Laienrichter hatten nicht daran gedacht, das zu tun, was die Staatsführung von ihnen erwartete. Sie sprachen frei. Sie sorgten auf diese Weise dafür, daß das Schwurgericht im Falle Freiligrath das blieb, was es in den Rheinlanden seit seiner Einführung im Jahre 1798 immer gewesen war: »Palladium der bürgerlichen Freiheit.«

Als das Ergebnis verkündet wurde, brachen die Anwesenden in stürmischen Beifall aus. Dieses Freudengeschrei fand bei den Massen, die das Gerichtsgebäude umlagerten, ein lautes Echo.

Nachdem dem Dichter der Spruch eröffnet worden war, eilten Freunde und Bekannte auf ihn zu, um ihn zu beglückwünschen. Auf der Straße empfing ihn eine jauchzende Volksmenge, die ihn mit Musik zu seiner Wohnung begleitete. Unterwegs wurde er mit Blumen überschüttet. Am Abend wurde ihm ein riesiger Fackelzug dargebracht. In einer Rede dankte der Dichter für die ihm zuteil gewordenen Ehrungen. Damals konnten es in den Rheinlanden an Popularität nur wenige mit ihm aufnehmen.

Der Tag, der nach dem Willen der herrschenden Mächte für ihn ein Tag gerichtlicher Demütigung hatte werden sollen, war für ihn ein Tag des Triumphes geworden. Der Ausgang seines Prozesses bestätigte die Erfahrungstatsache, daß die Gerichte nur schwer dazu zu bringen sind, einem Dichter oder Schriftsteller strafrechtliche Verantwortung für politische Äußerungen abzufordern, die er in einem Kunstwerk getan hat. Was sich im Rahmen der Kunst bewegt, darf in der Strafjustiz auf Toleranz rechnen. Anders natürlich, wenn der Betreffende unmittelbar, also nicht durch das Medium seiner Schriften, in den politischen Tageskampf eingegriffen hat. Dann wird er behandelt wie jeder andere auch. –

Nachdem Freiligrath mit Karl Marx die Redaktion der »Neuen Rheinischen Zeitung« in Köln übernommen hatte, geriet er erneut in Gefahr, strafrechtlich verfolgt zu werden. Er emigrierte deshalb im Mai 1851 ein zweites Mal nach England. Im August jenes Jahres wurde »wegen Teilnahme an einem Komplott zum Umsturz der Staatsregierung« ein Steckbrief gegen ihn erlassen. Von den elf Mitbeteiligten wurden nach anderthalbjähriger, harter Untersuchungshaft sieben freigesprochen und die übrigen zu Freiheitsstrafen zwischen drei und sechs Jahren verurteilt. Freiligrath wäre ohne Zweifel auch freigesprochen worden, denn es lag gegen ihn nichts Ernsthaftes vor. Vorher hätte er aber so gut wie sicher ebenfalls 18 Monate Untersuchungshaft zu überstehen gehabt. Sein rechtzeitiger Weggang ersparte ihm diese Prüfung. Sein Verfahren wurde nie zu förmlichem Abschluß gebracht, es schwebte deshalb noch viele Jahre lang über seinem Haupte.

Eine öffentliche Sammlung in der Heimat ermöglichte ihm 1868 die Rückkehr nach Deutschland. Mit seinen Kriegsliedern von 1870 vollzog er die Wandlung vom Revolutionär zum patriotischen Dichter.

Der Fall Waldeck

Der sensationelle Mißerfolg im Falle Freiligrath hielt die preußische Regierung nicht davon ab, wenige Monate später einen neuen Versuch zu unternehmen, der lästig gewordenen Opposition mit Hilfe der Strafjustiz beizukommen.

Das nächste Opfer war der Führer der Linksliberalen, der Obertribunalsrat Benedikt Waldeck (1802–1870), einer der volkstümlichsten Abgeordneten erst der preußischen Nationalversammlung und dann des preußischen Abgeordnetenhauses, der in den unruheerfüllten Monaten des Jahres 1848 und zu Beginn des Jahres 1849 mehrfach schroff gegen die Regierung aufgetreten war. Er wurde im Frühjahr 1849 in ein Hochverratsverfahren verwickelt, verhaftet und damit auf Monate mundtot gemacht. Es war sein Glück, daß auch er zur Aburteilung vor ein Schwurgericht kam.

Der Festnahme Waldecks am 16. Mai 1849 waren turbulente Ereignisse vorausgegangen. Nach den bekannten Vorkommnissen im März 1848 war es schon wenige Monate danach erneut zu blutigen Unruhen gekommen. Am 15. Juni wurde das Zeughaus erstürmt und geplündert. Am 21. August gab es vor einigen Ministerien Tumult und Aufruhr, und am 16. Oktober kam es zu blutigen Zusammenstößen zwischen der Bürgerwehr und Arbeitern. Etwa gleichzeitig waren in Berlin und an vielen anderen Orten demokratische Vereine ins Leben gerufen worden, die für eine demokratische Republik eintraten, d. h. also eine verfassungsrechtliche Neuordnung, die nur durch einen Umsturz herbeizuführen war. Dem Zentralausschuß dieser demokratischen Vereine gehörte der linksradikale preußische Abgeordnete d'Ester an, der für Waldeck schicksalhafte Bedeutung erlangen sollte.

Anfang November 1848 spitzte sich die Lage in Berlin derart zu, daß die Regierung es für ratsam hielt, am 9. November die Nationalversammlung zu vertagen und für ihren Wiederzusammentritt am 27. November als Tagungsort Brandenburg zu bestimmen. Am 11. November wurde außerdem der Belagerungszustand über Berlin verhängt, aufgrund dessen zahllose Verhaftungen vorgenommen wurden, gleichzeitig wurde die Entwaffnung der Bürgerwehr angeordnet.

Gegen diese Maßnahmen erhoben die Parteien der Linken, die demokratischen Vereine und die Majore und Hauptleute der Bürgerwehr entschiedensten Protest. Auf einer Versammlung, die von den demokratischen Kräften für die Nacht vom 11. zum 12. November 1848 ins Café de Bavière in Berlin einberufen worden war, erklärte Waldeck als Wortführer der Erschienenen, »daß die Vertagung und Verlegung der Nationalversammlung ein hochverräterisches Attentat und die Auflösung der Bürgerwehr eine Fortsetzung dieses Attentats« sei. Er betonte dabei, daß es jedes einzelnen Pflicht sei, den Maßregeln der Regierung passiven Widerstand entgegenzusetzen. Weitergehenden Forderungen, insbesondere derjenigen, dem Militär mit der Waffe in der Hand entgegenzutreten, auch wenn Berlin dabei in einen Schutthaufen verwandelt werde, lieh Waldeck keine Unterstützung.

Waldeck war Staatsbeamter und gehörte als Richter dem höchsten Gerichtshof Preußens an. Es ist deshalb nicht verwunderlich, daß sein Auftreten auf jener Versammlung und seine Äußerungen ebendort Empörung in der Regierung des Landes hervorriefen.

Nachdem Ende November die Nationalversammlung aufgelöst und am 5. Dezember dem Lande mit dem Dreiklassenwahlrecht eine reaktionäre Verfassung aufoktroyiert worden war, entfalteten die Kräfte auf der radikalen Linken innerhalb und außerhalb Preußens eine rege Agitationstätigkeit, die Anfang Mai 1849 zu Aufständen in Dresden, Breslau, Elberfeld und Düsseldorf führte. Hier ebenso wie später im Großherzogtum Baden und in der Rheinpfalz konnte man der Unruhen nur durch massiven Einsatz von Militär Herr werden. Als Agitatoren betätigten sich dabei überall jetzige und ehemalige Abgeordnete der Linken, und zu ihnen gehörte der Abgeordnete d'Ester. Waldeck selbst hütete sich, offen Aufruhr zu predigen. Sein Name war aber mit allem, was auf der Linken geschah, seit langem unlösbar verbunden, und so wurde manches auf sein Konto gesetzt, was von ihm in keiner Weise zu verantworten war. Im Schoße der preußischen Regierung mag man lange überlegt haben, wie man ihn fassen könne. Die Handhabe für ein strafrechtliches Einschreiten bot sich erst Mitte Mai 1849.

Ein im konservativen Lager stehender Journalist, der ehemalige Postsekretär Goedsche, als Hilfsredakteur bei der stockkonservativen »Kreuzzeitung« beschäftigt, hatte den Plan gefaßt, Waldeck dadurch zu beseitigen und unschädlich zu machen, daß er ihn in den Verdacht hochverräterischer Betätigung brachte. Zu diesem Zweck setzte er sich mit einem 24jährigen Handlungsgehilfen namens Ohm in Verbindung, der sich innerhalb der demokratischen Bewegung als Redner einen gewissen Namen gemacht hatte. Er erwies sich als käuflich und war bereit, Goedsche Stoff für »Enthüllungen« zu liefern.

Goedsche und Ohm kamen überein, folgendermaßen zu verfahren: Ohm sollte behaupten, er stehe mit den Abgeordneten d'Ester und Waldeck in enger Verbindung; d'Ester habe ihm dabei anvertraut, er verfolge zusammen mit seinen politischen Freunden und Anhängern das Ziel, die Monarchie durch die Republik zu ersetzen und diesem Ziel notfalls das Leben des Königs und des Prinzen von Preußen zum Opfer zu bringen. Daß in diese hochverräterischen Pläne auch Waldeck eingeweiht war, sollte durch angeblich von d'Ester herrührende Briefe und Notizzettel bewiesen werden, die Ohm gefälscht hatte.

Goedsche wollte dann den Berliner Polizeipräsidenten von Hinkeldey von dieser Verschwörung ins Bild setzen und sich dabei zusichern lassen, daß Ohm kein Leid geschehe, da aus ihm ein Gutgesinnter geworden sei.

Hinckeldey reagierte sofort und gab Weisung, zunächst Ohm und dann Waldeck zu verhaften. Nachdem bei Ohm die gefälschten Dokumente gefunden worden waren, wurde er am 16. Mai verhaftet und dem Polizeipräsidenten in seiner Wohnung vorgeführt. Dort wurde Goedsche und Ohm nach kurzer Einvernahme des letzteren die Möglichkeit gegeben, zu entfliehen. Ohm wurde später auf Veranlassung des Polizeipräsidenten in Hamburg verhaftet und nach Berlin zurückgebracht. Bei seiner Vernehmung behauptete er wahrheitswidrig, vor Antritt seiner Reise nach Hamburg habe er sich auf dem Potsdamer Bahnhof in Berlin mit Waldeck getroffen, und dieser habe höchst kompromittierende Äußerungen getan.

Waldeck wurde an demselben 16. Mai in seiner Wohnung verhaftet. Im Haftbefehl war als Haftgrund »Hochverrat« ohne nähere Bezeichnung der verbrecherischen Handlung angegeben. Anschließend wurde Waldecks ganze Wohnung durchwühlt. Dann kam er in das Gefängnis der sogenannten Stadtvogtei.

Bei seiner ersten richterlichen Vernehmung sagte ihm der Untersuchungsrichter: »Sie sind einer Verschwörung gegen den preußischen Staat und das Haus Hohenzollern, eines Attentats gegen den König und den Prinzen von Preußen beschuldigt.« Als Beweisstücke legte der Richter dem Beschuldigten zwei Briefe vor, die angeblich d'Ester an den Handlungsgehilfen Ohm gerichtet hatte. In ihnen kam der Name »Waldeck« an zwei Stellen vor; einmal in dem Satz: »Wende Dich an Waldeck«, und dann in dem Satz: »Sage Waldeck, Bakunin ist gut entkommen!«

Waldeck bestritt mit Entschiedenheit, von den in den Briefen berührten Plänen irgend etwas erfahren zu haben. Er betonte weiter, daß ihm Ohm völlig unbekannt sei. Bei den Schriftstücken handle es sich seiner Ansicht nach um Fälschungen, da die Handschrift nicht diejenige d'Esters sei. Waldeck kam sofort der Verdacht, daß es sich bei Ohm um einen Polizeispitzel handle. Diese Annahme sollte von der Wahrheit nicht allzuweit entfernt sein.

Am 29. und 31. Juli fand die sogenannte Schlußvernehmung statt, und dabei wurden Waldeck die angeblich von d'Ester herrührenden Schriftstücke als Belastungsmaterial erneut vorgehalten. Es mache sich zwar in diesen Dokumenten eine große Ungleichheit der Handschriften bemerkbar. Sachverständige hätten sie aber als echt, d. h. von d'Ester herrührend, bezeichnet. In den beiden Verhören kamen noch zahlreiche andere Briefe zur Sprache, ohne daß daraus aber konkrete Belastungsmomente abgeleitet wurden.

Erst am 13. November 1849 wurde Waldeck die von dem Oberstaatsanwalt Sethe unterzeichnete Anklageschrift zugestellt. Er hat später dazu bemerkt: sie war »ein Musterbeispiel dafür, wie leichtfertig in politisch erregten Zeiten Anklagen gegen mißliebige Regierungsgegner zustande gebracht werden können; die Tatsache, daß ein preußisches Gericht damals aufgrund *dieser* Anklage das Hauptverfahren eröffnet hat, ist ein beschämendes Zeichen dafür, daß selbst Mitglieder des gesetzlich unabhängigsten Standes unter wohl unbewußtem politischen Einfluß, aber auch unter dem Eindruck einer mit dem Belagerungszustande arbeitenden absoluten Regierung ihre richterliche Unabhängigkeit zu wahren unter Umständen nicht imstande ist.«

Dieses Urteil war hart, aber es war begründet. Das viele Seiten umfassende Dokument begann mit einer breiten Schilderung der

Konspirationen und Unruhen, die bis zum Mai 1849 einander gefolgt waren, und zwar unverkennbar zu dem Zweck, darzutun, daß es sich um eine weitverzweigte Verschwörung handle, die nicht weniger zum Ziele hatte als den Umsturz der bestehenden verfassungsrechtlichen Ordnung. Dann wurde einer der bei Ohm beschlagnahmten Briefe wiedergegeben, der angeblich von d'Ester herrührte. Darin hieß es u. a.:

»Liebster Ohm! Ein Mann schreibt an Dich, der an der Spitze einer Partei steht, die mit den Häuptern derselben Partei in Frankreich verbunden ist. Ein Mann schreibt an Dich, der noch die Idee hat, einen Robespierre zu spielen. Meinen Zweck kennst Du, alle Mittel sind heilig, einen solchen Zweck zu verfolgen, wenn man ihn erlangen will. Wir erlangen ihn sicher, und dazu müssen wir vor allem den völligen Sturz des Preuß. Hohenzollern Hauses haben. Zu dieser großen That ist aber auch der Mord ein heiliges Mittel und deshalb wirst Du beiliegende Statuten, die den neuen Bund leiten, gerechtfertigt finden.«

Das waren nun allerdings Sätze, deren hochverräterischer Charakter jedem Anhänger der Monarchie das Gruseln lehren konnte: Robespierre als Vorbild hingestellt, Skrupellosigkeit in bezug auf die Wahl der Mittel proklamiert, der Sturz des Hauses Hohenzollern propagiert und der politische Mord als heiliges Instrument angepriesen. Eindeutiger konnte ein revolutionäres Endziel nicht zum Ausdruck gebracht werden.

In diesem Brief, so fuhr die Anklage fort, habe es dann weiter geheißen:

»Jetzt zur Sache. Vor allem bleibt der Abgeber dieses Dir und Waldeck unbekannt. Du führst ihn in keine demokratische Gesellschaft, reist mit ihm noch Montag nach Charlottenburg ... Köln muß die Entscheidung für den Rhein sein, dort soll, wie in allen Hauptstädten, am 20. Mai die Schlacht geschlagen werden: Wegen der Papiere kann alles ruhig sein. Sag Waldeck, Bakunin ist gut entkommen und hat alle Papiere ... Wenn wir am Rhein die Republik haben, da haben uns die Ungarn 10 000 Mann versprochen, deshalb sorg nur für Waffen. Kanonen haben wir 40

Stück am Rhein ... Wenn einer durch den gerechten Zorn fallen muß, so ist es der Prinz von Preußen neben dem König zuerst«.

Hier war das, was im ersten Teil dieses Briefes fehlte: bewaffneter Aufstand, Ermordung des Königs und des Thronfolgers und Errichtung der Republik. Ein solcher Brief hätte für die Beteiligten eine höchst gefährliche Belastung sein können, vorausgesetzt, daß er echt gewesen wäre. Er war es aber nicht, ebenso wie einige andere aufgefundene Briefe, die nach Meinung der Staatsanwaltschaft die Existenz eines Planes für ein hochverräterisches Unternehmen bestätigten.

Die Schriftsachverständigen, denen die Briefe vorgelegt worden waren, hatten bezweifelt, daß sie von dem Abgeordneten Dr. Karl d'Ester herrührten. Trotz der von den Experten geäußerten Bedenken hielt die Anklagebehörde an der Behauptung fest, daß die Dokumente von dem Parlamentarier stammten. Ihre Schlußfolgerung lautete dementsprechend:

»Nach allen diesen Tatsachen liegt unleugbar ein hochverräterisches Unternehmen vor, welches unter Erstrebung einer einigen social-demokratischen Republik damit zugleich auf eine gewaltsame Umwälzung der Verfassung des preußischen Staates, ja auf das Leben des Oberhauptes im Staate abzielte. Von diesem hochverräterischen Unternehmen Wissenschaft gehabt und dennoch der gesetzlichen Vorschrift ... zuwider es unterlassen zu haben, davon der Obrigkeit Anzeige zu machen, werden der Handlungsdiener Ohm und der Ober-Tribunalsrath Waldeck angeklagt.«

Die Hauptverhandlung gegen die beiden Angeklagten wurde am 28. November 1849 vor dem Berliner Schwurgericht eröffnet. Der Zuhörerraum im Schwurgerichtsgebäude war schon lange vor Beginn der Sitzung überfüllt. Zum ersten Male wurde die gesamte Verhandlung stenographisch festgehalten.

Als Waldeck den Saal betrat, trat feierliche Stille ein. Die Richterbank bestand aus dem Geheimen Justizrat Taddel als Präsidenten und vier Berufsrichtern als Beisitzern. Nachdem vom Staatsanwalt neun und von den Verteidigern sieben der ausgelosten Laienrichter abgelehnt worden waren, konnten die verbliebenen 12 Geschworenen für ihr Amt vereidigt werden.

Nach Verlesung der Anklageschrift gab es einen Zusammenstoß zwischen dem Präsidenten und dem Oberstaatsanwalt Sethe, als dieser erklärte, die Sache werde durch ihn und den Staatsanwalt Meier vertreten werden. Der Präsident erklärte das für unmöglich, woraufhin der Oberstaatsanwalt einen Gerichtsbeschluß forderte. Bevor ihn der Präsident verkündete, wies er die Staatsanwaltschaft wegen der Form ihres Auftretens scharf zurecht.

Bei der Vernehmung zur Sache wiederholte der Angeklagte Ohm die Behauptung, die bei ihm beschlagnahmten Briefe stammten alle von d'Ester. Er wiederholte auch seine frühere Einlassung, daß er mit Waldeck bekannt gewesen sei.

Waldeck selbst protestierte mit Nachdruck dagegen, daß der Haftbefehl gegen ihn aufrechterhalten und Anklage erhoben worden war, obwohl die Schriftsachverständigen die Briefe als unecht erkannt hatten. Er ging dann in langer Rede auf alle Punkte der Anklageschrift ein und widerlegte, was ihn hatte belasten sollen.

Die Vernehmung von nicht weniger als 69 Zeugen lief derart zugunsten des Angeklagten aus, daß sich Ohm am Ende veranlaßt fühlte, von seiner ursprünglichen Behauptung, es handle sich einwandfrei um Briefe des Abgeordneten d'Ester, abzurücken. Er betonte aber, er habe sie für Briefe d'Esters gehalten.

Der Vertreter der Anklage zog aus diesem Umfall des Hauptzeugen sofort die Konsequenzen, erklärte die Briefe für »ein Bubenstück, angefertigt, einen Mann zu verderben« und sprach Ohm jede Glaubwürdigkeit ab. Er beantragte, Waldeck für nicht schuldig zu erklären. (Große Bewegung im Publikum.)

Der Verteidiger Waldecks ging in seinem Plädoyer scharf mit der Staatsanwaltschaft ins Gericht. Er warf ihr vor, sie habe in dem Prozeß einen revolutionären Hintergrund aufgebaut, indem sie Bestrebungen der demokratischen Partei als eine Reihe von Komplotten und Verschwörungen hingestellt habe. An diesen Hintergrund habe sie dann die bei Ohm beschlagnahmten Briefe angereiht, um eine Verbindung zu dem Angeklagten Waldeck herzustellen. Anschließend sei man allen politischen Handlungen und Äußerungen Waldecks seit März 1848 nachgegangen, um daraus Kapital zu schlagen. Er habe in dieser unruhigen Zeit gewiß manche drastische, kühne und mißverständliche Äußerung getan. Dürfe man die aber bei einem Abgeordneten auf die Goldwaage legen? Moser, der alte Staatsrechtslehrer sage:

»Ein einzelner Privatmann kann sich Unrecht tun lassen, kann schweigen; anders ist es mit denen, welchen das ganze Volk die Wahrnehmung seiner Rechte anvertraut hat. Sie dürfen nicht schweigen, sie müssen reden. Sie dürfen nicht fliehen, wenn alles zittert und flieht. Von dieser Pflicht gibt es nur eine Ausnahme; wenn der Regent selbst sie unfähig macht; sei es durch Märtyrer-Tod, sei es durch Gefängnis.«

Der Verteidiger schloß seine Ausführungen mit einem Hinweis auf die politischen Verfolgungen, unter denen damals so viele aufrechte Menschen zu leiden hatten:

»Blicken Sie um sich in unserem Vaterlande! Wohin Sie sehen, überall politische Prozesse! Sie sind die Frucht des leidenschaftlichen Hasses, der angeregt und angestiftet wird durch böse, geschäftige Hände. Die besten, die ruhigsten Bürger schütteln das Haupt und sagen, dies sei nicht die Art und Weise, wie man zur Versöhnung und Ruhe gelangt. Schrecken und Trauer werden in die Familien getragen, der unschuldige Bürger wird fortgerissen von seinem häuslichen Herd, monatelang in Fesseln geschlagen und einer traurigen Untersuchungshaft unterworfen . . . Niemand fühlt sich mehr sicher in seinem Hause . . .«

Das Resümee des Präsidenten fiel eindeutig zugunsten Waldecks aus. Die Geschworenen berieten nur zehn Minuten. Ihr Wahrspruch lautete auf »nichtschuldig«. Die Bekanntgabe des Freispruchs löste einen Beifallssturm aus. Aus allen Teilen Deutschlands gingen bei Waldeck Adressen und Ehrengaben ein. Die Berliner Maschinenbauer verehrten ihm eine silberne Bürgerkrone auf rotem Sammetkissen, auf dem die Worte eingestickt waren: »Niemals, niemals werden wir Dich vergessen!« Eine schwere silberne Bürgerkrone erhielt er auch von der Volkspartei Berlins. Unzählige Menschen hatten an seinem Schicksal lebhaft Anteil genommen und atmeten auf, als sie von dem glücklichen Ausgang des Prozesses hörten.

Am Schluß seines Plädoyers hatte der Verteidiger des Angeklagten Waldeck den Geschworenen zugerufen, sie stünden im Begriff, ein Beispiel zu geben, welches den Ruf ihrer Festigkeit und Gerechtigkeit über die Grenzen des deutschen Vaterlandes hinaustragen werde –

> »ein Beispiel, welches zugleich unsern Verwaltungsbehörden eine Lehre sein wird, sich in weisen Grenzen zu halten und von Verfolgungen abzustehen.«

Man hätte annehmen sollen, die preußische Regierung und die Strafverfolgungsbehörden würden aus ihren schweren Niederlagen in den Fällen Freiligrath und Waldeck eine Lehre ziehen und von weiteren Prozessen Abstand nehmen. Dem war aber nicht so – im Gegenteil, zwei Monate nach dem Ende des Waldeck-Prozesses wurde die erstaunte Öffentlichkeit von dem Beginn einer neuen Hauptverhandlung unterrichtet, in der nicht weniger als 42 Angeklagte vor die Schranken des Gerichts gerufen wurden, sämtlich ehemalige Abgeordnete der preußischen Nationalversammlung und ohne Ausnahme hochachtbare Persönlichkeiten. Ihnen wurden Aufruhr und Erregung von Mißvergnügen gegen die Regierung zur Last gelegt. Die Verhandlung dieses Monsterprozesses nahm zweieinhalb Wochen in Anspruch und erregte wegen der Person der Angeklagten und der Straftaten, die ihnen angelastet wurden, im In- und Ausland das größte Aufsehen.

Die Atmosphäre für diesen Prozeß war durch den schweren Konflikt zwischen Krone und Parlament geschaffen worden, der Preußen im Laufe des Jahres 1848 mehrfach an den Rand der Anarchie geführt hatte.

In der Thronrede, mit der Friedrich Wilhelm IV. am 22. Mai 1848 die preußische Nationalversammlung eröffnete, hatte er erklärt, diese sei berufen, mit ihm eine Verfassung zu vereinbaren. Das sah so aus, als ob Thron und Volksvertretung gleichberechtigt nebeneinander stünden. Der von der Regierung vorgelegte Entwurf einer künftigen Verfassung wollte zu einer solchen verfassungsrechtlichen Deutung allerdings wenig passen. Noch weniger war damit der Kurs in Einklang zu bringen, den die Regierung einschlug, sobald sie sich ihrer Sache einigermaßen wieder sicher fühlte.

Es ist nicht überraschend, daß an leitender Stelle der Wunsch entstand, für die Demütigungen, die der König und seine Regierung seit den Märzereignissen hatten hinnehmen müssen, sowie die Ausschreitungen, die im Laufe des Sommers geschehen waren, an den Abgeordneten der Opposition Rache zu nehmen. Diese Demütigungen hatten angefangen, als der König gezwungen wurde, auf dem Hofe seines Schlosses den 187 Leichen derer, die bei den Straßenkämpfen in Berlin gefallen waren, seine Reverenz zu erweisen. Sie setzten sich dadurch fort, daß man ihm zwei wichtige Konzessionen abnötigte: den Abzug der Truppen aus Berlin und die Errichtung einer Bürgerwehr. Als besonders peinlich empfand Friedrich Wilhelm IV. das Auftreten einer Deputation aus allen Parteien der Nationalversammlung, die am 2. November 1848 bei ihm in seinem Potsdamer Schloß erschien, um ihn zu veranlassen, die Ernennung des Grafen Brandenburg zum Ministerpräsidenten rückgängig zu machen. Der König hörte sich die Adresse, welche die Deputation vortrug, schweigend an und machte Anstalten, sich ohne Stellungnahme zu entfernen. Der Abgeordnete Jacoby richtete daraufhin die Frage an ihn: »Wollen Ew. Majestät uns nicht wenigstens Gehör schenken?« »Nein«, lautete die barsche Antwort. Als der König im Begriff war, das Zimmer zu verlassen, rief ihm Jacoby die berühmt gewordenen Worte nach: »Das ist eben das Unglück der Könige, daß sie die Wahrheit nicht hören wollen!« Diese Äußerung empfand der Monarch als eine grobe Ungehörigkeit. Er ließ der Deputation durch seinen Adjutanten bestellen, nach den letzten Worten Jacobys sehe er sich nicht imstande, eine weitere Antwort zu geben.

Diese Demütigungen erstreckten sich später auf die Person des Thronfolgers, des Prinzen von Preußen, des späteren Kaiser Wilhelms I., dessen Palais nur dadurch vor der Zerstörung durch eine aufgebrachte Volksmenge gerettet werden konnte, daß es zu Nationaleigentum erklärt wurde. Der Prinz mußte später – nach der Rückkehr aus dem Londoner Exil – erleben, daß ihm die Abgeordneten der Nationalversammlung jede Ehrung verweigerten, als er dort erschien, um seinen Sitz als Abgeordneter von Wirsitz einzunehmen. Als sich eine Anzahl Abgeordnete der Rechten zu seinen Ehren erhoben, wurden sie von den anderen veranlaßt, sich wieder zu setzen. Und als der Prinz seine kurze Ansprache beendet hatte, erhob sich starkes Zischen, unter dem er sich dann auch aus dem Saale entfernte.

In den Reihen der Aristokratie schuf sich die Nationalversammlung dadurch Todfeinde, daß sie Ende Oktober mit starker Mehrheit die Abschaffung des Adels, aller Orden sowie aller Titel beschloß, die nicht das Amt bezeichneten. Die Beseitigung des Jagdrechts und der meisten bäuerlichen Lasten und Abgaben nahm alle Grundbesitzer gegen das Parlament ein.

Der Reaktion in die Hände arbeiteten auch die schweren Ausschreitungen, die im Laufe des Sommers geschahen: der Zeughaussturm, der in der Nacht vom 15. zum 16. Juni zur vollständigen Ausplünderung der Waffenbestände führte, und die Demolierung des Hauses des Ministerpräsidenten von Auerswald in der Nacht vom 21. zum 22. August. Auch dies alles wurde den linksstehenden Abgeordneten der Nationalversammlung angelastet.

Anfang November spitzte sich der Konflikt zwischen Krone und Parlament derart zu, daß die Regierung zu Gegenschlägen ausholte. Ohne vorher das Einverständnis der Nationalversammlung einzuholen, wurde ihr Sitz durch Königliche Botschaft von Berlin nach Brandenburg verlegt, mit der Begründung, daß in Berlin die persönliche Sicherheit und die Entschließungsfreiheit der Abgeordneten nicht mehr gewährleistet seien. Die Botschaft wurde dem Präsidenten der Nationalversammlung von Unruh durch den neuernannten Ministerpräsidenten, den Grafen Brandenburg, am 8. November bekanntgegeben. Dieser setzte das Parlament am 9. November davon in Kenntnis.

In der Königlichen Botschaft wurden die Abgeordneten aufgefordert, ihre Beratungen sofort abzubrechen. Als die große Mehrzahl der Abgeordneten ungeachtet dieser Aufforderung im Saale verblieb und der Präsident nicht die Absicht erkennen ließ, der Weisung des Königs zu entsprechen, bat der Ministerpräsident ums Wort, bezeichnete die Fortsetzung der Verhandlung als illegal und legte feierlich Verwahrung dagegen ein. Dann verließ er mit den Ministern den Versammlungsraum.

Die im Saal zurückgebliebene Mehrheit der Abgeordneten ließ sich dadurch nicht im geringsten stören, setzte die Verhandlungen fort und faßte auf Antrag von Waldeck, Rodbertus und anderen einen Beschluß, der – mit den Wünschen der Regierung verglichen – beinahe revolutionären Charakter trug. Er lautete, daß die Versammlung keine Veranlassung habe, den Sitz ihrer Beratungen zu ändern, daß sie diese vielmehr in Berlin fortsetzen werde; daß der Krone nicht das Recht zustehe, die Versammlung wider ihren Willen zu vertagen, zu verlegen oder aufzulösen; und schließlich, daß sie diejenigen Beamten der Krone, die dem Monarchen zum Erlaß der eben verlesenen Botschaft geraten hätten, nicht für fähig erachte, der Regierung des Landes vorzustehen, vielmehr dafürhalte, daß sie sich schwerer Pflichtverletzung gegen die Krone, das Land und die Versammlung schuldig gemacht hätten.

Das war ein Beschluß von weittragender politischer Bedeutung. Er sollte Krone und Regierung zwingen, endgültig den Boden des absoluten Staates zu verlassen und das System konstitutioneller Gewaltenteilung zu akzeptieren; er wollte den Monarchen außerdem dahin bringen, in bezug auf Bildung und Zusammensetzung der Regierung die Wünsche des Parlaments zu respektieren.

Da von seiten der Regierung Gegenmaßregeln befürchtet wurden, berief Präsident von Unruh die Nationalversammlung für den nächsten Tag ein. Die Bürgerwehr hatte während der Nacht alle Zugänge zum Parlamentsgebäude besetzt. In dieser neuen Sitzung wurde von den erschienenen Abgeordneten beschlossen, den tags zuvor gefaßten Beschluß in 40 000 Exemplaren in Berlin zu verbreiten und in einer Proklamation das preußische Volk über die Lage zu unterrichten, es aufzufordern, an den errungenen Freiheiten festzuhalten und mit aller Kraft, notfalls dem Leben, dafür einzustehen.

Während die Versammlung noch beriet, wurde gemeldet, daß Militär in die Stadt eingezogen sei. Das war am 10. November gegen Mittag. Die Truppen rückten von mehreren Seiten an und besetzten alle Plätze, die das Schauspielhaus umgaben. Im inneren Raum stand als Schutz der Nationalversammlung nur die Bürgerwehr. Zwischen dem Militär und der Bürgerwehr hatten sich Volksmassen versammelt, die der Weiterentwicklung der Dinge mit Spannung zusahen. Befehlshaber der Truppen war der General von Wrangel.

Nachdem der Aufmarsch des Militärs beendet war, begab sich der Kommandeur der Bürgerwehr, Rimpler, zu dem General und fragte ihn, aus welchem Grunde die Aufstellung einer so bedeutenden Truppenmacht erfolgt sei. Antwort des Generals: »Ich wünsche nichts sehnlicher, als meine Truppen bald in die Quartiere führen zu können.« Rimpler: »Dem scheint mir gar nichts im Wege zu stehen.« Wrangel: »Wozu ist denn die Bürgerwehr hier?« Rimpler: »Zum Schutz der Nationalversammlung.« Wrangel: »Auch ich will die Nationalversammlung schützen.« Rimpler: »Wie lange gedenkt denn der Herr General mit seinen Truppen hier am Schauspielhause zu verweilen?« Wrangel: »Meine Truppen sind gewohnt zu biwakieren; sie werden hier stehenbleiben, und wenn die Versammlung acht Tage lang beisammen bliebe!«

Dieses Gespräch war dem Präsidenten von Unruh mitgeteilt worden. Er leitete daraufhin dem Kommandeur der Truppen die schriftliche Erklärung zu, daß die Nationalversammlung keinen militärischen Schutz wünsche; der Schutz durch die Bürgerwehr genüge ihr. Als General von Wrangel von dieser Erklärung Kenntnis erhielt, antwortete er, die Truppen würden unter keinen Umständen zurückgezogen. Den Herren, die noch im Schauspielhaus versammelt seien, werde gestattet, heraus- aber nicht wieder hineinzugehen. Unter Protest gegen diese Androhung von Gewalt schloß v. Unruh die Sitzung und vertagte sie auf den nächsten Tag. Mit dem Präsidenten an ihrer Spitze verließen die Abgeordneten das Haus. Die Bürgerwehr bildete dabei Spalier; das Volk begrüßte sie mit dem donnernden Ruf: »Es lebe die Nationalversammlung!«

Als sich am nächsten Tag die Abgeordneten in ihren Versammlungsraum begeben wollten, war das Schauspielhaus von Militär umgeben, und dieses verweigerte ihnen den Zutritt. Wegen des militärischen Eingreifens gezwungen, sich anderswo zu versammeln, tagten die der Mehrheit der Nationalversammlung angehörenden Abgeordneten vormittags in einem Hotel und nachmittags im Lokal der Berliner Schützengilde. 247 Abgeordnete fanden sich dazu ein. Im Laufe des Nachmittags erfuhren sie, daß die Bürgerwehr aufgelöst worden war. Das war deshalb geschehen, weil sich ihr Kommandeur geweigert hatte, einer Weisung des Polizeipräsidenten entsprechend das Versammlungslokal der Abgeordneten abzusperren und keinem von ihnen den Eintritt zu gestatten.

Des letzten Schutzes gegen das Militär beraubt, ließen sich die Abgeordneten nicht hindern, neue gegen die Regierung gerichtete Beschlüsse zu fassen. Es wurde zunächst ein Ausschuß damit beauftragt, eine Denkschrift über die Schuld auszuarbeiten, welche das Ministerium Brandenburg durch die Königliche Botschaft auf sich geladen habe, außerdem aber auch zu prüfen, ob Anlaß gegeben sei, gegen den Ministerpräsidenten und einige der Minister Anklage zu erheben. Sodann wurde ein Antrag gestellt und angenommen, daß die Auflösung der Bürgerwehr eine ungesetzliche Maßnahme sei, jeder Bürger oder Beamte, der an der Ausführung des Auflösungsbefehls mitwirke, sich des Verrats am Vaterlande schuldig mache, und die Staatsregierung aufgefordert werden solle, den Befehl zur Auflösung der Bürgerwehr zurückzunehmen.

Schließlich kam als »besonders dringend« noch ein Antrag, der die Axt an die Wurzeln der bestehenden verfassungsrechtlichen Ordnung zu legen und den Staat in das Chaos zu stürzen drohte. Er lautete, das Haus möge beschließen, daß das Ministerium Brandenburg weder zur Verwendung der Staatsgelder noch zur Erhebung von Steuern berechtigt sei, und zur Prüfung dieses Antrags und schleuniger Berichterstattung eine Kommission einzusetzen.

Am Abend des 12. November wurde der Belagerungszustand über Berlin verhängt. Der Präsident rief daraufhin die Abgeordneten um 9 Uhr abends noch einmal zusammen. Die Versammlung erklärte den Belagerungszustand und alle damit zusammenhängenden Maßnahmen für ungesetzlich und rechtswidrig.

In der Sitzung vom 13. November wurde von dem Abgeordneten Waldeck als Berichterstatter das Ergebnis der Ausschußberatungen vorgetragen. In einer Denkschrift charakterisierte der Ausschuß das Verhalten der Minister als »Hochverrat« und schlug vor, die Staatsanwaltschaft aufzufordern, ihre Pflicht zu tun. Die Versammlung erhob das zum Beschluß.

Bisher war die Regierung gegen die Zusammenkünfte der Abgeordneten außerhalb des Schauspielhauses noch nicht eingeschritten. Das änderte sich jetzt. Die Regierung wollte und konnte nicht auf halbem Wege stehenbleiben. Als sich die Sitzung vom 13. November dem Ende näherte, drang Militär in den Sitzungsraum ein und schickte die anwesenden Abgeordneten hinaus. Widerstand wurde den Soldaten nicht geleistet.

Am 14. November eröffnete von Unruh eine neue Sitzung im Saale der Stadtverordneten. Sie wurde nicht gesprengt, weshalb der Präsident sich bewegen ließ, die Versammlung für den 15. in ein öffentliches Lokal einzuberufen. Dort fanden sich 227 Abgeordnete ein, also noch immer die Mehrheit. Nachdem die Erschienenen den Bericht des Ausschusses angehört hatten, der zur Beratung über den Steuerverweigerungsantrag eingesetzt worden war, wurde der Antrag gestellt, zu beschließen, daß das Ministerium nicht berechtigt sei, über Staatsgelder zu verfügen und Steuern zu erheben, solange die Nationalversammlung nicht ungestört in Berlin ihre Beratungen fortsetzen könne.

Während noch darüber debattiert wurde, eilten die Ereignisse einem dramatischen Höhepunkt zu. Präsident von Unruh hatte gerade die Frage an das Haus gerichtet, ob der Antrag unterstützt werde, als der Major von Herwarth, umgeben von vier Offizieren und einer Abteilung Soldaten, in den Saal eindrang. Das Protokoll verzeichnet »lebhafte Aufregung unter den Mitgliedern der Versammlung«.

Bei diesem Major Herwarth von Bittenfeld handelte es sich um einen Verwandten des späteren Generalfeldmarschalls, der sich in den Kriegen von 1864 und 1866 als Heerführer ausgezeichnet hat. Dem Major wurde besonderes Verhandlungsgeschick und Geistesgegenwart nachgesagt, man hatte ihn deshalb wohl auch mit dieser heiklen Mission betraut.

Der Präsident fragte den Offizier zunächst, ob er – der in ein »Privathaus« mit der Erklärung eingedrungen sei, daß er Befehl von General Wrangel habe – auch mit einem schriftlichen Befehl versehen sei. Der Major verneinte diese Frage, bemerkte dazu aber, er hoffe, daß man seinen Worten Glauben schenke.

Präsident: »Es kann hier nicht darauf ankommen, ob ich einem preußischen Major zu glauben habe oder nicht, das ist eine rein persönliche Angelegenheit. Es kommt nur darauf an, ob die Maßregel eine gesetzliche ist.«

Als aus der Versammlung die Forderung erhoben wird, zur Abstimmung über den noch unerledigten Antrag auf Schluß der Debatte aufzurufen, erwidert der Präsident: »Ich werde in Gegenwart der Bajonette nicht zur Abstimmung schreiten.« Lebhafter Beifall im ganzen Hause.

Der Präsident wendet sich daraufhin erneut dem Major von Herwarth zu und fordert ihn auf, eine schriftliche Order von dem General Wrangel einzuholen.

Major von Herwarth: »Dies würde insofern vergeblich sein, als der General Wrangel mir den schriftlichen Befehl verweigert hat. Er hat gesagt: ›Gehen Sie hin und erklären Sie, daß der General Wrangel Ihnen befohlen habe, die Versammlung aufzufordern, das Lokal zu verlassen!‹«

Präsident: »Dieser Aufforderung wird die Versammlung keine Folge leisten können.«

»Dann erlaube ich mir zu bemerken, daß ich mit Militär aufmarschiert bin!«

Diese unverhüllte Drohung mit Gewalt läßt die Abgeordneten von ihren Sitzen aufspringen. Der Anwesenden bemächtigt sich eine ungeheure Erregung, die noch zunimmt, als der Major erklärt:

»Ich ersuche Sie dringend, meine Herren, es nicht darauf ankommen zu lassen, daß andere Maßregeln ergriffen werden müssen. Ich erfülle hier nur meine Pflicht und handle durchaus parteilos; ich bin gewohnt, die Befehle meiner Vorgesetzten auszuführen.«

Bei diesen Worten erhebt sich der erste Vizepräsident der Nationalversammlung, der Abgeordnete Waldeck, von seinem Sitz, geht nach vorn zum Platz des Präsidenten und ruft mit lauter Stimme in den Saal: »Kein Soldat darf die Gesetze verletzen!«

Der Major erwidert, er habe Befehl erhalten, nötigenfalls Gewalt anzuwenden, er hoffe aber zuversichtlich, daß es das Haus nicht auf das Äußerste ankommen lassen werde.

Der Präsident mochte noch nicht glauben, daß der Offizier es wagen würde, gegen die Abgeordneten tätlich zu werden. Er fragte deshalb noch einmal zurück:

»Ich muß den Herrn Major um eine bestimmte Erklärung bitten, ob er gesonnen ist, diesen Befehl, die Versammlung mit Gewalt zu vertreiben, auszuführen.«

Nach kurzem Zögern lautet die bestimmte Antwort: »Ja, das bin ich.«

»Unter diesen Umständen erkläre ich, daß wir abermals der Gewalt weichen!«

Auf diese Worte des Präsidenten springt alles auf. »Die größte Aufregung herrscht im Saale«, vermeldet das Protokoll. Von allen Seiten ertönt der Ruf: »Nein, nein, nein. Niemand verläßt seinen Platz! Wir lassen uns eher niederschießen als den Saal zu verlassen. Wir weichen nicht eher, als bis wir den Beschluß gefaßt haben.«

Der Abgeordnete Waldeck tritt an den Major heran, der noch immer bei dem Präsidenten steht und ruft mit erhobener Stimme aus: »Holen Sie Ihre Bajonette und stechen Sie uns nieder! Ein Landesverräter, der diesen Saal verläßt!«

Der Major ist unschlüssig. Er unterhält sich leise mit dem Präsidenten, geht zur Mitte das Saales zurück und wird dort von dem Abgeordneten Rodbertus in ein Gespräch verwickelt. Noch immer herrscht größte Aufregung in der Versammlung.

Ein Abgeordneter namens Plönis hat die Courage, die Rednertribüne zu besteigen und den Abgeordneten vorzuschlagen, das eingedrungene Militär einfach zu ignorieren:

»Ich trage darauf an, daß wir die anwesenden Störer als nicht anwesend betrachten und ruhig in unserem heiligen Werke fortfahren!«

Stürmischer Beifall. Die Abgeordneten gehen zu ihren Plätzen zurück, und langsam kehrt im Saale wieder Ruhe ein.

Jetzt ist die Stimme des Präsidenten zu hören: »Wir waren in der Abstimmung über den Schluß der Debatte. Ich frage die hohe Versammlung, ob sie den Schluß der Debatte annimmt. Ich ersuche diejenigen, welche dies wollen, sich zu erheben.«

Der Schluß der Debatte wird mit großer Mehrheit beschlossen.

»Wir kommen nunmehr zur Abstimmung über den Antrag selbst. Ich ersuche den Schriftführer, ihn nochmals zu verlesen.«

Von verschiedenen Seiten wird dem Präsidenten zugerufen: »Wir können nicht abstimmen, solange die Bajonette im Saal stehen!«

Alles starrt auf den Major von Herwarth, der eben noch mit dem Abgeordneten Rodbertus gesprochen hat und sich jetzt wieder dem Präsidenten zuwendet. Was wird er tun? Sein Auftrag ist klar und eindeutig. Wird er ihm entsprechen und seine Soldaten gegen die Abgeordneten vorgehen lassen, oder wird er zurückweichen und den Schauplatz verlassen?

Zu den Zeiten Cromwells und Napoleons I. hatten die in ähnlicher Situation eingesetzten Offiziere keine Hemmungen, an die Volksvertreter ihres Landes Hand anzulegen. Der mit der Säuberung des britischen Parlaments beauftragte Oberst Pride hat am 5. Dezember 1648 nicht nur 143 Abgeordneten das Betreten des Parlamentsgebäudes verwehrt, er hat auch 41 von ihnen festgenommen und bis zum nächsten Tag eingesperrt[1]. Und als es beim Staatsstreich vom 18. und 19. Brumaire (9. und 10. November) 1799 Bonaparte richtig erschien, gegen den Rat der Fünfhundert, die damalige Zweite Kammer, vorzugehen, zögerte Murat keinen Augenblick, befehlsgemäß an der Spitze einer Kolonne mit gefälltem Bajonett in den Versammlungsraum einzudringen und die Abgeordneten davonzujagen.

Die Unerschrockenheit, welche die Abgeordneten der preußischen Nationalversammlung an jenem denkwürdigen Novembertag des Jahres 1848 gezeigt haben, erinnert an den unglückseligen 20. Juli 1932, an dem es der damalige preußische Innenminister Carl Severing an der gleichen Unbeugsamkeit fehlen ließ, als ihm der von zwei Polizeioffizieren begleitete neuernannte Berliner Polizeipräsident im Auftrag der Reichsregierung den Machtapparat der preußischen Polizei mit ihren 90 000 Beamten abforderte. Severing war vorher schon mehrfach zum Rücktritt aufgefordert worden. Er hatte stolz erwidert, ein republikanischer Minister, der unter dem Druck des Verfassungsbruchs freiwillig seinen Posten räume, behafte sich mit dem Makel der Desertion, er werde deshalb nur der Gewalt weichen. Am 20. Juli abends gegen 8 Uhr trat diese Forderung nun erneut an ihn heran, und man hätte annehmen sollen, er werde sie wiederum weit von sich weisen. Indessen Worte, wie sie der Abgeordnete Waldeck dem Major von Herwarth entgegengeschleudert hat – »Holen Sie Ihre Bajonette und stechen Sie uns nieder!« – oder der von allen Seiten ertönende Ruf: »Wir lassen uns eher niederschießen als den Saal zu verlassen!«, waren aus dem Munde des Ministers nicht zu vernehmen. Dabei hätte vielleicht schon die durch solche Worte bekundete feste Entschlossenheit genügt, den dem preußischen Beamtentum entstammenden Polizeipräsidenten ebenso wie seinerzeit den Major von Herwarth zum Abtreten zu bewegen. Daß an jenem 20. Juli nichts von alledem geschehen ist, daß Severing nicht einmal durch massiven Protest ein Zeichen gesetzt hat, hat ihm mit Recht allgemeinen Tadel eingetragen. Hätte er sich gegen den Eingriff energisch zur Wehr gesetzt, hätte vielleicht nicht nur die deutsche, sondern möglicherweise sogar die Weltgeschichte einen anderen Verlauf genommen.

1 Zu diesem Fall Maximilian Jacta, England III S. 37.

Es war tragisch, daß von dem Mannesmut, wie er im November 1848 in der preußischen Nationalversammlung zutage getreten ist, im Juli 1932 in Berlin nichts mehr zu spüren war.

Die Festigkeit, welche die Abgeordneten der Nationalversammlung an jenem Novembertag dem eingedrungenen Militär entgegensetzten, ließen den Major von Herwarth davor zurückschrekken, bis zum Äußersten zu gehen und ebenso zu verfahren, wie es 1648 in London und 1799 in Paris geschehen war. Während der Schriftführer noch mit der Verlesung des Antrags beschäftigt war, der die Versammlung aufforderte zu beschließen, daß das Ministerium Brandenburg nicht berechtigt sei, Steuern zu erheben und über Staatsgelder zu verfügen, solange die Nationalversammlung nicht ungestört ihre Beratungen in Berlin fortsetzen könne, verließ Major von Herwarth zusammen mit seinen Offizieren und Mannschaften den Saal. Die Versammlung hatte damit ihren Willen durchgesetzt – die Abstimmung konnte in Abwesenheit des Militärs durchgeführt werden. Das war ein gewaltiger Erfolg, unerhört in der Geschichte der Parlamente.

Es war nach Lage der Umstände klar, daß der Antrag einstimmig angenommen werden würde. Als der Präsident das Ergebnis der Abstimmung verkündete, erhoben sich sämtliche Abgeordneten von ihren Plätzen, und aus dem Saale und von den Tribünen war langanhaltender, donnernder Applaus zu vernehmen. Die Zuschauer auf den Tribünen schwenkten ihre Hüte und winkten mit ihren Taschentüchern.

Der Präsident stellte fest: »Der Beschluß ist rechtsgültig gefaßt. Die Bajonette haben den Saal verlassen. Ich werde nunmehr die Sitzung schließen.«

Diese denkwürdige Zusammenkunft vom 15. November 1848 bedeutete faktisch das Ende der Nationalversammlung. In Brandenburg fanden sich am 27. November nur Abgeordnete der Rechten ein, und ihre Zahl reichte zur Beschlußfähigkeit nicht aus. Am 5. Dezember 1848 wurde die Nationalversammlung aufgelöst und dem Lande zugleich eine neue Verfassung oktroyiert. Die Reaktion hatte auf der ganzen Linie gesiegt.

Das, was am 15. November 1848 in der Nationalversammlung geschehen war, bedeutete für die Regierung eine schwere Niederlage. Der Steuerverweigerungsbeschluß – ein Akt offener Auflehnung – zwang zu sofortigem Handeln. Denn es bestand die Gefahr, daß die Finanzbehörden – wie später in Kurhessen – die Erhebung von Steuern verweigerten und damit den Staatsapparat lahmlegten. Das aber konnte das ganze Regime in Gefahr bringen und unabsehbare Erschütterungen auslösen.

Es kam jetzt darauf an, die breiten Massen durch spektakuläre Maßnahmen einzuschüchtern und auf diese Weise den Geist der Unbotmäßigkeit, der sich leicht über das ganze Land ausbreiten konnte, einzudämmen und zu ersticken. Was lag näher, als dafür die Strafjustiz mobil zu machen?

Die Regierung beschloß, das Übel an der Wurzel anzugehen und zunächst die an dem Steuerverweigerungsbeschluß beteiligten Abgeordneten zur Rechenschaft zu ziehen. Dabei hatte man keine Zeit zu verlieren.

Schon zwei Tage nach Auflösung der Nationalversammlung, das heißt also am 7. Dezember, stellte die Strafverfolgungsbehörde bei dem Kammergericht zu Berlin den Antrag, gegen die an dem Steuerverweigerungsbeschluß beteiligten ehemaligen Abgeordneten der Nationalversammlung ein Strafverfahren einzuleiten, mit der Begründung, daß sie mit Hilfe jenes Beschlusses versucht hätten, »die Regierungsgewalt an sich zu reißen, ja sogar einen bewaffneten Widerstand gegen die bestehende Regierung zu organisieren«.

Bevor dieser Antrag zur Entscheidung kam, schränkte die Anklagebehörde den Kreis der zu verfolgenden Personen in auffälliger Weise ein. Hatte sie ursprünglich vorgehabt, gegen alle an dem Beschluß beteiligten 226 Abgeordneten vorzugehen, so beschränkte sie sich jetzt auf diejenigen, die ihn im Lande verbreitet und propagiert hatten. Den Beweis dafür konnte man nur gegen 42 Mann führen. Gleichzeitig wurde der Gesichtspunkt des Hochverrats durch denjenigen des Aufruhrs ersetzt (Aufruhr deshalb, weil der Steuerverweigerungsbeschluß dazu habe dienen sollen, etwas von der Regierung zu erzwingen).

Die Anklagekammer beim Kammergericht war für eine Verfahrenseröffnung nicht zu haben, sie wies deshalb den Antrag der Staatsanwaltschaft zurück. Diese legte gegen die Entscheidung Beschwerde ein. Da inzwischen der an sich für die Beschwerdeentscheidung zuständige Oberappellationssenat beim Kammergericht aufgehoben worden war, ging die Sache an das Berliner Stadtgericht zurück. Dort war man bereit, das Verfahren zu eröffnen. Der Anklagesenat des Berliner Appellationsgerichtshofes bestätigte diese Entscheidung. Und so sahen sich 42 ehemalige Abgeordnete der Nationalversammlung plötzlich in den Anklagestand versetzt.

Die festgestellten Tatsachen, so hieß es in der Anklageschrift, ließen die staatsfeindliche Einstellung der Abgeordneten erkennen, die ihre Zusammenkünfte ungeachtet der Königlichen Botschaft fortgesetzt hatten. Viele Abgeordnete hätten sich nicht auf die Teilnahme an verbotenen Versammlungen beschränkt, sondern darüber hinaus zu Handlungen hinreißen lassen, die als Verbrechen bezeichnet werden müßten und strafrechtlicher Ahndung unterlägen.

Als strafbare Handlung sei insbesondere die Verbreitung des am 15. November beschlossenen Steuerverweigerungsbeschlusses anzusprechen. Darin liege nämlich der Versuch des Aufruhrs. Zwar sei in dem Beschluß nicht zu unmittelbarer Anwendung physischer Gewalt aufgefordert worden, es genüge aber, wenn auf anderem Wege ein Druck auf die Vertreter des Staates habe ausgeübt werden sollen. Eindeutigen Aufruhrcharakter habe außerdem eine von zahlreichen Abgeordneten unterzeichnete Proklamation gehabt. Sie habe die Bevölkerung am 18. November 1848 aufgerufen, den Kampf gegen die Regierung »mit allen zu Gebote stehenden Mitteln zu führen« und der Erhebung von Steuern Widerstand entgegenzusetzen. Die Fassung dieser Proklamation spreche eine eindeutige Sprache:

> »Eure Adressen wurden nicht überreicht, Eure Deputationen nicht vorgelassen. Der König ist nicht mehr frei, von einer verbrecherischen Schar bewacht, die ihm die Erhebung des ganzen Landes geflissentlich verbirgt, um Thron und Vaterland ihren hochverräterischen Plänen zum Opfer zu bringen.«

Nach Schilderung der militärischen Besetzung des Sitzungssaales der Nationalversammlung habe es weiter geheißen:

> »Was sind diesen Menschen die Wünsche, die Rechte und Freiheiten von 16 Millionen Preußen! Und wie man Eure Petitionen

mit Füßen tritt, so dringt man mit Bajonetten in die Beratungen Euerer Vertreter, bricht ohne Scheu die vom Könige selbst publizierten Gesetze über den Schutz der persönlichen Freiheit, das Hausrecht und verhängt Belagerungszustand und Standrecht, wo die geheiligten Personen der Abgeordneten tagen. Ein Treubruch so scheußlich und offenbar, wie ihn die Geschichte nicht kennt!«

Die Hauptverhandlung, am 4. Februar 1850 vor einem Berliner Schwurgericht eröffnet, nahm einen ungewöhnlichen Verlauf – bei der Eigenart der Angeklagten nicht verwunderlich. Alle waren hochachtbare Leute, und alle standen mannhaft zu dem, was ihnen zum Vorwurf gemacht wurde. Nicht einer von ihnen bekannte sich aber als schuldig.

Als erster trat der Abgeordnete für Erfurt, ein Kaufmann namens Krackrügge, vor Gericht. Er war beschuldigt, an dem Steuerverweigerungsbeschluß mitgewirkt und hinterher Flugblätter verteilt zu haben. Aufgefordert, zu der Anklage Stellung zu nehmen, erwiderte dieser Mann, er habe sein Verhalten für rechtmäßig gehalten. Sollte er geirrt haben, so ständen ihm durchschlagende Entschuldigungsgründe zur Seite. Denn ein namhafter Jurist, der ehemalige Justizminister Bornemann, habe an der Beschlußfassung teilgenommen, er habe dabei zeitweise sogar die Versammlung geleitet. Er frage die Geschworenen, die wie er gewöhnliche praktische Geschäftsleute seien, ob sie nicht auch dem Beispiel so vieler hervorragender Männer gefolgt wären, die das, was geschehen, als ihre Pflicht betrachtet hätten, und ob es recht sei, diejenigen heute zur Verantwortung zu ziehen, die damals nur ihrem Gewissen und ihrer Überzeugung gefolgt seien. Jeder von den Geschworenen würde gewiß genau ebenso gehandelt haben.

Das waren Worte, die ihre Wirkung nicht verfehlen konnten, zumal der Abgeordnete darauf hinweisen konnte, daß ihm aus der Bevölkerung seiner Heimatprovinz unzählige Sympathiebeweise zugegangen seien. Für die Anklagevertretung war es peinlich, als der Beschuldigte an sie die Frage richtete, weshalb man von 226 Abgeordneten nur 42 unter Anklage gestellt habe. Entweder seien alle schuldig, oder es dürfe keiner zur Verantwortung gezogen werden. Darauf erfolgte keine Antwort.

Tiefen Eindruck machte es, als der Vorsitzende zur besseren Aufklärung des Sachverhalts den stenografischen Bericht über die Vorgänge im Augenblick des Steuerverweigerungsbeschlusses verlesen ließ. Die Wiedergabe dieses parlamentsgeschichtlich einzig dastehenden sensationellen Vorganges konnte auf die Geschworenen nur zugunsten der Angeklagten wirken.

Der nächste Angeklagte, der Abgeordnete Dr. Stieber, begann seine Einlassung mit den Worten: »Meine Herren Geschworenen, der Anblick, welcher sich Ihnen hier darbietet, ist ein in der Weltgeschichte vielleicht unerhörter. Sie sehen ein ganzes Parlament auf der Anklagebank.« Zu dem Steuerverweigerungsbeschluß, so betonte auch dieser Angeklagte, sei die Nationalversammlung vollauf befugt gewesen; sie habe zu diesem letzten parlamentarischen Mittel ja auch erst gegriffen, als man den Abgeordneten die Bajonette auf die Brust gesetzt habe.

Einen Höhepunkt erreichte die Hauptverhandlung, als in der Sitzung vom 8. Februar der Fall des Abgeordneten Schulze-Delitzsch verhandelt wurde. Eine Anzahl Leumundszeugen gaben zunächst ein glänzendes Zeugnis seiner Rechtschaffenheit und seiner ungewöhnlichen Popularität. Als der Angeklagte dann selbst das Wort zu seiner Verteidigung ergriff, waren die Zuhörer nach dem Sitzungsprotokoll derart hingerissen, daß sie an einer Stelle in stürmische Bravorufe ausbrachen. Schulze-Delitzsch behauptete nachdrücklich, daß die Volksvertretung der Krone gleichberechtigt sei und ermahnte die Geschworenen, sich klar darüber zu sein, daß ihr Spruch als »politischer Akt« anzusehen sei, der zugleich sie selbst betreffe.

> »Was Sie auch tun, Sie tragen zu ihrer (der guten Sache) Verherrlichung bei, Sie mögen binden oder lösen, Sie mögen uns freisprechen oder verdammen. Das ist das Hohe, das Unantastbare einer geschichtlichen Idee, daß ihr selbst ihre Gegner dienen, wenn sie es am wenigsten wollen. Diejenigen, meine Herren, welche diesen und andere ähnliche Prozesse einleiten ließen, haben in der Tat unserer Sache nur gedient ...«

Immer wieder hielten die Verteidiger der Staatsanwaltschaft vor, daß es sich um einen Tendenzprozeß handele: »Da gilt es, den Gegner zu vernichten an seiner Ehre und Freiheit; ihn unschädlich zu machen, ihn auszurotten; man würde sich selbst zur Karikatur erniedrigt haben, wäre ein politisch Angeklagter zu einer geringen Geldstrafe verurteilt worden.«

Die Sprache der Abgeordneten wurde im Fortgang der Verhandlung immer kühner. »Mit offener Gewalt, mit wiederholtem Rechtsbruch kämpfte man gegen uns«, sagte der Angeklagte Hildenhagen, ein Prediger. »Die Nationalversammlung hat den passiven Widerstand beschlossen, den haben wir gewollt . . ., Widerstand gegen die Obrigkeit, ernstesten, festesten Widerstand aufgrund höherer Pflichten, aufgrund des deutlich redenden Gewissens, das war das Wesen . . . Dieser passive Widerstand steht über dem Wesen des Staates . . .«

So ging es Tage hindurch. »An Ihnen, meine Herren Geschworenen, ist es, durch Ihren Ausspruch zu zeigen, daß es noch Gerechtigkeit in Preußen gibt; an Ihnen ist es, das bereits untergrabene Rechtsbewußtsein im Volke wieder zu heben«, rief einer der Angeklagten aus. Das Protokoll enthält dazu den Vermerk: »Die Anwesenden sind tief ergriffen.«

Einige der Angeklagten wiesen sogar auf Luther und Melanchthon und ihre Lehre vom »aktiven Widerstand« hin. Als dabei auch der Ausdruck »fürstliche Henkersknechte« fiel, griff der Vorsitzende ein und forderte den Redner auf, Maß zu halten.

Der Oberlandesgerichtsassessor Lothar Bucher, der spätere vertraute Mitarbeiter Bismarcks, ging noch einmal eingehend auf die Ursachen der November-Ereignisse ein und erklärte, ein verurteilendes Verdikt würde zugleich die Nationalversammlung verurteilen und in unheilvoller Weise die Position der Abgeordneten schmälern.

Als die Hauptverhandlung am 21. Februar am Schlusse angelangt war, war die Position der Anklagevertretung derart erschüttert, daß an einem Freispruch nicht mehr gezweifelt werden konnte. Die Geschworenen benötigten für die Beratung neun Stunden. Das Ergebnis war: 33 von den 42 Angeklagten freigesprochen, der Angeklagte Bucher zu 15 Monaten Festungshaft und Amtsverlust verurteilt, die übrigen Angeklagten im Abwesenheitsverfahren mit Freiheitsstrafen belegt.

Das Urteil wurde mit großem Beifall quittiert. Die preußische

Regierung hatte eine schwere Niederlage erlitten und nahm für die nächsten Jahre davon Abstand, gegen die Opposition das Mittel der Strafjustiz zum Einsatz zu bringen.

Schrifttum: Stenogr. Bericht des Processes gegen den Dichter Ferdinand Freiligrath, angeklagt der Aufreizung zu hochverräterischen Unternehmungen durch das Gedicht: Die Todten an die Lebenden, verhandelt vor dem Assisenhofe zu Düsseldorf am 3. Oktober 1848. Düsseldorf 1848: Wilhelm Buchner, Ferdinand Freiligrath. Ein Dichterleben in Briefen. Zwei Bände. Lahr 1882; Der Waldeck'sche Prozeß. Authentischer Bericht über die öffentlichen Verhandlungen des Berliner Schwurgerichts in der Waldeck'schen Untersuchungssache nach den vollständig stenographischen Aufzeichnungen und Mitteilungen beteiligter Personen. Berlin 1849; Wilhelm Biermann, Franz Leo Benedikt Waldeck. Ein Streiter für Freiheit und Recht. Paderborn 1928; Der Prozeß gegen die 42 steuerverweigernden Abgeordneten der Preußischen National-Versammlung. Authentische Berichte, herausgeg. von C. Dorn. Berlin 1850.

Schwer bedrängte Bischöfe

Großeinsatz in der preußischen Justiz

In der zweiten Hälfte des 19. Jahrhunderts kam es in Preußen und anderen deutschen Ländern, in der Schweiz und zum Teil auch in Österreich zu Auseinandersetzungen zwischen dem Staat und der katholischen Kirche, in denen u. a. auch mit den Mitteln der Strafjustiz versucht wurde, den Willen der Kirche zu beugen. In welcher Weise und in welchem Umfang hierbei diese Mittel zum Einsatz kamen, und ob sie die an sie geknüpften Erwartungen erfüllt haben, wurde im Zusammenhang bisher noch nicht untersucht. Diese Lücke soll im folgenden geschlossen werden.

Der Name »Kulturkampf« geht auf Ferdinand Lassalle zurück, zum politischen Schlagwort wurde er aber erst, nachdem Rudolf Virchow den Ausdruck am 17. Januar 1873 im preußischen Landtag gebraucht hatte.

Wenn heute von »Kulturkampf« die Rede ist, denkt man in erster Linie, ja sogar oft ausschließlich an Bismarck. Man übersieht dabei, daß der deutsche Liberalismus der eigentliche Träger dieses Kampfes in Parlament und Presse war, und daß sich der Reichskanzler im Preußischen Abgeordnetenhaus und im Herrenhaus auf die liberalen Parteien stützen mußte, weil sich ihm die Konservativen ganz versagten. Die Kritik, die Bismarck von seinen altkonservativen Standesgenossen erfuhr (von Kleist-Retzow, M. von Blankenburg und L. von Gerlach), hat ihn in seiner Haltung nur noch bestärkt. Daß bei den Linksliberalen, den Freisinnigen, auch atheistische und materialistische Überzeugungen mit wirksam waren, hat ihn nicht gehindert, ihre Unterstützung anzunehmen. Der Widerspruch, in den diese liberalen Parteien durch Billigung einschneidender Zwangsmaßnahmen und Zwangsgesetze gerieten – das Prinzip der Freiheit wurde hier bedenkenlos über Bord geworfen – nahm auf seiten der Liberalen niemand recht zur Kenntnis.

Die liberale Gesellschaft, die sich damals formierte, fühlte sich durch den die freie Forschung bedrohenden Syllabus (1864) und das Unfehlbarkeitsdogma (1870) herausgefordert und in ihren Grundlagen bedroht. Nach langjährigen Kämpfen hatte der Liberalismus 1848 die Vereins- und Versammlungsfreiheit errungen. Jetzt zog nun die katholische Kirche Nutzen aus diesen schwer errungenen Grundrechten und trat mit einem Anspruch auf Stärkung und Befestigung ihrer Lehrautorität in Erscheinung, der den nationalen und liberalen Strömungen in Kultur und Gesellschaft weitere Entfaltung zu versperren schien. Das rief in verschiedenen Ländern Gegenkräfte auf den Plan, die in der Schweiz und in Österreich schon während der 60er Jahre antirömische Bewegungen entstehen ließen.

Von der Unruhe, die durch die Verkündung des Unfehlbarkeitsdogmas ausgelöst wurde, kann man sich heute kaum mehr eine Vorstellung machen. Die Säule des Widerstandes war der Münchener Theologe Ignaz von Döllinger. Er wurde, ebenso wie zahlreiche andere Theologieprofessoren, exkommuniziert. Döllinger antwortete mit der Gründung der altkatholischen Bewegung. Führende Vertreter des Kirchenrechts, mit dem Prager Juristen Johann Friedrich von Schulte an der Spitze, schlossen sich ihm an.

Auf protestantischer Seite nahmen fast alle namhaften Kirchenrechtslehrer gegen die »ultramontane Gefahr« Stellung und wurden so zu Wegbereitern der kommenden Auseinandersetzung.

In Deutschland ging staatlicherseits der erste Anstoß zur Abwehr der klerikalen Ansprüche von dem katholischen Bayern aus, auf dessen Veranlassung der Reichstag Anfang Dezember 1871 ein Gesetz über den Mißbrauch der Kanzel zu politischen Zwecken beschloß. Dessen Annahme erfolgte allerdings nicht ohne Widerspruch. In der Bundesratssitzung vom 16. November 1871 wandte sich vor allem der Bevollmächtigte Sachsens gegen den vorgelegten Gesetzesentwurf: Die Herausgreifung einer einzelnen Klasse, der Geistlichen und Religionsdiener, um gegen sie und sie allein die Strafgesetze in dieser Richtung zu verschärfen, scheine ihm nicht empfehlenswert; eine solche einseitige Behandlung der Geistlichen, die doch nur in einzelnen Gegenden Deutschlands durch die Verhältnisse erklärlich werden dürfte, entspreche seiner Ansicht nach weder dem Prinzip der Gerechtigkeit, noch sei sie politisch unbedenklich. Die

Agitation der Sozialisten rufe viel eher nach einer Abänderung der Gesetze. Die königlich-sächsische Regierung wünsche, den »überaus gehässigen Anschein« zu vermeiden, »als wolle das Deutsche Reich wegen einiger, allerdings strafwürdiger Ausschreitungen einzelner katholischer Geistlicher Bayerns sämtliche Geistliche und Kirchendiener aller Konfessionen in Deutschland als Leute behandeln, von denen man sich ein Gleiches versehen und gegen die man sich durch strenge Ausnahmegesetze schützen müsse.«

Das Gesetz erging trotzdem. Als am 23. November 1871 im Reichstag die Debatten über den Kanzelparagraphen begannen, hielt der bayerische Bundesratsbevollmächtigte, der Minister von Lutz, zur Begründung des Antrages eine Rede, die äußerst feindselig gegen die katholische Kirche gehalten war. Er sprach nicht nur von einzelnen Übergriffen des Klerus, sondern stellte das gesamte Lehrgebäude der Kirche als unvereinbar mit dem modernen Staate hin. Aus Bayern stammende Liberale äußerten sich noch ablehnender.

In einer großen Jesuitendebatte, die dem Beschluß eines Verbots- und Ausweisungsgesetzes vorausging, trat außer den Vertretern des Zentrums nur der Abgeordnete Lasker den Wünschen der liberalen Mehrheit des Reichstags entgegen. Er warnte davor, den Versuch zu unternehmen, die Streitigkeiten mit der katholischen Kirche durch gewaltsame Unterdrückung entgegenstehender Meinungen zum Abschluß zu bringen, konnte aber die Beschlußfassung nicht verhindern. In einer Weise, die für die gesamte Kulturkampfgesetzgebung charakteristisch wurde, waren es die Liberalen, die hinter den entsprechenden Gesetzesvorlagen standen und sie im Parlament durchsetzten. Damit bildete sich eine Allianz zwischen Bismarck und den Liberalen heraus, die dem Kanzler von Hause aus fremd war.

Bismarck dachte zunächst nicht daran, wegen des neuen Dogmas Streit mit der katholischen Kirche zu beginnen. Als im November 1870 der Posener Erzbischof Graf von Ledochowski die Frage an ihn richtete, ob der des Kirchenstaats beraubte Papst unter Umständen ein Asyl in Preußen finden werde, dachte Bismarck daran, Köln oder Fulda als päpstliche Residenz ins Auge zu fassen. Noch am 13. Februar 1871 äußerte er in Versailles: »Nichts kann törichter sein, als mich für einen Feind des römischen Stuhles zu halten.

Für mich ist der Papst an erster Stelle eine politische Figur, und ich habe einen angeborenen Respekt vor allen realen Mächten und Gewalten. Ein Mann, der über die Gewissen von zweihundert Millionen Menschen verfügt, ist für mich ein großer Monarch ...« Und als der bayerische Ministerpräsident Fürst Hohenlohe Maßnahmen gegen das Unfehlbarkeitsdogma anregte, wies der Kanzler dieses Ansinnen zurück, mit der Begründung, daß es sich hier um eine innere Angelegenheit der katholischen Kirche handle und man abwarten müsse, welche Folgen sich für den deutschen Episkopat daraus ergäben. Am 30. Januar 1872 umschrieb er die Stellung der Regierung zu dem Dogma von der Unfehlbarkeit des Papstes im preußischen Abgeordnetenhaus wie folgt: »Dogmatische Streitigkeiten über die Wandlungen oder Deklarationen, welche innerhalb des Dogmas der katholischen Kirche vorgegangen sein können, zu beginnen, liegt der Regierung sehr fern und muß ihr fern liegen; jedes Dogma, auch das von uns nicht geglaubte, welches soundsoviel Millionen Landsleute teilen, muß für ihre Mitbürger und für die Regierung jedenfalls heilig sein.« Bismarck mußte bei alledem auch in Rechnung stellen, daß bei dem Kaiser zu einer Auseinandersetzung mit der römischen Kirche keinerlei Neigung vorhanden war, noch viel weniger bei der Kaiserin, die unaufhörlich bemüht war, den Ausbruch eines Kirchenkonflikts zu verhindern. Durch den Antrag der liberalen Reichstagsmehrheit auf Einführung der obligatorischen Zivilehe fühlte sich Bismarck außerdem in eine peinliche Situation versetzt, weil er 1849 als junger Abgeordneter in der Preußischen Zweiten Kammer aufs entschiedenste gegen derartige Bestrebungen Stellung genommen hatte.

Ab 1871 traten dann aber Konflikte auf, die für Bismarck Veranlassung waren, aus seiner Reserve herauszutreten. Eine erste grundsätzliche Meinungsverschiedenheit offenbarte sich, als der Erzbischof von Köln einige das Unfehlbarkeitsdogma leugnende Mitglieder der katholisch-theologischen Fakultät der Universität Bonn maßregelte. Der Erzbischof erwartete damals, Bismarck werde sich ihm anschließen, dieser reagierte aber dahin, daß er die katholische Abteilung im preußischen Kultusministerium aufhob. Die Situation erfuhr bald danach eine wesentliche Verschärfung durch die Entwicklung des Braunsberger Schulstreits.

Als sich zwei in Braunsberg tätige Geistliche, der Religionslehrer

Dr. Wollmann vom dortigen Gymnasium und der Direktor des Lehrerseminars Dr. Treibel, gegen das Unfehlbarkeitsdogma erklärten, wurde ihnen von dem ermländischen Bischof Dr. Krementz die Erteilung des Religionsunterrichts verboten. An katholischen Lehranstalten, so erklärte der Bischof, dürfe der religiöse Unterricht nur im Einklang mit den Lehramtsentscheidungen der katholischen Kirche erteilt werden. Diesen Maßregelungen trat der damalige preußische Kultusminister von Mühler entgegen. Am 29. Juni 1871 schrieb er an den Bischof: »Der Umstand, daß Ew. Bischöfliche Hochwürden dem Dr. Wollmann die Missio canonica entzogen haben, würde für den Staat nur dann von Bedeutung sein, wenn für diese Maßregel Gründe nachgewiesen würden, welche auch der Staat als zureichend anerkennt. Das ist nicht der Fall. Denn der pp. Wollmann ist seiner Zeit mit Zustimmung der Kirche ordnungsmäßig zum Religionslehrer berufen und lehrt auch heute noch dasselbe, was er vor dem 18. Juli 1870 mit Zustimmung der Kirche gelehrt hat. Ihn zu nötigen, daß er etwas anderes lehren soll, oder ihn, weil er sich dessen weigert, in seinem Amte zu beunruhigen, hat der Staat keine Veranlassung.« Die Schüler wurden demgemäß staatlicherseits auch nicht vom Besuch des Unterrichts bei Dr. Wollmann dispensiert, wie es der Bischof beantragt hatte.

Da der Geistliche darauf beharrte, Religionsunterricht zu erteilen, belegte ihn der Bischof am 4. Juli 1871 mit der großen Exkommunikation. Am 22. Juli 1871 gab er seiner Diözese in einem Hirtenschreiben von der getroffenen Entscheidung Kenntnis: Wollmann »ist kein Glied der katholischen Kirche mehr, er ist durch freie und hartnäckige Leugnung ihrer Autorität und ihrer Lehrentscheidungen aus ihrem Verbande ausgeschieden, und diese Ausscheidung ist amtlich konstatiert und verkündigt. Katholische Eltern können nun nicht mehr ohne schwere Versündigung ihre Kinder in den Religionsunterricht eines wegen Abfalls vom katholischen Glauben exkommunizierten Priesters schicken, katholische Schüler können, ohne schwere Schuld und ohne sich den verhängten kirchlichen Strafen auszusetzen, diesen Unterricht nicht mehr besuchen.« Dr. Treibel erging es entsprechend.

Der Ermländer Konflikt sollte noch viele Jahre die Gemüter beschäftigen. Ein Jahr nach der Exkommunikation der beiden Geistlichen erklärte der preußische Kultusminister Dr. Falk im Abgeordnetenhaus, er betrachte den Dr. Wollmann noch immer als katholisch; der Staat müsse sich über Exkommunikationen »das volle freie Recht der Prüfung« vorbehalten. Für die katholische Kirche bedeutete diese amtliche ministerielle Äußerung naturgemäß einen schweren Affront.

Durch den Braunsberger Konflikt war die Schulfrage in den Mittelpunkt des öffentlichen Interesses getreten. Ungefähr um die gleiche Zeit brach ein neuer Konflikt um den katholischen Feldpropst, den Bischof Namszanowski, aus. Dieser hatte einem Insterburger Militärgeistlichen die weitere Ausübung der Militärseelsorge untersagt, weil auch er das Dogma von der Unfehlbarkeit des Papstes geleugnet hatte. Das führte zu einem schweren Zusammenstoß mit dem Kriegsminister Graf Roon. Da sich der Bischof bei dem Minister auch noch auf andere Weise mißliebig gemacht hatte, benutzte man eine Inkorrektheit, um ihn aus dem Amte zu entfernen. Er hatte sich nämlich im April 1872 ohne Urlaub zwei Tage aus Berlin entfernt, um in Fulda der Bischofskonferenz beizuwohnen. Wegen dieser »Verfehlung« wurde ein Disziplinarverfahren gegen ihn eröffnet, das nach dem Willen der Regierung mit der Suspension vom Amt enden sollte. Der Disziplinarhof sprach den Bischof wegen dieser Reise nach Fulda zwar eines Disziplinarvergehens schuldig, verurteilte ihn aber nur zu einer Verwarnung. Sowohl die Staatsregierung wie auch der Verurteilte legten gegen diesen Spruch Berufung ein. Noch bevor die neue Hauptverhandlung stattfand, wurde das Amt eines katholischen Feldpropsts durch königliche Kabinettsorder »bis auf weiteres« aufgehoben. Am 26. Juni 1873 wurde der Bischof sodann durch Urteil der Berufungsinstanz (des Staatsministeriums) zur Versetzung in den Ruhestand verurteilt; dabei wurde ihm nur die Hälfte seines bisherigen Gehalts als Wartegeld belassen. – Daß der sensationelle Ausgang dieses Verfahrens die schon vorhandene Kampfstimmung nur noch verschärfen konnte, liegt auf der Hand.

Die Reibungen, die durch die Auseinandersetzungen mit diesen beiden Bischöfen erzeugt wurden, trieben die Entwicklung rasch in einen offenen Konflikt hinein. Bismarcks ablehnende Einstellung dem Zentrum gegenüber, das sich überall auf die Seite der Kirche stellte, tat ein übriges, den vollständigen Bruch mit jener herbeizuführen. Da sich das Zentrum aber zum Anwalt nicht nur der Katholiken, sondern sämtlicher Volksgruppen machte, die dem Reiche zwangsweise eingegliedert worden waren, d. h. also auch der Welfen, Polen und Lothringer, sah Bismarck in dieser Partei eine Zusammenfassung aller Reichsfeinde, denen man entschieden entgegentreten müsse. Was speziell den katholischen Charakter der Partei betraf, so vermutete er dahinter eine Steuerung von Rom aus und hatte den Argwohn, daß durch das Zentrum der uralte Machtstreit zwischen Königtum und Papsttum wiederbelebt werden sollte. Anfang 1872 erklärte Bismarck im preußischen Abgeordnetenhaus ganz offen, er könne die Zentrumsfraktion »nur im Lichte einer Mobilmachung gegen den Staat betrachten«. Gegen diese Partei, und nur gegen diese, richtete sich ursprünglich sein Kampf. Der Kampf gegen die katholische Kirche, so sagte er 1874 zu dem sächsischen Minister von Friesen, sei ganz gegen seine Absicht entstanden. »Ich wollte die Zentrumsfraktion als politische Partei bekämpfen, weiter nichts! Wenn man sich darauf beschränkt hätte, so wäre es gewiß von Erfolg gewesen. Daran, daß man weiter gegangen ist und die ganze katholische Bevölkerung aufgeregt hat, bin ich ganz unschuldig.«

Die Konfliktstimmung, die durch den Ermländer Schulstreit, die Disziplinierung des katholischen Feldpropsts und die Reibungen mit den Erzbischöfen von Köln und Posen geschaffen worden war, führte zu einer Verschärfung der Gesetzgebung, nachdem im Januar 1872 der vorsichtig-zurückhaltende Kultusminister von Mühler durch Adalbert Falk ersetzt worden war. Unter Mühler war bereits ein Gesetz über die Schulaufsicht vorbereitet worden, das am 11. März 1872 in Kraft trat. Das Gesetz ließ die geistliche Schulaufsicht über den Religionsunterricht bestehen, ihr unselbständiger Charakter wurde aber dadurch betont, daß die Delegation der Aufsicht an kirchliche Behörden an die staatspolitische Zuverlässigkeit des mit der Wahrnehmung betrauten Religionsdieners gebunden wurde. Damit hatte der Staat die Entscheidung darüber in der Hand, wer die Schulaufsicht ausübte. – Daß dann im Sommer 1872 reichsgesetzlich die Ausweisung des Jesuitenordens (und der diesem verwandten Orden und Kongregationen) verfügt wurde, wurde schon angedeutet. Beantragt wurde dieses Gesetz übrigens durch den Fürsten Hohenlohe, dessen Entwurf noch radikaler war als der verabschiedete Text des Gesetzes.

Die (noch ausstehende) prinzipielle Auseinandersetzung zwischen Staat und Kirche erfolgte auf dem Boden der sog. preußischen »Maigesetze« von 1873, die 1874 und 1875 durch weitere, mit Strafvorschriften versehene Gesetze ergänzt wurden. Sie waren im wesentlichen das Werk Falks; von ihm ging die Initiative aus, und von ihm stammte auch die juristische Detailarbeit. Vor allem war Falk der Schöpfer dessen, was Bismarck später als »juristischen Fangapparat für widerstrebende Priester« bezeichnet hat. Falks Ministerialräte bejahten seine Kampfpolitik, identifizierten sich mit ihr und betrieben den Kulturkampf »mit einer gewissen Begeisterung«. Dem Kurs des Ministers traten aus Überzeugung weiterhin die führenden Kirchenrechtslehrer bei – die Professoren Hübler, Dove, Friedberg, Hinschius und Otto Mejer. Sie leisteten bei der Vorbereitung der Gesetzesvorlagen innerhalb einer kirchenpolitischen Kommission wichtige Formulierungshilfe.

Die wesentlichen Neuerungen dieser preußischen Gesetze waren folgende: Ein Gesetz »über die Vorbildung und Anstellung der Geistlichen« bestimmte, daß die Ausbildung der Geistlichen ausschließlich auf den Schulen und Universitäten des Staates zu erfolgen habe. Ihre Anstellung sollte von dem Bestehen eines »Kulturexamens« abhängig sein, in dem der Kandidat darzutun hatte, daß er die für seinen Beruf erforderliche allgemein-wissenschaftliche Bildung auf dem Gebiete der Philosophie, der Geschichte, der deutschen Literatur und der klassischen Sprachen besaß. Ein geistliches Amt durfte auch nur dem übertragen werden, gegen dessen Anstellung von seiten des Staates kein Einspruch erhoben worden war. Damit wollte man, wie die Motive offen erklärten, verhindern, daß in ein solches Amt »Feinde des Staates« berufen wurden. Der Staat sollte auf diese Weise bei der Besetzung geistlicher Stellen immer das entscheidende und letzte Wort sprechen. Jedes Pfarramt war auch innerhalb eines Jahres dauernd zu besetzen. Dem geistlichen Oberen, der diesen Vorschriften zuwiderhandelte, wurden Geldstrafen von 200 bis 1000 Taler angedroht; der gesetzwidrig Angestellte, der Amtshandlungen vornahm, hatte mit Geldstrafe bis zu 100 Talern zu rechnen. Nach Angabe der Motive zu dem Gesetz war es die Absicht des Gesetzgebers, »die nahezu absolute Abhängigkeit der katholischen Geistlichen von ihren ›Obern‹ zu durchbrechen.«

Eine andere Vorlage betraf das Recht zum Gebrauch kirchlicher Straf- und Zuchtmittel. Der katholischen Kirche sollte es hinfort nicht mehr gestattet sein, die große Exkommunikation auch außerhalb des religiösen Bereichs zu verhängen. Diese Bestimmung sollte verhindern, daß wie im Braunsberger Fall kirchliche Strafen ausgesprochen wurden, um Mitglieder der Kirche von der Erfüllung staatlicher Verpflichtungen abzuhalten. Zuwiderhandelnden wurde hier nicht nur Geldstrafe (bis zu 500 Talern), sondern auch Gefängnis (bis zu zwei Jahren) angedroht.

Ein drittes Gesetz erleichterte den Austritt aus der Kirche. Hinfort sollte eine einfache Erklärung vor dem Richter genügen. Für die Austrittsbescheinigung war nur eine einfache Schreibgebühr zu entrichten.

Das letzte der preußischen Maigesetze betraf die Disziplinargewalt der Kirche im allgemeinen. Dazu wurde bestimmt: »Die kirchliche Disziplinargewalt darf nur von deutschen kirchlichen Behörden ausgeübt werden.« Darin lag eine Neuerung von bedeutender Tragweite; damit war nämlich die Jurisdiktionsgewalt des Papstes über die katholische Kirche Preußens aufgehoben. Weiter wurde gegen Entscheidungen der kirchlichen Behörden eine staatliche Berufungsinstanz geschaffen – der »königliche Gerichtshof für kirchliche Angelegenheiten«. Die Vorlage der Akten bei diesem Gerichtshof konnte durch Geldstrafen bis zu 1000 Talern erzwungen werden. In Einzelfällen konnte diese neuerrichtete Stelle auch von Amts wegen tätig werden; dabei konnten u. a. Kirchendiener, die sich gegen staatliche Anordnungen vergangen hatten, durch gerichtliches Urteil aus dem Amte entfernt werden, falls ihr Verbleiben im Amt mit der öffentlichen Ordnung nicht in Einklang zu bringen sei. Die Entscheidungen dieses Gerichtshofs konnten nicht mit Rechtsmitteln angefochten werden – sie waren endgültig. Deshalb bezeichnete man dieses Gericht als den »eigentlichen preußischen Papst.«

Gegen die »die natürlichen und wohlerworbenen Rechte der katholischen Kirche und die Gewissens- und Religionsfreiheit der Katholiken verletzenden« Vorlagen hatten mit Denkschrift vom 30. Januar 1873 alle Bischöfe Preußens feierlich Verwahrung eingelegt, in der Hoffnung, dadurch zu verhindern, daß sie Gesetz wurden. Dabei wandten sie sich u. a. auch gegen die in den Entwürfen enthaltenen Strafdrohungen: »Wir können nicht unterlassen, es auszusprechen, daß uns die so häufige Androhung von Geldstrafen . . ., und zwar mit sichtlicher Richtung gegen die Bischöfe, tief gekränkt hat. Wahrlich, das wäre ein unwürdiger Bischof, der durch Rücksicht auf Geldverlust auch nur einen Augenblick in Erfüllung seiner Pflicht wankend gemacht werden könnte.« Alle diese Vorstellungen waren aber vergeblich. Die liberale Presse zollte den Entwürfen mit nur wenig Ausnahmen lebhaften Beifall und forderte zur endlichen Verwirklichung der Freiheit des Individuums auch im Bereich der Kirche sowie zur Heranbildung eines nationalen Klerus ihre rasche Inkraftsetzung.

Der katholischen Kirche blieb unter diesen Umständen nichts anderes übrig, als Kampfposition zu beziehen. Nachdem die vier Vorlagen Anfang Mai 1873 vom preußischen Abgeordnetenhaus mit eindrucksvoller Mehrheit (262 gegen 108 bzw. 117 Stimmen), angenommen worden waren (sie wurden in der Zeit vom 11. bis 14. Mai im Gesetzblatt publiziert), beschlossen die preußischen Bischöfe, die neuen Gesetze als nicht verbindlich zu behandeln und ihrer Ausführung geschlossen passiven Widerstand entgegenzusetzen. In einem Hirtenbrief sprachen sie damals von der bedrohlichsten Glaubensunterdrückung seit der Diokletianischen Christenverfolgung. Am 26. Mai 1873 überreichten sie der Staatsregierung eine Erklärung, die auf der Fuldaer Bischofskonferenz (29. April bis 2. Mai) beschlossen worden war. Sie könnten es weder hinnehmen, hieß es darin, daß der Kirche vom Staat eigenmächtig Schranken gesetzt würden, noch anerkennen, daß die staatliche Gesetzgebung die ausschlaggebende Quelle allen Rechts sei. Tue man das, so mache man »das Christentum von der Willkür der Menschen abhängig«.

Die Antwort des Staates auf diese Verlautbarung bestand in zahlreichen Zwangsmaßnahmen. Als diese nichts fruchteten, wurde die Strafjustiz zum Einsatz gebracht – in einem Ausmaß, das kirchengeschichtlich einzigdastehend ist. Die Regierung glaubte, dadurch die Mitwirkung der Bischöfe erzwingen zu können.

Bismarck neigte dazu, sich des Strafrechts und der strafrechtlichen Verfolgung zu politischen Zwecken zu bedienen. Als der Kulturkampf ausbrach, war er gerade dazu übergegangen, Beleidigungsprozesse als Kampfmittel zu verwenden. Zeitweise sollen damals von ihm 1600 Strafanträge bei Gericht anhängig gewesen sein. Wie einer seiner engsten Mitarbeiter, Arthur von Brauer, mitgeteilt hat, verfolgte er mit diesen Massenverfolgungen das Ziel, den ultramontanen und sozialdemokratischen Blättern, die damals wie Pilze aus dem Boden schossen, durch zahlreiche Verurteilungen zu Geld- und Gefängnisstrafen die Existenz zu erschweren. Sein scharfes, beinahe brutales Vorgehen gegen Harry von Arnim, den einstigen Botschafter in Paris, und gegen den Professor Geffcken, deuten in die gleiche Richtung[1]. Der Großeinsatz, den die Organe der preußischen Strafjustiz auf Bismarcks und seiner Mitarbeiter Betreiben in den Jahren des Kulturkampfs erlebten, ist ebenfalls daraus zu erklären, daß man der Überzeugung war, man könne sich die Anhänger abweichender Auffassungen durch strafprozessuale Einschüchterung gefügig machen.

In dem Konflikt, der soeben ausgebrochen war, kam es zunächst darauf an, die Vertreter der katholischen Kirche in möglichst vielen Bereichen so ins Unrecht zu setzen, daß man darauf Strafverfahren aufbauen konnte. Als Ansatzpunkt wählte man zuerst die kirchlichen Lehranstalten, später das Anstellungswesen.

Was die kirchlichen Lehranstalten anging, so erhielten die Oberpräsidenten vom Kultusminister Weisung, die Bischöfe zu veranlassen, die staatliche Anerkennung dieser Anstalten unter Zugrundelegung aller aus der neuen Gesetzgebung sich ergebenden Pflichten in die Wege zu leiten. Als sich der Paderborner Bischof weigerte, auf diese Bedingungen einzugehen, wurden an die Theologische Bildungsanstalt zu Paderborn Ende Juni 1873 die Zahlungen eingestellt, mit der Begründung, das dortige Studium sei nicht geeignet, das maigesetzlich vorgeschriebene Universitätsstudium zu ersetzen.

In Trier vollzog sich das Vorgehen gegen das Priesterseminar unter besonders dramatischen Umständen. Nachdem Ende 1873 die Schließung der Anstalt verfügt worden war, erschien am 9. März 1874 der Oberbürgermeister der Stadt Trier, von Polizei und Militär begleitet, um die Professoren gewaltsam aus dem Seminargebäude zu entfernen. Während diese Aktion durchgeführt wurde,

1 Über die Fälle von Arnim und Geffcken vgl. Maximilian Jacta, Deutschland II S. 71 ff. und 91 ff.

säuberte eine Abteilung Husaren die anliegenden Straßen. Gegen die Professoren wurde ein Verfahren wegen Landfriedensbruchs in die Wege geleitet.

Nachdem sich das Limburger, Hildesheimer, Posener und Braunsberger Seminar einer staatlichen Revision, so wie sie in den Maigesetzen vorgesehen war, widersetzt hatten, wurden sie – ebenso wie vorher schon das Trierer Seminar – eines nach dem anderen geschlossen. Die ausgesperrten Theologen führten ihr Studium meist in Bayern oder Österreich zu Ende, konnten später aber in ihrer Heimatdiözese keine Anstellung finden.

Noch entschiedeneren Widerstand setzten die Bischöfe dem Anspruch des Staates auf Mitwirkung bei der Stellenbesetzung entgegen. Sie besetzten offene Stellen nach dem bisherigen Modus weiter und unterließen es dementsprechend, den Oberpräsidenten vor der Besetzung die maigesetzlich erforderliche Anzeige zu machen.

Staatlicherseits zögerte man nicht, nunmehr die Strafjustiz mobil zu machen. Die ersten Oberhirten, die wegen unterlassener Anzeige mit der Strafjustiz zu tun bekamen, waren der Posener Erzbischof Graf von Ledochowski und der Fuldaer Bischof Kött. Die an sie ergehenden Terminsladungen ignorierten sie. Der Posener Erzbischof schrieb an das Gericht, in der Frage kirchlicher Anstellungen sei es ihm nicht möglich, die Zuständigkeit einer anderen Behörde als des Heiligen Stuhles anzuerkennen. Für die Stellenbesetzungen sei er als Diözesanbischof allein zuständig. Sein Gewissen erlaube ihm nicht, zu dem anberaumten Termin zu erscheinen. – Der Erzbischof wurde deshalb zu 200 Talern Geldstrafe verurteilt. Der Bischof von Fulda wurde mit dem doppelten Betrag belegt, weil er zwei Stellen ohne vorherige Fühlungnahme mit den staatlichen Behörden neu besetzt hatte. – Das alles geschah im August 1873.

Einige Wochen danach, im Herbst 1873, beschritt Bischof Eberhard von Trier den gleichen Weg und sah sich deshalb ebenfalls dem Zugriff der Strafjustiz ausgesetzt. Er sprach mit einem Schlag die Anstellung einer ganzen Anzahl von Pfarrern und Kaplänen aus, ohne sich um die Maigesetze zu kümmern, und löste dadurch auf seiten des Staates eine ganze Serie von Gegenmaßnahmen aus. Die Landräte und Bürgermeister wurden angewiesen, in den betroffenen Gemeinden bekanntzumachen, daß alle diese Anstellungen gesetzwidrig seien und infolgedessen Zahlungen an die Neuernannten zu unterbleiben hätten. Amtshandlungen dürften von ihnen nicht vorgenommen werden.

Da sich niemand um diese Verlautbarungen kümmerte, blieb den staatlichen Behörden nichts anderes übrig, als den Versuch zu unternehmen, den renitenten Bischof und die von ihm ernannten Geistlichen mit Hilfe der Strafjustiz zum Einlenken zu bewegen. Jede maigesetzwidrige Anstellung und jede Amtshandlung der Neuernannten wurde als Einzelvergehen verfolgt und mit einer besonderen Strafe belegt. Die Strafgerichte zu Trier, Koblenz und Saarbrücken hatten an manchen Tagen nur mit der Aburteilung von Geistlichen zu tun. Dabei wurden Geldstrafen und für den Nichtbeitreibungsfall Gefängnisstrafen von zwei Tagen bis zu zwei Jahren verhängt. Da sich keiner der Verurteilten – der die Geldstrafe nicht hatte aufbringen können – freiwillig zum Strafantritt einfand, mußten sie alle verhaftet und abgeführt werden, was jedesmal Unruhe in die Bevölkerung trug. In vielen Gemeinden war es damals nicht mehr möglich, den Gottesdienst ordnungsgemäß durchzuführen. Es gab keine Messen mehr, es konnten vielfach nicht einmal mehr die Sakramente an Sterbende erteilt werden.

Bei Bischof Eberhard von Trier kam man durch Summierung aller über ihn verhängten Einzelstrafen auf einen Gesamtbetrag von 10 400 Talern, an dessen Stelle im Falle der Uneinbringlichkeit vier Jahre und drei Monate Gefängnis treten sollten. Da der Bischof nicht imstande war, diese für die damalige Zeit beträchtliche Summe aus eigenen Mitteln zu zahlen, und da er aus grundsätzlichen Erwägungen auch kein fremdes Geld dafür annehmen wollte, mußte er es erleben, daß erst sein Gehalt und dann seine bewegliche Habe gepfändet wurden. Bei der Zwangsversteigerung griffen regelmäßig Anhänger des Bischofs ein, erstanden die Möbel und stellten sie ihm wieder zur Verfügung. Noch ehe die gegen ihn ergangenen Urteile rechtskräftig wurden, wurde ihm von der Regierung das Gehalt gesperrt. Nichts von alledem vermochte ihn in seiner festen Haltung irre zu machen.

In den anderen Bistümern waren die Versuche, den Bischöfen den Willen des Staates aufzuzwingen, ebenso erfolglos. Bischof Krementz in Braunsberg wurde zwischen 1874 und 1877 wegen eigenmächtiger Besetzung bzw. Nichtbesetzung von Pfarrstellen so oft bestraft, daß die aufgelaufenen Beträge schließlich in die Tausende gingen. Versuche, sie zwangsweise einzutreiben, mißlangen. Bei dem Bischof Brinkmann in Münster, gegen den wegen maigesetzwidriger Besetzung von Pfarrstellen ebenfalls zahlreiche Strafverfügungen und Urteile ergingen, belief sich die Gesamtsumme der Strafen schließlich auf 7200 Mark. Als Ende Januar 1874 auch bei ihm ein Gerichtsvollzieher erschien, um sein Mobiliar zu pfänden, versammelte sich eine große Menschenmenge auf dem Domplatz und nahm eine drohende Haltung an. Die Dienstmänner, die die Möbel auf den Hof geräumt hatten, verließen – von ihren Frauen bedrängt – alle die Arbeit und machten so die Auktion unmöglich. Vier Wochen danach wurde ein neuer Vollstreckungsversuch unternommen, der aber nur zum Teil glückte, weil sich eine aufgebrachte Volksmenge erneut in den Vorgang einmischte. Da es der Polizei nicht gelang, die Ordnung wiederherzustellen, wurde eine Schwadron Kürassiere aufgeboten, die die Straßen säuberte. Einige Tage später konnte die Vollstreckung endlich abgeschlossen werden. Zum Transport der Möbel hatte man protestantische Arbeiter aus Tecklenburg und Zuchthausgefangene aufbieten müssen, weil in Münster niemand bereit war, sich zu einer solchen Arbeit herzugeben. Das bischöfliche Palais war diesmal rechtzeitig vorher in weitem Umkreis durch Militär abgesperrt worden. Wie an allen anderen Orten auch wurden die Möbel durch Bürger der Stadt ersteigert und leihweise an den Bischof zurückgegeben.

Mochten die zuständigen staatlichen Behörden den neu angestellten Geistlichen auch streng verbieten, Ehen zu schließen, Kirchenbücher zu führen, Pfarrsiegel zu gebrauchen und sonstige Amtshandlungen vorzunehmen – die Betroffenen kümmerten sich nicht darum. So wurde man staatlicherseits zu immer neuen und immer schärferen Zwangsmaßnahmen gedrängt.

Eine weitere Zuspitzung der Lage trat ein, als auch noch Verstöße gegen das Gesetz betreffend das Recht zum Gebrauch kirchlicher Straf- und Zuchtmittel vorkamen. Der erste, der die Strafbestimmungen dieses Gesetzes zu spüren bekam, war der Erzbischof Melchers von Köln. Er hatte am 14. Mai 1873 zwei zum Altkatholizismus übergegangene Vikare exkommuniziert. Deswegen wurde gegen ihn und seinen Generalvikar ein Strafverfahren eingeleitet, das in der zweiten Instanz zu einer Bestrafung mit 50 bzw. 25 Talern führte.

Ein Erlaß, den am 24. Oktober 1873 der Kultusminister Falk an die preußischen Oberpräsidenten richtete, machte den Behörden in allen diesen Fällen rücksichtsloses Einschreiten zur Pflicht. Die gesetzwidrigen Anstellungen nähmen derart überhand, daß es dringend geboten sei, gegen die geistlichen Obern mit der vollen Strenge des Gesetzes vorzugehen. Es dürfte keiner dieser Fälle strafrechtlich unverfolgt bleiben. Schärferes Vorgehen sei in Zukunft aber auch gegen die gesetzwidrig angestellten und amtierenden Geistlichen selbst notwendig. Auch in bezug auf sie seien alle strafrechtlichen Möglichkeiten auszuschöpfen:

> »Um jene gesetzwidrig angestellten Geistlichen zu zwingen, ihre Funktionen einzustellen, ist es unerläßlich, daß jede einzelne Amtshandlung derselben, sobald sie zur Kenntnis der Behörden gelangt, sofort zum Gegenstand einer strafrechtlichen Untersuchung gemacht und die Geistlichen auf diese Weise unausgesetzt mit immer neuen Strafanträgen verfolgt werden, bis sie dem Gesetze sich fügen. Würde dies alsbald dahin führen, daß jene Geistlichen, weil sie die sich vermehrenden Geldstrafen nicht zu erlegen vermögen, zur Haft gebracht würden, so ist dies eine Eventualität, vor welcher bei dem Ernste der Sache und den schweren Folgen, welche sich an das Funktionieren der gesetzwidrig angestellten Geistlichen knüpfen, in keiner Weise zurückzuschrecken ist. Vielmehr ist es zur Aufrechterhaltung der gesetzlichen Ordnung durchaus erforderlich, jene Geistlichen die volle Strenge des Gesetzes empfinden zu lassen.«

Der Erlaß läßt erkennen, daß man in Berlin alle Hoffnung auf die Strafjustiz setzte. Dahinter stand der große Wahn, daß man mit Hilfe des Staatsanwalts alles durchsetzen könne.

Es zeigte sich bald, daß man mit dem Einsatz der Strafjustiz gegen einzelne Geistliche gar nicht weiterkam. Man mußte das Übel an der Wurzel packen, d. h. gegen die Bischöfe vorgehen und den besonders renitenten unter ihnen die Ausübung des Amtes faktisch unmöglich machen und u. U. sogar ihre Amtsentfernung betreiben. Für den persönlichen Zugriff boten die aufgelaufenen Geldstrafen eine ausgezeichnete Handhabe. Man brauchte bloß die Ersatzfreiheitsstrafen in Vollzug zu setzen.

Als ersten nahm man sich den Posener Erzbischof, Graf von Ledochowski, vor. Am 24. November 1873 richtete der Oberpräsident der Provinz Posen im Auftrag des Kultusministers mit der Begründung, daß er fortgesetzt gegen die Maigesetze verstoßen habe, die Aufforderung an ihn, innerhalb von acht Tagen sein Amt niederzulegen, widrigenfalls beim Gerichtshof für kirchliche Angelegenheiten seine Amtsentfernung in die Wege geleitet werde. Der Erzbischof erwiderte, sein Amt sei ihm durch den Stellvertreter Christi übertragen worden, ein weltlicher Gerichtshof könne ihn deshalb niemals daraus entfernen. Er schloß seinen Brief mit den Worten: »Meine Pflicht ist es, die geistlichen Güter meiner Diözesanangehörigen zu wahren und zu verteidigen, nicht aber, wenn Leiden jeglicher Art und selbst Verlust des Lebens drohen, freiwillig zurückzuweichen und den Mühseligkeiten und Gefahren sich zu entziehen.«

Dieser Brief wurde in Berlin als eine Herausforderung empfunden, auf die es nur eine Antwort geben konnte: die Festnahme des Erzbischofs. Sie erfolgte denn auch in der Nacht zum 3. Februar 1874. Als Verhaftungsgrund benutzte man die Tatsache, daß sich die über den Erzbischof verhängten Geldstrafen teilweise als uneinbringlich erwiesen hatten. Graf von Ledochowski wurde von seinem ausgepfändeten Palais in Posen in das Gefängnis von Ostrowo verbracht, wo er die nächste Zeit verblieb. So großes Aufsehen dieser ungewöhnliche Vorgang auch erregte – in Posen blieb es ruhig. Die Gegner der katholischen Kirche zogen daraus den Schluß, daß der preußische Episkopat mit seiner starr ablehnenden Haltung den Maigesetzen gegenüber keinen Rückhalt in den katholischen Volksmassen besitze. Man sollte sich aber schwer getäuscht haben.

Noch bevor zu der Verhaftung des Erzbischofs geschritten worden war, hatte die preußische Regierung gegen ihn bei dem Gerichtshof für kirchliche Angelegenheiten ein Verfahren auf Amtsenthebung in die Wege geleitet. Einer Ladung zu dem für den 14. Januar 1874 vor dem Untersuchungsrichter anberaumten Termin hatte er keine Folge geleistet. Begründung: der Gerichtshof sei unzuständig. Am 15. April 1874 wurde dann in Abwesenheit des Erzbischofs verhandelt. Die Anklage warf ihm vor, bei 75 Stellenbesetzungen der vorgeschriebenen Anzeigepflicht nicht entsprochen zu haben. Deswegen seien ihm bis jetzt Geldstrafen von insgesamt 29 700 Taler, hilfsweise zwei Jahre Gefängnis auferlegt worden. Dem Antrag des Anklagevertreters, daraufhin den Angeklagten seines Amtes zu entheben, entsprach der Gerichtshof.

Die katholische Kirche ignorierte diesen Spruch und behandelte Graf von Ledochowski nach wie vor als den rechtmäßigen Erzbischof. Eine Neuwahl unterblieb. Die preußischen Bischöfe aber richteten ein Sendschreiben an Klerus und Volk, worin sie sich vor allem gegen den Vorwurf revolutionärer Gesinnung verwahrten. Der Episkopat habe vorausgesehen, daß schweres Leid über die Hirten des katholischen Volkes und alle Gläubigen kommen werde; es sei aber die Selbständigkeit der Kirche gefährdet, und bei dieser Sachlage habe man nicht anders handeln können. Das Volk möge auch in Zukunft treu am Glauben festhalten, Geduld üben und gegenüber der Obrigkeit Pflichttreue wahren.

Der nächste Schlag richtete sich gegen den Bischof Dr. Matthias Eberhard von Trier. Er war im Laufe des Jahres 1873 – wie schon erwähnt – wegen Übertretung der Maigesetze zu insgesamt 10 400 Talern Geldstrafe, hilfsweise insgesamt vier Jahren drei Monaten Gefängnis verurteilt worden. Durch Gehaltspfändung und Pfändung von Möbeln im bischöflichen Palais konnte nur ein kleiner Teil dieser Summe gedeckt werden. Die fällig gewordene Ersatzfreiheitsstrafe belief sich schließlich auf zwei Jahre. Da der Bischof außerstande war, die zugrunde liegenden Geldstrafen zu zahlen, blieb nichts weiter übrig, als die Vollstreckung der aufgelaufenen Ersatzfreiheitsstrafe anzuordnen. Als der Bischof die Aufforderung erhielt, sich am 25. Februar 1874 im Gefängnis von Trier zum Strafantritt zu melden, leistete er ihr nicht Folge. Er wurde daraufhin am 6. März von dem Trierer Landrat verhaftet.

Dabei entspann sich folgender denkwürdige Wortwechsel zwischen ihnen: »Herr Landrat! Ich habe bereits gegen die Gewalt, die man mir und meinem Amte antut, protestiert; ich erneuere diesen Protest feierlichst. Ich habe mein Amt von Gott. Das gegen mich gerichtete Verfahren ist ungerechtfertigt, und darum weiche ich nur der Gewalt.« Nachdem er diese Worte gesprochen hatte, setzte sich der Bischof. Der Landrat bat ihn, aufzustehen und ihm zu folgen.

Der Bischof erwiderte: »Legen Sie Hand an mich, brauchen Sie Gewalt!«. – »Also wollen Sie nicht mitgehen?«. – »Freiwillig nicht, legen Sie Hand an mich.« – »Hochwürdigster Herr«, sagte der Landrat, »geben Sie mir Ihre Hand!« Gleichzeitig streckte er die Hand nach der des Bischofs aus. Dieser legte seine Hand jetzt in die des Beamten, der sie festhielt, bis der Bischof sich erhoben hatte. »Herr Landrat, ich bedauere Sie, daß Sie Hand angelegt haben an einen Bischof!« Dann ging er mit dem Landrat die Treppe hinunter, an seinen weinenden Angehörigen und Mitarbeitern vorbei. Den Vorschlag des Landrats, das Haus über den Gartenausgang zu verlassen, lehnte der Bischof ebenso ab wie das Anerbieten, einen Wagen zu nehmen. Er wollte sich zu Fuß ins Gefängnis begeben.

Auf der Straße standen Hunderte von Menschen, die in die Knie sanken und in lautes Wehklagen ausbrachen, als ihr Bischof an ihnen vorüberschritt. Der Bischof erteilte nach allen Seiten den Segen und ermahnte die Leute, Ruhe zu bewahren. Vor dem Gefängnis hatte sich eine derartige Volksmenge angesammelt, daß es dem Landrat Mühe machte, mit seinem Gefangenen an die Gefängnispforte zu gelangen. Die Art und Weise, mit der die Bevölkerung ihre Teilnahme kundtat, übertraf alles, was man bisher in der Diözese erlebt hatte. Während der ganzen Zeit seiner Gefangenschaft gingen dem Bischof aus der Bevölkerung Zeichen der Teilnahme und Treue zu. Papst Pius IX. sandte ihm ein Trostschreiben, und die Bischöfe Englands richteten eine Ergebenheitsadresse an ihn, worin sie ihm dankten »für das ihnen selbst und der Gesamtkirche gegebene leuchtende Beispiel mannhafter Standhaftigkeit«.

In Köln wurde der Erzbischof am 31. März 1874 verhaftet. Da man seit den Ereignissen in Trier täglich mit der Sistierung von Dr. Melchers rechnete, wurden ihm bei jedem Auftreten in der Öffentlichkeit spontan Huldigungen dargebracht. Am letzten Tage des Monats erschien dann der Polizeipräsident persönlich, um den Erzbischof für verhaftet zu erklären und ihn nach dem Gefängnis zu verbringen. Eine riesige Menschenmenge war Zeuge der Einlieferung des Kirchenfürsten in den »Klingelpütz«. Sie nahm tief erregt davon Notiz, wahrte aber in mustergültiger Weise Ruhe und Ordnung.

In Limburg wurde an den Bischof Dr. Peter Joseph Blum nicht Hand angelegt – zweifellos seines hohen Alters wegen. Wohl aber war der Vollstreckungsbeamte ständiger Gast im Bischofspalais. Auch diesem Bischof waren wegen zahlreicher Zuwiderhandlungen gegen die Maigesetze serienweise Geldstrafen auferlegt worden, die er nicht bezahlen konnte. Im Laufe der Zeit wurde ihm seine ganze persönliche Habe weggenommen, und dabei machte man – zur Empörung des Kirchenvolkes – nicht einmal vor seinem Brustkreuz halt.

Umfassender noch als in den anderen Diözesen kam die Strafjustiz im Bereich von Paderborn zum Einsatz. Der Bischof Dr. Konrad Martin hatte sich nicht nur wegen seiner Zuwiderhandlungen gegen die Maigesetze zu verantworten, er wurde auch wegen eines Vergehens gegen den sogenannten Kanzelparagraphen verfolgt. Er hatte nämlich am 14. März 1874 einen Hirtenbrief erlassen und darin die Diözesanen zur Treue für den Papst und zur Wachsamkeit gegenüber dem von der Regierung geförderten Altkatholizismus aufgerufen. Die Staatsanwaltschaft erblickte darin eine »Schmähung gegen den Staat« und sorgte für die Beschlagnahme des Briefes. Gegen alle Geistlichen, die ihn von der Kanzel verlesen hatten, wurden Strafverfahren eröffnet. Einige wurden freigesprochen, die meisten zu Festung oder Gefängnis verurteilt. Auch gegen den Bischof selbst wurden dieses Hirtenbriefes wegen bei verschiedenen Kreisgerichten Strafverfahren eingeleitet. Diese führten in mehreren Fällen zu seiner Bestrafung mit Festungshaft. Als eines dieser Verfahren vor das Preußische Obertribunal in Berlin kam, entschied dieses, daß sich der Bischof an jeder Stelle strafbar gemacht habe, und zwar wegen Anstiftung, wo der Hirtenbrief zur Verlesung gebracht worden war. – In der Diözese Paderborn gab es am Ende nicht viele Geistliche, die nicht mit dem Gericht zu tun gehabt hatten. Die Bevölkerung hielt treu zu ihnen.

Um von dem Bischof Pfändungen abzuwenden und ihn vor dem Gefängnis zu bewahren, wurden große Geldbeträge gesammelt. Dr. Martin war darüber tief gerührt, bat aber, von weiteren Sammlungen Abstand zu nehmen, damit nicht Unschuldige an seiner Stelle Strafe erlitten und der Fiskus sich bereichere: »Ich will lieber selbst in den Kerker hinein«, sagte er, »als zugeben, daß die guten treuen Diözesanen durch die Zahlung solcher enormen Strafgelder nach und nach sich ihrer Habe berauben. Auch diese fortwährende Spannung, in der ich seit Monaten mich befinde, ist ein Martyrium, dem vielleicht dasjenige im Kerker möchte vorzuziehen sein. Und wenn ich mit den schon eingekerkerten Brüdern auch im Kerker sterben sollte, so wird unser Tod im Kerker für die Sache der Gerechtigkeit, wofür wir leiden, nur um so lauter hinaufschreien nicht um Rache gegen unsere Verfolger, sondern um ihre Bekehrung und Rettung.« – Am 4. August 1874 war es dann soweit; jetzt wurde auch er verhaftet und trat unter den Augen einer nach vielen Tausenden zählenden Menge den Weg ins Kreisgefängnis an.

Im Falle des Fürstbischofs von Breslau, Heinrich Förster, beschränkte man sich auf Pfändungen. Auch hier hatte die Bevölkerung eindeutig kundgetan, daß sie voll und ganz hinter ihrem Oberhirten stand.

In anderen Bistümern geschah Ähnliches. So z. B. wurden auch der Erzbischof von Olmütz, der Erzbistumsverweser von Freiburg (letztere für die ihnen unterstellten preußischen Gebietsteile) und der Bischof von Hildesheim zu erheblichen Geldstrafen verurteilt und ausgepfändet. Bei dem Bischof von Hildesheim, Dr. Wilhelm Sommerwerck, erbrach der Vollstreckungsbeamte sogar den Schreibtisch und entnahm ihm 240 Taler.

Zu Beginn des Jahres 1875 meinten im Deutschen Reich viele, der Kampf zwischen dem Staat und der katholischen Kirche sei schon entschieden. Charakteristisch war ein Artikel, der Ostern 1875 in der »Nationalzeitung«, dem Organ der nationalliberalen Partei, erschien. Dort hieß es: »Eine gewaltige Macht bricht langsam, nicht ohne Geräusch und schreckliches Getöse unaufhaltsam in sich selbst zusammen ... Noch ein paar Windstöße, noch einige Sturzwellen – und das Meer wird sich beruhigt haben. Der Glanz der römischen Ostern mit ihren Feuerwerken und Phantasmagorien ist im Verbleichen begriffen, aber immer mehr schwindet die Finsternis des Aberglaubens, immer höher und leuchtender steigt die Ostersonne geistiger Freiheit und Aufklärung empor: sapere aude, wage es, weise zu sein, wage zu denken: das ist der Ruf, den sie an alle ergehen läßt!«

Es sollte jedoch anders kommen. Die Kirche war weit davon entfernt, sich zu unterwerfen, und ihre Kraftreserven waren so groß, daß sie viele Jahre der Verfolgung und Unterdrückung durchzustehen und zu überwinden vermochte.

Papst Pius IX. konnte es sogar wagen, selbst in die Auseinandersetzung um die Maigesetze einzugreifen und in einer Enzyklika vom 5. Februar 1875 zum Ausdruck zu bringen, daß auf deren Grundlage niemals ein Friede zwischen Preußen und der katholischen Kirche möglich sei. In dieser an die preußischen Bischöfe und Erzbischöfe gerichteten Verlautbarung (sie wurde dem deutschen Publikum am 18. Februar 1875 durch Abdruck im »Westfälischen Kurier« bekannt) widmete der Papst den eingekerkerten Bischöfen Worte höchster Anerkennung und sprach dann den preußischen Maigesetzen jede Verbindlichkeit ab – ein fürwahr einmaliger Eingriff in die Sphäre des Staates:

»Die Erniedrigung der bischöflichen Würde, die Verletzung der Freiheit und der Rechte der Kirche, die Bedrängnis, von der nicht bloß die genannten, sondern auch die anderen Diözesen Preußens getroffen werden, verlangen von Uns, daß Wir, dem Uns ... übertragenen apostolischen Amte gemäß, klagend die Stimme erheben gegen jene Gesetze, welche die Quelle jener, bereits angerichteten und vieler noch zu befürchtenden Übel sind, und daß Wir für die durch gottlose Gewalt niedergetretene kirchliche Freiheit mit aller Entschiedenheit und mit der Autorität des göttlichen Rechtes auftreten. Um diese Pflicht unseres Amtes zu erfüllen, erklären Wir durch dieses Schreiben offen allen, welche es angeht, und dem ganzen katholischen Erdkreise, daß jene Gesetze nichtig (irratae) sind, da sie der göttlichen Einrichtung der Kirche ganz und gar widerstreiten. Denn nicht die Mächtigen der Erde hat der Herr den Bischöfen seiner Kirche vorgesetzt in den Dingen, welche den heiligen Dienst betreffen, sondern den heiligen Petrus, dem Er nicht bloß seine Lämmer, sondern auch seine Schafe zu weiden übertrug (Jo 21,16,17), und darum können auch von keiner noch so hochstehenden weltlichen Macht diejenigen ihres bischöflichen Amtes entsetzt werden, welche der Heilige Geist zu Bischöfen gesetzt hat, um die Kirche zu regieren (Apg 20,28).«

Gegen den Abdruck dieses zum Ungehorsam gegen die Gesetze auffordernden päpstlichen Schreibens schritten an vielen Stellen die Staatsanwaltschaften ein. Viele der verantwortlichen Redakteure katholischer Zeitungen wurden unter Anklage gestellt und zu hohen

Geldstrafen oder Gefängnisstrafen verurteilt. Es gab allerdings auch Freisprüche. Damit das ganze katholische Volk davon Kenntnis erhalte, brachte der Zentrumsabgeordnete Freiherr von Wendt die Enzyklika am 18. März 1875 im preußischen Abgeordnetenhaus zur Verlesung. Es gab dabei gewaltigen Lärm, und die anderen Parteien verließen den Sitzungsraum, vermittels der Landtagsberichte konnte die Enzyklika jetzt aber ungehindert in die Presse übernommen werden. In einer offiziösen Verlautbarung bestritt die preußische Regierung die Berechtigung des Papstes, verfassungsmäßig zustande gekommene Gesetze für ungültig zu erklären, und protestierte gegen den Versuch, das preußische Volk gegen seine Regierung aufzuwiegeln und die Herrschaft auch auf bürgerlichem Gebiete an sich zu reißen: »Das Schreiben des Papstes ist ein Aufruf und eine Aufmunterung zu revolutionärer Leidenschaft.«

Die Reaktion auf das, was als päpstliche Herausforderung betrachtet wurde, ließ nicht lange auf sich warten. Am 22. April 1875 wurde ein Gesetz verkündet, das dem Staat das Recht zusprach, sämtliche Staatsleistungen für die katholischen Bistümer und Geistlichen einzubehalten (sog. Sperrgesetz). Die eingestellten Zahlungen sollten erst dann wieder aufgenommen werden, nachdem der zuständige Bischof oder sonst Empfangsberechtigte sich schriftlich verpflichtet hatten, die Staatsgesetze hinfort zu befolgen.

Der Versuch, durch Entzug von Geldmitteln den katholischen Klerus auf die Knie zu zwingen, mißlang genau ebenso wie alles, was man früher unternommen hatte. Von den Bischöfen ließ sich unter finanziellem Druck keiner dazu bewegen, die Maigesetze anzuerkennen. Und was die anderen betraf, so ließen sich nur einige Dutzend Geistliche dazu herbei, den Folgen der finanziellen Kalamität für ihre Person durch Annahme von »Staatspfarreien« aus dem Wege zu gehen. 4000 Priester blieben ihren Oberen treu. Pius IX. exkommunizierte die Abtrünnigen und wies die Mitglieder ihrer Gemeinden an, dem Gottesdienst fernzubleiben. Diese Weisung wurde gewissenhaft befolgt. Die Staatspfarrer predigten infolgedessen vor leeren Bänken und konnten oft sogar nur unter Polizeischutz amtieren. Bis zum Ende des Kulturkampfes sammelten sich viele Millionen zurückbehaltener Gelder in der staatlichen Kasse an. –

Noch während sich der Erzbischof von Posen im Kreisgefängnis von Ostrowo befand, erhob ihn Pius IX. zum Kardinal und gab den Massen damit ein Zeichen. Das war am 15. März 1875. Am 3. Februar 1876 schlug für den Kirchenfürsten endlich die Stunde der Freiheit. Eine ungeheure Menschenmenge nahm ihn am Gefängnistor in Empfang. Die Regierung sprach gegen ihn sofort ein Aufenthaltsverbot für die Provinzen Posen und Schlesien sowie die Regierungsbezirke Frankfurt a. d. Oder und Marienwerder aus. Der Kardinal reiste deshalb nach Rom, wo ihn der Papst als »tapferen Verteidiger des Glaubens« begrüßte. Da er von Rom aus die Leitung seiner beiden Diözesen Posen und Gnesen fortsetzte, wurden neue Strafverfahren gegen ihn eingeleitet, die mit Gefängnisstrafen von mehrjähriger Dauer endeten. Damals wurde auch ein Steckbrief gegen ihn erlassen.

Während der Kardinal noch im Gefängnis war, wurde sein Posener Vertreter, der Weihbischof Dr. Johannes Janizewski, wegen Spendung des Sakraments der Firmung zu sechs Monaten Gefängnis verurteilt. Da er der Aufforderung, seine Ämter niederzulegen, nicht entsprach, wurde auch gegen ihn beim Gerichtshof für kirchliche Angelegenheiten ein Verfahren auf Absetzung eröffnet. Am 14. April 1877 wurde diese Absetzung beschlossen.

Dem Gnesener Weihbischof Cybichowski erging es ähnlich. Er hatte Gründonnerstag 1875 trotz Verbots die heiligen Öle geweiht. Vor Gericht gestellt, wurde er am 22. April 1875 zu neun Monaten Gefängnis verurteilt. Anschließend wurde ihm polizeilich der weitere Aufenthalt in der Provinz Posen untersagt.

Die Staatsanwaltschaften in den beiden Erzdiözesen waren außerdem unaufhörlich bemüht, die Geheimdelegierten ausfindig zu machen, die den Verkehr zwischen dem Oberhirten und den Diözesen vermittelten. In der ersten Hälfte des Jahres 1875 wurden zahlreiche Dekane verfolgt und verhaftet, weil sie sich weigerten, Namen preiszugeben. Viele der zum Teil hochbetagten Herren wurden zu Gefängnis verurteilt, weil sie in Verdacht geraten waren, bei »unbefugter Ausübung bischöflichen Rechts« Beihilfe geleistet zu haben. Auch Zivilpersonen wurden deswegen verfolgt und bestraft.

Der Erzbischof von Köln, Dr. Paulus Melchers, erlangte am 9. Oktober 1874 die Freiheit wieder. Er wurde von seinen Diözesanen begeistert begrüßt. Da er fortfuhr, die Maigesetze zu ignorieren, setzten neue Pfändungsversuche ein, die alle ergebnislos verliefen.

Der Staat schritt deshalb zu seiner Ausweisung aus dem erzbischöflichen Palais. Die Geldstrafen, die dem Erzbischof durch die Gerichte auferlegt worden waren, erreichten schließlich zusammengerechnet den bedeutenden Betrag von 29 500 Talern. Da Dr. Melchers auf die Dauer nicht die Spur von Kompromißbereitschaft erkennen ließ, forderte ihn der Oberpräsident am 2. Dezember 1875 im Namen der preußischen Regierung auf, sein Amt niederzulegen. Der Erzbischof erwiderte, wenn der Staat seine Amtsführung beanstanden zu müssen glaube, möge er sich an den Papst wenden; der sei allein zuständig, etwas gegen ihn zu unternehmen. Daraufhin wurde auch gegen diesen Mann ein Verfahren bei dem Gerichtshof für kirchliche Angelegenheiten eingeleitet, der auch ihn durch Spruch vom 28. Juni 1876 für abgesetzt erklärte. Die Katholiken Kölns standen jetzt nur noch fester zu ihrem Oberhirten als zuvor. Auch Dr. Melchers mußte Köln verlassen. Er fand in einem holländischen Franziskanerkloster Zuflucht und leitete von dort aus zehn Jahre lang seine große Diözese. Das erzbischöfliche Generalvikariat war schon am 4. Juli 1875 aufgelöst worden.

Der Bischof von Trier, Dr. Matthias Eberhard, wurde Ende 1874 aus dem Gefängnis entlassen. Auch er wurde von der Bevölkerung begeistert begrüßt. Da er aber ebenfalls weiterhin die Maigesetze ignorierte, waren binnen kurzem wegen Nichtbesetzung von Pfarrstellen wiederum Geldstrafen in Höhe von 5700 Mark verwirkt. Hinzu kam eine weitere Strafe wegen einer anderen Unbotmäßigkeit. Ohne Zweifel hätte auch Dr. Eberhard noch das Land verlassen müssen, wenn er nicht am 30. Mai 1876 plötzlich verstorben wäre.

In Münster wurde Bischof Brinkmann am 18. März 1875 verhaftet. (Der westfälische Dichter Josef Winckler hat diese Vorgänge im 1. Band seines »Pumpernickel« eindrucksvoll beschrieben.) Ausgeführt wurde die Festnahme durch einen Subalternbeamten, dem der Bischof so, wie es vor ihm sein Trierer Kollege getan hatte, entgegenhielt, daß er nur der Gewalt weiche. Der Beamte faßte den Bischof daraufhin am Arm und befahl ihm mitzugehen. Auf dem Domplatz brauste dem Bischof ein tausendstimmiges Hoch entgegen, und es wurde ihm von einer gewaltigen Volksmenge eine Ovation dargebracht, wie sie in Münster noch kein Bischof erlebt hatte. Auf der Fahrt nach Warendorf in das dortige Gefängnis knieten die Menschen in allen Orten nieder, um den Segen ihres Bischofs zu erhalten. Als er dann am 27. April 1875 aus dem Gefängnis heimkehrte, wurde er wieder von einer nach Tausenden zählenden Menschenmenge stürmisch begrüßt und enthusiastisch gefeiert. Auch an ihn erging die Aufforderung, sein Amt niederzulegen (31. Mai 1875). Als er ihr nicht nachkam, wurde auch sein Fall dem Gerichtshof für kirchliche Angelegenheiten unterbreitet. Mit Beschluß vom 8. März 1976 wurde auch über ihn die Amtsentfernung verhängt.

Der Bischof von Münster sah sich nach seiner Rückkehr neuen zermürbenden Verfolgungsmaßnahmen ausgesetzt. Um ihnen zu entgehen, beschloß er im Herbst 1875, nach Holland zu emigrieren und von dort aus sein Bistum zu regieren (erst 1884 kehrte er nach Münster zurück). In Berlin holte man daraufhin zu einem neuen Schlag aus – man versuchte, dem abwesenden Oberhirten und einigen seiner nächsten Mitarbeiter gemeine Straftaten anzulasten. Das geschah auf folgende Weise: Als nach Auflösung des bischöflichen Generalvikariats (14. April 1876) der zum Verwalter des kirchlichen Vermögens bestellte Regierungsrat die Geschäfte übernehmen wollte, fand er nur einen Teil der Akten und fast kein Geld vor. Gegen den Bischof und den Generalvikar Dr. Giese wurde deshalb ein Verfahren wegen Unterschlagung eröffnet, gegen Dr. Giese außerdem ein Steckbrief erlassen. In das Verfahren wurden später noch ein Geistlicher und zwei Sekretäre einbezogen. Am 14. Dezember 1876 verurteilte das Kreisgericht zu Münster den Bischof zu einem Jahr Gefängnis, den Generalvikar zu zwei Jahren, den einen der Sekretäre zu drei Monaten, den anderen zu vier Wochen Gefängnis. Von einer Aberkennung der bürgerlichen Ehrenrechte wurde Abstand genommen, weil die Angeklagten »bisher ein unbescholtenes Leben geführt und von der Auffassung geleitet waren, ihre Handlungen seien zum Besten der Kirche erforderlich, daß diese Überzeugung, wenn sie auch die Anwendung der Strafgesetze nicht hindern kann, doch das Vorhandensein niedriger und eigennütziger Motive gänzlich ausschließt«. – In der Berufungsinstanz wurde der Bischof freigesprochen (Urteil vom 15. November 1877). Der Generalvikar erhielt wiederum zwei Jahre Gefängnis, und bei den Sekretären verblieb es bei kurzfristigen Freiheitsstrafen. Wegen Unterschlagung wurden sie diesmal nicht schuldig gesprochen, wohl aber »wegen Fortschaffung von Urkunden und Akten.« Auf ihre Nichtigkeitsbeschwerde hin hob das Obertribunal am 13. Juni 1878 dieses Urteil auf und sprach alle Angeklagten frei. Von Aktenunterdrückung, so erklärte der Gerichtshof, könne keine Rede sein, weil sich das Aufsichtsrecht des Staates gegenüber der Kirche nicht auf die Büro- und Registraturverwaltung erstrecke. Auf diese Weise scheiterte der Versuch, hohe kirchliche Würdenträger mit kriminellen Handlungen vulgärer Art zu belasten.

Das Schicksal des Paderborner Bischofs Dr. Konrad Martin entsprach dem seiner Amtsbrüder. Während er eine Ersatzfreiheitsstrafe verbüßte, erging auch an ihn die Aufforderung, sein Amt niederzulegen. Als er sich weigerte, wurde auch sein Fall dem Gerichtshof für kirchliche Angelegenheiten zugeleitet, der am 5. Januar 1875 seine Amtsenthebung verfügte. Kaum hatte der Bischof nach sechs Monaten Haft am 19. Januar 1875 die Freiheit wiedererlangt, wurde er erneut verhaftet und zur Abbüßung einer zweimonatigen Festungshaft nach der Festung Wesel verbracht. Da neue Strafverfahren auf ihn zukamen, faßte er den Entschluß zur Flucht und ging nach Holland. Die preußische Staatsregierung sprach ihm daraufhin (am 15. August 1875) die Staatsangehörigkeit ab, erwirkte einen Steckbrief gegen ihn und forderte von der niederländischen Regierung seine Auslieferung. Der Verfolgte zog es unter diesen Umständen vor, Holland zu verlassen und nach Belgien weiterzureisen. Dort fand er in einem Schwesternheim Asyl. Am 16. Juli 1879 verstarb er ebendort.

Am 17. Oktober 1876 wurde dem Bischof von Limburg, Dr. Peter Joseph Blum, von dem Oberpräsidenten der Provinz Hessen-Nassau die Mitteilung übersandt, das königliche Staatsministerium habe beschlossen, gegen ihn ein Verfahren auf Amtsentfernung einzuleiten, weil alle bisher angewandten Mittel nicht ausgereicht hätten, seine »nachhaltige und systematische Auflehnung gegen die Staatsgesetze und obrigkeitlichen Anordnungen zu brechen«. Auch hier stießen die Staatsbehörden auf Ablehnung. Um weiteren Behelligungen aus dem Wege zu gehen, verließ auch dieser kirchliche Würdenträger das Reichsgebiet und nahm in Böhmen Asyl. Der Berliner Gerichtshof sprach am 13. Juni 1877 seine Absetzung aus.

Da der Fürstbischof von Breslau, Dr. Heinrich Förster, nicht im Zweifel darüber sein konnte, daß ihm dasselbe Schicksal bevorstehe, beschloß er, der zu erwartenden staatlichen Initiative zuvorzukommen. Wenige Wochen nach seinem goldenen Priesterjubiläum (17. April 1875), das unter gewaltiger Anteilnahme der katholischen Bevölkerung gefeiert worden war, begab er sich in den österreichischen Teil seiner Diözese und regierte von dort aus sein Bistum. Seine Amtsenthebung erfolgte am 6. Oktober 1875.

Nicht aus dem Amte entfernt wurden die Bischöfe der Diözesen Kulm, Ermland, Osnabrück und Hildesheim.

Auch sie aber waren unaufhörlichen Behelligungen ausgesetzt. So z. B. wurden über den Bischof von Hildesheim Dr. Sommerwerck Geldstrafen im Gesamtbetrag von 33 000 Mark verhängt. Auch er wurde gezwungen, sein Palais zu verlassen und in eine Mietswohnung überzusiedeln. Ein Martyrium machte auch der Bischof von Ermland, Dr. Krementz, durch. Wegen Nichtbesetzung erledigter Pfarreien erhielt er eine Strafe nach der anderen, derentwegen sein ganzes Mobiliar gepfändet wurde. Dem Bischof von Kulm erging es nicht anders. Seine Schuld dem Justizfiskus gegenüber belief sich am Ende auf 20 000 Mark. Eine darauf ausgebrachte Pfändung endete mit einem totalen Fiasko; nach Abzug der Pfändungs- und Versteigerungskosten blieben schließlich noch ganze 10 Pfennig übrig.

Das Vorgehen gegen die Bischöfe machte nur einen Teil dessen aus, was der katholische Klerus in den Jahren des Kulturkampfes zu erleiden hatte. In unzähligen katholischen Gemeinden ereigneten sich außerdem Jahre hindurch Tragödien, die von der Öffentlichkeit deshalb nicht registriert wurden, weil sie nicht hohe kirchliche Würdenträger, sondern bloß einfache Gemeindepriester betrafen. War nämlich eine offene Stelle von dem zuständigen Bischof in maigesetzwidriger Weise neu besetzt worden, so sahen sich der neuberufene Geistliche und seine Gemeinde sofort schweren staatlichen Repressalien ausgesetzt. Es erging an ihn das Verbot gottesdienstlicher Handlungen, seine Akten und Kirchenbücher wurden beschlagnahmt und ihm das Betreten seiner Dienstwohnung untersagt. In den meisten Fällen folgten Verhaftung und Einlieferung in das Gefängnis nach. War er nach der Entlassung aus der Haft immer noch nicht bereit, sich der staatlichen Gesetzgebung zu fügen, so wurde in vielen Fällen die Ausweisung aus der Wohnsitzgemeinde oder dem Kreise verfügt. Wie zur Zeit der Jakobinerherrschaft in Frankreich wurde dann eine geheime Seelsorge eingerichtet. In solchen Kleinkrieg waren unzählige katholische Geistliche verwickelt.

Eine Quelle besonderer Konflikte bildeten diejenigen Gemeinden, die mit einem sog. »Staatspfarrer« versehen worden waren. Das waren diejenigen Geistlichen, die im Falle von Vakanzen durch die Staatsregierung in das Amt berufen worden waren. Die Gemeindemitglieder weigerten sich überall, die seelsorgerischen Dienste derartiger Kleriker in Anspruch zu nehmen und verharrten dabei auch, wenn unerträgliche Mißstände die Folge waren.

Besonderes Aufsehen erregte der Fall des »Staatspfarrers« Brenk in der Stadt Kosten (Provinz Posen). Brenk stieß in seiner Gemeinde auf allgemeine Ablehnung und versuchte wenigstens zu erreichen, daß Todesfälle und Beerdigungen bei ihm gemeldet wurden. Um die Bevölkerung zu diesem Akt seiner Anerkennung als Priester zu zwingen, ließ er die Friedhofstüren verschließen. Die Leichen blieben unbeerdigt liegen, bis Polizeidiener und Gendarmen die Bestattung übernahmen. Als einmal eine Leiche acht Tage lang unbestattet blieb, ließ der Kirchengemeinderat die Friedhofstüren aufbrechen und die Leiche begraben. Die Mitglieder des Rates wurden daraufhin wegen Landfriedensbruchs angeklagt und zu mehrmonatigen Freiheitsstrafen verurteilt. Jede Beteiligung an einer ohne Genehmigung des Pfarrers erfolgten Beerdigung wurde mit 30 Mark Geldstrafe geahndet. Nahmen an ihr vier Leichenträger, der Totengräber und auch nur ein Leidtragender teil, so waren 180 Mark Strafgelder fällig. Am 23. November 1877 brachte ein polnischer Abgeordneter den Fall Kosten im preußischen Abgeordnetenhaus zur Sprache. Der Justizminister beschränkte sich auf die Antwort, die Staatsbehörden hätten sich streng innerhalb der Gesetze gehalten.

Von welchem Geist manche Vertreter der Strafjustiz beseelt waren, die von der Justizmaschinerie solchen Gebrauch machten, kam am 7. Oktober 1875 in Posen im Verlauf einer Hauptverhandlung zum Ausdruck, bei der es ebenfalls um maigesetzliche Delikte ging. Der Staatsanwalt von Dressler sprach in seinem Plädoyer zunächst von »halsstarriger Auflehnung gegen die Gesetze des Staates« auf seiten des katholischen Klerus und »andauernder Unbotmäßigkeit gegen die staatliche Autorität«. Dann warf er einen »Blick in die Zukunft« und erklärte, »die Stunde von Sedan« sei für die römisch-katholische Hierarchie in Preußen bereits gekommen. In spätestens 30 Jahren seien die katholischen Sprengel verwaist und die Kirchen geschlossen. Er fuhr fort: »Doch hege niemand Furcht und Besorgnis für die Herden, die ohne Hirten bleiben. Ein gutgeartetes Volk – und das preußische ist ein solches in allen seinen Elementen – wird selbst unter den in Aussicht stehenden Verhältnissen sich seinen religiösen Sinn zu erhalten verstehen, und wenn es nicht mehr, geführt von seinen Geistlichen, in langen Wallfahrtszügen nach heiligen Orten und Altären pilgern kann, so wird es sich in seinem Herzen Altäre bauen und an diesen seine Andacht verrichten.« – Deswegen im Abgeordnetenhaus interpelliert, bekam man vom Justizminister nur zu hören, er habe »keine nähere Nachricht von der Sache erhalten«.

Aber nicht nur gegen Kleriker, auch gegen katholische Laien richtete sich die staatliche Verfolgungswelle. Die Strafverfahren, denen auch sie ausgesetzt waren, zählen nach vielen Tausenden. Die Leidtragenden waren meist Lehrer und Küster, die einem »gesperrten« Priester irgendwelche Dienste (z. B. Orgelspielen) geleistet hatten. Sogar gegen Kollekten schritt die Polizei ein – dann nämlich, wenn ihr Ertrag aus dem Amte entfernten Seelsorgern zugute kommen sollte. Vor die Strafjustiz zitiert wurden in vielen Fällen auch Journalisten, nachdem sie sich kritisch zu dem Verhältnis zwischen Staat und Kirche geäußert hatten. Im Jahre 1874 waren die Redakteure des Berliner Zentrumsblattes »Germania« in nicht weniger als 39 Presseprozesse verwickelt, und bis Ende Februar 1875 schwebten schon wieder 30 Voruntersuchungen gegen sie. Ähnlich, wenn auch nicht ganz so schlimm, lagen die Verhältnisse bei der Provinzpresse.

Das Attentat, das am 13. Juli 1874 der katholische Böttchergeselle Kullmann in Kissingen auf Bismarck verübte (der Kanzler wurde dabei leicht an der rechten Hand verletzt), führte zu einer wesentlichen Intensivierung und Verschärfung der staatlichen Maßnahmen. Unzählige Haussuchungen waren die Folge, die sich bis auf das Palais des Fürsten Radziwill erstreckten. Damals erklärte der Abgeordnete Windthorst im Reichstag, neuerdings nehme die Kriminalrechtspflege einen solchen Umfang an, daß bald nur noch der salonfähig sein werde, der im Gefängnis gesessen habe. Dem trat Bismarck energisch entgegen. An der »neuerlichen Häufigkeit von Einsperrungen« sei nicht die Regierung schuld. Die wahre Ursache der gesteigerten Kriminalität liege in der »Tendenz der Kritik, der Tendenz der Auflehnung gegen die Gesetze« – »in den hochstehenden Beispielen derer, die vorzugsweise auf die Achtung vor dem Gesetze halten sollten, die aber in erster Linie das Beispiel der Mißachtung, der Bekämpfung der Gesetze, der Auflehnung gegen die Gesetze geben«. Als ihm von dem Zentrumsabgeordneten August Reichensperger erwidert wurde, daß es die gewissenswidrigen Zumutungen seien, welche die Gefängnisse füllten, entgegnete der Kanzler, er könne nicht dulden, daß man das Gewissen über die Gebote der Staatsgesetze stelle.

Diese Verschärfung bekam besonders nachdrücklich der Zentralverein der Katholiken zu spüren. Über ihn brach eine ganze Welle von Verfolgungsmaßnahmen (Vernehmungen, Haussuchungen, Beschlagnahmen, Schließungen usw.) herein. Die Geschäftsführer des Vereins wurden allerorten wegen Übertretung des Vereinsgesetzes vor Gericht gestellt. Hier versagten sich aber die Organe der Strafjustiz. In fast allen Fällen wurden die Angeklagten freigesprochen. Als aber dann das Obertribunal als höchste und letzte Instanz den Verein für ungesetzlich erklärte, löste er sich am 16. Februar 1876 selbst auf. Sein Präsident Felix von Loe saß damals auf der Festung Wesel ein; er hatte dort sechs Monate Festungshaft abzubüßen.

Zu welchen Ausartungen dieser Kampf gelegentlich führte, zeigt ein Vorfall, der sich 1875 in Münster ereignete. Der Magistrat und die Stadtverordnetenversammlung von Münster hatten an den von dort stammenden Bischof von Mainz, W. E. Freiherrn von Ketteler, zu seinem silbernen Bischofsjubiläum eine Glückwunschadresse gerichtet. Alle, die für diese Adresse gestimmt hatten, wurden deshalb mit Ordnungsstrafen von je 90 Mark belegt. Begründung: diese Adresse sei »eine regierungsfeindliche, mit einer amtlichen Stellung ganz unvereinbare Demonstration«. Ein geharnischtes Protestschreiben, das der Bischof im »Westfälischen Kurier« veröffentlichte, trug ihm und dem verantwortlichen Redakteur eine Beleidigungsklage des Oberpräsidenten ein, die in beiden Instanzen zur Verurteilung der Angeklagten führte.

Es ist hier nicht der Ort, in aller Ausführlichkeit darzustellen, wie es zum Ende des Kulturkampfs gekommen ist. Kaiser Wilhelm I. war einer der ersten, die auf Abbruch dieser großen Auseinandersetzung drängten. Was Bismarck betraf, so konnte er am Ende nicht umhin, vor sich selber einzugestehen, daß er sein Ziel,

Zertrümmerung des Zentrums und Nationalisierung der katholischen Kirche, nicht erreicht hatte. Der Staat hatte die Grenzen seiner Macht zu spüren bekommen. Auch auf katholischer Seite trat schließlich eine Ernüchterung und Entschärfung ein, zumal nachdem der Zentrumspolitiker Mallinckrodt und Bischof Ketteler verstorben waren.

Von entscheidender Bedeutung wurde es, daß im Februar 1878 an die Stelle von Pius IX. Leo XIII. trat. Der neue Papst zeigte dem deutschen Kaiser trotz des 1872 erfolgten Abbruchs der diplomatischen Beziehungen seine Inthronisation an, sprach ihm anläßlich der Attentate auf ihn sein Beileid aus und brachte zum Ausdruck, daß er gewillt sei, die diplomatischen Beziehungen wiederaufzunehmen. Nach alledem konnte kein Zweifel sein, daß der neue Papst zum Einlenken entschlossen war.

Die eigentliche Schwierigkeit lag beim Zentrum, dessen Stellung durch die Wahlen von 1878 erheblich gefestigt worden war. Hier war der Wille zu einem Ausgleich noch nicht vorhanden, er trat auch dann noch nicht in Erscheinung, nachdem Falk im Juni 1879 aus seinem Amte ausgeschieden war. In Fluß kamen die Dinge erst wieder, als der Papst am 18. Dezember 1879 in einem persönlichen Appell Bismarck den Vorschlag gemacht hatte, die Eintracht zwischen Priester- und Kaisertum wiederherzustellen. Bismarck erwiderte, der Weg zu einem Ausgleich sei offen, wenn sich die Kurie in einer Reihe von Einzelfragen zu einem gewissen Entgegenkommen entschließen könne, z. B. die Anzeigepflicht bei der Besetzung geistlicher Ämter zu akzeptieren bereit sei. Leo XIII. wäre damit einverstanden gewesen, das Zentrum verhielt sich aber schroff ablehnend. Das ließ die Verhandlungen zunächst zu einem Stillstand kommen. Bismarck ließ sich dadurch in seiner Hoffnung auf einen Ausgleich nicht entmutigen, und um den Boden dafür bereit zu machen, unterzog er in den Jahren 1880 bis 1887 die Kampfgesetze einer Revision, die eine Anzahl von Schärfen beseitigte. Nachdem dann die diplomatischen Beziehungen zum Heiligen Stuhl wiederaufgenommen worden waren und Bismarck den Papst als Schiedsrichter in dem Streit um die Karolinen angerufen hatte, war eine Atmosphäre geschaffen, in welcher der endgültige Ausgleich vollzogen werden konnte. Das Zentrum gab jetzt seinen Widerstand auf.

Der Versuch, eine unbequeme politische Richtung mit Hilfe von

Ausnahmegesetzen und der Strafjustiz auf die Knie zu zwingen, war gescheitert. Bismarck mußte einsehen, daß es unmöglich ist, Gesetzen Achtung zu verschaffen, denen eine Bevölkerung von vielen Millionen Menschen passiven Widerstand entgegensetzt. Geldstrafen kann man eintreiben, sofern Vermögen vorhanden ist; ist das nicht mehr der Fall, verpufft dieses Strafmittel in der Wirkung. Mit Ersatzfreiheitsstrafen läßt sich auf die Dauer ebenfalls nichts ausrichten, weil sich in Fragen des Gewissens und der (politischen oder religiösen) Überzeugung immer wieder Menschen finden, die bereit sind, sich Monate und Jahre einsperren zu lassen, ohne ein Jota ihrer Auffassung preiszugeben. Unbequeme Gewissen lassen sich eben nur durch Kopfabschlagen ungefährlich machen. Das Mittel der Todesstrafe aber kam weder für Bismarck noch für die Strafgerichte der damaligen Zeit in Betracht. So standen die Initiatoren und Vorkämpfer des Kulturkampfes schließlich vor einem Dilemma, das vielen unüberwindbar erschien.

Bismarck gelang es, einen Ausweg aus dieser schier unlösbar scheinenden Situation zu finden, und die Art und Weise, wie er den Konflikt schließlich beigelegt hat, wird heute als eine seiner größten Leistungen betrachtet. Bachem, der Geschichtsschreiber des Zentrums, hat hier sogar von der »größten sittlichen Tat« im Leben des Kanzlers gesprochen.

Von der Gesetzgebung der Kulturkampfperiode blieb vieles bestehen, anderes wurde modifiziert. Geltung behielten z. B. die staatliche Schulaufsicht, die Gesetzgebung über den Zivilstand (einschließlich der weltlichen Eheschließung) und das Verbot der Niederlassung der Jesuiten. Beseitigt wurde andererseits das Kulturexamen. Die Anzeigepflicht wurde aufrechterhalten.

Man hat den Kulturkampf als den schwersten innenpolitischen Fehler Bismarcks bezeichnet. In der Tat hat er große Schäden angerichtet. Er hat im katholischen Teil des deutschen Volkes tiefe Verbitterung hervorgerufen, er hat Haß gegen den »protestantisch-preußischen Polizeistaat« erzeugt, und er hat der Herausbildung eines alle Deutschen umfassenden Nationalbewußtseins schwere Hindernisse in den Weg gelegt. Die eben mühsam errungene nationale Einheit wurde dadurch in gefährlicher Weise in Frage gestellt. Dabei darf aber nicht vergessen werden, daß nicht Bismarck in erster Linie für die große Auseinandersetzung verantwortlich zu machen ist, sondern der deutsche Liberalismus mit seinem Bestreben, die Kirche aus dem staatlichen Bereich endgültig hinauszudrängen. Hier und nicht bei der preußischen Regierung lagen die Hauptursachen dieser Wirren, die die innerpolitische Situation des Reiches und Preußens anderthalb Jahrzehnte schwer belastet haben. –

Verlauf und Ausgang des Kulturkampfs sind nicht nur kulturpolitisch interessant, sie enthalten auch staatspolitisch wichtige Lehren. Man stand in Preußen in den 70er und 80er Jahren des vorigen Jahrhunderts gesellschaftlichen Gruppen gegenüber, die sich weigerten, bestimmte Bereiche der staatlichen Gesetzgebung als für sie verbindlich anzuerkennen. Was sollte der preußische Staat tun, diesen Ungehorsam zu brechen?

Fast genau zwei Jahrzehnte vorher hatte es in Kurhessen eine ähnliche Situation gegeben. Im September 1850 hatte die dortige Regierung unter Übergehung der Ständeversammlung die Forterhebung der Steuern durch Notverordnung verfügt. Darin lag ein verfassungswidriges Vorgehen. Die Richter und Verwaltungsbeamten weigerten sich nahezu geschlossen, aufgrund dieser Notverordnung Steuern und Abgaben zu erheben, und daraus erwuchs ein schwerer Konflikt, der Ende 1850 zum Eingreifen des Deutschen Bundes und Besetzung Kurhessens durch bayerische und österreichische Truppen führte.

Zur Brechung des Widerstandes der renitenten Beamten wurde ein eigenartiges Mittel angewandt, die sog. Dragonade, die unter Ludwig XVI. in Frankreich entwickelt worden war. Richter und Verwaltungsbeamte, die sich weigerten, die Septemberverordnungen anzuerkennen, erhielten bis zu 50 Soldaten ins Haus gelegt (sog. »Strafbayern«). Ihnen hatten die Betroffenen nicht nur Unterkunft zu gewähren, sie hatten sie auch voll zu verpflegen und ihnen Sold zu zahlen. Einer der Richter beim Justizamt Schwarzenfels, dem 14 Mann zugeteilt worden waren, hatte täglich ungefähr 10 kg Fleisch, 20 kg Brot und 15 Liter Bier zu liefern. Das konnten die Opfer dieses eigenartigen Besatzungsregimes alle nur kurze Zeit aushalten. Um diese unerträgliche Last loszuwerden, kamen sie entweder um ihre Entlassung ein oder erklärten sich bereit, die verfassungswidrige Verordnung zu befolgen. Die Besatzungsbehörden erzielten mit diesen Terrormaßnahmen einen vollen Erfolg, der Widerstand innerhalb der Bürokratie des Landes wurde restlos gebrochen.

Diese »Dragonaden« waren in der Öffentlichkeit innerhalb und außerhalb Hessens auf solche Ablehnung gestoßen, daß man in Preußen nicht wagte, darauf zurückzugreifen.

Wenn der Versuch, die widerspenstigen Geistlichen mit Hilfe der Strafgerichte, der Vollstreckungsorgane und der sonstigen bürokratischen Machtmittel des Staates mürbe zu machen und aus ihrer unbotmäßigen Haltung herauszubringen, gescheitert ist, so waren dafür mehrere Gründe maßgeblich. Die durch die preußischen Terrormaßnahmen Betroffenen hatten in der Regel keinerlei familiäre Rücksichten zu nehmen, sie waren deshalb auch in ihren Entschlüssen ungleich weniger behindert als die kurhessischen Richter und Verwaltungsbeamten, die sich – falls nicht Junggesellen – alle überlegen mußten, was ein Beharren im Ungehorsam für Frauen und Kinder bedeutete. Von Wichtigkeit war auch, daß der Staat auf eine nahezu geschlossene Abwehrfront stieß, die vom Erzbischof bis zum Meßdiener reichte. Der starke Rückhalt, den die katholische Kirche in der Bevölkerung besaß, tat ein übriges. Moralisch von unschätzbarem Wert war schließlich die Gewißheit, äußerstenfalls ins Ausland entweichen und dort Zuflucht finden zu können. Alle diese Umstände erleichterten es den Dienern der katholischen Kirche, den Kampf durchzustehen. Dessenungeachtet ist ihre moralische Leistung imponierend. Der Staat stieß auf die Grenzen seiner Macht.

Schrifttum: Johannes B. Kissling, Geschichte des Kultuskampfes im Deutschen Reich. 3 Bände. Freiburg 1911 ff.; Erich Schmidt-Volkmar, Der Kulturkampf in Deutschland. Göttingen 1962; J. Schürmann, Johann Bernard Brinkmann, Bischof von Münster im Kulturkampf. München 1906; H. M. Ludwigs, Erzbischof Dr. P. Melchers. Köln 1909; Aegidius Ditscheid, Matthias Eberhard, Bischof von Trier, im Kulturkampf. Trier 1911; Renatus, Konrad Martin von Paderborn. Hamm 1912; F. Dittrich, Der Kulturkampf im Ermlande. 1913.

Die Kolonialpolitik im Feuer der Kritik

Der Fall Dr. Carl Peters

Als einer der Schöpfer des einstigen deutschen Kolonialreichs wird seit langem Dr. Carl Peters (1856–1918) betrachtet. Als Mitgründer der »Gesellschaft für deutsche Kolonisation«, die am 28. März 1884 von ihm und einigen anderen Angehörigen der jüngeren Generation ins Leben gerufen wurde, gab er den Anstoß für den Erwerb derjenigen Landstriche, die der Insel Sansibar gegenüberliegen, und daraus entwickelte sich dann später die Kolonie Deutsch-Ostafrika.

Um den Briten zuvorzukommen, war von der Gesellschaft noch im Jahre 1884 in aller Eile eine Expedition ausgerüstet und nach Afrika auf den Weg gebracht worden, deren Aufgabe es war, von Sansibar aus auf das Festland überzusetzen, den unter der Herrschaft des Sultans von Sansibar stehenden Küstenstreifen zu durchqueren und im Hinterland mit einer Anzahl Häuptlinge Schutzverträge abzuschließen. Das Unternehmen gelang, und damit war der Grund für die wertvollste aller deutschen Kolonien, Deutsch-Ostafrika, gelegt.

Nach Deutschland zurückgekehrt, erwirkte Peters schon am 27. Februar 1885 bei dem deutschen Kaiser einen »Schutzbrief«, der ihn und seine Mitarbeiter unter den Schutz des Deutschen Reiches stellte. Gestützt darauf, konnten die in Ostafrika tätigen Kolonialpioniere für ihr Land ein Gebiet erwerben, das zweimal so groß war wie das Heimatland und große Schätze barg.

Weltruf errang Peters als Leiter der deutschen Emin-Pascha-Expedition. Bei Emin Pascha (der eigentlich Eduard Schnitzer hieß) handelte es sich um einen Afrikaforscher deutscher Herkunft, der 1880 von Ägypten zum Gouverneur der südlichsten Provinz des Sudans ernannt worden war. Seit dem Aufstand des Mahdi war jede Verbindung zu ihm abgerissen, und es bestand die Befürchtung, er sei genau ebenso ein Opfer des religiösen Fanatismus geworden wie die englischen Generale Hicks und Gordon mitsamt ihren Truppen. Zum Entsatz Emin Paschas war 1887 vom Kongogebiet aus ein britisches Expeditionskorps unter Stanley aufgebrochen. Da zu diesem rasch die Verbindung abriß, wurde in Berlin ein Emin-Pascha-Komitee ins Leben gerufen, um die Mittel für eine deutsche Expedition flüssig zu machen. Es handelte sich bei Emin Pascha ja schließlich um einen Forscher deutscher Nationalität. Nachdem die erforderlichen Gelder zusammengekommen waren, wurde Carl Peters an die Spitze des Unternehmens gestellt. Dem von ihm geleiteten Expeditionskorps gelang es unter unsäglichen Schwierigkeiten, bis an das Südende der Äquatorialprovinz vorzudringen. Mitte Februar 1890 erfuhr Peters dort, daß Emin Pascha zusammen mit Stanley bereits im Herbst 1889 zur Küste abmarschiert war. Der eigentliche Zweck der Expedition konnte unter diesen Umständen nicht mehr erreicht werden, sie stellte aber unabhängig davon eine so glänzende politische und militärische Leistung dar, daß Peters seitdem als einer der bedeutendsten deutschen Kolonialpioniere galt. Sein Name hatte hinfort internationalen Klang.

Als dann im Jahre 1890 ein Gouverneur an die Spitze der neuerworbenen Kolonie gestellt wurde, traf die Wahl überraschenderweise nicht Carl Peters, sondern den bisherigen Gouverneur von Kamerun, von Soden. Intrigen, die gegen Peters angezettelt worden waren, hatten ihre Wirkung getan. Auch Peters wurde 1890 in den Reichsdienst übernommen, aber nur zum Reichskommissar ernannt. Als Amtsbezirk wurde ihm das Kilimandscharogebiet zugewiesen. Hier war es nun, wo sich im Herbst und Winter 1891 zwei Vorfälle ereigneten, durch die Peters in einen Skandal verwickelt wurde, dessen Folgen er bis an sein Lebensende spüren sollte.

Als Kaiserlicher Kommissar für das Kilimandscharogebiet besaß Peters Generalvollmacht für alle Maßnahmen, die er für geboten hielt, um das Bergmassiv und die angrenzenden Massaisteppen in die deutsche Herrschaft einzufügen. Zu diesem Zweck war ihm auch für das gesamte Gebiet die Gerichtsbarkeit übertragen worden. Sein Schutz oblag einer Kompanie der Kaiserlichen Schutztruppe, der als Kompanieoffizier ein Leutnant namens Bronsart von Schellendorf angehörte.

Die Lage, die Peters im Mai 1891 am Kilimandscharo vorfand,

war schwierig und höchst gefahrvoll. Die Stämme, die um das Bergmassiv herum ihr Siedlungsgebiet hatten, waren nur zum Teil bereit, die deutsche Herrschaft anzuerkennen. Einige zeigten offene Feindschaft und verharrten darin. Als Ende August 1891 drei seiner Männer, die Lebensmittel herbeischaffen sollten, von einem dieser feindselig eingestellten Stämme gefangengenommen und verstümmelt worden waren, schritt Peters am 2. September 1891 zu einer Strafaktion gegen die Wohnsitze dieser Stämme und eroberte und zerstörte sie. Bei einem Gegenangriff der Eingeborenen erlitt er aber schwere Verluste und verlor einen Feldwebel namens Schubert und die Hälfte seiner Askaris. Mit den ihm verbliebenen Kräften mußte er sich eilig auf seine Station zurückziehen. Da ihm dort jederzeit ein Überfall drohte, ließ er sie stark befestigen und stellte sie unter Kriegsrecht. Gleichzeitig forderte er Verstärkungen an. Das ganze Kilimandscharogebiet befand sich damals in Aufruhr. Es war damit zu rechnen, daß die Eingeborenen nach der Schlappe, welche die deutschen Streitkräfte soeben erlitten hatten, den Versuch unternehmen würden, die deutsche Herrschaft abzuschütteln. – All das muß man wissen, wenn man zu einem gerechten Urteil kommen will.

Peters hatte damals einen etwa 25 Jahre alten Diener namens Mabruk, der Anfang September 1891 in den Verdacht geriet, in die Vorratsräume der Station eingebrochen zu sein und daraus Sachen entwendet zu haben. Von seinem Herrn befragt, wer wohl der Dieb sein könne, lenkte Mabruk den Verdacht bald auf diesen, bald auf jenen aus dem schwarzen Personal. Der Verdacht erwies sich aber jedesmal als unbegründet.

Als eines Nachts wieder einmal versucht worden war, in das Wohnhaus der Offiziere einzubrechen, ließ Peters das schwarze Personal antreten und den Leuten eröffnen, falls sich der Täter freiwillig melde, werde er mit einer milden Strafe davonkommen; falls das nicht geschehe, werde er bei Überführung gehängt. Es meldete sich niemand.

Einige Tage danach beobachtete Peters, wie Mabruk, mit einer Zigarette im Mund, über den Hof schlenderte. Als er ihn anrief, ließ der Diener die Zigarette fallen, ergriff sie mit den Zehen und machte Anstalten, damit zu verschwinden. Peters gab einem anderen seiner Diener den Befehl, Mabruk nachzueilen, ihm die Zigarette abzunehmen und sie ihm zu bringen. Das geschah, und dabei stellte Peters fest, daß die Zigarette gestohlen war. In der Überzeugung, den Dieb endlich gefaßt zu haben, ließ er Mabruk festnehmen und hinter Schloß und Riegel bringen. Das war etwa um den 10. September herum.

Ende Oktober kamen einige zur Station gehörende Frauen zu ihm, um ihm mitzuteilen, daß Mabruk den Einbruch verübt habe. Bei einer Gegenüberstellung mit den Frauen legte der Diener ein Geständnis ab und gab den Einbruch zu.

Peters rief daraufhin seine nächsten Mitarbeiter zu sich. Das waren sein persönlicher Adjutant, der bayerische Reserveoffizier Freiherr von Pechmann, der sich auf der Station auch als Zeichner, Maler und Topograph betätigte, und sein Privatsekretär Jancke. Sie berieten zu dritt den Fall und kamen übereinstimmend zu dem Ergebnis, daß der Diener nunmehr sein Leben verwirkt habe. Denn es sei den Leuten ausdrücklich gesagt worden, der Täter werde gehängt, falls er sich nicht melde, und daran müsse man sich aus Gründen der Disziplin halten. Leutnant Bronsart von Schellendorf riet demgegenüber von einer Hinrichtung ab, weil sie – wie er sagte – zu großen Lärm machen würde. Dr. Peters beharrte aber auf seiner Entscheidung.

Als er dem Leutnant aufgab, die Vollstreckung auszuführen, erwiderte dieser, es sei ihm persönlich sehr unangenehm, eine solche Hinrichtung vornehmen zu müssen, ob nicht der Sanitätsunteroffizier Wiest damit beauftragt werden könne. Dr. Peters erklärte sich damit einverstanden, und so wurde Mabruk am nächsten Morgen unter der Leitung von Wiest an einem Baume aufgeknüpft.

Dieser Fall Mabruk sollte Dr. Peters bis an sein Lebensende angelastet werden. Noch unangenehmer für ihn wurde ein zweiter Vorgang, der eine der zur Station gehörenden schwarzen Frauen betraf.

Dr. Peters und der Freiherr von Pechmann hatten von einem der Häuptlinge als das übliche Ehrengeschenk jeder eine schwarze Frau erhalten; mit ihnen lebten sie zusammen. Eines Tages war ihnen aus dem Herrschaftsbereich des Häuptlings Mareale außerdem ein schwarzes Mädchen namens Jagodja zugelaufen, die von dem Stationschef einem der Unteroffiziere zugeteilt wurde. Zusammen mit zwei anderen schwarzen Frauen verschwand diese Jagodja Ende

November 1891 plötzlich aus der Station. Peters ließ bei Mareale nachfragen, ob er wisse, wo sie sich befinde. Der verneinte das, ließ aber ausrichten, der Vater Jagodjas wohne bei dem Sultan Malamia, und der könne bestimmt sagen, wo sie und die beiden anderen Frauen sich aufhielten. Peters schickte einen Unteroffizier und zwei Mann zu dem Sultan, um ihn zu veranlassen, die Frauen an ihn auszuliefern, der lehnte das aber ab, riß in einem Wutanfall die deutsche Flagge vom Mast und spie auf sie. Um ihn zur Auslieferung zu zwingen, ließ Dr. Peters daraufhin den Kraal des Sultans mit Artillerie beschießen und, als jenen das immer noch nicht gefügig machte, seine Wohnstätte angreifen und in Brand setzen.

Eines Tages erschienen die drei Frauen dann plötzlich wieder auf der Station und dabei kam heraus, daß sie bei Mareale gewesen waren. Da es ihretwegen zu einer schweren Auseinandersetzung mit dem Sultan gekommen war, die im Kilimandscharogebiet leicht einen allgemeinen Aufstand hätte hervorrufen können, gab Peters Befehl, sie auszupeitschen. Auf Bitten des Lazarettgehilfen Wiest ließ er die Züchtigung nach einiger Zeit einstellen und die drei Frauen in ärztliche Behandlung überführen.

Jagodja nahm er sich besonders vor, weil ihm gemeldet worden war, sie sei deshalb zu dem Sultan gegangen, um ihn zu bewegen, die Station während der Nacht zu überfallen. Peters hat später behauptet, der Beweis dafür sei durch Vernehmung von Zeugen eindeutig erbracht worden. Er ließ die Negerin jedenfalls in Ketten legen. Bevor er über ihr Schicksal weitere Verfügung treffen konnte, entwich sie aus der Haft, wurde aber schon wenige Stunden danach von Leuten des Häuptlings Mareale ergriffen und zu der Station zurückgebracht.

Was dann geschah, hat Dr. Peters selbst folgendermaßen geschildert: »Ich setzte sofort Gerichtssitzung wie in solchen Fällen üblich an, und meine Kameraden waren der Meinung, daß das allgemein angedrohte Todesurteil unter allen Umständen verhängt werden müsse. Ich persönlich sprach aus, daß wir in diesem Fall vielleicht davon absehen könnten. Ich wurde indes durch meine beiden Herren Beisitzer überstimmt und fügte mich ihrer Auffassung, daß wir in diesem Fall eine Ausnahme nicht machen dürften. Dagegen behielt ich mir vor, die Ausführung der Strafe zu verschieben. Es kamen dann die Unteroffiziere zu mir, welche der Meinung waren, daß, falls ich die Exekution nicht verhängen lasse, unser Prestige am Kilimandscharo einen Stoß erleiden werde und sie nicht mehr für die Sicherheit der Station verantwortlich sein könnten. Daraufhin ordnete ich die Exekution für den nächsten Morgen an. Sie wurde um Sonnenaufgang vollzogen ... Die Leiche blieb den ganzen Tag über hängen, und die ganze schwarze Welt sah, daß die Deutschen auch in diesem Fall nicht mit sich hatten spaßen lassen.«

Der Fall Jagodja war der zweite Vorfall, der viele Jahre hindurch auf dem Ruf des Kolonialpioniers lasten sollte.

Die beiden Hinrichtungen brachten Gerüchte in Umlauf, die schließlich, als sie in die breite Öffentlichkeit drangen, den Reichskommissar in ein Disziplinarverfahren verwickelten, das mit seiner Amtsentfernung endete. Es wurde nämlich behauptet, Jagodja sei seine Geliebte gewesen und Dr. Peters habe sie eines Tages zusammen mit seinem Diener Mabruk hinrichten lassen, nachdem er erfahren hatte, daß sie Verkehr miteinander gehabt hatten. Es seien also höchstpersönliche, sexuelle Motive gewesen, die ihn zu diesen Gewalttaten getrieben hätten. Diese Gerüchte verbreiteten sich zunächst über Ostafrika und kamen dann auch nach Deutschland. Auch das Kaiserliche Kolonialamt erhielt davon Kenntnis. Veranlaßt wurde aber nichts.

Dr. Peters war inzwischen in die Heimat zurückgekehrt. Als er am 31. Mai 1895 durch Erlaß des Auswärtigen Amtes zum Landeshauptmann von Tanganjika ernannt wurde, lehnte er die Übernahme dieses Amtes ab. Er war offenbar der Meinung, ihm gebühre der Gouverneursposten der neuen Kolonie. Dieser war aber dem Major von Wissmann übertragen worden. Peters wurde daraufhin zur Disposition gestellt und kam dadurch in den Genuß des beträchtlichen Wartegeldes. 1895 übernahm er eine Kandidatur für den Reichstag und griff im Wahlkampf heftig die Sozialdemokratische Partei an.

Nachdem 1895 im Reichstag schon der sozialdemokratische Abgeordnete von Vollmar die Vorgänge am Kilimandscharo zur Sprache gebracht hatte, war es August Bebel höchstpersönlich, der am 13. März 1896 die Aufmerksamkeit der Öffentlichkeit auf die Fälle Mabruk und Jagodja lenkte und dadurch im Parlament eine leidenschaftlich bewegte, mehrtägige Debatte auslöste, die gewaltiges Aufsehen erregte.

Bevor der Abgeordnete Bebel das Wort ergriff, hatte der Berichterstatter des Budgetausschusses, der Prinz von Arenberg, den Fall eines Assessors namens Wehlan behandelt, der sich als Kolonialbeamter in Kamerun den Eingeborenen gegenüber schwere Übergriffe hatte zuschulden kommen lassen. Er hatte – nach Mitteilung des Prinzen – Neger derart auspeitschen lassen, daß ihnen Fleisch und Haut vom Körper in Fetzen herunterhingen und ihr Rücken wie gehacktes Fleisch aussah; er hatte Strafen auf bloßen Verdacht hin verhängt; er hatte weiterhin Gefangene seinen Askaris zur Hinrichtung übergeben, obwohl ihm klar war, daß diese die Hinrichtungen in grausamster Weise vornehmen würden. Als Sühne für diese Unmenschlichkeiten ließ die Disziplinarkammer in Potsdam 500 Mark Geldstrafe und Versetzung in ein gleichwertiges Amt genügen. Dank dieses milden Urteils wäre es denkbar gewesen, den Assessor von Kamerun beispielsweise nach Togo zu versetzen, womit ihm Gelegenheit geboten worden wäre, sein unmenschliches Treiben neu zu beginnen und fortzusetzen.

Der Prinz teilte weiter mit, das Auswärtige Amt habe beim Preußischen Justizminister Antrag auf Einleitung eines Strafverfahrens gegen den Assessor wegen Mißbrauchs der Amtsgewalt i. S. des § 343 RStGB und wegen Erpressung von Geständnissen durch Zwangsmaßnahmen gestellt, der Justizminister habe jedoch erklärt, gestützt auf ein Gutachten des zuständigen Oberstaatsanwalts, daß eine Strafverfolgung keine Aussicht auf Erfolg habe, weil von »Mißbrauch der Amtsgewalt« nur dann die Rede sein könne, wenn die Amtsgewalt der Beamten »sich in festen bestimmten Grenzen bewege«. Dies sei aber in den Schutzgebieten den Eingeborenen gegenüber nicht der Fall, wo ein »gewisses arbiträres Verfahren« schon deshalb nicht entbehrt werden könne, »weil das gerichtliche Verfahren von einer eidlichen Aussage der heidnischen Eingeborenen gänzlich absehen müsse«. Das Auswärtige Amt habe nach dieser Auskunft auf seine ursprüngliche Absicht, den Assessor Wehlan gerichtlich aburteilen zu lassen, verzichtet, zumal die Staatsanwaltschaft auch nach dem Potsdamer Disziplinarurteil dabei verblieben sei, kein Strafverfahren einzuleiten; außerdem sei, ebenfalls durch Kaiserliche Verordnung, die Erzwingung von Geständnissen verboten worden. Es sei statt dessen beschlossen worden, für die Eingeborenen eine Verfahrensordnung zu schaffen und ihnen auf diese Weise den Schutz des § 343 RStGB zu gewährleisten. Als Sofortmaßnahme sei die Verhängung der Prügelstrafe unter feste Normen gestellt worden, so wie das z. B. Großbritannien in der Goldküstenkolonie getan habe. Unter Bezugnahme auf den Fall Wehlan ersuchte der Ausschuß den Reichskanzler, sobald wie möglich dem Reichstag eine Gesetzesvorlage zu unterbreiten, welche die strafrechtliche Verfolgung des Mißbrauchs der Amtsgewalt in den Schutzgebieten garantiere.

Der nächste Redner, der Abgeordnete Schall, distanzierte sich mit der gleichen Entschiedenheit von dem Fall Wehlan, wie es vor ihm der Prinz von Arenberg getan hatte. Es sei leider zu beobachten, sagte er, daß viele von den Deutschen, die in die Kolonien gingen, der Meinung seien, daß die Gesetze der Sittlichkeit in Afrika andere seien als in Europa. »Meine Herren, gegenüber solchen betrübenden Erscheinungen halte ich es für geboten, es von hier aus auf das lauteste und nachdrücklichste zu betonen: auch drüben in Afrika gegenüber den Afrikanern, auch unter jenen außerordentlichen Verhältnissen, gelten ebenso genau und ebenso umfangreich die Gesetze der christlichen Religion und Moral wie hier; und wir können es nicht zulassen, daß jene Neger und sonstigen Eingeborenen jener unzivilisierten Länder nach anderen Gesetzen behandelt werden als unsere eigenen Landsleute in der Heimat.«

In diesem Zusammenhang wandte sich der Redner nachdrücklich gegen die Auffassung des bekannten Geographen Passarge, der in einem Buch über eine Expedition ins Hinterland von Kamerun erklärt hatte: »Humanität und Philantropie haben dem Schwarzen einen schlechten Liebesdienst erwiesen, und er wird seinen Pflegern die schlechte Erziehung einst ebenso entgelten lassen wie bei uns jeder Strolch. Twenty five in backside zur rechten Zeit und am rechten Ort sind ein unendlich erzieherischer wirkendes, die Kultur besser förderndes Mittel als alle Missionare mit ihren unverstandenen Lehren von der Gleichheit und Brüderlichkeit in Christo, womit den armen Schwarzen nur der Kopf verdreht wird und sie zu frechen und unbrauchbaren Individuen herangezüchtet werden. Das ist einfach lächerlich, wenn in Deutschland über die nützlichen Nilpferdpeitschen ein solches Geschrei gemacht wird. Und nun gar die entrüsteten Frauenvereine, die sich mit ihren schwarzen Schwestern solidarisch erklären! Allah, sie sollten sie kennen.«

Unter dem Beifall des Hauses bemerkte der Abgeordnete zu dieser Äußerung: »Meine Herren, gegenüber solchen Äußerungen können wir nichts anderes sagen als: damit wird das christliche Gefühl aufs tiefste verletzt.«

Der gleiche Abgeordnete war es, der in der Sitzung vom 13. März 1896 als erster (noch vor Bebel) den Fall Dr. Peters ansprach. Es handle sich hier um einen Fall, der besonders die christlichen Kreise aufgeregt habe. Dieser Mann habe nämlich eine Schwarze hinrichten lassen. Deswegen zur Rede gestellt, habe er erwidert, er habe mit jener Frau nach mohammedanischem Ritus eine Ehe geschlossen und deshalb nach mohammedanischem Recht auch unumschränkte Gewalt über ihr Leben besessen. »Wenn auch nur ein Teil von dem wahr sein sollte, was über diesen Herrn in die Öffentlichkeit gedrungen ist, so haben wir hier alle Veranlassung, in gleich unzweideutiger Weise unsere tiefe sittliche Entrüstung auszusprechen.«

Die Kolonialverwaltung habe diese Dinge viel zu lange mit angesehen. »Wir müssen im Interesse der Menschlichkeit und Christlichkeit, aber auch im Interesse des Ansehens unseres deutschen Namens im Ausland die energische Forderung aufstellen, daß von maßgebender Seite alles getan wird, um die Wiederholung solcher Fälle zu verhindern.« Dazu gehöre in erster Linie größte Vorsicht bei der Auswahl der Beamten, die man in die Kolonien schicke.

Zu einem großen, umfassenden Angriff gegen Dr. Peters holte dann der Abgeordnete Bebel aus. »Die Geschichte der Kolonialpolitik«, so bemerkte er einleitend, »ist mit Blut und Tränen geschrieben.« Die Nilpferdpeitsche sei bedauerlicherweise noch immer in allen Kolonien mit Ausnahme von Südwestafrika das Hauptkulturmittel, und das diskreditiere die gesamte Kolonialpolitik.

Nach einigen einleitenden Bemerkungen wandte sich Bebel Dr. Peters zu: »Ich halte mich für verpflichtet, diesen Fall zur Sprache zu bringen, weil er in seinen Einzelheiten dem Hause überhaupt noch nicht bekannt ist, und weil die Reichsregierung, der die Sachlage von einem der Herren Beschwerdeführer aktenmäßig vorgelegt wurde, bis heute auf jene Beschwerden und Anklagen keine Antwort gegeben hat.«

Um dem Reichstag einen Begriff von den Methoden des Dr. Peters zu vermitteln und ihn zu charakterisieren, zitierte Bebel zunächst einige Stellen aus dessen Buch über »Die deutsche Emin-

Pascha-Expedition«, im Jahre 1891 in München und Leipzig erschienen.

Von Beginn der Expedition an habe er über die angeworbenen Somalis Körperstrafen verhängt und sie rigoros zur Vollstreckung gebracht. Als diese Leute anfingen, in beträchtlicher Zahl zu desertieren, habe er die Gallas, in deren Gebiet er sich befand, aufgefordert, sie bei Ergreifung auf der Stelle niederzumachen. Bei seinem Zug durch das Land der Wadsaggas auf Widerstand gestoßen, habe er sämtliche erreichbaren Dörfer dieses Stammes niederbrennen lassen. Eines Tages, so berichtete Peters in seinem Buche weiter, sei er auf Angehörige dieses Stammes gestoßen, die auf Bäumen gesessen, seiner Truppe aber den Rücken zugekehrt hätten. Er habe auf sie schießen lassen, worauf einige von ihnen heruntergefallen seien und die anderen schleunigst das Weite gesucht hätten. Später sei er auf andere Wadsaggakrieger gestoßen, die ebenfalls mit abgewandtem Gesicht auf Bäumen gesessen und die Gegend beobachtet hätten. Auf seine Frage, was sie da machten, hätten sie geantwortet, sie fragten sich, weshalb die Deutschen fortwährend auf sie schössen, sie ständen ja gar nicht im Kriege miteinander. »Warum sitzt Ihr denn da oben?«, rief ich hinauf. »Wir sind im Kriege gegen die Wakamba, die auf der anderen Seite des Hügels sitzen«. »Ach so«, rief ich hinauf, »dann wünsche ich vergnügten Nachmittag.«

An anderer Stelle erfahre man, daß einer seiner Leute infolge der übermenschlichen Strapazen die Auszehrung bekommen und vor Schwäche nicht weitergekonnt habe. Ihn habe man einfach am Wege liegen lassen: »Die Löwen, welche des Nachts lauter hinter uns brüllten, ließen über das Schicksal des Armen leider keinen Zweifel übrig.« Beim Durchzug durch das Gebiet der Massais habe man einen Hirten wegen einer frechen Antwort kurzerhand erschossen und dann den Hauptort des Stammes an acht Stellen angezündet. »So ein Mann, der als Vertreter des Christentums, der Sitte und der Moral in Afrika auftritt!«

Nach diesen Zitaten aus dem Buch von Dr. Peters wandte sich Bebel den Vorfällen am Kilimandscharo zu.

Als sich Peters dort niedergelassen habe, sei mit seine erste Sorge gewesen, einen Galgen zu errichten. Dann habe er, wie es in Afrika bei den »Kolonisatoren« üblich sei, »eine Eingeborene als Beischläferin erworben«. Diese Beischläferin, die Schwester eines Häuptlings, sei ein sehr schönes Dschaggamädchen gewesen. Es sei später in intime Beziehungen zu Peters' Diener Mabruk getreten, und das habe Dr. Peters derart in Wut versetzt, daß er Befehl gegeben habe, beide aufzuhängen. Leutnant Bronsart von Schellendorf habe sich geweigert, die Exekution vorzunehmen, und so habe sie der Lazarettgehilfe durchführen müssen.

Man sieht, Bebel war nicht zutreffend informiert worden. Zwar waren ein schwarzer Mann und ein schwarzes Mädchen hingerichtet worden, aber nicht aus dem von Bebel behaupteten Grund und auch nicht gleichzeitig. Es handelte sich auch nicht um eine »Beischläferin« (Konkubine) des Stationschefs. Nicht ohne Bedeutung ist schließlich, daß jeder der beiden Hinrichtungen eine Beratung und eine Beschlußfassung vorausgegangen war.

Bebel behauptete weiter, der Leiter der englischen Mission in Kenya, Bischof Tucker, habe Peters geschrieben, als er ihm seinen Besuch angekündigt habe, »mit einem Mörder wolle er nichts zu tun haben«. Darauf habe Dr. Peters geantwortet, er sei mit dem aufgehängten Mädchen nach afrikanischem Ritus verheiratet gewesen, und diese Tatsache habe ihn nach dem Rechte des Landes legitimiert, sie wegen ihres Ehebruchs hinrichten zu lassen.

Hier war Bebel einer besonders groben Fehlinformation zum Opfer gefallen (wie er 1899 selbst zugeben mußte). Den Brief des Bischofs Tucker hat es nie gegeben, es war infolgedessen auch keine Antwort darauf erfolgt. Und Peters hatte auch nie behauptet, mit der hingerichteten Negerin verheiratet gewesen zu sein.

Im Anschluß an den Fall Peters kam Bebel noch auf die Fälle von zwei im Kolonialdienst tätigen Assessoren (darunter Wehlan) zu sprechen. Beide hätten sich ebenfalls große Übergriffe geleistet, es sei aber strafrechtlich nicht das Geringste gegen sie veranlaßt worden. Der eine habe in Gegenwart ihrer Ehemänner Negerinnen aus dem Stamme der Duallas auspeitschen lassen, was einen blutigen Aufstand zur Folge gehabt habe. Er habe außerdem inhaftierte Frauen aus dem Gefängnis holen lassen, um mit ihnen Verkehr zu pflegen. Erst in der zweiten Instanz habe ein Disziplinargericht diesen Mann zu Amtsentfernung verurteilt. Bei dem anderen sei gar nur auf 500 Mark Geldstrafe erkannt worden. Dabei habe er seinen Diener auf bloßen Verdacht hin auspeitschen, Dörfer niederbrennen und Gefangene liquidieren lassen.

Das Empörendste an diesen Vorfällen sei, daß keine Staatsanwaltschaft dazu gebracht werden könne, in solchen Fällen Strafverfahren einzuleiten. Als Begründung werde angegeben, das deutsche Strafrecht sei nicht anwendbar, es könne auch nicht von Mißbrauch der Dienstgewalt die Rede sein. Die Neger würden offenbar als Untermenschen betrachtet, für die die Lehre des Christentums, daß alle Menschen Brüder seien, keine Gültigkeit besitze. Mit Recht habe man auf der evangelischen Generalsynode in Berlin gefordert, derart schandbaren Vorfällen Einhalt zu gebieten. In einer der Versammlung vorgelegten Resolution habe es geheißen: »Die Eroberung der betreffenden Landstrecken sei nicht schwer gewesen, die Eroberung der Herzen der Eingeborenen sei schwieriger; sie geschehe nicht durch Peitschen, durch Erhängen und Erschießen oder unzüchtiges Leben, sondern durch andauernd gutes Verhalten der Menschen, die den deutschen Namen da drüben vertreten, und deren allererste Aufgabe es sei, dem deutschen Namen Achtung und Vertrauen zu erwerben.«

Dem Direktor der Kolonialabteilung, Kayser, wurde die Erwiderung auf diese Anklagerede offensichtlich nicht leicht. Er hielt Bebel zunächst entgegen, ohne genaue Kenntnis der Akten und der aufgenommenen Beweismittel sei ein zuverlässiges Urteil über den Tatkomplex gar nicht möglich.

Auf die Frage Bebels, warum man die schuldigen Beamten nur disziplinarisch und nicht auch strafrechtlich zur Verantwortung gezogen habe, antwortete Kayser ausweichend: »Ich kann das nicht weiter im Plenum des Hauses auseinandersetzen; es gehört dazu eine gewisse juristisch-technische Kenntnis und Vorbildung. Im übrigen, meine Herren, stehen wir hier der Tatsache gegenüber, daß, wenn die Staatsanwaltschaft und ihre vorgesetzte Behörde aus Rechtsgründen nicht einschreiten will, wir eben nicht die Macht haben, sie zu zwingen.« Was aber die Stimmen betreffe, die auf der Generalsynode laut geworden seien, so habe man von den europäischen Kolonialmächten im allgemeinen und nicht nur vom Deutschen Reich und dessen Kolonialpolitik gesprochen. Das gelte es zu beachten.

Auf den Fall Peters übergehend, bemerkte der Regierungsvertreter zunächst, daß seit der Veröffentlichung des Berichts über die

Emin-Pascha-Expedition fünf Jahre vergangen seien und noch niemand daran Anstoß genommen habe.

Was aber die Fälle Mabruk und Jagodja anlange, so müsse man sich davor hüten, solche Vorgänge vom grünen Tisch aus zu beurteilen: »Diese Männer, die jahrelang in der Wildnis lebten, die durch eine lange Reihe von Tagen und Monaten den größten Gefahren ausgesetzt waren ... – sie fassen häufig das als Heldentaten und als Maßnahmen gerechter Notwehr auf, was diejenigen Leute, die zu Hause sitzen und berufen oder nicht berufen sind, diese Dinge zu kritisieren, als Grausamkeiten oder Akte ungerechtfertigter Härte hinstellen. Meine Herren, heute sind wir noch nicht in der Lage, obwohl wir auf dem ganz objektiven und unparteiischen Standpunkt der Geschichte stehen, zu sagen, ob in jenen Zeiten die Auffassung des Amerigo Vespucci oder des Cortez oder die der andern eine gerechte gewesen ist.« Es gebe kaum einen namhaften Afrikaner, der nicht von irgendeiner Seite nach seiner Heimkehr angegriffen werde. Das sei offensichtlich das gemeinsame Los dieser Männer.

Von der Hinrichtung der beiden Neger sei das Auswärtige Amt Mitte 1892 durch den Gouverneur der Kolonie unterrichtet worden. Man habe damals eine Untersuchung eingeleitet, deren Ergebnis hätte aber keinen Anlaß zu einem Einschreiten gegen Dr. Peters gegeben. Als dann eine Broschüre erschienen sei, deren Verfasser ein ehemaliger Offizier namens Hoffmeister war, seien neue Ermittlungen aufgenommen worden, diese hätten aber ebenfalls keine ernsthafte Belastung erbracht.

Bei den beiden Fällen, um die es jetzt gehe, sei der Hinrichtung ein summarisches Verfahren vorangegangen. »Es ist eine Art Kriegsgericht zusammengetreten.« Beide Male hätten die zwei anderen an der Aburteilung beteiligten Männer der Strafe zugestimmt. Die fraglichen Vorgänge seien im Interesse der deutschen Kolonialpolitik wie auch der Menschlichkeit natürlich lebhaft zu bedauern. Sie hätten aber auch dem Ansehen von Dr. Peters Schaden zugefügt, dessen Verdienste um die deutschen Kolonien dadurch verdunkelt würden. Hätte man strafrechtliche Folgerungen an sie anknüpfen wollen, so hätte man Peters nachweisen müssen, daß er schuldhaft gehandelt habe. Das aber sei nicht möglich gewesen. Peters habe sich von Anfang an darauf berufen, daß er nicht anders habe handeln können; seine Autorität habe das verlangt, außerdem sei das Leben aller Angehörigen der Station bedroht gewesen. Diesen Gefahren habe er nur mit unnachsichtigem Durchgreifen begegnen können. Diese Angaben seien von allen Zeugen bestätigt worden.

Der Herr Reichskanzler habe übrigens sofort nach Antritt seines Amtes einen Erlaß an die Schutzgebiete gerichtet, in dem er vor Ausschreitungen und Übergriffen gewarnt habe:

> »Jeder im Dienste der Kolonien stehende Beamte oder Offizier (darf) niemals außer Acht lassen, daß auch er zu seinem Teil berufen ist, an der Erziehung der Eingeborenen zum Christentum, Kultur und Arbeit beizutragen; er wird dabei neben Gerechtigkeit und Strenge auch Geduld und Milde zu üben haben und sich stets bewußt bleiben, daß er in den überseeischen Schutzgebieten denselben Grad von Sittlichkeit und Schutz zu beobachten hat, den er als ehrliebender Mann in der Heimat und in der zivilisierten Welt zu wahren verpflichtet ist. Ich kann es nicht für möglich erachten, daß Verfehlungen gegen die vorerwähnten Grundsätze infolge einer nicht zu billigenden Milde der Vorgesetzten vertuscht und verheimlicht werden; vielmehr ist in allen Fällen einzuschreiten und unverzüglich von dem Tatbestand und nach dessen Untersuchung von der getroffenen Entscheidung unverzüglich möglichst ausführlich Meldung zu erstatten.«

Diese Ausführungen riefen Dr. Lieber, den Zentrumsführer, auf den Plan. Er erklärte, der einzige helle Punkt in dieser langen Rede sei der am Schluß verlesene Erlaß des Reichskanzlers gewesen. Alles andere gebe Anlaß zu kritischen Bemerkungen.

Der Vertreter der Regierung habe sich zunächst darauf berufen, daß an dem Buch von Dr. Peters über die Emin-Pascha-Expedition fünf Jahre lang kein Mensch Anstoß genommen habe. Das entlaste die Reichsregierung nicht. Ihre Aufgabe hätte es sein müssen, aus dieser Publikation Konsequenzen zu ziehen. Und was den Hinweis auf Cortez und Amerigo Vespucci angehe, so müsse ihm entschieden widersprochen werden. Die deutsche Kolonialverwaltung stehe Gott sei Dank auf einer anderen Stufe.

Seiner Auffassung nach, so fuhr Dr. Lieber fort, sei das, was der

Leiter der Kolonialverwaltung vorgetragen habe, noch vernichtender als das, was man zuvor aus dem Munde des Abgeordneten Bebel gehört habe. Dr. Peters habe eine blutjunge Negerin aufknüpfen lassen, weil sie zu einem noch nicht befriedeten Stamm übergelaufen sei. »Das zeugt von einer so ungewöhnlich entwickelten Henkernatur, daß ich auch von diesem Standpunkt aus den Dr. Peters für einen vollständig verlorenen Mann halten muß.« Liege der Fall so, wie der Abgeordnete Bebel ihn vorgetragen habe, so sei Dr. Peters nach seiner innersten Überzeugung in den Augen der gesitteten Welt gerichtet. Es sei in hohem Maße zu bedauern, daß der Herr Ministerialdirektor nicht ein einziges scharfes Wort der Verurteilung geäußert habe. An Dr. Peters sei die Aufforderung zu richten, sich jetzt reinzuwaschen.

Diese Rede des angesehenen Zentrumsabgeordneten schuf für die Regierung eine Zwangslage. Sie kam jetzt nicht mehr darum herum, ein Disziplinarverfahren in die Wege zu leiten. So erklärte denn auch der Leiter der Kolonialabteilung am nächsten Tag, der Herr Reichskanzler habe aufgrund des von dem Abgeordneten zitierten Briefes des Bischofs Tucker, der den Fall Peters in ein neues Licht rücke, entschieden, daß eine neue Untersuchung zu eröffnen sei. Diese Mitteilung wurde vom Hause mit Bravorufen quittiert.

Im weiteren Fortgang der Debatte fanden sich nur wenige Verteidiger von Dr. Peters. Der konservative Abgeordnete von Massow setzte Zweifel in einige der Behauptungen des Abgeordneten Bebel und mahnte zur Vorsicht. Auch er betonte aber, wenn das der Wahrheit entspreche, was von der jungen Negerin berichtet worden sei, dann müsse er sagen, daß deren Hinrichtung ein Akt unerhörter Grausamkeit gewesen sei. »Denn« – so sagte auch dieser Abgeordnete – »es gibt Grundsätze des Christentums, der Moral und der Kultur, welche unter keinen Umständen verleugnet und außer Acht gelassen werden können«.

Die Aussprache hatte bis dahin einen Verlauf genommen, der für Dr. Peters nicht anders denn als katastrophal bezeichnet werden konnte. Erst mit einer Rede des konservativen Abgeordneten Graf von Arnim kam ein etwas zurückhaltenderer Ton in die Debatte. Der Graf hatte Dr. Peters gebeten, schriftlich zu den Anschuldigungen Stellung zu nehmen, und diese Stellungnahme brachte er dem Haus zur Kenntnis.

Es sei unwahr, hieß es in dem Brief von Dr. Peters, daß er das Mädchen und den Diener nur deshalb habe hinrichten lassen, weil sie ein Verhältnis miteinander gehabt hätten, daß sein Motiv also Eifersucht gewesen sei. In Wahrheit sei der Diener kriegsgerichtlich wegen Diebstahls zum Tode und das Mädchen wegen Spionage und verbotener Fühlungnahme mit einem feindlichen Häuptling zu Kerkerhaft verurteilt worden. Der Negerin sei es dann gelungen, aus der Haft zu entfliehen, sie sei aber rasch wieder ergriffen und anschließend zum Tode verurteilt worden. Es sei damals Gesetz in der Station gewesen, wiederergriffene Kettengefangene zum Tode zu verurteilen und hinzurichten. Er – Peters – habe nur 30 Mann zur Verfügung gehabt und sich inmitten einer nach Zehntausenden zählenden feindlichen Bevölkerung befunden, unter der jederzeit ein Aufstand ausbrechen konnte. Das habe ihn zu hartem Vorgehen gezwungen. Eine besonders grobe Unwahrheit sei die Sache mit dem Bischof Tucker. Er könne auf Ehre und Gewissen versichern, daß er von dem Bischof nie einen Brief erhalten, aber auch nie einen Brief an ihn geschrieben habe.

An diesen Vortrag aus dem Brief von Dr. Peters schloß der Abgeordnete die Bemerkung an, die Zitate aus dem Bericht von Dr. Peters über die Emin-Pascha-Expedition seien aus dem Zusammenhang gerissen worden und ergäben bei genauer Prüfung ein ganz anderes Bild. Dieses Buch liege in 11 Auflagen vor und sei in zahlreiche Sprachen übersetzt worden; niemand habe daran Anstoß genommen. Jetzt, fünf Jahre nach seinem Erscheinen, werde das Buch plötzlich zu Angriffen gegen Dr. Peters benutzt. Im Gegensatz dazu seien die Buchberichte von Stanley von Anfang an auf scharfe Kritik gestoßen. Niemand habe den britischen Forscher deswegen aber einen »Mörder« genannt oder in so persönlicher Weise attakkiert, wie es seinem deutschen Kollegen geschehen sei. Jedenfalls sei es unerläßlich, in eine nochmalige Untersuchung aller Vorgänge einzutreten.

Da ihm von dem Redner vorgeworfen worden war, er sei bei der Darstellung des Falles Jagodja nicht mit der gebotenen Sorgfalt verfahren, meldete sich der Chef der Kolonialabteilung noch einmal zum Wort und verlas eine Niederschrift, die am 9. April 1895 mit Dr. Peters darüber aufgenommen worden war. Danach hatte er folgendes ausgesagt: »Mit den beiden Mädchen wohnte zusammen ein von Mareale entlaufenes Weib, dies ist die Ende Januar zum Tode verurteilte Negerin; letztere hatte ich sofort zu Mareale zurückschicken wollen. Dieser lehnte aber ihre Zurücknahme ab mit dem Bemerken, sie tauge nichts. Sie hat sich als eine Art von Freudenmädchen auf der Station aufgehalten, und ich gebe zu, daß ich sie auch in der allerersten Zeit ihrer Anwesenheit ein oder zwei Male benutzt habe.« – Diese Mitteilung wurde mit lautem »Hört! Hört!« aufgenommen.

Im weiteren Verlauf der Debatte forderte auch der zu den Nationalliberalen gehörende Abgeordnete Dr. Hammacher eine Wiederaufnahme der Untersuchung. Dabei sei festzustellen, wer dem angeblichen Kriegsgericht als Beisitzer angehört, aufgrund welcher Tatsachen das Gericht bei der Negerin Spionage- und Verratsabsicht angenommen habe, und ob über die Verhandlungen eine Niederschrift aufgenommen worden sei. Auch dieser Abgeordnete bezeichnete es als unverständlich, daß die Reichsregierung nach den ersten Erhebungen nicht auf die weitere Verwendung dieses Mannes verzichtet habe. »Die Gegner der deutschen Kolonialpolitik«, sagte er, »mögen die Peterssche Angelegenheit aus Motiven zur Sprache bringen, aus welchen sie wollen – sie haben ihre Freude daran, insofern als sie der Majorität des Reichstages, welche bis jetzt die deutsche Kolonialpolitik treu unterstützte, einen Teil des Bodens im Lande zu entziehen und uns der Stützen zu berauben hoffen, auf denen wir stehen müssen, wenn wir im Reichstag für die kolonialen Forderungen der Reichsregierung eintreten.« Dr. Peters sei vorläufig in den weitesten Kreisen dieses Landes geächtet, und es sei Aufgabe der Regierung zu zeigen, daß er eine solche Ächtung nicht verdiene – falls sie dazu imstande sei.

In einer kurzen Erwiderung teilte der Regierungsvertreter mit, man sei eben dabei, eine Verordnung zu entwerfen, durch die das Gerichtsverfahren gegen afrikanische Eingeborene geregelt werde. Liege diese Verordnung vor, könne man bei Übergriffen auch strafrechtlich einschreiten. Nach Unterlagen für die beiden kriegsgerichtlichen Verfahren gefragt, gab Ministerialdirektor Kayser außerdem noch bekannt, die Akten seien leider während eines schweren Aufstands im Kilimandscharogebiet zum größten Teil verlorengegangen. Erhalten sei nur der Wortlaut des Urteils, das gegen die Negerin ergangen sei. Er laute:

»Kilima Ndjaro-Station, den 5. I. 92.
Urtheil.

Die Gefangene Jagodja wird wegen Konspiration gegen die Sicherheit der Kilima Ndjaro-Station und das Leben der Deutschen, wegen Verleitung zur Desertion und wegen wiederholter eigener Desertion, das zweitemal als Kettengefangene der Station, hierdurch zum Tode mit dem Strang verurtheilt.

Das Urtheil spreche ich nach einstimmiger Befürwortung auf die endesunterzeichneten Beisitzer Herrn Freiherr von Pechmann und Herrn Jancke.

Der Kaiserliche Kommissar
gez. Carl Peters«
(folgen die Unterschriften der Beisitzer)

Der Text des Urteils gegen den Diener Mabruk, fuhr Dr. Kayser fort, sei nicht erhalten. Im Zuge der ausgedehnten Ermittlungshandlungen habe eine Reihe von Zeugen erklärt, daß sie die gefällten Urteile zwar als außerordentlich streng, aber keineswegs als Willkürakte empfunden hätten.

Der sozialdemokratische Abgeordnete Lenzmann griff hier ein und wies auf die Schwächen der Aburteilung der Neger hin. Er fragte: »Aufgrund welches Gesetzes wurden die beiden Todesurteile ausgesprochen? Wer autorisierte Dr. Peters, den Diebstahl an Zigarren mit dem Tode zu bestrafen? Wer autorisierte ihn, über die Desertion einer Gefangenen dieselbe Strafe zu verhängen?« Den Titel »Gerichtsverfahren« verdiene die Prozedur nicht, die man eingeschlagen habe – es seien glatte Akte der Willkür. Erfreulich an dem Ganzen sei nur, daß ein deutscher Offizier sich geweigert habe, den Henkersknecht zu spielen. Besonders peinlich sei es, daß das Negermädchen, das er wegen einer Lappalie habe aufhängen lassen, vorher selbst einmal den Lüsten des Dr. Peters gedient habe. Und wenn die Reichsregierung sich dahinter verschanzt habe, ihr Wunsch, die fraglichen Fälle vor die Strafjustiz zu bringen, sei leider am Widerstand der Staatsanwaltschaft gescheitert, so könne man darauf nur erwidern, daß es doch bloß einer Weisung bedurft hätte, um die Staatsanwaltschaft zum Einschreiten zu zwingen. Die Fälle, um die es sich handle, seien von solcher Schwere, daß die Bevölkerung einen Anspruch darauf habe, sie in aller Öffentlichkeit verhandelt zu sehen. Die knappen Formen eines nichtöffentlichen Disziplinarverfahrens seien nicht ausreichend. Er fordere Übergabe aller Vorgänge an die Staatsanwaltschaft.

Nachdem die Debatte eine Wendung genommen hatte, die für Dr. Peters, aber auch das Auswärtige Amt immer ungünstiger geworden war, hielt es der preußische Justizminister Schönstedt für geboten, auch seinerseits das Wort zu ergreifen. Er begann mit der Feststellung, daß in der sittlichen Beurteilung der Angelegenheit keinerlei Meinungsverschiedenheit bestehe. Dann fuhr er fort:

Es sei nach übereinstimmender Auffassung aller mit der Angelegenheit befaßten Angehörigen der Justiz absolut unmöglich gewesen, strafrechtlich vorzugehen. Die Beamten in den deutschen Kolonien müßten in Ermangelung gesetzlicher Regeln weithin nach freiem Ermessen entscheiden; ihre Amtsgewalt sei im allgemeinen nicht beschränkt. Das dürfe man nicht außer Betracht lassen. »Unser zivilisiertes Kriegsrecht gibt es in den Kriegen nicht, die dort mit den eingeborenen Völkerschaften geführt werden.« Man habe beispielsweise dem Assessor Wehlan vorgeworfen, er habe während seines Wirkens in Kamerun Verdachtsstrafen ausgesprochen; sie seien aber in Preußen bis 1849 noch geltendes Recht gewesen. Er habe Prügelstrafen verhängt; in Hannover habe es bis zum Jahre 1822 noch die Folter gegeben. Er habe Gefangene töten lassen; das Kriegsvölkerrecht habe diesbezüglich noch kein Verbot entwickelt. In keinem anderen Lande, so fuhr der Justizminister fort, habe man bisher in diesen Beziehungen irgendeinen Zweifel geäußert. »Wenn Sie Stanley fragen wollten, mit welchen Mitteln die englische Regierung in diesen Ländern sich Autorität zu verschaffen gesucht hat und hat verschaffen müssen, ich glaube, Sie würden noch andere Dinge zu hören bekommen.«

In einem Aufsatz im Jahrgang 1896 der Zeitschrift »Die Nation« hatte der erste Experte für Fragen des internationalen Strafrechts, der Göttinger Strafrechtslehrer von Bar, ganz in demselben Sinne geäußert, daß leider keine gesetzliche Handhabe existiere, einen Kolonialbeamten, der in Ausübung seines Amtes tätig geworden sei, für Exzesse strafrechtlich zur Verantwortung zu ziehen. Es gebe nur die Möglichkeit, ihn disziplinarisch zu belangen. Daß das geltende Recht hier eine solche Lücke aufweise, sei höchst mißlich und äußerst beklagenswert, es sei aber eine Tatsache, und ihr müsse man Rechnung tragen.

Auf die Abgeordneten machten die Ausführungen des preußischen Justizministers wenig Eindruck. Die Angriffe gingen weiter, und sie büßten nichts an Schärfe ein. Der Abgeordnete Eugen Richter von den Linksliberalen scheute nicht davor zurück zu erklären: »Der Mann ist wie ein Räuberhauptmann aufgetreten, er hat Dörfer angezündet und die schlimmsten Gewalttätigkeiten verübt.«

August Bebel konnte mit dem Verlauf der Debatte, die er ausgelöst hatte, zufrieden sein. Er hatte die gesamte Kolonialpolitik des Deutschen Reiches ins Zwielicht gerückt. Er schloß mit folgenden Worten: »Wie stehen denn in Wahrheit eigentlich die Rechtsverhältnisse in Afrika? In einem Satz ausgesprochen folgendermaßen: unternimmt es der eingeborene Schwarze, gegen einen Weißen das geringste Vergehen zu verüben, so wird er mit den denkbar schwersten Strafen belegt; unternimmt es aber ein Weißer, gegen einen Schwarzen das denkbar schwerste Verbrechen zu begehen, dann wird der Weiße nicht einmal angeklagt.« Freilich müsse man zugeben, daß es bei den anderen Kolonialmächten genauso aussehe: »Die Barbareien und ruchlosen Freveltaten der sogenannten christlichen Rassen in jeder Religion der Welt und gegen jedes Volk, das sie unterjochen konnten, finden keine Parallele in irgendeiner Ära der Weltgeschichte, bei irgendeiner Rasse, ob noch so wild, ungebildet, mitleidlos und schamlos.«

In der Tat kann man aus den Büchern von Stanley entnehmen, daß britische Kolonialpioniere nicht anders vorgegangen sind. In Stanleys Bericht über seine Emin-Pascha-Expedition (1890 in deutscher Übersetzung erschienen) kann man z. B. lesen, angesichts der Schwierigkeiten, mit denen Expeditionen in Afrika zu kämpfen hätten, sei es notwendig, zur Aufrechterhaltung der Disziplin die schärfsten Mittel anzuwenden. Dementsprechend hat Stanley Neger, die desertiert waren oder Waffendiebstähle verübt hatten, ohne ordnungsmäßiges Verfahren hinrichten lassen. Männer, die ihre Waffen verloren oder die geplündert hatten, wurden mit 25 Peitschenhieben bestraft, ein Askari, der einem Kameraden das Gewehr entwendet hatte, auf einem Baume aufgehängt usw. Wie wenig Rücksicht auch auf die Landeseinwohner genommen wurde, lassen Hinweise darauf erkennen, daß auch Stanley aus geringfügigem Anlaß Dörfer niederbrennen ließ. Gerichtlich wurde er deswegen in keinem einzigen Falle zur Verantwortung gezogen.

Diese Afrikaforscher hatten offenbar einen Stil, der an den Grundsätzen abendländischer Gesittung nicht immer orientiert war. Es waren harte Männer, und es herrschten bei ihnen rauhe Sitten, die ab und zu in Exzesse ausarteten.

Im Deutschen Reichstag war man nicht bereit, die Zustände, die damals in Innerafrika herrschten, in Betracht zu ziehen. Die Redner, die am 14. und 16. März noch zu dem Fall das Wort ergriffen, waren sich bis auf eine einzige Ausnahme in scharfer Verurteilung des Geschehenen einig. Der Abgeordnete Dr. Lieber vom Zentrum erklärte, das Kriegsgericht, auf das der Regierungsvertreter hingewiesen habe, sei nichts als eine Farce gewesen: »Es ist und bleibt ein des deutschen Namens unwürdiges Vorgehen, ein armes Negerweib auf Verdacht der Spionage und des Landesverrats hin oder bloß der Flucht aus der Kettenhaft wegen zum Tode zu verurteilen.« Besonders peinlich sei, daß Peters zu der Hingerichteten vorher einmal in intimen Beziehungen gestanden habe. Der Abgeordnete Werner von der Sozialen Reformpartei sprach von Peters als einem »vollständig gerichteten Mann«. Der konservative Abgeordnete von Manteuffel sagte, Peters müsse allein schon aufgrund dessen, was er bei seiner Vernehmung selbst angegeben habe, »auf das allerschärfste getadelt und mißbilligt werden«. Wenn die Sache mit dem Bischof Tucker stimme, müsse er ihn »nach allen Richtungen hin preisgeben«. Der Abgeordnete Fürst Radziwill sprach von »großen sittlichen Schäden«, die offenbar geworden seien. Es sei ein himmelschreiender Zustand, daß ungezählte Tausende von »schwarzen Mitbrüdern und Mitschwestern im dunklen Kontinent« der Willkür der Kolonialbeamten ausgesetzt seien, ohne daß die Möglichkeit bestehe, Exzesse vor ein gerichtliches Forum zu ziehen. Der Reichstag habe die Pflicht, sich »auf den strengsten Standpunkt der Sittlichkeit zu stellen.«

In der Beurteilung des Falles Peters bestand im Reichstag eine Einmütigkeit, die durch alle Parteien ging. Selten hatte man das Parlament so geschlossen gesehen. Nur ein einziger Redner mahnte zur Vorsicht. Das war der konservative Abgeordnete Graf zu Limburg-Stirum. Er bezweifelte, daß Peters einen so törichten Brief an Bischof Tucker geschrieben haben könne. Er machte auch Bedenken gegen die Ansichten geltend, die zum Fall des hingerichteten Negermädchens geäußert worden waren. Solle der Kommandant einer gefährdeten Station die einer Spionin gegenüber gebotenen kriegsrechtlichen Folgerungen nur deshalb nicht ziehen, weil er zu ihr in intimen Beziehungen gestanden habe? Das könne man nicht verlangen. Man solle auch an das denken, was in Indien geschehen sei. Das, was Peters vorgeworfen werde, seien Kleinigkeiten zu dem, was Lord Clive und Warren Hastings getan hätten[1].

Wie vom Leiter der Kolonialabteilung angekündigt, wurde unmittelbar nach den beiden denkwürdigen Reichstagssitzungen, die in der Presse ein lebhaftes Echo gefunden hatten, ein Disziplinarverfahren gegen Dr. Peters eröffnet.

Gericht erster Instanz war die mit fünf Reichsbeamten besetzte Disziplinarkammer für die Beamten der deutschen Schutzgebiete. Die Kammer war nur mit Juristen besetzt; den Vorsitz hatte ein Senatspräsident vom Kammergericht inne, Beisitzer waren zwei Landgerichtsräte und zwei Geheimräte aus dem Reichsinnenministerium bzw. Auswärtigen Amt. Sie trat am 24. April 1897 zur Verhandlung des Falles zusammen. Es war ein großer Nachteil für den Angeklagten, daß nicht einer seiner Richter die Verhältnisse in Innerafrika aus eigener Anschauung kannte. – Die Reichsregierung wurde von Geheimrat Hellwig aus dem Auswärtigen Amt vertreten.

Die Anklage machte Dr. Peters »Mißbrauch der Amtsgewalt« zum Vorwurf, verübt durch die Hinrichtung der beiden Neger, die Auspeitschung der drei entflohenen Frauen und das kriegerische Vorgehen gegen den Sultan Malamia. Ein Amtsvergehen erblickte die Anklage außerdem in falscher bzw. irreführender Berichterstattung gegenüber dem Gouverneur der Kolonie.

Der Beschuldigte machte geltend, die Lage im Kilimandscharogebiet sei zur Zeit der fraglichen Vorfälle so gefahrdrohend gewesen, daß er nicht anders hätte handeln können. Diese Einlassung nahmen ihm weder der Vertreter der Anklage noch das Gericht ab. Sie billigten ihm insofern nicht einmal guten Glauben zu.

Die Beweisaufnahme verlief sehr ungünstig für den Angeklag-

1 Über den Fall Warren Hastings vgl. den Band England III dieser Reihe S. 109 ff.

ten. Zunächst wurden die Aussagen von zwei Zeugen verlesen, denen gegenüber sich Dr. Peters über die Hinrichtungen angeblich so geäußert hatte, daß auf sexuelle Hintergründe geschlossen werden mußte. Dr. Peters widersprach sofort und stellte die beiden Aussagen als ein Mißverständnis hin, er überzeugte damit aber nicht. Nachteilig wirkte auch die Vernehmung des Orientmalers Kunert, der Zeuge der Auspeitschung der drei Frauen gewesen war. Als er bei seinem Bericht erwähnte, daß Dr. Peters dem Vorfall beigewohnt habe, ging Bewegung durch den Zuhörerraum. Es half ihm nichts, daß er erklärte, er habe 70 m entfernt auf einer Veranda gesessen und alles nur von ferne beobachtet.

Unter Freispruch von dem Anklagepunkt Jagodja sprach die Kammer den Angeklagten des »Mißbrauchs der Dienstgewalt« (verübt durch Hinrichtung des Mabruk und falsche Meldung) schuldig und verurteilte ihn zur Entlassung aus dem Reichsdienst – ein Ergebnis, das in weiten Teilen der öffentlichen Meinung auf Widerspruch stieß.

Dr. Peters legte gegen dieses Urteil Berufung an den Disziplinarhof für die Schutzgebiete ein. Auch in der Rechtsmittelinstanz hatte er es wieder nur mit Juristen zu tun. Präsident des Gerichtshofs war der Chefpräsident des Kammergerichts, als Beisitzer fungierten drei höhere Richter und drei höhere Verwaltungsbeamte. Die Verhandlung fand am 15. November 1897 statt. Die Entscheidung fiel insofern ungünstiger aus als in der ersten Instanz, als der Freispruch in Sachen Jagodja aufgehoben und der Angeklagte in vollem Umfang schuldig gesprochen wurde. Der Gerichtshof schob dabei alle Schutzbehauptungen des Angeklagten beiseite.

Die Verteidigung hatte darauf hingewiesen, der Regierung seien die Anklagepunkte seit Jahren bekannt gewesen, sie habe deswegen aber nicht nur nichts unternommen, sondern den Angeklagten befördert, das Gehalt erhöht und ihn mit Orden ausgezeichnet. Das Gericht erklärte: »Es kann für den Gerichtshof vollständig gleichgültig sein, ob die Regierung früher die Sachlage anders beurteilt hat; der Gerichtshof hat lediglich das vorliegende Material zu prüfen«, erklärte das Gericht.

Dr. Peters hatte behauptet, Mabruk sei wegen eines Diebstahls zum Tode verurteilt und hingerichtet worden. Auch über diese Einlassung ging der Gerichtshof hinweg.

»Was die Sache selbst anlangt, so hat der Gerichtshof als erwiesen erachtet, daß der Angeklagte den Mabruk hat hinrichten lassen, weil er ihn in Verdacht hatte, daß er mit seinen Weibern sexuellen Verkehr gehabt hat.«

Kein Zeuge hatte vor Gericht Tatsachen vorgetragen, aus denen auf eine solche Absicht hätte geschlossen werden können. Dr. Peters selbst hatte den Fall anders dargestellt. Das Gericht ignorierte seine Darstellung, stellte auch in Abrede, daß die Station ohne diese Hinrichtung gefährdet gewesen wäre. Die Vernehmung von Sachverständigen, die bekunden sollten, daß die Verhältnisse am Kilimandscharo anders als in Deutschland seien, wurde abgelehnt. »Der Gerichtshof nimmt dies auch ohne Vernehmung von Sachverständigen an. Das rechtfertigte aber auch nicht die Hinrichtung des Mabruk«.

Der Angeklagte habe in seinem Bericht an den Gouverneur wahrheitswidrig behauptet, sämtliche Europäer auf der Station seien mit der Hinrichtung Mabruks einverstanden gewesen. In dieser Berichterstattung liege ein weiteres Amtsvergehen, denn zumindest der Maler Kunert habe nicht zugestimmt.

Ein Dienstvergehen erblickte der Gerichtshof auch in der Kriegserklärung an den Sultan Malamia, das als besonders schwer zu werten sei, weil aus jener »die schlimmsten Folgen hätten entstehen können«.

Die Auspeitschung der drei entflohenen Weiber halte der Gerichtshof für eine besondere Grausamkeit: »Der Gerichtshof ist der Ansicht, daß dem Angeschuldigten ein Recht auf die ihm geschenkten Weiber in keiner Weise zustand und daß er ohne deren Willen sie nicht behalten durfte. Deshalb hatte er kein Recht, die Herausgabe der entflohenen Weiber zu verlangen, noch dieselben durchpeitschen zu lassen.«

Auch die Hinrichtung der Jagodja bezeichnete der Gerichtshof als »vollständig ungerechtfertigt«. Die Sicherheit der Station habe sie nicht erforderlich gemacht.

Die Urteilsbegründung schloß mit folgenden Sätzen: »Der Gerichtshof verkennt keineswegs die großen Verdienste, die der Angeklagte um die deutschen Kolonien sich erworben hat. Allein diese Verdienste nützen nichts, wenn der Gerichtshof zu der Überzeugung gelangt, daß der Angeklagte sich Amtsvergehen schuldig gemacht hat, die es erforderlich machen, ihn ferner nicht mehr im Amte zu belassen.«

Dieses Urteil war ein schwerer Schlag für Dr. Peters. Es hätte nicht ungünstiger ausfallen können. Das Gericht war über sein gesamtes Vorbringen hinweggegangen, hatte seine Bitte, sich in die Verhältnisse in Innerafrika hineinzuversetzen, ignoriert und hatte bei ihm Motive unterstellt, für die es keine tatsächlichen Anhaltspunkte gab. August Bebel triumphierte. Er brachte bei der nächstpassenden Gelegenheit die Begründung des Urteils zur Verlesung.

Dieser Spruch war Bebel um so willkommener, als er sich einige Tage nach dem Urteil der ersten Instanz – am 27. April 1897 – genötigt gesehen hatte, im Plenum des Reichstags eine Richtigstellung vorzunehmen. Sie betraf den angeblichen Briefwechsel von Dr. Peters mit dem Bischof Tucker. Bebel hatte im März 1896 behauptet, er besitze »hieb- und stichfeste Dokumente« dafür. Nachdem dann aber der Bischof öffentlich erklärt hatte, er kenne Peters nicht und habe auch nie einen Brief von ihm erhalten, konnte Bebel nicht umhin zuzugeben, daß er einer Fälschung zum Opfer gefallen war. Der Abgeordnete Graf von Arnim hielt ihm daraufhin sofort vor, daß damit die »tragende Säule seiner Anklagerede zusammengefallen« sei. Diese Feststellung machte wenig Eindruck auf das Haus; das Urteil über Dr. Peters stand bei den allermeisten Abgeordneten fest und war durch einen solchen Hinweis nicht zu erschüttern.

Bebel verband diese Richtigstellung mit neuen Angriffen auf die kaiserliche Regierung. Die Hinrichtung der beiden Neger sei ihr Mitte 1892 durch den Gouverneur gemeldet worden, sie habe sich aber auf die Vernehmung des Freiherrn von Pechmann und des Sekretärs Jancke beschränkt – derjenigen also, die an der »Farce eines Kriegsgerichts« beteiligt und daran interessiert gewesen seien, die Sache so darzustellen, daß zu weiteren Schritten keine Veranlassung bestand. Es könne nicht entschieden genug gebrandmarkt werden, daß man in Berlin dieses willkürlich zusammengesetzte Dreimännerkollegium als ordnungsmäßigen Gerichtshof anerkannt habe. Weder der Freiherr von Pechmann noch der Sekretär Jancke hätten eine amtliche Stellung innegehabt. Bezeichnend sei auch, daß man es nicht für nötig gehalten habe, den Angeklagten vor ihrer Aburteilung Gehör zu geben. Da das Disziplinargericht festgestellt habe, daß das Todesurteil in Sachen Mabruk ein durch nichts zu rechtfertigender Gewaltakt gewesen sei, müsse er fordern, daß endlich strafrechtliche Konsequenzen gezogen würden. Die Anklage habe auf »Mord« und die Strafe mindestens auf lebenslängliches Zuchthaus zu lauten.

Der Abgeordnete Lenzmann von den Freisinnigen trat diesem Verlangen bei und führte aus: Wenn der preußische Justizminister behauptet habe, daß eine Strafverfolgung nicht möglich sei, weil das afrikanische Recht ein solches Verhalten nicht als strafbar betrachte, so müsse er erwidern, daß Mord nach den Gesetzen aller Nationen ein Verbrechen sei. Dr. Peters sei ein verfolgungswürdiger Mörder, und die Kaiserliche Regierung solle endlich das tun, was die Situation erfordere. Der Geheime Legationsrat Hellwig, der für die Regierung das Wort ergriff, ließ keine Neigung erkennen, den Fall der Staatsanwaltschaft zuzuleiten. Die Tat, um die es gehe, sei am Kilimandscharo unter einer sozusagen wilden Völkerschaft begangen worden, bei der es geschriebenes Strafrecht nicht gebe. Die Reichsbehörde sei der Auffassung gewesen und sei dieser Meinung auch noch heute, daß sie den Beweis für Strafbarkeit am Tatort nicht zu führen vermöge, sie habe sich deshalb auf disziplinarisches Einschreiten beschränkt. In gleichem Sinne äußerte sich der Staatsminister von Boetticher: »Wir sind sämtlich entrüstet über die Handlungsweise des Dr. Peters, sofern sie – und daran ist ja leider kaum noch ein Zweifel gestattet – tatsächlich begründet ist; die Frage der strafrechtlichen Verfolgung liegt aber nicht so einfach, wie einige der Herrn Vorredner annehmen.«

Dabei blieb es. Ein Strafverfahren wurde gegen den Kolonialpionier nicht eröffnet. Der Fall kam dann langsam zur Ruhe.

Der Streit um Dr. Peters brach mit voller Wucht erneut auf, als im Juni 1905 bekannt wurde, daß der Kaiser auf ein Gesuch zahlreicher Mitglieder des Reichtages und des preußischen Abgeordnetenhauses eine der Rechtsfolgen des Urteils des Disziplinarhofs im Gnadenwege abgeändert hatte. Er hatte den Verlust des Titels aufgehoben, so daß Dr. Peters sich hinfort wieder »Reichskommissar« nennen durfte. Die Bitte, ihm zugleich auch eine Pension zuzusprechen, war von dem Monarchen abschlägig beschieden worden. Als diese Entscheidung bekannt wurde, erhob sich in der sozialdemokratischen Presse ein Sturm der Entrüstung, und man stellte Schritte im Reichstag in Aussicht.

Am 15. März 1906 kam es dann im Parlament zu einer Art Vorgefecht. In dieser Sitzung erlebten die Abgeordneten einen Zusammenstoß zwischen dem sozialdemokratischen Abgeordneten Ledebour und dem Abgeordneten der Reichspartei Dr. Arendt, bei dem es zuerst um den Fall eines Hauptmanns Kannenberg und dann um den Fall Dr. Peters ging. Ein Appell des Zentrumsabgeordneten Dr. Spahn, den Fall Dr. Peters doch endlich als abgeschlossen zu behandeln, blieb ohne Gehör.

Bei Kannenberg handelte es sich um einen Offizier, der aus Mutwillen einen Schuß auf eine schwarze Frau abgegeben und sie dabei verwundet hatte. Später hatte er anläßlich eines Verhörs zwei Dorfhäuptlinge wegen Aussageverweigerung durchpeitschen lassen; der eine hatte dabei 75 und der andere 100 Hiebe erhalten. Nachdem der erste im Gefängnis nach zusätzlicher »Behandlung mit dem Kolben« verstorben war, wurde gegen den Hauptmann ein Strafverfahren eingeleitet, das mit dessen Verurteilung zu drei Jahren Gefängnis und Rangverlust abschloß. Nach Verbüßung eines Teiles dieser Strafe war der Rest im Gnadenwege in Festungshaft umgewandelt und die Pension wiederhergestellt worden. Dagegen protestierte Ledebour.

Der Abgeordnete ging dann auf den Fall Dr. Peters über und wandte sich gegen diejenigen seiner Parlamentskollegen, die auf vollständige Begnadigung hinarbeiteten. Es liege nicht der geringste Grund vor, in diesem Fall Milde walten zu lassen, sagte der Abgeordnete. Er benutzte diese Gelegenheit, um mit der Kolonialpolitik aller Länder ins Gericht zu gehen. Bei den Engländern und Holländern sei die Lage in den Kolonien um kein Haar besser, es gebe dort auch die gleiche Ausbeutung und Unterdrückung.

Diese erneuten Angriffe riefen den Abgeordneten Dr. Arendt auf den Plan. Man habe wieder einmal behauptet, die hingerichtete Negerin sei die Konkubine von Dr. Peters gewesen. Davon könne gar keine Rede sein. Er habe vielleicht früher einmal mit ihr zu tun gehabt, sexuelle Motive hätten aber seine Entscheidung nicht beeinflußt. Man dürfe nicht vergessen, daß Dr. Peters mit 35 Mann 120 000 Landeseinwohnern gegenübergestanden, und daß er die beiden Todesurteile für notwendig gehalten habe. Der ehemalige Gouverneur von Wissmann – allseits geschätzt – habe öffentlich erklärt, anstelle von Dr. Peters hätte er ebenso gehandelt.

Man solle an die großen Verdienste denken, die sich der so schwer geschmähte Mann um die wertvollste aller Kolonien erworben habe. Diese Verdienste seien so gewaltig, daß man hinter die fast anderthalb Jahrzehnte zurückliegenden Vorgänge endlich einen Schlußpunkt setzen müsse. Wäge man die Verdienste dieses Mannes und seine etwaigen Verfehlungen gegeneinander ab, so könnten die letzteren überhaupt nicht mehr zu Buche schlagen. Man solle die Worte zur Kenntnis nehmen, die der große britische Historiker Macaulay einst im Hinblick auf Lord Clive ausgesprochen habe, als dieser wegen bestimmter Vorfälle in Indien unter Anklage gestellt worden sei. Macaulay habe dazu folgendes bemerkt:

»Aber in dieser Art sollten wir nicht Männern gegenüber verfahren, welche hoch über die gewöhnlichen Schranken hinausgehoben sind. Da sie Versuchungen ausgesetzt sind, welche das gewöhnliche Maß weit übersteigen, sollten sie auch ein mehr als gewöhnliches Maß von Nachsicht beanspruchen können. Solche Männer sollten von ihren Zeitgenossen so gerichtet werden, wie die Nachwelt es tun wird. Ihre schlechten Handlungen müssen allerdings nicht gutgeheißen werden, aber ihre guten und schlechten Taten sollten unparteiisch gegeneinander abgewogen werden, und wenn im ganzen genommen die guten das Übergewicht behalten, sollte das Urteil nicht nur auf Freispruch lauten, sondern auch zugleich die Anerkennung ihrer Vorzüge einschließen. Nicht ein einziger großer Herrscher in der Geschichte könnte vor einem Richter bestehen, der seinen Blick mit unverrückbarer Strenge auf eine oder zwei nicht zu rechtfertigende Handlungen richten wollte.

Die Geschichte hat einen umfassenden Blick, und der beste Gerichtshof für große politische Fälle ist der, welcher das Urteil der Geschichte vorwegzunehmen weiß.

In Clives Fall fühlten dies die verständigen und gemäßigten Männer aller Parteien. Sie konnten ihn nicht frei von Tadel erklären, aber sie wollten ihn nicht jenem niedrig gesinnten und boshaften Gesindel hinopfern, das ihn niedergerissen hatte und mit aller Gier danach trachtete, ihn zu Tode zu quälen.«

Er sei der sicheren Erwartung, so schloß der Abgeordnete seine Rede, daß der Zeitpunkt kommen werde, wo die Angelegenheit Peters vor dem Richterstuhl der Geschichte ein gerechtes Urteil finden werde. Man könne die Verhältnisse in einem afrikanischen Aufstandsgebiet nicht mit den Maßstäben europäischer Ethik messen.

Mit dieser Behauptung, daß für Kolonialgebiete andere ethische Grundsätze Geltung hätten, war die Debatte an dem Streitpunkt angelangt, der Burke zu seiner großen Anklage gegen Warren Hastings geführt hat[1]. Die Geschichte wiederholte sich.

Am 17. März 1906 ergriff August Bebel noch einmal das Wort und ließ sich dabei zu Ausdrücken hinreißen, die grob verunglimpfenden Charakter hatten. Er bezeichnete den ehemaligen Reichskommissar als »Verbrecher gemeinster Sorte« und warf ihm erneut die Hinrichtung der beiden Neger vor. Das rufe nach Sühne. Mit diesem »Mörder« solle sich endlich die Staatsanwaltschaft befassen.

Am 1. Dezember 1906 kam Bebel erneut in großer Ausführlichkeit auf die Sache zurück und gebrauchte dabei wieder den Ausdruck »Mörder«.

Die Abgeordneten von Kardorff und Dr. Arendt traten Bebel in den beiden Sitzungen scharf entgegen und bezeichneten sein Verhalten als den Gipfel der Gehässigkeit. Von Kardorff äußerte, die Kampagne gegen Dr. Peters sei auf eine so widerliche und heimtückische Art geführt worden, daß sie als eine nationale Schmach bezeichnet werden müsse. »Wenn heute Dr. Peters in irgendeiner Stadt, Hamburg, Leipzig, Dresden usw. über koloniale Verhältnisse spricht, so hat er eine begeisterte Zuhörerschaft. Das zeigt doch, daß das deutsche Volk seinen Wert kennt.«

Der so schwer Angegriffene konnte Bebel wegen seiner Äußerungen nicht zur Verantwortung ziehen, weil er durch die parlamentarische Immunität geschützt war. Als aber die Ausdrücke »Mörder«, »Verbrecher« usw. ins Land hinaus wanderten und von anderen übernommen wurden, strengte er eine Anzahl Beleidigungsprozesse an, die er alle gewann. Es zeigte sich dabei, daß Bebel den Bogen überspannt hatte. Die Gerichte, die damals mit dem

1 Dazu der Band England III S. 109 ff.

Fall Peters befaßt wurden, desavouierten durch ihre Urteile aber nicht nur ihn, sondern auch die beiden Disziplinarinstanzen. Sie erkannten nämlich alle Schutzbehauptungen als begründet an, mit denen Peters vorher nicht durchgedrungen war.

Zu einer ersten großen Auseinandersetzung kam es Ende Juni/Anfang Juli 1907 in München. Die (sozialdemokratische) Münchener »Post« hatte damals drei Artikel veröffentlicht, die grobe Anwürfe auf Dr. Peters enthielten und in denen er als »feiger Mörder«, »Hängepeters« und als ein Mann bezeichnet wurde, der an progressiver Gehirnerweichung leide; gleichzeitig wurden ihm »sadistische Grausamkeit«, »scheußliche Perversität« und »ruchloser, raffinierter Lustmord« nachgesagt. Peters hatte darauf in den »Hamburger Nachrichten« scharf geantwortet und dann Beleidigungsklage erhoben.

Die Verhandlung vor dem Schöffengericht München begann am 25. Juni und dauerte bis zum 3. Juli. Sie fand wieder lebhaftes Interesse, und die großen Zeitungen widmeten ihr seitenlange Berichte. Der Vorsitzende räumte den Parteien große Bewegungsfreiheit ein, ließ sie ungehindert reden und nahm ihren Beweisanträgen gegenüber eine sehr großzügige Haltung ein. Während der Beweisaufnahme zeigte sich, daß nach so langer Zeit manche Punkte nicht mehr aufgeklärt werden konnten. In der sich tagelang hinziehenden Hauptverhandlung prallten die Gegensätze noch einmal mit aller Schärfe und Leidenschaft aufeinander. Erregten Widerspruch und Tumult gab es, als der als Sachverständiger geladene General von Liebert, einst selbst Gouverneur von Deutsch-Ostafrika, die beiden Disziplinarurteile öffentlich als »Schandfleck der Justiz« bezeichnete. Zu den Zeugen, die vom Gericht gehört wurden, gehörte auch August Bebel.

Das Gericht billigte Dr. Peters für alles, was er getan, guten Glauben zu, verneinte bei ihm das Bewußtsein der Rechtswidrigkeit und stellte auch sexuelle Motive in Abrede. Es verurteilte den verantwortlichen Redakteur der Zeitung zu 500 Mark Geldstrafe und Tragung aller Kosten; mit seiner auf den Hamburger Artikel gestützten Widerklage wurde er abgewiesen. Das war ein gewaltiger Erfolg.

Die nationalen Verbände von München veranstalteten auf dieses Urteil hin am Abend des 3. Juli einen großen Festkommers für Dr.

Peters, auf dem Hunderte von Glückwunschtelegrammen zur Verlesung kamen. Alle Welt war sich darüber einig, daß hier auch ein Urteil über die deutsche Kolonialpolitik gefällt worden war.

Die »Münchener Neuesten Nachrichten« begrüßten das Urteil, bezeichneten es als ein Produkt richterlicher Weisheit und sprachen von dem gewaltigen Ringen eines Mannes um persönliche Ehre und politische Geltung. Die Entscheidung sei eine »befreiende Tat«, mit der Dr. Peters für jeden Vorurteilsfreien »gereinigt und gerechtfertigt« sei.

In einem »Der Peters-Prozeß und die Berliner Presse« überschriebenen Leitartikel wies am 4. Juli die gleiche Zeitung auf den Umschwung im Lande hin und stellte fest, daß selbst eine Zeitung wie das »Berliner Tageblatt« jetzt für eine Begnadigung Peters durch die öffentliche Meinung sei. Er sei schuldig geworden, habe aber gebüßt, und ein Volk brauche nicht unversöhnlich zu sein. Im »Berliner Börsen-Courier« sei zu lesen, Peters verdiene aufrichtig das Mitleid der Menschen, und auch die »Berliner-Börsen-Zeitung« habe geäußert, dem gehetzten und geschmähten Menschen dürfe man jetzt menschliches Mitleid nicht mehr versagen. So also, fuhr die Zeitung fort, jetzt sogar die linksliberale Presse. Die nationalliberale und rechtsstehende Presse gehe noch weiter und mache geltend, daß außergewöhnliche Verhältnisse und außergewöhnliche Menschen auch außergewöhnliche Maßstäbe verlangten. An ihrem alten Standpunkt halte nur noch die sozialdemokratische Presse fest.

Die Berufungsverhandlung gegen das Urteil des Schöffengerichts fand am 13., 14. und 15. Januar 1909 vor einer Strafkammer des Landgerichts München statt. Als Zeugen wurden u. a. der Freiherr von Pechmann und der ehemalige Sanitätsunteroffizier Wiest vernommen, die übereinstimmend sexuelle Motive für ausgeschlossen erklärten und außerdem darauf hinwiesen, daß die beiden Hinrichtungen zeitlich in keinem Zusammenhang gestanden hatten. Dr. Peters erklärte, vor seiner Entsendung in das Kilimandscharogebiet habe ihm der Gouverneur von Soden gesagt, er müsse sehen, wie er zurechtkomme. Er solle sich nicht erschlagen lassen, Geld und Soldaten könne er ihm nicht mitgeben. Diese Instruktion habe ihm freie Hand gegeben und das Recht eingeräumt, seine Maßnahmen nach Gutdünken zu treffen.

Die Strafkammer setzte die Strafe auf 400 Mark herab und

sprach diesmal auch Dr. Peters einer Beleidigung schuldig, weshalb ihm auch ein Zehntel der Kosten auferlegt wurden. Aber auch dieses Gericht hielt sexuelle Motive, gleich welcher Art, für nicht gegeben, attestierte dem Angeklagten sogar, daß er »an sich« befugt gewesen sei, die Strafen zu verhängen; zumindest müsse man ihm konzedieren, daß er in gutem Glauben gehandelt habe. Die grausamen Urteile müßten freilich »das menschliche Gefühl sehr unangenehm berühren«.

Abwesenheit sexueller Motive und Handeln in der Überzeugung, etwas Notwendiges zu tun, bescheinigten Dr. Peters auch alle anderen Gerichte, die mit Beleidigungsklagen von ihm zu tun bekamen. So das Schöffengericht Nürnberg am 30. November 1907, das Schöffengericht Köln am 22. Januar 1908 und das Amtsgericht Breslau am 14. März 1908.

Diese Urteile liefen praktisch auf eine Art Wiederaufnahme des Verfahrens und eine nachträgliche Rehabilitation des ehemaligen Reichskommissars hinaus. Sie entzogen den beiden Disziplinarurteilen den Boden und ließen sie als überholt erscheinen. Im Sinne dessen, was Macaulay zu dem Fall Clive geäußert hatte, sah die Justiz und mit ihr die öffentliche Meinung über die beiden Fälle, die man dem Kolonialpionier zumindest moralisch zum Vorwurf machen konnte, jetzt hinweg und hielt sich an die großen Verdienste, die man diesem Manne nicht abstreiten konnte. 1914 wurde ihm dann auch die Pension wieder zugesprochen.

Was die beiden Hinrichtungen betrifft, auf welche die Feinde von Dr. Peters immer wieder zurückgekommen sind, so verdient erwähnt zu werden, daß im 20. Jahrhundert sog. summarische Exekutionen massenweise erfolgt sind, ohne daß bis heute jemand die Täter dafür zur Verantwortung gezogen hat. In seinem Buch über die »Histoire de la Libération« (Paris 1959) hat Robert Aron berichtet, daß die Zahl der in Frankreich während der sog. Befreiung ohne vorherige Aburteilung umgebrachten Personen (exécutions sommaires) in die Tausende geht. Der französische Innenminister hat 1951 von 3114 derartigen Exekutionen gesprochen, Debré als Justizminister diese Zahl aber als viel zu niedrig bezeichnet. Amerikanische Experten haben die Opfer auf 50 000 geschätzt. Dafür steht bis heute noch die Sühne aus. Und kurz vor und nach dem Ende des zweiten Weltkriegs wurde auf alliierter

Seite allen Ernstes erwogen, deutsche Politiker und Offiziere ohne Verfahren einfach zu liquidieren. Stalin brachte auf der Konferenz von Teheran dafür 50 000 deutsche Offiziere und Experten in Vorschlag und fand dabei die Zustimmung von Roosevelt. Und in einem Aide-Mémoire der britischen Regierung vom 23. April 1945 wurde allen Ernstes der Vorschlag gemacht, statt Kriegsverbrecherprozesse zu inszenieren, »Hitler and a number of arch-criminals« einfach umzulegen. Das Gefühl für die Wahrung fester Formen bei Verhängung von Kapitalstrafen war hier also noch viel weniger vorhanden als bei Dr. Peters.

Die Kampagne, die August Bebel zwei Jahrzehnte lang gegen Dr. Peters geführt hat, bildet kein Ruhmesblatt für ihn. Da er immer wieder auf die alten Vorwürfe zurückkam und nicht willens war, anzuerkennen, daß sich der Angegriffene auch Verdienste um das Deutsche Reich erworben hatte, wurde am Ende der Eindruck bösartiger Gehässigkeit hervorgerufen. Freilich war der Fall Peters für ihn und seine Partei nur Mittel zum Zweck, denn das eigentliche Objekt, das er treffen wollte, war die deutsche Kolonialpolitik als Ganzes. Bebel hielt sie für verfehlt, durch seine falsch angesetzten Angriffe, die heftige Abwehr auslösten und schließlich in üble persönliche Verunglimpfungen ausarteten, verbaute er sich aber die Möglichkeit, in der Richtung weiterzukommen, in der man seinen Bestrebungen Erfolg hätte wünschen müssen. Bebel hatte nämlich ein äußerst treffendes Urteil über die Kolonialpolitik des Deutschen Reiches. Am 1. Dezember 1906 hielt er im Reichstag eine Rede, die von sehr nüchterner und klarer Beurteilung der weltpolitischen Lage und erstaunlichem politischen Weitblick Zeugnis ablegt. Er sagte damals:

> »Wenn wir in Europa in eine große Verwicklung kommen sollten, in eine Verwicklung mit mehreren Großmächten, so würde es ein Weltkrieg werden, wie ihn die Welt noch nie gesehen. Alsdann, meine Herren, liegt Kiautschou vor den Toren der Japaner; nichts leichter für sie als zuzugreifen und es wegzunehmen. Unsere Kolonien in West- und Ostafrika stünden den Franzosen und den Engländern zur Verfügung, wir können sie gar nicht verteidigen, und je reicher Sie die Kolonien ausstatten, desto mehr werden Sie nicht nur die materiellen Mittel Deutschlands

schwächen, desto gieriger wird das Ausland eines Tages nach diesen Kolonien langen ... Meine Herren, wir sind außerstande, in einem Weltkrieg unsere Kolonien zu verteidigen; alles, was wir dafür aufwenden, betrachte ich als verloren, einerlei wie der Krieg ausgeht. Wir haben (nämlich) bei einer solchen europäischen Konstellation England, Frankreich und Rußland gegen uns.«

Schrifttum: Wilhelm von Kardorff, Bebel oder Peters. Berlin 1907; Fritz Behn, Carl Peters. Ein deutsches Schicksal. Süddeutsche Monatshefte 1917 S. 125 ff.; Richard Wichterich, Der Weg eines Patrioten. Berlin 1934; Paul Leutwein, Karl Peters. Lübeck 1943; die Berichte der Tageszeitungen.

Goldmann Kriminalromane der Chef-Auswahl

Es gibt Kriminalromane, die nicht nur für den Tag geschrieben sind, die man wiederlesen, verschenken möchte. Werke der Kriminalliteratur, die auch in der Hausbibliothek von Bücherfreunden einen guten Platz verdienen.
Aus dem großen internationalen Angebot veröffentlicht der Wilhelm Goldmann Verlag eine ›Chef-Auswahl‹ von Kriminalromanen. Viele Manuskripte und in fremden Sprachen erschienene Kriminalromane werden im Lauf eines Jahres vom Verlag geprüft. Die besten kommen in die engere Wahl, die allerbesten werden vom Inhaber des Verlages selbst gelesen. Er trifft die ›Chef-Auswahl‹. So kann der Verlag jedes Jahr einige repräsentative Bände vorlegen, die den Freunden des anspruchsvollen Kriminalromans willkommen sind.
Bisher sind 16 Kriminalromane der ›Chef-Auswahl‹ erschienen. Mit ihnen sind 14 namhafte Autoren vertreten; sie stammen aus Belgien, Deutschland, Großbritannien, der Tschechoslowakei und den USA. Drei von ihnen haben den Edgar-Allan-Poe-Preis, die bedeutendste internationale Auszeichnung für Kriminalromane, erhalten.

Funk und Presse urteilen über Goldmann Kriminalromane der Chef-Auswahl:

»Die Vorzüge dieser Elitereihe: besondere Spannung und literarische Qualität.« *AZ, Wien*

»Verständlich, daß sich der Chef vom Besten das Beste wählt.« *Augsburger Allgemeine*

»Literarisch beachtenswerte Kriminalromane in schöner Ausstattung.« *Neue Osnabrücker Zeitung*

»Für Liebhaber gebundener Kriminalromane etwas Besonderes.« *Bayerischer Rundfunk, München*

Goldmann Kriminalromane der Chef-Auswahl

Jan Klíma, Der Tod liebt Poesie

224 Seiten. Leinen DM 14.50

Der Journalist Michal Pavliček besucht das alte Grafenschloß Podlesí, um eine Gruppe tschechischer Physiker zu interviewen. Zu den Wissenschaftlern gehört auch Dr. Lamač, dem die Entdeckung eines neuen Elementarteilchens gelungen ist. Am nächsten Morgen ist Dr. Lamač tot. Es scheint, daß er in selbstmörderischer Absicht aus dem Fenster gesprungen ist. Doch dann entdeckt man neben dem Toten verdächtige Fußspuren und ein Blatt Papier mit merkwürdigen physikalischen Zeichen. Nun ist man nicht mehr so sicher, daß Lamač sich das Leben genommen hat ...

Nicholas Blake, Der Morgen nach dem Tod

208 Seiten. Leinen DM 14.50

Mord in der amerikanischen Universität Cabot ... Bei der traditionellen geheimnisvollen Schatzsuche, einer Mutprobe für Neulinge, macht der Student Dennis Goach eine entsetzliche Entdeckung: In einem Schrank, in dem er den Schatz wähnt, findet er einen Toten – den Altphilologen Josiah Ahlberg. Privatdetektiv Nigel Strangeways, der als Gast in Cabot weilt, findet ein geradezu klassisches Problem vor, an dem sich seine Neugier entzündet und das seinen Scharfsinn auf die Probe stellt.

Der Westdeutsche Rundfunk, Köln, über ›Goldmann Kriminalromane der Chef-Auswahl‹: »... man darf sie, ohne sich zu blamieren, in Weihnachtspapier hüllen und verschenken.«

WILHELM GOLDMANN VERLAG MÜNCHEN

Goldmann Kriminalromane der Chef-Auswahl

Thomas Andresen, Bis ich nicht mehr kann

Ein deutscher Kriminalroman
mit Weltniveau
160 Seiten. Leinen DM 14.50

Früher waren sie unzertrennliche Freunde – der Schönheitschirurg Dr. Herb Berking und der Internist Dr. Erik Kristenhusen. Jetzt stehen sie sich in einem spektakulären Prozeß als erbitterte Feinde gegenüber. Angeklagter: Erik Kristenhusen. Kronzeuge der Staatsanwaltschaft: Herb Berking. Die Anklage lautet: Mord!

Jack D. Hunter, Ein Fall für Dex

Ein Blick hinter die Kulissen
des US-Geheimdienstes
192 Seiten. Leinen DM 14.50

Der ehemalige Geheimdienstler Paul Dexter hat die Aufgabe übernommen, einen Fall von Industriespionage zu klären, der die Arbeit eines großen Chemie-Konzerns empfindlich behindert. Besonders erstaunlich ist die Tatsache, welche umfassenden Mittel die Gegner für die Erkundung eines doch ziemlich unbedeutenden Geheimnisses einsetzen. Bald merkt Dexter, daß sie auch vor Mord nicht zurückschrecken ...

»Der Goldmann Verlag ... bietet hier etwas Besonderes, etwas, was sich aus der großen Krimimasse heraushebt, also anspruchsvoll genannt zu werden verdient.« *Weser Kurier, Bremen*

WILHELM GOLDMANN VERLAG MÜNCHEN